パワーと相互依存

ロバート・O・コヘイン／ジョセフ・S・ナイ[著]

滝田賢治[監訳/訳]

Robert O. Keohane and Joseph S. Nye
POWER and INTERDEPENDENCE

ミネルヴァ書房

Copyright© Power and Interdependence third edition,
by Robert O. Keohane and Joseph S. Nye
Japanese translation rights arranged with Pearson Education, Inc.,
publishing as Prentice Hall through Japan UNI Agency, Inc., Tokyo.

日本語版への序文

　日本は「パワーと相互依存」を例証している国家である。日本はグローバルな規模での相互依存の進展を利用して，世界第 2 位の経済大国となることを可能にした吉田ドクトリンと呼ばれることもある国際政治への新しいアプローチによって，第 2 次世界大戦の廃墟から復興を果たした。ここ数年間，中国が GDP では日本を抜いたが，1 人当たり GDP では日本を抜いてはいない。中国以外にもグローバリゼーションによって繁栄し，今までよりも複雑な国際政治に巻き込まれつつある国もある。我々 2 人が，1970 年代半ばに本書を執筆し始めた頃にも，こうした傾向の中には漠然としてはいたが認識できるものもあった。

　『パワーと相互依存』を執筆するに当たり，我々は，国際政治の変化と安定を説明する国際的要因を利用するための枠組みを提供しようとした。初版の序文で，我々は国内政治を無視した説明では十分でないことを認めたものの，「外交政策と国内政治の間の関係は複雑であるために，国際システムについての情報だけでどの程度まで説明できるかを理解することが不可欠である」と主張した。1987 年に出版した第 2 版への「あとがき」で，「どのようなシステム・レヴェルの分析もどうしても不完全なものになる」と我々は繰り返し主張した。『パワーと相互依存』の分析においてもう 1 つの重要な限界性は，複合的相互依存——ここでは多様なチャネルによって様々な社会が結び付けられ，階層関係のない多様なイシューが発生し，政府によって軍事力が行使されることはない——を伴う多様なイシューと最も関連している。それ故，核兵器が中心的イシューであった 1977 年時点の米ソ関係を十分理解する以上に，今日のアメリカ，日本，北朝鮮それぞれの関係を十分理解するのに我々の著作が大いに貢献できると信じる理由は少ないのである。

『パワーと相互依存』は，将来について予測するものでもなく，また予測するための方法論を提供するものでもない。そうではないのだ。国際政治の観察者たちが，自分たちが観察した事象を一般的な類型に当てはめることができ，以前は「リアリスト的な」政治理論によって提起されていた国家安全保障枠組みを抱いていた人々を確実に驚かすであろう国際政治の展開に驚かないために，彼らが自分たちの目で観察した事象を理解し，解釈する手助けをする概念を提供することが，本書の目的である。それ故，この枠組みの有効性を試す手段は，枠組みが事態を予測していたかどうかではなく，枠組みによって我々が事態の結果を理解できるかどうかである。

　最近のグローバルな金融危機を例にとってみよう。『パワーと相互依存』の第**2**章で，トランスナショナルなアクターの役割によって，国家指導者は「相互依存関係を操作すること」が困難になってきたと我々は強調した。そればかりでなく，各国政府の諸機関の間のトランスガバメンタルな結びつきにより，「国益」の中身が曖昧になってきた，とも我々は主張した。金融監督者たちの恒常的な接触によって，バーゼルにある国際決済銀行には金融規制のルールが蓄積されてきが，金融に対する世界共通の見方によって，金融界の利益に合致し，トランスナショナルなアクターとトランスナショナルなフローによって引き起こされた変化に直面すると，必ずしも強固ではない金融システムが構築されたのである。

　2008年に金融危機が発生した時，このような観察は分析枠組みの有効性を維持していたように思われる。銀行が開発した複雑な金融派生商品や，AIGのような投資顧問会社が必死になって作り上げた精緻な保険枠組みによって引き起こされたシステム上のリスクは，銀行やその他の当事者自身によっても，政府によっても十分に理解されていなかった。その上，この金融危機の間，同じ政府でも部局が異なると，異なった見解を持っていたことが明らかになった。中央銀行は必ずしも財務省をずっと注視していたわけではなかった。アメリカでは，第1回目の銀行救済策の試みを議会が葬った。金融危機の余波の中で，アメリカの金融規制当局は，将来の規制権限について適切な配分をめぐり鋭く対立していた。我々が1977年に「複合的相互依存」について語った時，我々は複合性なるものが実際に何であるかについて理解していなかったと観察した

ものがいれば，それはまことにそうである。

　第**3**章では，我々は当初考えていたこと以上にまで踏み込んでしまい，パワーを基礎づけている構造の変化に基づく国際レジームの変化と，その変化が引き起こす交渉過程を説明しようとした。1931年の金本位制の崩壊や1971〜73年のブレトンウッズ体制の崩壊のような国際金融レジームの大きな変化は，我々が「イシュー構造」と呼ぶものの中の変化，即ち，問題領域内部のパワーの源泉の配分によって大体は説明できるというのが，我々の見解である。我々がすでに述べたように，「イシュー構造モデルによって，我々は，1931年の金融レジームの崩壊を理解できるし，1971年のブレトンウッズ体制の崩壊を説明するのに大いに貢献できるのである」。

　2008年の金融危機をジャーナリスティックに説明すると，表面下でイシュー構造という地質学的プレートがずれた証拠を探さなければならないということをこの議論は示しているのである。その可能性のある明確な証拠は，中国が経済的優位性を達成したことであり，特に2兆ドル以上の外貨準備——ほとんどはアメリカ財務省証券で保有されているのだが——を中国がひたすら蓄積してきたという事実である。中国が自ら保有するアメリカ・ドルを売り払うぞと威嚇してアメリカを屈服させることを可能にするグローバルなパワー・バランスの大変動として，この事実を解釈する観察者もいる。しかしそうすると，ドルの価値が下落するので，中国は自国が保有する外貨準備の価値を減少させるばかりでなく，中国の安価な製品を輸入し続けようとするアメリカの積極的姿勢を傷つけ，中国内の雇用喪失と不安定化をもたらすであろう。中国が自国保有のドルを処分するなら，中国はアメリカを跪かすことになるが，自らも倒れてしまう結果になるであろう。本書は，非対称的な相互依存関係を一方の側からだけ見ないように主張しているのである。他の分析者が指摘しているように，対称性というのは米ソが核の応酬で互いに破壊しあうことはできるが，実際にはそうはしなかった核テロというバランス状態に似た金融テロというバランス状態に似ている。

　それにもかかわらず，イシュー構造とレジーム変容を説明する国際組織モデルを使うと，国々が自国の脆弱性を減少させるためにも，その枠組みを変更しようとすることがわかるであろう。アメリカは（米中貿易における）アメリカ側

の貿易赤字とドルの不均衡を減少させる手段として，中国に人民元を切り下げるように圧力をかけてきた。同時に，中国の中央銀行である中国人民銀行は，アメリカは貯蓄を増やし，対外貿易を減らし，将来的には準備通貨としてのIMF特別引き出し権（SDR）によって補填されるような方向に向かうべきであると主張し始めた。しかし中国は国内的理由から，人民元を（他国通貨と）兌換できるようにするリスクを取ることには積極的ではなかった。その結果，人民元は世界の準備通貨の中で最大量を占めるアメリカ・ドル（60％超）に挑戦する可能性は，当面は低いと言わざるを得ない。

　我々の2つのモデルが示していることは，中国が他の経済的新興国に少しずつ影響力を及ぼすばかりか，国際的フォーラムにも少しずつ影響力を強めていくであろうということである。それ故，世界のGDPの80％を占める国々によって構成されG20諸国によって，G7（7カ国のうち4カ国はヨーロッパ諸国）諸国が支援されるのを見ることは，別に驚くべきことではない。2009年9月ピッツバーグで開催されたG20首脳会議の準備段階では，金融的フローをリバランスさせ，中国の貿易黒字に匹敵するアメリカの貿易赤字という古くからのパターンを変える必要について盛んに議論された。もちろん，このパターンを変えるには米中両国における対内的な消費と投資のパターンが，根本的に変わらなければならないし，政治的にもねじれ現象を引き起こすことにもなる。そのような変化がすぐに起きると予測する者はいないかもしれないが，ヨーロッパ諸国がIMFにおける投票権の比重を減らし，（その分）中国やその他の新興国が比重を徐々に上げていくべきであると，G20が同意したことは興味深いことである。

　こうした本質的な調整議論を聞くと，我々は『パワーと相互依存』における分析の不完全さを認識せざるを得ない。国内政治はどの点でも重要であり，国際レヴェルの分析が焦点を当てる構造的条件と変化の背後にあるものかもしれない。『パワーと相互依存』での分析の有効性を評価する場合の困難さの1つは，分析が極めて限定的であるということであり，その結果，理論の誤りを立証することが困難となる。例えば，1987年出版の本書第2版の「あとがき」では，我々は学習の重要性を主張した。2008年から2009年に発生した2度目の大恐慌を回避するには，政策決定者がケインズ主義の教訓を学ぶことであっ

たと信じるに足る理由がある。アメリカ，中国，アジア・ヨーロッパのほとんどの国を含む主要国は，2008年秋から2009年の冬までの間，金融緩和政策と結びついた膨大な財政刺激策を採用した。議論のあるところではあるが，こうした措置が，景気後退を緩和し，ほとんどの国において2009年末までに景気後退を終息させるのに貢献したのである。

　1977年に本書が出版されてからの事態を振り返ってみると，我々が仮定し，当時は想像上のものと広く見られていた複合的相互依存という理念型に，今日の世界がいかに似たものになってきたか驚いている。異なったタイプの非対称性を分析することによって，相互依存関係を伴うパワー関係と，レジーム変容についての我々のモデルの適切性が明らかにされる様子にも，我々は驚いているのである。しかしながら，世界がどのくらい変化したか，我々がいかに予測できなかったか，また世界は今後どのくらい変化していくのかについて我々は控えめであることにも驚いている。

　2012年1月

ロバート・O・コヘイン
ジョセフ・S・ナイ

序　文

　約30年前，我々は本書で展開しているアイディアについて2人で研究し始めた。大学院生の時に教えられた「リアリスト的」議論のすべてを否定しようとした訳ではなく，リアリズムに取って代わる全く新しい「リベラルな」代替案を打ち出そうとした訳でもなかったが，不注意な読者や評者が『パワーと相互依存』を，リアリズムに取って代わる全く新しい「リベラルな」代替案を打ち出したものと解釈したこともある。パワーと利益が，世界政治で果たす役割についてのリアリストの中核的な洞察力を尊重しつつも，政治と経済の関係と，制度化された国際協力のパタンを我々が理解する上で役に立つような，世界政治の見方を確立しようとしたのである。

　1980年代末に出版した本書第2版への序文で，我々は国際関係についてのリベラリストとリアリストの見方を統合すべきであると強調した。同時に，国際関係理論というものが，どのように現実の事象に影響を受けるものかについても考察した。我々は，1980年代の「新冷戦 (little Cold War)」期に，リアリズムが復活したこと，そして本書を書いていた1970年代の政治的潮流と1980年代のそれが，どの程度異なったものかについても注目した。それにもかかわらず，我々は相互依存についての我々の見方は，依然として妥当なものであると主張した。すべての物事は一斉に変化するものではなく，何時でも何処でも適用可能な普遍的一般化というものを我々が提起した訳ではないということを，我々の議論が依然として妥当であるという事実が反映しているのである。『パワーと相互依存』での議論が，条件付きのものであることは明白である。我々が「複合的相互依存」と呼ぶ条件の下では，政治はリアリスト的条件の下におけるものとは異なっている（第**2**章）。複合的相互依存もリアリスト的条件も，普遍的なものではないので，世界政治を理解するには，特定の時点における特

定国家間の関係に適用可能な条件を理解しなければならない。リアリズムあるいはリベラリズムの伝統を，多少とも妥当なものとする条件を明らかにするような形で，リアリズムとリベラリズムの偉大な理論的伝統を結び付けることが，本書の初版からの中心的テーマであった。

　新しいミレニアムが始まりつつある今日，人々は「相互依存」よりも「グローバリゼーション」を話題にしている。第3版のために書き下ろした，本書第**10**章で主張したように，グローバリゼーションとは，我々が1977年に相互依存と表現した現象が強化された状態を指している。世界政治の多くの局面が，1980年代のリアリスト的イメージよりも1970年代のリベラリスト的表現に近いことは確かである。1977年に，我々は「複合的相互依存」の3つの特徴を確認した。すなわち，社会間に多様な接触チャネルが存在すること，イシューの間に明確な階層性が存在していないこと，そして軍事力が有効でなくなってきたこと，である。複合的相互依存は，かつては世界政治の特徴をほとんど説明していなかったが，アメリカと同盟関係にある先進工業民主主義国の間の関係を説明するようになったと，我々は主張した。今や，民主主義と開放型市場は，以前よりも地球上に広く行き渡っており，アメリカは以前よりも，ライヴァル国家と比較すれば，軍事的には強力となっている。複合的相互依存関係は，全地球上に行き渡っている訳ではないが，1977年や1989年に比べれば広く行き渡っているように見える。

　本書の出版社が意見を求めた，我々の友人や匿名のレフェリーは，本書で挙げた実例には歴史的文脈を意識して読まなければならないものもあるとはいえ，本書の基本的な議論は現代世界政治を分析するのに，依然として有効であると，答えている。そこで我々は，新たに**9**・**10**章の2章を加えて，第3版を出版することにしたのである。第**9**章では，情報革命がパワーと相互依存にどのような影響を与えたかを考察した。長めの章になった新たな第**10**章では，第3版のためにあえてグローバリゼーションについて考察した。しかし，ソ連に言及するという，現時点においては時代錯誤的表現を削除するという編集上の変更は除いて，我々は本書の中核部分，1989年の課題の中核部分はそのままにしてある。これら2章を実質的に変更できたとすれば，我々のメッセージが先見の明を欠いていたと思われる「証拠を隠す」ことが可能となるであろう。し

かし我々は，我々が第2版までに書いてきたことを，問題ある部分も隠さずに第3版にも残すことにした。もっと重要なことであるが，我々の議論の実質的部分を変更するならば，第3版を出版する主要な理由の1つを曖昧にしてしまうであろう。その理由の1つとは，『パワーと相互依存』の分析枠組みは，21世紀初頭のグローバリゼーションを理解するためには，極めて有効であるという主張である。

世界政治が急激な技術変化にどのように影響を受け，その結果，より具体的には電話・TV・ジェット機などにどのように影響を受けてきたかを，1977年段階で，理解しようとしたのである。技術変化と政治の相互作用を今現在でも我々は理解しようとしているが，いまや技術の根本的変化を具体的に示しているのは「情報革命」である。情報革命の影響は，第9章で議論しているように，すでに極めて重要な現象となっている。非政府アクターは，極めて安いコストでトランスナショナルに組織化され，国内政治と国際政治の間の境界を曖昧にしている。今や個々人は，以前ならば官僚組織内部に限定されていた情報に，(以前とは) 比べものにならないほどにアクセスできるようになった。第10章で議論しているように，グローバリゼーションは多くの複合的なネットワークを生み出し，それが言い知れぬ不安感を生み出すばかりか，戦略的に相互交渉する可能性を高めている。情報革命は，現代国際関係に表れている変化の唯一の原因ではなく，ソ連崩壊から国際貿易・投資ネットワークの濃密化に至る様々な現象に見られる，多くの原因の間の相互作用を引き起こす触媒となっているばかりでなく，重大な影響を生み出しているのである。

我々の分析枠組みの妥当性は，我々が1977年に理解しようとした2つの主要な要因が，依然として保持している重要性によって高まってきたと信じている。その2つの要因とは，急速な技術的変化と，グローバルな政治経済現象を生み出す上で国家利益と国力が依然として維持している重要性である。初版で「近代主義者」と「リアリスト」双方の過度に単純化した見解を公然と批判したが，この批判は今でも正しかったと信じている。たとえば，我々は経済的相互依存関係の意義を示したが，同時にそのような相互依存関係における非対称性は，国家が極めて伝統的なやり方で行使できる，ある種のパワーを提供することも示したのである。第3版に新たに収めた章は，我々が1977年に出版し

た初版と同じ分析視角から書かれている。技術的変化，経済，政治はお互いに密接に結びついているが，これらの諸力のいずれも，他の力に対して優越的であるということはないという視角である。たとえば，新たに付け加えた第**10**章は，グローバリゼーションの経済，環境，軍事，社会などの多次元性を強調している。第**10**章の分析は，グローバリゼーションに関して書かれた現代の多くの業績とはかなり隔たったものである。即ち，現代のグローバリゼーション論は，グローバリゼーションの経済的要因を誇張し，グローバリゼーションの新奇性を強調し，グローバリゼーションを技術決定論的に捉えている。しかし第10章の議論は，1974年から75年にかけて書かれ，1977年に出版された『パワーと相互依存』の第**1**章～第**8**章とほぼ符号するものである。

　我々の議論の一貫性は，長所であるとともに欠点であるかもしれない。多分，我々はどの程度，間違っているのか，またどの程度，新しい視点を付け加えているのか，認識してはいないであろう。しかし我々の議論の一貫性を否定するのは困難であろう。以前の地政学から現在——現在というのが1975年を指すのか，または1999年を指すのかに関係なく——の地経学へ激しく変化したものとして国際政治を捉える見方には1970年代にも反対であったし，現在でも反対である。市場というものはすべて，政治的枠組みの中で成立するものである。平和と経済成長の時代にあっても軍事的安全保障の役割を無視することは，呼吸するのに酸素が必要であることを忘れるようなものである。ある全体的モデルから別の全体的モデルへの根本的変化が起こったと主張するならば，それは1970年代においても誤りであったように，現代においても誤りであろう。経済，環境，軍事，社会，各レヴェルの関係のうちの1つが，他の1つに取って代わられるというよりも，これらが相互に絡み合っている，というのが現実である。

　今ここで確認した多次元的視角に加えて，我々は，世界政治を問題領域と地域によって区別されるものとして一貫して観察してきた。我々は1970年代には相互依存について過度に一般化することに抵抗したし，現在はグローバリゼーションについて過度に一般化することに反対している。なぜならば地域ごと，イシューごとに大きな差異があるからである。過度な一般化の代わりに，我々は世界を極めて異なるものと認識している。その結果，第**3**章で議論された，

レジーム変容を説明する我々の「イシュー構造モデル」は,「全体的パワー構造」的説明よりも満足のいくものであることが分かるのである。

　30年におよぶ2人の協力は双方にとって知的刺激の源泉であり,それを表現するのは難しく,それをいくら強調してもし過ぎることはない。我々2人は国際政治の見方が異なる。帰納法と演繹法の程度も違うし,方法論の統合や批判に対する選好も違うし,「インサイダー」あるいは「アウトサイダー」としての経験から引き出される視角も違う。そのため,我々2人の思考過程は,お互いのそれを複写したのもではない。しかし我々は「結びついている」ように思える。我々の1人が何かを言うと,もう1人も口を開くことがしばしばある。時には,実質的な議論をした後,「なるほど,今やっと,その問題が今までとはちがって見えるよ,今までよりはっきり見えるよ」と。我々はお互いのテキストを何度も何度も徹底的に読み返すので,後になってみると,我々のどちらがどういうアイディアを持っているのかを確認するのが難しくなるのがよくある。研究結果は,我々のどちらかが1人で研究を行う場合よりも良いものとなる,という我々の信念は,読者の反応にも表れている。

　我々の協力は,知的刺激以上に,2人の間ばかりか2人の家族の間の深い友情の源泉となってきた。初版の中心的アイディアは,マサチュセッツ州のレキシントンにあるナイの庭で行われた2人の会話の中で議論され,精緻なものになっていったのである。第3版に新たに付け加えた第**9**・**10**章を執筆するための議論は,ニューハンプシャー州のサンドウィッチにある昔の姿を残したままの丘の上でなされた。共同で執筆する合間,ホワイト・マウンテン――ほとんどがこの上なく険しい上り坂と極度に足元がぐらぐらする下り坂であったが――を山歩きしながら,議論をし続けるという楽しい時間を過ごしたのである。自然環境の美しさを堪能し,肉体的鍛錬もし,友情を楽しんだことすべてが,我々の思考の質を高めたと思う。

　初版の時と同じように,我々は以下の人々に謝辞を述べたい。ニーアル・ロウゼンドルフは,我々には無くてはならないリサーチのスペシャリストであり,多忙な学部長(ジョセフ・ナイ)が正確な引用のために煩雑な仕事をする必要のないようにしてくれた。サラ・ブルック,ウィリアム・クラーク,ゲアリ・フェレフィ,ステファン・D・クラズナー,エンリク・メンドーザ,そしてジャ

スティン・パールマンは，ハーバード大学ケネディ行政大学院のガバナンス研究グループの多くのメンバーと同じように，最初のドラフトに有益なコメントを書いてくれた。全体の草稿に目を通してくれた次の人々に謝意を表したい。カリフォルニア大学バークレー校のヴィノド・K・アガーワル，デラウェア大学のR・カード・バーチ，ジョージア大学のウィリアム・O・チチック，ジョージタウン大学のジョセフ・レプゴールド，シカゴ・ロヨラ大学のケンドール・スティルス。多くの友人，学生，同僚は色々と提案をしてくれたが，その中には，著者たちがデューク大学とハーバード大学で担当しているセミナーに出席している学生，院生も含まれる。とりわけ，その中でもナンナール・オーヴァーホルサー・コヘインとモーリー・ハーディング・ナイには感謝したい。彼らの貢献「を語るには単に序文ではなく，もう一冊の本が必要だろう」と1977年に我々は書いた。それ以上のものが実現した，幸せで生産的な23年の後に。

（第3版序文）

ロバート・O・コヘイン
ジョセフ・S・ナイ

パワーと相互依存

目　次

日本語版への序文

序　　文

第Ⅰ部　相互依存関係を理解する

第1章　世界政治のなかの相互依存関係 …… 3

- 1　相互依存関係の新しいレトリック …… 7
- 2　分析概念としての相互依存関係 …… 10
- 3　パワーと相互依存 …… 13
- 4　国際的レジーム変容 …… 24

第2章　リアリズムと複合的相互依存関係 …… 30

- 1　複合的相互依存関係の特徴 …… 32
  - 多数のチャンネル　イシュー間の階層性の欠如　軍事力の役割の低下
- 2　複合的相互依存関係の政治過程 …… 38
  - リンケージ戦略　アジェンダ設定　国家や政府を横断する関係　国際組織の役割

第3章　国際レジームの変容を説明する …… 51

- 1　経済過程についての説明 …… 51
- 2　全体的なパワー構造についての説明 …… 56
  - 侵食されるヘゲモニー　全体構造に基づく説明の限界
- 3　イシュー構造 …… 65
  - 構造的説明の限界
- 4　国際組織モデル …… 72
- 5　説明の要約 …… 76

目　次

第Ⅱ部　海洋と通貨の問題領域におけるレジーム変容

第4章　海洋と通貨の問題領域における政治
―――歴史的概観――― ………………………………………… 85

　　1　国際通貨という問題領域 ………………………………… 88
　　　　1914年以前の国際金本位制　　1920〜76年の国際通貨レジーム
　　2　海洋問題における争点 …………………………………… 112
　　　　問題領域の定義　　伝統的な公海レジーム　　1920〜75年のレジーム期　　海洋政治のアジェンダ変容
　　3　結　　論 ………………………………………………… 125

第5章　海洋と通貨の問題領域における複合的相互依存関係 …… 132
　　1　複合的相互依存関係の諸条件 …………………………… 132
　　　　軍事力の役割　　イシュー間の階層性の欠如　　複数の接触チャンネル　　通貨，海洋そして複合的相互依存関係
　　2　通貨と海洋における政治過程 …………………………… 147
　　　　アクターの目的　　国家政策の手段　　アジェンダの形成
　　　　イシューのリンケージ　　国際組織の役割
　　3　結　　論 ………………………………………………… 164

第6章　海洋と通貨におけるルール形成の政治 ………………… 171
　　1　経済過程とレジーム変容 ………………………………… 171
　　2　全体構造とレジーム変容 ………………………………… 174
　　　　海洋レジームの衰退　　国際通貨レジーム
　　3　イシュー構造とレジーム変容 …………………………… 182
　　　　国際通貨という問題領域　　海洋政治
　　4　国際組織とレジーム変容 ………………………………… 191

xv

海洋政治　　国際通貨領域
  5　システム的説明の限界——国内政治とリーダーシップ………………200
  6　結　　論………………………………………………………………206

第Ⅲ部　レジームと2国間関係

第7章　米加関係と米豪関係……………………………………………217

  1　米加関係と複合的相互依存関係………………………………………219
  2　米豪関係と複合的相互依存関係………………………………………225
  3　米加関係のイシューと結果……………………………………………232
  4　米豪関係のイシューと結果……………………………………………246
  5　アジェンダ形成をめぐる政治の比較…………………………………250
  6　結果の違いを説明する…………………………………………………254
  7　レジーム変容をめぐる新たな説明……………………………………262

第Ⅳ部　アメリカと複合的相互依存関係

第8章　相互依存関係への対処……………………………………………281

  1　世界政治の説明モデルと条件…………………………………………282
  2　複合的相互依存関係におけるパワー…………………………………285
  3　複合的相互依存の傾向…………………………………………………288
  4　複合的相互依存関係におけるリーダーシップ………………………291
  5　多様なリーダーシップと政策調整……………………………………295
  6　国際レジームの正当性の構築…………………………………………299
  7　国際組織と国内組織……………………………………………………301
  8　結　　論………………………………………………………………309

目　次

第V部　グローバリズムと情報の時代

第9章　パワー・相互依存関係・情報の時代 …………… 315
1　情報革命と複合的相互依存関係 ……………………… 318
2　情報とパワー …………………………………………… 322
3　豊富さの逆説と信頼に関する政治的問題 …………… 327

第10章　パワー・相互依存関係・グローバリズム ……… 336
1　グローバリゼーションと相互依存関係 ……………… 338
　　グローバリズムの諸局面　濃密なグローバリズム——アメリカ製か？　連結性・敏感性・脆弱性　相互依存関係とグローバリズムの説明
2　現代グローバリズム——何が新しいのか？ ………… 354
　　ネットワークの密度　コミュニケーション・コストの低下と制度的速度　トランスナショナルな参加と複合的相互依存関係　距離は意味がなくなってきているのか？
3　グローバリゼーションと冷戦の終結 ………………… 367
　　冷戦の終結とグローバリズムの諸局面
　　結びつきの政治とグローバリズムのアメリカ化
4　政治・公平さ・パワー・統治 ………………………… 372
　　グローバリズムと国内政治　公平さと増加する不平等が政治に与える影響　パワーとネットワーク　グローバリズムを統治する

第VI部　理論と政策についての再考（1989年）

あとがき ……………………………………………………… 397
1　『パワーと相互依存』の主要なテーマ ……………… 397
2　『パワーと相互依存』の研究プログラム——批　評 …… 406

　　　　　相互依存関係とバーゲニング　　複合的相互依存　　国際レジーム
　　　　　の変容
　　3　構造理論の限界——システムとしての政治過程………………………419
　　4　認識と学習…………………………………………………………………424
　　5　結　　論……………………………………………………………………428

多国間主義を推奨する2つの論点……………………………………… 437
　　1　レジームの必要性…………………………………………………………440
　　2　非現実的なビジョン………………………………………………………444
　　　　　過去を取り戻そうとするな　　世界が本当にレジームを欲している
　　　　　か否かを問え　　共有利益の上に創設せよ　　破滅を防ぐための保
　　　　　険としてレジームを用いよ　　自己強制こそが最高の実施である
　　　　　正しい時機を見つけよ　　アメリカの関心を将来に向かわすために
　　　　　レジームを用いよ
　　3　レジームの維持……………………………………………………………453
　　　　　国連平和維持活動　　国際的債務　　為替レート

監訳者あとがき……459
監訳者解説……461
人名索引……471
事項索引……475

第Ⅰ部

相互依存関係を理解する

第1章
世界政治のなかの相互依存関係

　我々は相互依存関係の時代に生きている。この曖昧なフレーズは，世界政治の本質は変化しているものであるという，十分に理解されていないものの，広く行き渡っている感情を表現している。国家のパワー——それは大昔から分析者や政治家の基準であったものであるが——は，益々とらえどころのないものになってきた。すなわち，パワーの測定は，以前よりもはるかにデリケートで人々を惑わせるものとなっている。ヘンリー・キッシンジャー（Henry Kissinger）は，その発想が古典的伝統に深く根づいている人物ではあるが，次のように述べている。「大国間のバランスとか，国家安全保障というような，国際関係の伝統的アジェンダは，もはや我々にとっての脅威あるいは可能性を定義するものではなくなっている。今や我々は新しい時代に突入しつつあるのである。古いタイプの国際関係は崩壊しつつある。古いスローガンは役に立たない。（かつて有効であった）解決法も役に立たない。世界は経済的分野でも，コミュニケーション分野でも，人々の願望に関しても，相互依存関係は高まってきているのである(2)」。

　その変化はどの程度のものなのか。近代主義者は，テレコミュニケーションとジェット機による旅行が，「地球村」を生み出しつつあり，急拡大している社会的，経済的取引が「国境なき世界」を生み出しつつあると信じている。多かれ少なかれ多くの学者は多国籍企業，トランスナショナルな社会運動あるいは国際組織などの領域性を背景にしたアクターが領域性を越えて活動する時代として現代をとらえている。ある経済学者が言うように，「国家は，経済的単位としては終わりつつある(4)」。

　伝統主義者は，こうした主張を何の根拠もない「グローバロニー」（過度に国際主義を重視する政策）と呼んでいる。彼らは，世界政治は，以前と変わらず継続していると指摘する。軍事的相互依存関係は，常に存在しており，軍事力は

国際政治において今なお重要である――核抑止，ヴェトナム戦争，中東戦争，印パ戦争，台湾に対する中国の軍事的脅威あるいはカリブ海諸国に対するアメリカの干渉の例を見てみるがいい。さらに，かつてのソ連が示したように，少なくとも最近までは（本書初版の出版は 1977 年：訳者），権威主義国家は，混乱を引き起こすとみなしていたテレコミュニケーションや社会的交流をコントロールできたのである。貧しい脆弱な国家ですら多国籍企業を国有化することができたし，ナショナリズムの広がりによって国民国家は退場しつつあるという主張に疑問が投げかけられている。

　近代主義者も伝統主義者も，グローバルな相互依存関係の政治を理解するための適切な枠組みを手に入れていない。[5] 近代主義者は，今現在起こっている根本的な変化を正しく指摘しているが，技術進歩と社会的・経済的交流・取引の増大によって，国家も国家によるパワーの制御ももはや重要でない新しい世界が生まれるであろうと近代主義者は十分に分析せずに想定することがしばしばあるのである。[6] 伝統主義者は，軍事的相互依存関係がどのように続いていくのかを指摘することによって，近代主義者の解釈の欠点を示すことに長けてはいるが，今日の多元的な経済的・社会的・生態学的な相互依存関係を正確に解釈することは非常に困難であることを自覚している。

　本書で我々が行おうとしているのは，近代主義者か伝統主義者かいずれか一方の立場を主張することではない。現代は，継続性と変化によって特徴づけられるので，どちらかの立場を主張しようとすると，それは非生産的であろう。相互依存関係を政治学的に分析するための首尾一貫した理論的枠組みを発展させることによって，2 つの立場それぞれの知恵を精緻化し，融合する手段を提供することが本書の任務である。現代世界政治における相互依存関係の現実を把握するために，本書はいくつかの，異なっているが潜在的には相互補完的なモデルないし知的手段を発展させようとするものである。どのような条件の下で，それぞれのモデルが最も有効に正確な予測と満足のいく説明を可能にするのかを我々が探求することは，同様に重要であろう。現代世界政治は，継ぎ目のない網の目ではなく，多様な関係が鮮やかに入り組んだ状態となっている。そのような世界では，1 つのモデルですべての状況を説明することはできない。（この複雑な世界政治の状況を）理解する秘訣は，その状況を分析するのにどち

らのアプローチを使うべきか，両者を統合すべきかを認識することである。実際の状況を注意深く分析する以外に方法はないであろう。

　とはいえ理論（に頼ること）は避けられないし，すべての経験的ないし実際の分析は理論に頼っているのである。針の先端で何人の天使が踊ることができるかどうかをめぐる中世のスコラ哲学的論争に関心を払う必要がないのと同様に，世界の本質をめぐる理論的論争に注意を払う必要はないとプラグマティックな政策決定者は考えるかもしれない。しかしながら，学者の言うことは，政治家の心に刻まれ，政策にとって深刻な結果をもたらすことになるのである。「学者の言うことには影響を受けないと確信している実務家」でも，「学者が数年前に書きなぐった」考えに無意識にとらわれることになり，一方で外交政策について論文を書きなぐる学者は，外交政策形成にますます直接的な役割を果たすようになってきている。(7)（その結果）世界政治について不適切で問題のある認識をすると，即，当該国の外交政策が不適切で，場合によっては破滅的なものになる可能性がある。

　理論的根拠と理屈づけ，体系的説明とその象徴的意味の2組は，相互に強く絡み合っているので，政策決定者ですら現実をレトリックから切り離すのが困難である。伝統的に，世界政治の古典的理論は潜在的な「戦争状態」——そのなかで国家行動は軍事紛争が発生する危険性に常にさらされていたのだが——を描いてきた。冷戦期，とりわけ第2次世界大戦後の最初の10年間，この概念——その主唱者たちによって「政治的リアリズム」と呼ばれたが——は欧米の国際関係論を専攻する学者や実務家によって広く受け入れられるようになった。(8)リアリストのアプローチを受け入れていた多くの鋭い観察者たちは，1960年代，軍事安全保障の中心的関心ではなかった新しいイシューが展開しつつあることを認識するのが遅かった。1970年代末あるいは1980年代に，同じようなイメージが支配的であったなら，もっと現実的でない期待を生み出していたであろう。しかし，それを同様に単純な見解，たとえば軍事力は時代遅れで，経済的相互依存関係がこれからは重要であるという見解に取って替えて

＊　外交問題評議会（Council of Foreign Relations）の *The Troubled Partnership*（New York：McGraw-Hill, 1965）。キッシンジャーは，経済問題にはほとんど触れずに同盟問題を論じたが，経済問題はNATOを深刻に分断させ始めていた。

みても，それは異なってはいるが，同様に深刻な過ちとして取って替えた人は批判されるであろう。

　相互依存関係，とりわけ経済的相互依存関係が拡大していった時，世界政治の主要な特徴はどういうものになるのであろうか[9]。これは筆者たちが本書で明らかにしようとする2つの大きな問いの1つである。第**2**章では，この問題を一般的な形で検討する。第**5**章と第**7**章の一部で，4つの事例を取り上げ，この問題をさらに詳しく考察する。第**8**章では，アメリカ外交にとってのインプリケーションについて検討する。こうした分析をするための基礎作りを目的として，第**8**章の別の部分では相互依存関係が何を意味するのかを定義し，相互依存関係の主要な類型の違いを明確にし，これらの類型をパワー概念——これは今でも世界政治分析にとって基本的なものであるが——と関連づける。

　相互依存関係は，世界政治と国家行動に影響を与えるが，政府の行動もまた相互依存関係の類型に影響を与えるのである。ある活動を行うための手続き，ルール，制度を作り出したり受け入れることによって，政府はトランスナショナルな関係や国家間関係を規制したり制御するのである。筆者たちは，こうした統治のための枠組みを国際レジームと呼ぶ。本書の2つ目に大きな問いは，国際レジームはどのようにして，またなぜ変化するのかということである。第**3**章では，国際レジームはどのように展開していき，最終的にはどのように衰退していくのかについてのまとまった説明をしたい。第**6**章では，こうした説明を海洋レジームと通貨レジームに当てはめ，第**7**章では米加関係・米豪関係の特徴を理解するためにこれらの説明を利用する。

　しかし相互依存というのは単に分析概念であるばかりでなく，相互依存は広報専門家や政治家によって利用されるレトリックのための手段でもある。自分の主義・主張の下に集まってくる人々を増やすことに熱心な政治家にとって，幅広い訴求力を持った曖昧な言葉は便利なものである。分析者にとっては，（概念の）そのような曖昧さは混乱という泥沼に陥るものである。我々が利用可能な概念を生み出さないと，相互依存関係やレジーム変容の理解を促進するものは，はるかに少なく，我々はレトリックのジャングルに分け入っていかなければない。我々の任務は，相互依存関係にある政治を分析することであって，それを褒め称えることではないのである。

1　相互依存関係の新しいレトリック

　冷戦期，「国家安全保障」はアメリカの政治指導者が自分たちの政策への支持を調達するために使ったスローガンであった。国家安全保障というレトリックは，「自由世界」の経済的，軍事的，政治的構造を，かなりのコストをかけて維持しようとする戦略を正当化した。同時にこのレトリックは，同盟，対外援助，広範な軍事的関与の正当化のためばかりでなく，国際協調と国連に対する支持のための理論的根拠となった。

　国家安全保障は，世界の出来事にアメリカが今まで以上に関与していくことを主張した国際主義者にとってお気に入りのシンボルとなった。ホワイトハウスで外交政策を調整する中心的な部局は，国家安全保障会議と命名された。トルーマン政権は，アメリカに対するソ連の脅威を理由に，イギリスに借款を行い，さらに議会でマーシャル・プランを通過させた。ケネディ政権は，1962年通商拡大法を通過させようとして安全保障問題を利用した。歴代大統領は，議会内にある特定の経済的利益を代表するグループ，とりわけ保護主義的通商政策を支持するグループをコントロールするために，安全保障問題を利用した。自分の選挙区に悪しき経済的効果をもたらすとか，増税につながると抗議した議員は，（大統領によって）「国家安全保障上の利益」は選挙民の犠牲を必要とすると説得され，今度は議員が選挙民に説明する羽目になった。同時に，特に国内石油生産者やその政治的同盟者によって推進された石油輸入割り当ての事例に見られるように，特定の経済的利益はそれ自体の目的のために国家安全保障という言葉が持つ象徴的意味をしばしば左右したのである[10]。

　国家安全保障の持つ象徴的意味は，冷戦とアメリカ国民が当時持っていた厳しい脅威認識の産物であった。国家安全保障は中心的な国家目標であり，国際政治において安全保障上の脅威は永遠に続くものであると主張するリアリスト的分析によって，国家安全保障の持つ説得力は増幅されたのである。国家安全保障の持つ象徴的意味と，それを支持したリアリスト的分析方法は，世界の出来事に対応する一定の方法論を集約的に示したばかりでなく，ある変化，とりわけ第3世界における過激派政権に対する変化が，国家安全保障にとって有害

であるように見えたが、一方、先進工業国間の経済関係の根本的な変化は重要でないように思えたのである。

　安全保障上の冷戦的な脅威感が緩むにつれて、対外的な経済競争と対内的な配分をめぐる対立が高まっていった。多様で矛盾することがしばしばある関与の形態が、（国家安全保障という）唯一のレトリックの傘の中に雨宿りしていたので、「国家安全保障」という概念の知的曖昧性は益々顕著になった。アメリカ、ソ連、中国、ヨーロッパ、日本という5大勢力の間の世界規模での勢力均衡というイメージに基づいて、ニクソン大統領は、中ソの政治的、軍事的行動に対してばかりでなく、戦後アメリカの同盟国になった国々による経済的挑戦に対応するために、伝統的なリアリスト的概念を拡大しようとしたが、しかしそれは徒労に終った。

　軍事的関心が中心であった国家安全保障という概念が曖昧になるにつれて、この言葉の持つ象徴的な力も弱体化していった。この弱まりは、この概念の曖昧性が増大したことを反映したものであるばかりか、ヴェトナム戦争の泥沼化、世界的規模でのデタントともいえる中ソとの敵対関係の緩和、ウォーターゲート事件に関連してニクソン大統領が国家安全保障レトリックを誤用したことに対するアメリカの反応をも反映したものであった。国家安全保障概念は、国際主義者の用語集の中の中心的象徴としての立場を、相互依存関係と共有しなければならなかった。

　政策そのものによって部分的に生み出される状況としてよりも、むしろ、政策（と国内利益集団）が順応しなければならない現実、即ち不可避なものとして相互依存関係を描き出すために、政治指導者は相互依存のレトリックをしばしば使うのである。利害対立は相互依存関係によって緩和され、協力だけが世界の諸問題を解決できると政治家が主張するのが普通である。

　「我々は皆共通の事業に携わっている。いかなる国家も、国家内のいかなる集団も、世界の経済成長を維持できる限界を超えることによっては利益を得ることはできない。いかなる者も、強さを試すことに発展の基礎を置くことによって利益を得ることはできない」。この言葉は、現代世界の現実を分析するというよりも、第3世界の主張を制限し、国内世論に影響を与えようとする政治家の言葉であることは明らかである。アメリカが世界的なリーダーシップを維

持することを望む人々にとって，相互依存という言葉・概念は，新しいレトリックの一部となってきたのであり，対内的には経済ナショナリズムに対抗し，対外的には国益を守ろうとする各国の強硬な主張に対抗するために使用されている。相互依存の持つ意味は，国家安全保障の持つ象徴的意味とはかなり異なるように見えるかもしれないが，両者は，いずれも世界政治におけるアメリカのリーダーシップを正当化するために利用されることがしばしばであった。

だが相互依存のレトリックと国家安全保障の象徴的意味は，不安定な形で共存しているにすぎない。極端な言い方をすれば，前者は利害衝突はもはや過去のものであると主張し，後者はこの衝突は当然のものであり，暴力的にもなりうるものであるし，今後もそうであると主張する。（前にも指摘したとおり）どのような分析モデルを世界政治に適用すべきかについて判断する際に生じる混乱は，アメリカがどのような政策を採用すべきかについての議論の混乱とよく似ている。相互依存というレトリックも国家安全保障概念が持つ象徴的意味も，広範囲にわたる相互依存関係にかかわる諸問題を理解するための信頼するに足る基準を提示してはくれない。

人類の生存が軍事的脅威ばかりでなく環境悪化という脅威によって脅かされているので，国家間，国民間の利害衝突はもはや存在しないと，相互依存関係について雄弁に語る人々はしばしば主張する。我々の生命を支えている生態系に関して，我々1人1人が依存している国際経済システムが危険にさらされていること，すべての国家がそのようなカタストロフィに極めて脆弱であること，その問題——どのようにその問題を解決するのか，誰が問題解決のためのコストを負担するのかについての議論の余地は全くないが——の解決法はただ1つしかないという3つの条件が満たされた時にはじめてこの結論が導き出されるであろう。これら3つの条件がめったに存在しないことは明らかであるが。

だが勢力均衡と国家安全保障というイメージが，経済的・生態的相互依存関係という問題を分析するのにうまく適用されることは少ない。伝統的な用語を使うと，安全保障というのは，政府が直面する主要な問題とはなりそうもないものである。一定のイシューに関して軍事力は効果がないという点について言えば，パワーについての伝統的な概念は正確さに欠ける。特に，異なったイシューに対処するには，パワーの異なった源泉が必要とされるかもしれない。最

後に，相互依存関係の政治では，政府の利益ばかりでなく，国内的利益や超国家的な利益も関係してくる。国内政策と外交政策も相互に連関してくる。伝統主義者の指針である，国益という概念は，効果的に使うのが益々難しくなってきた。国家は国益に沿って行動するとか，国家は国力を最大化する，という国際政治の伝統的な行動原理は，曖昧になってきた。

相互依存関係が広く行き渡れば，国際紛争は消滅すると言っているのではない。それとは逆に，国際紛争は新しい形をとるようになって増加する可能性さえある。しかし世界政治における紛争を理解する伝統的アプローチは，相互依存関係の下での紛争をとりわけうまく説明するものではない。誤ったイメージと誤ったレトリックを問題解決に適用すると，誤った分析が行われて適切さを欠く政策が採用されることになる。

2　分析概念としての相互依存関係

一般的な用語法によると，依存関係とは外的な力によって規定されたり，かなりの程度影響を受ける状態を意味する。相互依存関係とは，極めて単純に定義すれば，相互に依存している状態を意味する。世界政治における相互依存関係とは，国家間，あるいは異なった国々のアクターの間の相互作用によって特徴づけられる状態を意味する。

国境を越える通貨・財・人間・情報のフローなどの国際的交換から，こうした相互作用は生じることがしばしばである。そのような交換は，第2次世界大戦以降，劇的に増大した。「ここ数十年の間，国境を越える様々な型の人間の相互連関性が10年ごとに倍増してきたことが一般的傾向として指摘できる」[13]。だがしかし，この相互連関性は相互依存関係とは同じではない。相互依存関係における交換作用は，この交換作用と結びついた制約条件あるいはコストに左右されるのであろう。石油をすべて海外から輸入している国家は，(同額の)毛皮，宝石，香水を輸入している国家が，こうした奢侈品を継続的に確保することに依存している以上に，石油の継続的確保に依存するようになる。コストのかかる相互的な——必ずしも対称的ではないが——交換作用が行われているところには，相互依存関係が存在するのである。交換にあまりコストのかから

ない作用である場合には、単に相互連関性が存在するだけである。我々が相互依存関係の政治を理解しようとすると、この区別は極めて重要である。

　核による人類の破滅に対して米ソ双方が抱いた恐怖から生まれた、両国の戦略的相互依存関係に見られるように、コストのかかる効果は、別のアクターによって直接的かつ意図的に仕掛けられるものかもしれない。しかしコストのかかる効果の中には、他のセクターから直接的あるいは意図的に生まれないものもある。たとえば、集団的行動は、①同盟――その加盟国は、相互に依存し合っているものであるが――にとって、②国際経済システム――そのシステムのいずれかのアクターの悪意ある行動のためというよりも、アクター間の政策調整の欠如のために混乱に陥る可能性がある――にとって、③産業排水が徐々に増加することによって脅かされる生態系にとって、大惨事を阻止するために必要なことかもしれない。

　我々は、相互依存関係という用語を相互に利益を与え合う状況と限定するつもりはない。相互依存関係という用語を、相互に利益を与え合う状況と定義すると、その概念は、近代主義者の世界観が広く行き渡っている問題、すなわち軍事力に対する脅威が少なく、紛争のレベルが低い問題だけで分析上有用なものとなる。この定義は、かつての米ソ間の戦略的相互依存関係のような相互に依存している相互依存関係の事例には当てはまらない。この定義を使うと、工業国と途上国との間の関係が相互依存的であるかどうかが極めて曖昧となってしまう。工業国と途上国の間の関係を相互依存関係の概念に組み込むかどうかは、この関係が「相互に利益がある」かどうかについての本来的には主観的な判断に左右されよう。

　ある関係が相互依存関係であるかどうかについての不毛な議論を避けたいし、近代主義者と伝統主義者のアプローチをさらに分断するよりもむしろ両者を統合するために相互依存関係の概念を利用したいので、我々はもっと幅広い定義を行いたい。相互依存関係は自律性を制約するので、この関係は常にコストを必要とするということを我々は指摘したい。そうはいっても、相互依存関係の利益がコストを上回るかどうかをアプリオリに特定することはできない。特定するには、相互依存関係の本質ばかりでなく、アクターの持っている価値が問題となる。我々が「相互依存的」であると呼ぶ関係が、相互に利益を与え合う

ことによって特徴づけられると保証するものは何もない。

　相互依存関係のコストと利益を分析するために2つの異なる視点を導入することができる。第1の視点は，関係国にとっての共通の利益や共通の損失に焦点をあてる。第2の視点は，相対的利益と，それを配分するというイシューを強調する。古典派経済学者たちは，相対的利益について洞察する場合，第1のアプローチを採用してきた。すなわち，国際貿易が（人為的に）歪められない限り，国際貿易は関係国すべてに利益をもたらすという立場である。（関係国の）共通利益という点にだけ焦点を合わせたために，こうした共通利益が（関係国の間で）どのように配分されるのかという第2の重要なイシューが曖昧になる可能性があることは不幸なことである。相互依存関係についての重要な政治的イシューの多くは，「誰が何を手に入れるのか」という政治をめぐる古くからの問いを中心に展開する。

　ある関係から生じる共通利益を増大させる措置は，どういうわけか配分をめぐる紛争を起こさない，という仮説には用心することが重要である。政府も非政府組織も，自分たちが相互依存関係から膨大な利益を得ている時でさえ，取引から生まれる利益の分け前を増やそうと必死になるのである。たとえば，石油輸出国政府や多国籍石油企業は，石油価格が高値になることに共通の関心を示すが，それにかかわる利益の分け前をめぐって対立してきたのである。

　それゆえ，我々は相互依存性の高まりのために，国際紛争によって特徴づけられる悪しき古い世界に取って代わるものとして，国際協力によって特徴づけられる勇気ある新しい世界が生まれつつあるという視点にも留意すべきである。小さな子供を持つ親なら誰でも知っていることであるが，大きなパイを焼いても一切れ一切れの大きさをめぐって子供たちが喧嘩するのを止めることはできない。楽観的なアプローチをすると，競争を本質とする国際政治における経済的・生態学的相互依存関係を利用できなくなる。

　伝統的国際政治と，経済的・生態学的相互依存関係の違いは，「ゼロサム・ゲーム」（ここでは，一方の利得が他方の損失となる）と「ノン・ゼロサム・ゲーム」との間の違いではない。軍事的相互依存関係は，ゼロサム的である必要はない。軍事同盟国が，すべての加盟国のために安全保障のレベルを高めようとして積極的に相互依存関係を追求するのは確かである。勢力均衡的状況ですら，

ゼロサム的である必要はない。もし（同盟関係にある）一方の国家が，現状を打破しようとすると，それによって得られる利益は他方の犠牲によるものである。しかし（同盟関係にある）ほとんどの加盟国あるいはすべての加盟国が安定した現状を欲する場合には，これらの加盟国は，加盟国の間の勢力均衡を維持することによって共通利益を確保できるのである。これとは逆に，経済的・生態学的相互依存関係に基づく政治は，たとえ協力することによってかなりの実質的利益が期待できる場合でも，競争的要素を孕むのである。軍事的安全保障をめぐる伝統的な政治と，経済的・生態学的相互依存関係をめぐる政治との間には，著しい相違とともに重要な継続性も存在しているのである。

　等しく均衡のとれた相互間の依存状態として相互依存関係を定義することのないように注意することが必要である。アクターが互いに交渉する場合に，最も相手に影響を及ぼす源泉となるのは，相手に対する依存の非対称性なのである。相手にあまり依存していないアクターは，あるイシューをめぐって交渉したり，他のイシューに影響を与えるためにパワーの源泉として相互依存関係をしばしば利用することができる。100％対称的である相互依存関係の正反対が100％の依存関係である（その状況を偽って相互依存関係と呼ぶこともあるが）。しかし100％の相互依存関係も100％の（一方的）依存関係も稀である。ほとんどのケースは両極端の中間に位置しているのである。その中間的位置とは，相互依存関係をめぐる政治的駆け引きのプロセスが行われる場である。

3　パワーと相互依存

　政治家や国際政治の分析者にとって，パワーというのはいつも捉えにくい概念である。今日では，パワーは以前よりもはるかに捉えにくくなっている。軍事力が他の力に圧倒的な影響を与え，最も大きな軍事力を持つ国家が国際政治を支配するというのが伝統的な見方であった。しかしパワーを生み出す源泉は，以前よりも複雑になっている。ある鋭い観察者の目には「第2次世界大戦後の時代には，パワーを構成する要素，パワーの使い方，パワーの行使によってもたらされる成果が根本的に変化した」と映っている。軍事的に脆弱な国家が「（それぞれの時代の）最先端の経済活動にとって不可欠な原料を独占するか，

ほぼ独占する(15)」ことに象徴されるように，政治的，軍事的，経済的パワーの間の機能的な関係が歴史的に前例のないほど相互に断ち切られたのだとまで，ハンス・モーゲンソー——国際政治についての現実主義の立場から卓越した教科書を書いた著者であることは言うまでもないが——が言い切ったのは，1970年代初頭に起こった国際政治上の出来事に対する反応としてであった。

　パワーは，アクターが（自分が受け入れられるコストで）他の人々に何かをさせる——させようとしないと，彼らは自らそうしない——能力と考えることができる。パワーは（パワーを行使した場合の）結果を制御するという観点からも考えることができるものである。いずれにしても（パワーを）測定することは簡単ではない。我々は，アクターに（パワーを行使できる）潜在的能力を与えるパワーの最初の源泉を見ることができる(16)。あるいは我々は，結果のパターンを左右するアクターの実際の影響力を見ることができる。非対称的な相互依存関係がパワーの源泉となりうると我々が言う場合，我々はパワーを資源をコントロールするもの，あるいは結果に影響力を与える潜在力を持ったものとみなしているのである。他者との関係において，あまり他者に依存していないアクターはかなりの政治的源泉を有していることがしばしばある。なぜならば（アクターがつくり出すか，脅かすことができるかもしれない）関係が変化することは，パートナーにとってよりもむしろ，当のアクターにとってコストがかからないからである。しかしながら，相互依存関係における有利な非対称性がもたらす，政治的資源が，結果を左右する同じようなパターンを生じさせることをこの有利さが保証するわけではない。何らかのタイプもしくは資源によって測られるパワーと（政策）結果に及ぼす影響によって測られるパワーとの間に1対1の関係があることは滅多にない。政治的取引は，普通は潜在的能力を現実の力に変換する手段であるが，変換されるプロセスで多くが失われることがしばしば起こるのである。

　相互依存関係におけるパワーの役割を理解するには，敏感性と脆弱性という2つの次元を区別しなければならない。敏感性には，政策枠組みの中の反応の程度——1国における変化が他国におけるコストのかかる変化をどのくらいの早さで引き起こすのか，そしてそのコストをかけて生み出した効果はどの程度大きいのか——が含まれる。反応の程度は，国境を越えるフローの量によ

ってばかりか，取引の変化が社会や政府に与えるコストのかかる効果によっても測定できる。敏感性に基づく相互依存関係は，政策枠組みの内部の相互作用によって生み出される。敏感性は政策枠組みが変化しないことを前提としている。政策の組み合わせは一定であるという事実は，短時間で新しい政策を策定するのが困難であることを反映しているのかもしれないし，あるいはその事実は国内的・国際的ルールに見られる一定のパターンに関係があることを反映しているのかもしれない。

　敏感性に基づく相互依存関係の事例は1971年，1973〜75年の石油価格の上昇によって日米欧が影響を受けたことである。新しい政策——それを実行するには何年も何十年もかかる——が何もない時に，これら諸国の経済の敏感性は，これら諸国が輸入する外国産原油の価格上昇と輸入量の割合が果たす機能である。アメリカは原油価格の上昇に対し，日本ほど敏感に反応しなかった。それはアメリカが輸入しなければならない原油量は（日本より）少なかったからであるが，しかし急速な原油価格の高騰とガソリン・スタンドの長い行列が示していたように，アメリカも外部要因の変化には敏感であった。相互依存関係にある各国の敏感性のもう1つの事例は，1971年8月15日以前に発生した国際通貨危機である。IMF（国際通貨基金）のルールによって各国の金融政策が受けた制約を考えれば，ヨーロッパ諸国の政府はアメリカの金融政策の変更に敏感であったし，アメリカもヨーロッパ諸国が自ら保有するアメリカ・ドルを金と兌換するようアメリカに要求するのではないかとヨーロッパ諸国の決定に敏感であった。

　敏感性に基づく相互依存関係は，経済的レベルだけでなく社会的，政治的レベルでも見られる*。たとえば1974年に，取るに足らないこととはいえ，あっという間にストリーキングがアメリカからヨーロッパに伝染したり，もっと重要なことであるが，1960年代末の過激な学生運動が欧米それぞれの活動を互いに知ることによって強化されたように，社会的な伝染効果があるのである。国境を越えたコミュニケーションが急速に発展することによって，そのような

---

*　我々は，経済学者が使用する物価の敏感性や利子率の敏感性ばかりか，政治と経済相互間の敏感性について言及しているので，我々の定義はリチャード・クーパー（Richard Cooper）の *The Economics of Interdependence*（New York: McGrew-Hill, 1968）に依拠しながらも，それとは異なるものである。

敏感性が強まるのである。夕食をとろうと、今まさにテーブルにつこうとしているヨーロッパやアメリカの人々に南アジアでの飢餓を生々しく伝えることによって、テレビはほぼ確実にこうした問題に対する注意と関心を欧米社会に喚起するのである。このような問題に対する敏感性は（飢餓という）苦境を軽減するための政策がとられず（その結果、経済的敏感性が刺激されることがない場合でも）、デモや他の政治的行動に反映されるかもしれない。

しかしながら、敏感性に言及するためだけに相互依存関係という言葉を使うことは、相互に依存し合うという最も重要な政治的局面のある部分を曖昧にしてしまう。[17] 政策枠組みが変更しうるものならば、我々は状況がどういうものになるかという点に関しても考慮しなければならない。もっと多くの選択肢が存在し、今までにはない新しい（今までとは）異なった政策をとることが可能な場合には、外的変化に適応するコストはどのようなものとなるのだろうか。たとえば原油の場合、重要なのは必要な輸入量ばかりでなく、輸入されるエネルギーに代替するエネルギーと、こうした代替エネルギーを確保するためのコストである。それぞれ必要原油量の35％を輸入している2つの国家が、ともに原油価格の上昇に敏感であるとする。しかし1国は適切な価格の国内資源に依存することができるのに対し、もう1国の方がそのような代替資源がない場合、後者は前者より脆弱となる。相互依存関係の脆弱性は、様々なアクターが直面する選択肢の相対的な有効性とコストの程度に左右される。

1960年代末頃、ブレトンウッズ通貨体制の下で、米英はともに外国の投機筋や中央銀行が資産をドルやポンドから（他の通貨に）シフトしようとする決定に敏感になっていた。しかしアメリカの方はイギリスよりも（売り圧力に）強かった。なぜならアメリカはアメリカ自身が持ちこたえると判断したコストで、この通貨体制を変更するオプションを持っていたからであり、実際に1971年8月このオプションを採用したのである。アメリカが保有する基礎的国力によって脆弱性は弱まり、その結果、敏感性は政治的には深刻なものにはならなかった。

依存関係を維持するのにかかるコストという点から見ると、敏感性とは、状況を変えようとする政策を変更しないうちに外部から課せられたコストのかかる効果を生み出しやすい傾向を言う。政策が変更された後でさえ、外的出来事

によって課せられたコストをアクターが引き受けざるをえなくなる傾向として脆弱性を定義することができる。政策をすぐに変更することは難しいので，外的変化が直ちに生み出す効果は，一般的には敏感性に基礎を置く依存関係を反映したものである。時間の経過とともに変化する環境に効果的に対応していくコストを認識することによってはじめて脆弱性の依存関係を測定することができる。

　コストを払わなければならない対外的出来事，たとえば産油国が原油価格を上昇させた時に消費国が直面するという状況に，3つの国家が同時に直面したと仮定して，図式的にこの区別をしてみよう。

　図1-1はそのような外的変化によって生じたコストに，これらの諸国がどの程度，敏感に反応したかを示したものである。当初A国は（外的変化によって生じたコストに対して）B国よりも若干高い敏感性を示し，C国よりははるかに高い敏感性を示した。さらに，時間の経過とともにC国の敏感性は，政策変更が全くなされない場合ですら低下したとする。政策変更が行われた場合，それは原油消費量を徐々に減らし，その結果，輸入も減らしたC国において原油価格が上昇したことにより引き起こされた可能性がある。グラフに示された時間の経過による各国の敏感性の合計は，それぞれの線の下の領域に表示される。*

　外国の行動（政策）によって生じたコストを減らすために各国は自国の政策を変更しようとすることもあると仮定して，この図を変えてみよう。我々が今使っている原油の例では，こうした試みは国内での高価なエネルギー源を供給するか，新たに開発するための高価な国内的コストを負担する決定を伴うことになるかもしれない。こうしたコストの程度と，進んでこうしたコストを引き受けようとする政治的決断が脆弱性の目安である。日本のような国家の脆弱性は，主としてその国家の物理的条件に規定されており，莫大なコストをかけない限り脆弱性から逃げることはほとんど不可能である。アメリカのような他の国家にとって，物理的脆弱性はそれほど大きくない。たとえば，1973年以降，新しいエネルギー政策を策定しようとしたアメリカの努力は，この問題についての国内的合意が成立しなかったため勢いを失ったのである。

＊　我々の事例は慎重に単純化されている。とりわけ後の時点における状況でのコストは，適切な割引率によって減少させなければならないことは当然である。

第Ⅰ部　相互依存関係を理解する

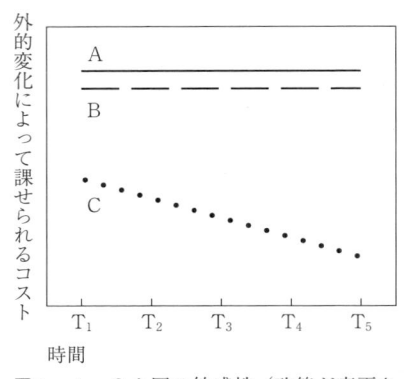

図1−1　3カ国の敏感性（政策が変更されないと仮定して）

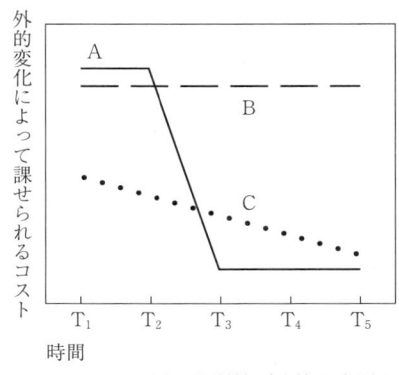

図1−2　3カ国の脆弱性（政策が変更されると仮定して）

　脆弱性を示す図1−2で，A国の脆弱性はA国の敏感性よりもはるかに低いことが分かる。第2期の初期における政策変更によって，A国は第3期までに外的変化によってもたらされたコストをほぼ消滅点にまで減少させることができる。A国の脆弱性が減少したとするならば，それは政策が効果的であったためであり，外的変化によってもたらされたコストはほぼ消滅点にまで減少させられる。A国の脆弱性が減少したとすると，それは原油が実際に十分供給されるようになったか，十分供給される可能性が高まる効果的な政策が採用された結果であろう。たとえば，その政策は，当該政府Aによって開発される可能性のある新しいエネルギー源を確保したものかもしれない。B国，C国は政策を変更させても（A国ほど）自国の状況を変更させることができず，その結果，外的変化によって引き起こされるコスト（上昇）に，依然として脆弱なままである。

　それゆえに，第1回目の外的変化が発生した時に，A，B，C3カ国が抱える敏感性に基づく依存関係は，その時点における3カ国の脆弱性の依存関係と同じではない。政策変更がすぐに効果を表すかどうかの目安は必ずしも正確に長期に渡る敏感性を示すものではない——C国の敏感性が時間の経過によって減少していくことは当然であることに留意すべきである——が，この目安は長期的な脆弱性を測定する場合にかなり不正確なものとなりがちである。なぜなら長期的な脆弱性は政治的意志，政府の能力，資源の持つ影響力に左右さ

第1章 世界政治のなかの相互依存関係

れるからである。

　脆弱性は，相互依存関係の政治的構造を理解するためにとりわけ重要である。いわば脆弱性はどのアクターが「セテリス・パリバス（＝暗黙の了解：訳者）条項の規定者」であるか，あるいはどのアクターがゲームのルールを設定できるのかに焦点をあてている。1973年以降，（国際政治の）パワーを変容させると思われた資源をめぐる政治を分析する際には，脆弱性の方が敏感性より適切であることは明らかである。資源を輸入する割合が高いということは，脆弱性の指標として理解されるが，その場合，それ自体，敏感性が高いかもしれないということを示しているだけである。脆弱性を規定する中心的問題は，政策変更によって，この（原油という）資源を効果的に十分確保することができるのか，またそのためのコストはどのくらいかかるのかということである。ボーキサイトの代替物を確保するには，（費用的にも時間的にも）どのくらいのコストがかかるかを我々が知ってはじめて，アメリカがボーキサイトの約85％を輸入している事実がボーキサイトの輸出業者のとる行動にアメリカが脆弱であることを示すことになる。

　脆弱性（という概念）は，政治経済関係ばかりか，政治社会関係にも適用される。1960年代末に起こったトランスナショナルかつラディカルな運動に各国社会がどの程度脆弱であったかは，社会変動に対処し，社会的混乱を軽減するための政策を調整しうる各国の能力に左右される。スウェーデンがアメリカのヴェトナム戦争を批判した時，アメリカがスウェーデンとの文化交流を中止する可能性に対する脆弱性が生まれたとすれば，それはスウェーデンが（アメリカを批判することによって生じた）新しい状況に対してどのように（対米）政策を調整することができるかに左右されたのである。交換教授や旅行者を（アメリカ以外の）どこか他の国から呼ぶことができたのであろうか。

　南アジアの飢餓がアメリカに及ぼした影響を再度見てみよう。食糧援助政策が欠如しているとアメリカの政権が国内から批判を受けた場合，その政権の抱える脆弱性は，他の政治的・経済的コストをかけずに（たとえば，インドへ今までよりも多くの穀物を輸送することによって）どの程度容易に政策を変更することができるかに左右されるであろう。

　こうした区別は我々が相互依存関係とパワーの関係を理解する上でどのよう

に役立つのであろうか。パワーの源泉をアクターに与える場合，敏感性に基づく相互依存関係の方が脆弱性に基づく相互依存関係より重要でないことを，この区別が示していることは明らかである。あるアクターが対内的にあるいは対外的に政策を変更することによって，そのコストを削減することができるとしても，敏感性が示すパターンはパワーの源泉が何かを十分に示すことにはならない。

　1972年から1975年までの時期における米ソ間の農産物貿易を考えてみたい。当初，アメリカ経済は，ソ連からの農産物の購入には極めて敏感であった。すなわちアメリカでは穀物価格は劇的に上昇したのである。ソ連もまたアメリカの余剰農産物の備蓄が放出されることに敏感であった。というのも放出されないならば，対内的には経済的ばかりか政治的にも意味を持つはずであったからである。しかしながら脆弱性の非対称性は，アメリカに極めて有利に働いた。なぜなら，ソ連に穀物を売却しない政策の代替案（政府備蓄を行うこと，国内価格を下げること，対外食糧援助を増やすこと）の方が，アメリカから穀物を購入しないというソ連側の基本的な代替案（家畜を屠殺したり，肉の消費量を減らしたりすること）より魅力的であったからである。アメリカ政府が一貫して政策を制御できる限り，すなわち貿易を拡大することに利害関係を持っている利益集団が政策を制御しない限り，農業貿易はソ連との政治的取引の手段として使えたのである。

　脆弱性に基づく相互依存関係には，敏感性に基づく相互依存関係が含んでいない戦略次元が含まれているが，しかしこのことは敏感性が政治的に重要でないことを意味するものではない。敏感性が急速に高まると，相互依存関係に対して不満が生まれ，相互依存関係を変えようとする政治的努力を引き起こすことがしばしばである。繊維産業や鉄鋼産業の労働者，石油の消費者，海外で起こったラディカルな運動に懐疑的保守主義者たちは皆，自分たちの利益を守るために政府の政策をしばしば要求するようになる。しかしながら政策決定者や政策分析者は，自分たちの戦略を決定する際に，脆弱性に基づく相互依存関係の基本的パターンを検討しなければならない。彼らはどのくらいのコストで，何をすることができるのか。これに対して，他のアクターはどのくらいのコストで何をすることができるのか。敏感性に基づく相互依存関係のパターンは，

靴がどの部分で自分の足を締めつけているのか，車輪がどの部分でキューキュー音をたてるかを説明するかもしれないが，一貫した政策は実際の潜在的な脆弱性を分析することに基礎を置くものでなければならない。脆弱性の基本的パターンを無視して，非対称的な敏感性の相互依存関係を探ろうとする試みは失敗するだろう。

　しかしながら経済的，政治社会的脆弱性を操作することにはリスクも伴う。相互依存関係を操作しようという戦略は，別の戦略によって対抗しようとする動きを引き起こしがちである。経済的手段だけでは，軍事力の深刻な行使に対抗するには効果がないという意味で軍事力は経済力に勝っているということを常に肝に銘じておくべきである。このように非軍事的分野での非対称的な相互依存関係を効果的に操作することすら，軍事的手段で対抗されるというリスクを引き起こしかねない。1940～41年にアメリカが経済的禁輸に対する日本の脆弱性を利用した時，日本は真珠湾とフィリピンを攻撃することによって対抗した。だが軍事的行動は非常にコストがかかるのが常である。多様な対抗措置のコストは，過去30年の間に急激に高まったのである。

　表1-1は，我々が議論してきた3つのタイプの非対称的な相互依存関係を示している。軍事的相互依存関係によってもたらされるパワーの源泉は，非軍事的脆弱性によって生み出されるパワーの源泉を凌駕し，今度は脆弱性が敏感性の非対称性によって生み出されるパワーの源泉を凌駕するのである。だがより優越的なパワーを行使すると，より高いコストを払わなければならない。このように（軍事力の行使は）コストと相対関係にあるので所定の目的を達成しようとする場合，軍事的手段は経済的手段よりも効果的であるという保証はない。しかしながら，問題となっている利益が重要になるにつれて，アクターは（パワーの）優越性の点でもコストの点でもランクの高いパワーの源泉を使う傾向があると予測できるのである。

　1つの次元におけるパワーの源泉の配分と，他の次元におけるパワーの源泉の配分との間に実質的な不一致があるところでは，あるパワーの源泉からもっと効果的だが，もっとコストのかかるパワーの源泉に移行する可能性が高い。そのような状況では，不利なアクターのパワー・ポジションは，論争が行われるレベルを上げれば上昇するであろう。たとえば，石油採掘権の協定では多国

表1-1 非対称的相互依存関係とその利用法

自立性の源泉	優越性の順位	コストの順位	現在の利用法
軍事的 (軍事力を行使するコスト)	1	1	極端な状況のなかで使用されるか，もしくはコストが小さい場合に弱い敵に対して使われる
非軍事的脆弱性 (代替的政策を追求するコスト)	2	2	規範的制約が弱く，国際的ルールが拘束的でないとみなされる時に使われる（敵対国間の非軍事的関係と緊密なパートナーや同盟国間の極めて深刻な紛争状況を含む）
非軍事的敏感性 (現在の政策の下で政策変更するコスト)	3	3	短期的なパワーの源泉あるいは規範的制約が強く，国際的ルールが拘束的である場合。高いコストが課せられるならば，不利益を被るアクターは新たな政策を打ち出すので限定的になる

籍石油企業は，油田を所有している国の政府より強い交渉上の立場を持っているようである。その協定によって石油企業は石油の生産量や価格を決めることができ，こうして産油国政府の（石油）収入を石油企業の決定に従属させることができるのである。だが，産油国政府の方が脆弱性の次元では強い可能性が高いので，そのような状況は本来的に不安定である。その産油国が一方的に協定を変更することができるとひとたび決意するなら，その国は優勢となる。脆弱性のレベルでの弱み（軍事力のレベルでははるかに劣る）を認識せずに，石油企業が敏感性のレベルにおける優越的立場を利用しようとするいかなる試みも破滅的な結果に終わる可能性が高い。

　パワーの源泉としてのアクター間の非対称的な相互依存関係を考えることによって，国際的相互依存関係をはじめて有益な形で政治的に分析することが可能となる。そのような枠組みは，国家間関係ばかりでなく（多国籍企業のような）トランスナショナルなアクターと政府との間の関係にも適用可能である。相互依存関係のタイプが異なる場合には，政治的影響力が生まれる可能性があるが，影響力が生まれるのは異なった制約条件の下である。ルールと規範が効果的に機能することが当然であると認められる場合に限り，あるいは不満を抱いている国家が早急に政策を変更しようとすると凄まじくコストがかかる場合に限り，敏感性に基づく相互依存関係は重要な政治的影響力を生み出す基礎と

なりうる。一連のルールによって，あるアクターが不利な立場に置かれた場合，そのアクターはほどほどのコストで変更することができるならば，おそらくこうしたルールを変更しようとするだろう。このように敏感性の好ましい非対称性から生じる影響力は，脆弱性の本来的な非対称性が好ましいものでない場合には，極めて限定的である。同様に，ある国家が自国の経済的脆弱性にいら立つならば，その国家は1941年に日本がしたようにその状況を正そうとして軍事力を使用するかもしれない。あるいは（産油国が）将来，石油輸出をボイコットする可能性に直面して，1975年にアメリカがしたように，その国家はさりげなく軍事力の行使をちらつかせるかもしれない。しかし現代の多くの状況では，軍事力の行使にはコストがかかりすぎ，（軍事力を行使するぞという）脅しは，相手にそう思い込ませるのが大変難しいので，軍事戦略は自暴自棄的なものとなる。

　だが以上のことは，パワーと相互依存関係についてのすべてではない。パワーを行使する手段の限界を理解することは，相互依存関係を操作することがパワーを行使する手段となりうる様子を理解することと同じくらい重要なのである。非対称的な相互依存関係そのものは，国家間の伝統的な関係においてさえ交渉の結果を説明できない。前にも述べたように，資源または資源となる可能性のあるものとして見た場合のパワーは，結果に影響を及ぼすものとして見た場合のパワーとは異なるかもしれない。我々はまた，政治的駆け引きのプロセスにおける「読み替え」にも目を向けなければならない。弱小国の関与の方が，国力の大きなパートナーの関与よりはるかに大きいかもしれない，というのがこの最も重要な理由の1つかもしれない。自立的なアクターほど積極的に損失を受け入れるかもしれない。政軍関係のレベルでは，北ヴェトナムを威圧しようとするアメリカの試みは明らかにその事例である。

　この点は協調的な国家間関係にも当てはまる。たとえば米加関係において，軍事力の行使あるいは行使するぞという脅しは，両国のいずれの国の選択肢からほぼ排除されているといえる。それゆえに，カナダが軍事的にアメリカよりも弱いという事実は，両国の政治的取引で大きな要因とはならない。カナダはアメリカによる軍事的報復や軍事的威嚇を心配せずに，石油や天然資源の輸出というような経済的問題に関して，優越的立場を利用できるのである。その上

に，現代の国際的相互依存関係の持つ他の条件のために，政治家たちが非対称的相互依存関係を操作する能力が制約される傾向がある。特に，弱小国は大国よりも対内的な政治的統一性は強いかもしれない。強大な国家は，全体としてみると他国に依存しないかもしれないが，対内的には分断されていて，国家としての統一性は政府内部の利害対立や政策調整の難しさによって弱まる傾向がある。

1920年と1970年の間の米加関係と米豪関係について，明らかになった事実を議論する第7章で，我々はさらにこの問題を検討する。我々が今まで述べてきたことは，非対称的な相互依存関係のようなパワーとなる可能性のあるものを測る目安を予測していないことを十分に示しているし，アクターが（政策）結果を左右することに成功したり，失敗したりすることを完全に予測するのに十分である。我々が今まで述べてきたことによって，弱小国にも大国にも利用可能な第1段階における交渉上の利点を知ることができる。非対称的依存関係のパターンに基づく予測が不正確なところでは，不正確である理由を綿密に検討しなければならない。パワーの源泉を（政策）結果を左右するパワーに転換させる交渉過程の中に，その理由が見出されることがしばしばある。

4　国際的レジーム変容

相互依存概念とパワー概念との関係を理解することは，本書の第1に重要な問い——相互依存関係が広く行き渡っている状況下で展開される世界政治の特徴とは何なのか——に答えるのに不可欠である。だが我々が今まで述べてきたように，相互依存関係は（国家）行動を規則正しいものにし，その行動を制御するルール・規範・手続きのネットワークの中で生じることがしばしばであり，このネットワークによって影響を受ける可能性がある。国際的レジームとしての相互依存関係に影響を与えるガバナンスの枠組みについて述べているのである。政治的取引のプロセスほど明らかではないが，我々の第2に重要な問い——レジームはどのように，そしてなぜ変化するのか——は，パワーと相互依存関係を理解するのに同じように重要である。

世界政治では，ルールと手続きは，十分に秩序が確立された国内政治システ

ムほど完全でもなく強制的でもなく，制度も強力でもなく自律的でもない。「ゲームのルールには，国内的ルール，国際的ルール，私的ルール，そして全くルールのない広大な領域が含まれる」。国際組織の脆弱性と国際法を強制するという問題があるために，観察者たちは国際的レジームが重要ではないと誤って考えてしまうこともあり，国際的レジームを全く無視するということも起こるのである。だがグローバルな統合は全体的に見て脆弱であるけれども，特定の国際的レジームは少数の国家，あるいは特定のイシューに関しては多くの国家を含む相互依存関係に重要な影響を与えることがしばしばである。たとえば第2次世界大戦以来，途上国への援助，環境保護，漁業資源の保存，国際通貨政策，国際気象協力調整，国際海事政策，国際テレコミュニケーション政策，国際貿易などを含む幅広い様々な分野のトランスナショナルなアクターや，国家を導くために，ルールと手続きの特定の組み合わせが発展してきたのである。これらのレジームには公式的で包括的なものもあるが，非公式的で部分的なものもある。こうしたレジームの効果は，問題分野によっても，時間によっても異なる。選択的レベルあるいは地域的なレベルでは，EU あるいは OECD のような特定の国家群は，相互関係のいくつかの分野に影響を与えるレジームを発展させてきたのである。

　国際的レジームは，1944 年にブレトンウッズで締結された国際通貨協定がそうであったように，国家間協定あるいは条約に組み込まれるかもしれないし，第2次世界大戦後に提案された ITO (International Trade Organization：国際貿易機関) から派生した GATT がそうであったように，一度も実行されたことがないが，提案はされた公式的な協定から発展するかもしれない。あるいは国際的レジームは，戦後の米加関係に見られたように，黙示的なものかもしれない。国際的レジームは，その広がりばかりでなく，レジームが主要アクターから受ける支持の程度でも異なるのである。規範や手続きに関して合意がなされていなかったり，ルールの例外のほうがルールの順守よりも重要である場合，レジーム不在の状況が生まれる*。

　相互依存関係のパターンに影響を与える国際的レジームを理解するためには，第**3**章で検討するように，国際システム内の構造とプロセスがどのように互いに影響を及ぼし合うかばかりでなく，その構造とプロセスそのものを観察する

25

必要がある。システムの構造は，同じようなユニットの間で能力が配分される様子に関するものである。国際政治システムにおいて，最も重要なユニットは国家であり，それと密接に関係した能力がパワーの源泉とみなされてきた。経済学者が，市場システム構造を，独占的，複占的，寡占的あるいは競争的と表現するように，主要アクターの数と重要性に従って国家間システムの中で行われるパワー配分――たとえば，単極構造，双極構造，多極構造あるいは分散構造など――で国際政治システムを分類する長い伝統がある。(22)それゆえに，構造は，パワー構造の中での配分的行動あるいは取引行動に関するプロセスとは区別される。ポーカーのたとえを使えば，プロセス・レベルでは，分析者はプレーヤーがどんな手を使うかに関心がある。構造レベルでは，分析者は，ゲームが始まった時，カードやチップがどのように配分されるかに関心がある。

国際的レジームは，国際システムのパワー構造と，この構造のなかで発生する政治的・経済的取引の間の中間的な要因である。システム構造――国家間にパワー資源を配分する――は，レジームの本質――公式的，非公式的規範，ルール，システムと関連した手続きの多少とも緩やかな組み合わせ――に深刻な影響を与える。逆にレジームは政治的取引と，システムのなかで生起する日々の政策決定に影響を与え，ある程度，それらを制御するのである。*

国際的レジームの変化は極めて重要である。たとえば，国際貿易においては無差別的貿易慣行を含む国際的レジームは，1947年GATT（General Agreement on Tariffs and Trade：関税と貿易に関する一般協定）によって規定された。半世紀以上に渡って，GATT協定はかなり効果的な国際的レジームを形成してきた。しかし1970年代に，発展途上国がこのレジームを変更させようとする努力が部分的に成功したのである。もっと広く言えば，1970年代中頃までに，途上国がNIEO（New International Economic Order：新国際経済秩序）の構築を要求したために，どのような国際的レジームが対外直接投資ばかりか原料貿易や製品貿易を統御すべきかをめぐって（先進工業国との間に）激しい論争が起こっ

---

* 我々が検討するレジームの特定の基本的規範を順守するという一般的な問題に，我々は関心を持っているのである。レジームはまた，レジームに執着する国家の間での政治的統合の程度とタイプに関して分類することができる。レジームの統合を促す次元や制度化につながる次元を測定することについての議論に関しては，ジョセフ・ナイ（J. Nye）の *Peace in Parts*（Boston, Little Brown, 1971）を参照すること。

た。だが 1990 年代に入り，先進国と途上国は，GATT を拡大・強化した WTO（世界貿易機関）を設立することで合意した。

我々が第II部で検討することになる2つの問題領域，すなわち通貨と海洋に関して，レジーム変容が急速で劇的であったものもあれば，漸進的であったものもある。1914 年には国際通貨政策で劇的変化が起こった。すなわち金本位制の停止である。1931 年には金為替本位制が廃止された。1944 年にはブレトンウッズ体制樹立に関して国際的合意がなされた。1971 年には金とドルの交換停止が行われた。海洋の利用を規制するルールは（通貨に比べ）ゆっくりと変化していったが，1945 年と 1967 年が重要な転換点であったことだけは確かである。だがしかし我々はそのような変化を適切に説明する国際関係理論を持っていないのである。国際関係理論でこの問題に焦点をあてたものがほとんどないのは確かである。

第**3**章で，我々は，様々な分野での相互依存関係を左右する規範，ルール，手続きのパターンが変化したり持続したりするという問題を詳しく検討する。この章で我々は，レジーム変容を説明して，その強さと弱さを検討するために，4つのモデル，すなわち4つの知的理論枠組みを提起する。これらのモデルは，世界政治の基礎的条件について，異なった仮説に左右されるものである。世界政治は時間によっても場所によっても変化するものであるので，単一の条件の組み合わせが，常に，どこでも当てはまるとか，1つのモデルが普遍的に適用される可能性が高いとか信じる理由はないのである。このように，説明のためのモデルを検討する前に，そのモデルが適用されるかもしれない条件を確定することにする。次の章で示すことになるが，現在起こっているレジーム変容のような急速に変化が進む時代には，世界政治の諸条件についての仮説は著しく異なる可能性があるのである。

注

(1) Stanley Hoffmann, "Notes on the Elusiveness of Modern Power" *International Journal* 30 (Spring 1975): 184.

(2) "A New National Partnership", speech by Secretary of State Henry A. Kissinger at Los Angeles, January 24, 1975. News release, Department of State, Bureau of Public Affairs, Office of Media Service, p. 1.

(3) たとえば以下を参照のこと。Lester R. Brown, *World without Borders : The Interdependence of Nations* (New York : Foreign Policy Association, Headline Series, 1972).

(4) Charles Kindleberger, *American Business Abroad* (New Haven : Yale University, 1969), p. 207.

(5) この用語は,Stanley Hoffman, "Choices", *Foreign Policy* 12 (Fall 1973) : 6 から引用した。

(6) たとえば以下を参照のこと。Robert Angell, *Peace on the March, Transnational Participation* (New York : Van Nostrand, 1969).

(7) John Maynard Keynes, *The General Theory of Employment, Interest and Money* (London : Macmillan, 1957), p. 383.

(8) 政治的リアリズムについての現代における第一級の定義については,Hans J. Morgenthau の著作を参照のこと。特に *Politics Among Nations : The Struggle for Power and Peace* (New York : Knopf, 1948 及びその後に出版された版)を参照のこと。また Morgenthau の以下の著作も参考になる。"Another 'Great Debate' : The National Interest of the United States," *American Political Science Review* 46 (December 1952) : 961-88. 及び *Scientific Man Versus Power Politics* (Chicago : University of Chicago Press, 1946). 「リアリスト」としての立場からの,モーゲンソーとは異なってはいるが,同様に印象的な説明は E. H. Carr の次の著作にも見出される : *The Twenty Years' Crisis, 1919-1939*, 2nd ed. (London : Macmillan, 1946). しかしながらカーはパワーの経済的源泉をモーゲンソーより強く強調している。

(9) 様々な尺度を使って相互依存関係が強まってきた傾向を示した証拠については,以下の2本の論文を参照のこと。Richard Rosecrance and Arthur Stein, "Interdependence : Myth or Reality," *World Politics* 26. no. 1 (October 1973) 及び Peter J. Katzenstein, "International Interdependence : Some Long-Term Trends and Recent Changes," *International Organization* 29, no. 4 (Fall 1975).

(10) 以下を参照のこと。Robert Engler, *The Politics of Oil : Private Power and Democratic Directions* (Chicago : University of Chicago Press, 1962).

(11) Arnold Wolfers の *National Security as an Ambiguous Symbol* は今なお第1級の分析である。彼の論文集 *Discord and Collaboration* (Baltimore : Johns Hopkins University Press, 1962)を参照のこと。(「国防」という伝統的概念に代えて)国家安全保障ドクトリンが登場してきたことについてのダニエル・ヤーギン (Daniel Yergin) の研究は,それが冷戦期の支配的な観念であったことを描き出している。Daniel Yergin, *The Shattered Peace : The Rise of National Security State* (Boston : Houghton Mifflin, 1976).

(12) Secretary of State Henry A. Kissinger, Address before the Sixth Special Session of the United Nations General Assembly, April 15, 1974, News release, Department of State, Office of Media Services, p. 2. Reprinted in *International Organization* 28, no. 3 (Summer 1974) : 573-83.

(13) Alex Inkeles, "The Emerging Special Structure of the World." *World Politics* 27 (July

1975): 479.
(14) Hoffmann, "Notes on the Elusiveness of Modern Power," p. 183.
(15) Hans J. Morgenthau, "The New Diplomacy of Movement," *Encounter* 3, no. 2 (August 1974): 56. ここでの見方は, 我々には間違ったものに思えるが, リアリズムの伝統に奇妙なほど一致している。
(16) 以下を参照のこと。Jeffrey Hart, "Dominance in International Politics," *International Organization* 30 (Spring 1976).
(17) Kenneth Waltz, "The Myth of Interdependence," in Charles Kindleberger (ed.), *The International Cooperation* (Cambridge, Mass.; MIT, 1970).
(18) 利得行列を使ってそのようなイシューに対処するゲーム理論の議論については, 以下を参照のこと。Anthony Lanyi, "Political Aspects of Exchange-Rate Systems," in Richard Meritt (ed.), *Communications in International Politics* (Urbana: University of Illinois Press, 1972). その後発表された同じような成果として, 以下を参照のこと。Richard N. Cooper, "Prolegomena to the Choice of an International Monetary System," *International Organization* 29, no. 1 (Winter 1975): 63-98.
(19) Barbara Haskell, "Recent Swedish-American Relations: Some Analytical Observations," translated as "Det moraliserande Sverige," *Internationella studier* 1 (Stockholm, 1976): 30-32.
(20) Susan Strange, "What Is Economic Power and Who Has It?" *International Journal* 30 (Spring 1975): 219.
(21) 経済分野における国際レジームについて概観するためには, 以下を参照のこと。C. Fred Bergsten and Lawrence B. Krause (eds.), *World Politics and International Economics* (Washington D. C.: Brookings Instituion, 1975). 本書は最初, *International Organization* 29, no. 1 (Winter 1975)の特別号として出版された。科学や技術の分野の国際レジームを概観するためには, 以下を参照のこと。The Special Issue of *International Organization, International Responses to Technology*, edited by John Gerard Ruggie and Ernest B. Haas, 29, no. 3 (Summer 1975).
(22) Kenneth N. Waltz, "Theory of International Relations," in Nelson W. Polsby and Fred I. Greensein (eds.) *Handbook of Political Science*, vol. 8, *International Politics* (Readings, Mass.: Addison-Wesley, 1975), pp. 1-86. また以下も参照のこと。George Modelski, *World Power Concentrations: Typology, Data, Explanatory Framework* (Morristown, N. J.: General Learning Co. 1974).

第2章
リアリズムと複合的相互依存関係

　世界政治についての人々の抱く仮説は、その人が見たものや、その人が事象を説明するための理論をどのように構築するかに深刻な影響を与えている。政治的リアリスト——その理論は第2次世界大戦後の時期には支配的であったが——の仮説は、相互依存関係の政治を分析するのには不適切なものであることがしばしばである。世界政治についてのリアリストの仮説は、諸条件を極端な形で定義したもの、即ち理念型としてみることができる。それとは極めて異なった諸条件を想定することもできる。本章で我々は、リアリズムとは正反対のもう1つの理念型を構築することにする。我々はそれを複合的相互依存関係と呼ぶことにする。リアリズムと複合的相互依存関係の違いを明確にした後で、複合的相互依存関係の方がリアリズムよりも現実をよりよく説明しうると主張することになる。リアリズムが現実を説明する場合、国際レジームの変容について伝統的に行われてきた説明は、疑問の多いものであり、新しい説明モデルを追究することが喫緊の課題である。

　政治的リアリストにとっては、他のすべての政治と同様に国際政治も権力闘争であるが、国内政治とは異なり国際政治は組織的暴力に支配された闘争である。第2次世界大戦後、出版された最も影響力の大きい国際政治のテキストの言葉を借りれば、「国際政治に影響を与える国家は、戦争という形をとる組織的暴力に絶えず備え、積極的に関与するか、あるいは（敗北から）立ち直るものである、とすべての歴史は示している」[1]。リアリストの国際政治像にとって、3つの前提が不可欠である。第1に、凝集力のあるユニットとしての国家が、世界政治の第一義的なアクターである。このことは二重の意味を有しており、国家は卓越した存在であり、国家は凝集力のあるユニットとして行動する。第2に、軍事力は政策を遂行するための利用可能で効果的な手段であるとリアリストは仮定する。他の手段も利用されるかもしれないが、軍事力を行使したり、

軍事力を行使するぞと脅すことは、パワーを行使する最も効果的な手段である。第3に、第2の前提のためもあり、リアリストは軍事安全保障を頂点とする世界政治におけるイシューの階層性を前提とする。軍事安全保障という「ハイポリティックス」が、経済問題や社会問題という「ローポリティックス」の上位に立っている。

　こうしたリアリストの前提が世界政治の理念型を規定しているのである。時として軍事力の行使を伴った、国家間の現実の紛争ないしは潜在的紛争によって政治が常に特徴づけられるような世界を、リアリストのこうした前提によって我々は想像することになる。各国は現実の脅威や想定される脅威から自国の領域や利益を守ろうとする。国家間の政治的統合は力強さに欠けるものであり、この統合から最も強力な国家の国益にかなう場合にだけそれが維持されるのである。（リアリストにとっては）トランスナショナルなアクターは存在しないか、政治的には重要ではないものなのである。国家は軍事力を巧妙に行使するか、行使するぞと巧妙に圧力をかける場合にだけ生き残ることができるのであり、政治家が勢力均衡を十分に機能させるばかりか、自国の国益を調整することに成功する場合にだけ国際システムは安定するのである。

　リアリストの前提のいずれにも反論することが可能である。もし我々がリアリストの前提のすべてに同時に反論する場合、国家以外のアクターが直接、世界政治に参加する世界、イシューについての階層性（上下・優劣）が存在しない世界、軍事力が政策を遂行するための効果的な手段でない世界を我々は想定することができる。こうした諸条件——それを複合的相互依存関係の特徴と呼ぶのであるが——の下では、リアリストの考える諸条件に基づく国際政治とはかなり異なる国際政治を想定することになろう。

　我々は本章の次節でこうした相違を検討することになる。しかし複合的相互依存関係は、世界の政治的現実を忠実に反映したものであると言い張るつもりはない。全く逆で、複合的相互依存関係もリアリストの描く国際政治の姿もあくまで理念型なのである。国際政治のほとんどの現実は、極端なこれら2つの理念の間のどこかに位置づけられるものである。リアリストの前提がかなり正確な場合もあるが、複合的相互依存関係の方が、国際政治の現実をより正確に描くことがしばしばである。ある状況ないしはある問題に適用するにはいかな

る説明モデルがよいかを決定する前に，リアリストの前提と複合的相互依存関係の前提のぞれぞれが，どの程度その状況ないしは問題に照応しているかを理解する必要があるだろう。

1　複合的相互依存関係の特徴

複合的相互依存関係には3つの主要な特徴がある。

① 　正式な外交組織ばかりでなく，政府のエリートの間の非公式な結びつき，政府外組織のエリート間の非公式な結びつき——直接顔を合わせた話し合いや，テレコミュニケーション手段を通じての交渉——，あるいは多国籍銀行や多国籍企業のようなトランスナショナルな組織を含む，多数のチャンネルが社会を結びつけている。こうしたチャンネルは，国家間関係，トランスガバメンタルな関係，トランスナショナルな関係として要約することができる。国家間関係はリアリストが前提とする通常のチャンネルであり，トランスガバメンタルな関係は，国家はユニットとして一丸となって行動するというリアリストの前提を我々が弱める場合に説得力を持つ。トランスナショナルな関係は，国家が唯一のユニットであるという前提を我々が弱める場合に説得力を持つ。

② 　国家間のアジェンダは，明確な，あるいは首尾一貫した階層性のなかには位置づけることができない多数のイシューから構成されている。とりわけ，このイシューの間の階層性の欠如は，軍事安全保障がこのアジェンダを一貫して占めているわけではないことを意味している。多くのイシューは，かつては国内政策と考えられていたものから生起していたが，今や，対内的イシューと対外的イシューの区別は曖昧になってきた。こうしたイシューは，政府のいくつかの省庁——必ずしも外交官庁ではない——や，いくつかのレベルで検討される。こうしたイシューに関して，政策調整が不適切であると，多大なコストが必要となる。政府部内でも政府間でも，イシューが異なれば連携の形も異なるが，対立の度合も異なるのである。政治というのは，杓子定規にはいかないのである。

③ 複合的相互依存関係が広く行き渡っている場合，ある国家は同じ地域内の他の国家に対して，またはある国家は軍事安全保障問題に関して軍事力を行使することはない。しかし，軍事力は，地域外の政府との関係においては，あるいは（軍事安全保障以外の）他のイシューに関しては重要であるかもしれない。たとえば，軍事力は同盟国間の経済的イシューの不一致を解決するには不適切であるが，同時に対立するブロックに対して同盟としての政治的，軍事的関係を維持するためには極めて重要である。同盟関係を維持するためには，複合的相互依存関係は機能するであろうが，対立するブロックに対しては機能しないだろう。

　国際政治の伝統的理論は，こうした3つの前提の妥当性を黙示的にせよ明示的にせよ否定している。それゆえ，伝統主義者たちは，複合的相互依存関係の理念型に基づく（国際政治）批判の適切性を否定したくなるのである。しかし経済的，生態学的相互依存関係にかかわるグローバル・イシューに関しては，これら3つの前提はかなり似通っており，いくつかの国家の間のすべての関係を特徴づけることは間もないと，我々は信じている。ここにおいて，我々の目的の1つは，我々のこの主張を証明することである。後の章で，我々は，海洋政策と通貨政策および米加関係，米豪関係における複合的相互依存関係を検討する。しかし本章では，（国際政治についての）伝統的前提についてのこうした批判を真剣に受け止めるように読者諸氏に訴えかけるつもりである。

多数のチャンネル

　主要国の空港に降り立つと，先進工業諸国の間に多数の接触チャンネルが存在していることを劇的な形で確認することになる。それを証明する膨大な文献が存在する。[2] 異なった国からやってくる官僚たちは，文書（の交換）による交渉ばかりでなく，会議でお互いに直接交渉したり，電話で交渉したりする。同様に，政府官僚以外のエリートたちも通常業務を通じても，3極（通商）委員会のような組織の仕事や会議でも，民間財団主催の会議でも頻繁に接触するのである。

　さらに多国籍企業や多国籍銀行も，対内関係にも国家間関係にも影響を与え

る。民間企業の（相互依存関係に与える影響力の）限界性，あるいは政府と経済界との間の関係の緊密性は，社会により異なる。しかし政府によって全面的に規制を受けない大規模かつダイナミックな活動をしている組織の参加は，対内関係ばかりか対外関係においてはよくあることである。

　自らの利益を追求して活動するばかりか，様々な国の政府の政策が相互敏感性を高める伝導ベルトとして機能するので，これらのアクターは重要である。政府の対内活動の範囲が拡大し，企業，銀行，（これら2つほどではないが）労働組合が国境を越える決定をするようになったので，異なる国家の対内政策はますます互いに影響を与えることになる。国々を横断するコミュニケーションがこうした傾向を補強している。このようにして，対外経済政策は，以前よりも対内経済活動に関係するようになり，国内政策と対外政策の違いを曖昧にし，外交政策に関連した多くのイシューを増大させている。環境規制や技術管理という問題が同時並行的に進展してきたことも，この傾向を助長している。

イシュー間の階層性の欠如

　外交問題のアジェンダ――各国政府が関心を持っている外交政策に関連した一連のイシュー――は，ますます拡大し，多様化してきた。もはや，すべてのイシューを軍事安全保障に従属させることはできなくなってきたのである。ヘンリー・キッシンジャー国務長官は，1975年にこのような状況について次のように表現していた。

　伝統的アジェンダと取り組もうとする積極的な姿勢だけではもはや十分ではない。今まで未知であった新しいイシューが現れてきた。エネルギー，資源，環境，人口，宇宙・海洋の利用といった問題が，伝統的に外交アジェンダを形成してきた軍事安全保障，イデオロギー対立，領土紛争といった問題と肩を並べるようになってきた。(3)

　キッシンジャーが挙げた新しいイシューのリスト――それはもっと拡大できるだろうが――政府の政策，以前は全く純粋に国内的と思われた政策ですら（各国同士で）互いにいかにして影響し合うかを示している。GATT，IMF，

EC（European Community：欧州共同体）ばかりでなく，OECD が発展させた広範な協議機関は，国内政策と対外政策の重なり合いが，先進民主主義国の間で，いかに顕著になっているかを示している。アメリカの主要な9つの省――農務省，商務省，国防総省，保健・教育・福祉省，内務省，司法省，労働省，国務省，財務省――内部の組織や，その他の多くの部局は，これらの組織が広く国際的活動に関与していることを反映している。その結果生まれた多くの重なり合ったイシューは，アメリカ政府諸機関の悪夢となっている[(4)]。

アジェンダに多くのイシューが存在する場合，イシューの多くは国内諸集団の利益を脅かすが，国家そのものを脅かさないことは明らかであり，首尾一貫した外交政策を策定するという問題が増大するのである。1975年にエネルギー問題は外交問題であったが，ガソリンや自動車に税金をかけるというような特別な対応策をとろうとすると，自動車産業の労働者や自動車メーカーの双方から反対される国内立法が必要であった。ある評論家が観察していたように，「議会が国民生活のあり方を変えるような国家政策を提案するたびに，何年もかけて少しずつ合意が形成されてはじめて政策が具体化した」[(5)]。国際政治の現実によって多元的民主主義諸国の国内政策を調整する必要が生まれた時，（政策決定の）遅延，（ある特定分野のための）特殊な保護政策，そして（政策の）不整合性や首尾一貫性の欠如が数多く発生するのである。

軍事力の役割の低下

政治学者は，伝統的に国際政治における軍事力の役割を強調してきた。我々が第1章で検討したように，軍事力はパワーを行使する他の手段を圧倒している。手段の選択に何ら制約がないならば――この前提となる状況は2度の世界大戦でほぼ現実のものとなったが――優越的軍事力を保有する国家が勝つであろう。すべての国家にとっての安全保障のジレンマが極めて深刻であるとすると，経済力やその他の資源に支えられた軍事力は，明らかにパワーの中心的源泉となるであろう。生き残るということがすべての国家の主要目標であり，最悪の状況下でも軍事力は国家の生存を究極的に保証するものである。かくして軍事力は，常に（国力の）中心的構成要素なのである。

だが多元主義的な工業諸国の間では特に，安全と認識される幅が広がってき

た。すなわち，攻撃されるという恐怖心が一般的に低下してきたし，互いに攻撃し合うという恐怖心はほとんど存在していない。ドゴール大統領が主張した全方位防衛戦略——その当時でさえ，真剣に受け取られていたわけではなかったが——を，フランスは放棄した。アメリカと戦うためのカナダ最後の戦争計画は半世紀以上も前に放棄された。イギリスとドイツが互いを脅威と感じることはもはやない。互いに影響を与え合う真剣な関係は，こうした国々の間にも存在するのであるが，そのほとんどの場合，軍事力は政策遂行の手段としては不適切であるか，重要ではない。

　その上，軍事力は，ますます重要になってきた（経済的・生態学的安全のような）他の目標を達成する適切な方法でないことがしばしばである。経済的イシューをめぐって，あるいは先進工業国の間で，軍事力を行使したり，行使するぞという威嚇がもっともらしく思えるような大規模な紛争あるいは革命的な変化を想像することは不可能である。そうであるならば，リアリストたちの諸前提は（国際政治上の）諸事象を理解し信頼するに足る指針となるであろう。しかしほとんどの状況下では，軍事力の効果は犠牲の大きい不確かなものである。[6]

　ある国家群の間で，軍事力の直接的行使が阻止される場合でも，軍事力は政治的に使うこともできる。冷戦期に米ソ超大国は，自国または同盟国に対する相手国からの攻撃を抑止するために，軍事力を行使するぞという威嚇を行った。その抑止力は，間接的に同盟国を防衛する役割を果たしたのであるが，超大国それぞれは同盟国との他のイシューをめぐる交渉でもその役割を利用したのである。この交渉の手段は，特にアメリカにとって重要であった。というのはアメリカの同盟国はソ連の潜在的脅威を懸念しており，アメリカはソ連が東ヨーロッパの同盟国に対して影響力を保持しているよりも，自国同盟国に対して影響力を行使するための手段が少なかったからである。したがってアメリカは，ヨーロッパの——特にドイツの——防衛を望む声を利用して，ヨーロッパにおける軍事的イシューを貿易・通商交渉とリンクさせたのである。こうして抑止力の（目的を）限定した効果が——超大国の相手に対する効果的な攻撃を否定するために——，本質的にネガティブなものであったとはいえ，米ソは——政治的影響力を確保するために——軍事力を積極的に利用したのである。

　その結果，複合的相互依存関係に近い関係にある国家にとっても，2つの深

刻な留保条件が残る。①急激に発生する社会的・政治的変化によって，軍事力が再び政策遂行の重要で直接的な手段となる可能性がある。②エリートたちの利益が相互補完的である場合ですら，他国を防衛するために軍事力を行使する国は，他国に対するかなり大きな政治的影響力を持っているのかもしれない。

東西関係ばかりでなく南北関係あるいは第3世界に属する国々の間の関係においても，軍事力はしばしば重要な役割を果たすものである。軍事力によってソ連は政治的にばかりか経済的に東ヨーロッパを支配することができたのである。アメリカによる公然・非公然の軍事介入の可能性があると脅すことによって，カリブ海，とりわけ1954年のグァテマラ，1965年のドミニカにおける革命的変革が抑制されたのである。1975年1月，ヘンリー・キッシンジャー国務長官は，「先進工業国を経済的に窒息させるような実質的措置がとられる場合には」アメリカはこれら諸国に対して軍事力を行使する可能性があるという警告をOPEC諸国に発したのである。[7]

しかしながらこうした紛争状況でも，軍事力に依存する可能性は1945年以前の20世紀のほとんどの時期よりも低いように思われる。核兵器の破壊力のために，核保有国への攻撃は危険なものとなった。核兵器は，抑止力として使われることがほとんどである。はるかに弱い国々に対する核攻撃の脅しが効果を発揮することもしばしばあるが，こうした脅しによってかえって（攻撃の対象とされた）敵国側の諸国間の関係を強化することになりかねない。社会的に動員された人々を抑制するために行使される通常兵力の限定的な有効性は，アフリカにおける植民主義が急速に衰えたことばかりか，アメリカがヴェトナム戦争で失敗したことによっても示されている。多様な関係を取り結んでいる独立国家に対し，ある国が1つのイシューをめぐって軍事力を行使することは，他のイシューに関して互いに享受している有益な関係を破綻させかねない。言い換えれば，軍事力の行使はしばしば安全保障以外の政策目標にコストのかかる影響を及ぼすのである。そして結局は，西側民主主義諸国では，長引く軍事紛争に対する人々の反対が非常に高まるのである。[8]

こうした制約条件は国によって，また同じ国であっても状況によって，不均質に現れるのである。核戦争にエスカレートしていく危険は，誰にでも影響を与えるが，国内世論による制約は日米欧にとってよりも権威主義的体制にとっ

ての方がはるかに小さい。軍事力の行使が効果的でなく，（他国との経済分野以外の）分野での協力を崩壊させるかもしれない場合には，権威主義的体制の国家であっても経済的自立を達成するのに軍事力を行使することに躊躇する傾向がある。外国軍を投入することにより社会的に動員された人々を抑止することが難しくなり，また兵器技術が変化によって，国家や非国家集団が政治的武器としてのテロを，大きな報復がされるという恐れを抱かずに行う能力を現実には高める結果となっている。

　軍事力の役割が変化したために，その効果が不均等になったという事実によっても，その変化自体が重要でなくなったということではなく，むしろ事態を複雑にしていることが分かる。この複雑さは，問題領域の間で，軍事力を行使する有効性が異なっていることによって生み出されている。あるイシューが，（関係国のエリート内部で）利益（獲得への期待）か情熱をあまり生み出さない場合，軍事力（の行使）は考えられない。このような事例では，複合的相互依存関係というのは，政治過程を分析するのに価値ある概念かもしれない。しかしそのイシューが（国家にとって）生死にかかわるものとなった時には——石油がそのようなイシューになるかもしれないと考える人がいるように——軍事力の行使あるいは行使するぞという威嚇は，またもや明確な結果をもたらす可能性が出てくる。その場合，リアリストの前提は今までよりも適切なものとなろう。

　このように見てくると，リアリズムか複合的相互依存関係が，それぞれの状況にどう適用されるかを決定することは重要である。これを決めないと，さらに分析を進めても混乱を招くだけである。世界政治についてのリアリストの説明の仕方に取って代わる説明の仕方を発展させようとする我々の目的は，（ある種の近代主義者がするように）極端な単純化を別の単純化と置き換えるのではなく，世界政治に関して次元と領域を明確に区別するアプローチを発展させることである。

2　複合的相互依存関係の政治過程

　複合的相互依存関係の3つの主要な特徴が，際立った政治過程を引き起こし，この政治過程によってパワーの源泉は，結果を制御するものとしてのパワーに

変換するのである。すでに議論したように，この変換過程で何かが失われるか，逆に付け加えられるのが一般的である。複合的相互依存関係の下では，この変換過程は，リアリストの描く条件の下でのそれとは異なり，結果についての予測は補整される必要があるだろう。

リアリストの世界では，軍事安全保障は国家にとって最重要な目標であるだろう。軍事安全保障は，軍事力あるいは領土防衛と直接関係しないイシューにすら影響を与えるであろう。非軍事的問題は，軍事的問題に従属しているばかりでなく，政軍関係という問題を考えるためにも研究されるものであろう。たとえば，（ある国家の）経常収支の問題は，純粋に金融的影響がどうなるかという観点からばかりか，グローバル・パワーにとって一般的にはどういう意味を持つものかという観点からも考察されるだろう。ドルの切り下げは，ヴェトナム戦争を戦うために必要なら真剣に考えるべきであると，マクジョージ・バンディが1964年に主張した時，彼はリアリストの期待に応えたことになる。[9] アメリカは西欧防衛のため40億ドルから60億ドルの貿易黒字を確保することが必要である，とヘンリー・ファウラー財務長官が1971年に主張した時，彼もかなりリアリストの期待に応えたことになる。[10]

しかし複合的相互依存関係の世界では，特に下位レベルの官僚たちが多様な国家目標を追求すべきであると主張することが期待されている。イシューに明確な階層性がない場合，国家目標はイシューによって変わってくるものであり，国家目標とイシューは（常に）固定的にリンクしているものではないだろう。各国それぞれの官僚組織は，それぞれ独自の関心を実現しようとする。官僚組織のなかのいくつかの部局は，自分たちすべてに影響を与えるイシューについて妥協するかもしれないが，彼らは首尾一貫した政策パターンを維持していくことは難しいと気づくであろう。さらにトランスナショナルなアクターは，今までとは異なる目標を様々なイシュー群に持ち込む傾向がある。

リンケージ戦略

それゆえに，複合的相互依存関係の下では，国家目標は問題領域によって変化するが，パワー配分と典型的な政治過程もそうである。伝統的分析は国際システムに焦点をあて，その分析によって我々は様々なイシューについて同じよ

うな政治過程を予測するのである。軍事的にも経済的にも強大な国家は，あるイシューについての自国の政策を，他のイシューについての他国の政策とリンクさせることによって，様々な組織やイシューに圧倒的な影響を及ぼすのである。伝統的モデルでは，最強の国家は，自国の全体としての優位性を利用して自国にとって弱点となっているイシューを克服することによって，軍事力・経済力の全体構造と何か1つの問題領域で生み出される結果のパターンが一致するようにするのである。このように世界政治は継ぎ目のない一枚の布として扱われるのである。

　複合的相互依存関係の下では，そのような一致は起こりそうもない。軍事力の持つ意味が低くなってきたので，軍事的に強大な国家は全体的優越性を利用して自国が不得手とするイシューの結果を制御することが難しくなってきたことに気がつくであろう。たとえば，貿易，海運，石油といったそれぞれの分野でのパワーの源泉の配分は，それぞれでかなり異なるので，結果のパターンとそれぞれに特徴的な政治過程はイシューの組み合わせによって変化する可能性がある。もし軍事力がすぐにでも使え，軍事安全保障が最高の外交政策目標であるならば，パワーのイシュー構造がこのように変動することはあまり重要でないだろう。イシュー構造の変動から引き出された軍事的イシューとのリンケージは，どの分野でも強力な国家によってもたらされた首尾一貫した優越性を確実なものとするだろう。しかし軍事力が大規模に動員されない場合には，強大な国家はこのリンケージがあまり効果的でないことに気がつくであろう。こうした国家は，両者のリンケージを行おうとするかもしれないが，イシューの間に階層性がないために，こうした国家の試みが成功するかどうかが問題となる。

　優越的国家は，総体的な経済力を利用して他のイシューの結果に影響を与えることにより，全く同じ結果を確保しようとするかもしれない。経済的目的だけが問題となっているならば，彼らは成功するかもしれない。結局のところ，金というのは代替可能なのである。しかし経済的目的には政治的意味合いがあるのであり，強大な国家による経済的リンケージは自分たちの利益が相殺されることに抵抗する国内的，トランスナショナル，トランスガバメンタルなアクターによって制限されるのである。その上，国際的アクターは，イシューが異

なると別のアクターに取って代わられるのであり，交渉が行われる国際組織は全く別個のものであることがしばしばである。たとえば，軍事的に強大な国家か，経済的に強大な国家が通貨政策についての譲歩を，海洋政策について相互に譲歩させるという政策とリンクさせると想定することは難しい。他方，貧しく弱い国家は，国内的利益が複雑に絡み合っていないということもあって，別個のイシューとリンクさせることが妨げられることはない。別個のイシューをリンクすることは，豊かではあるが狭量な国家から譲歩か追加的支払いを引き出す手段となることがしばしばである。リンケージの手段，すなわち軍事力がコストがかかりすぎるために使えないことがしばしばある。強大な国家とは異なり，貧しくて弱い国家によって使われるリンケージの手段，すなわち国際組織を利用することは可能なものであり，コストのかからないものでもある。

　このように軍事力の有効性が低下し，イシューの重要性が今まで以上に同じ重みを持つようになってきたために，それぞれのイシュー内部におけるパワー配分がますます重要になってきた。リンケージが全体として以前よりも効果的でなくなったとすれば，政治的交渉の結果は，問題領域によってますます異なったものとなろう。

　複合的相互依存関係の下での問題領域の間の差異化は，イシュー間のリンケージがますます問題となり，国際的階層性を強化させるよりもむしろ低下させる傾向があることを意味している。リンケージ戦略と，これに対抗しようとする政策は諸国家に重大な戦略的選択を提起している。（国家にとって）イシューは（それぞれ）別個のものとして考えるべきか，それとも一括して考えるべきものなのか。（イシューの間を）リンクするべきであるなら，どのような種類のイシューが（相互に）リンクすべきなのか，リンクしたイシューのうち，どれに関して譲歩するべきなのか。そのリンクしたイシューが逆効果にならないように，どの程度までリンケージを進めるべきなのか。たとえば，公式の合意を求めるべきなのか，それとも政治的には敏感性を刺激することのない非公式な合意であるべきなのか。複合的相互依存関係にある世界政治は，縫い目のない布地ではないという事実を確認すれば，我々はリンケージ戦略に反映されているように，縫い目を都合のいいように縫い合わす努力がしばしば布地の形状を決定することになる，ということを予測できるのである。

軍事力の役割が無視できるものであると理解すれば，我々は国家にパワーを行使するために他の手段に頼ることを期待するようになる。我々がすでに議論してきたような理由で，脆弱でない国家は，特殊なイシュー群における非対称的な相互依存関係を，パワーの源泉として利用しようとするであろう。こうした国家は，国際組織やトランスナショナルなアクターとフローも利用しようとするであろう。国家は国民の福祉に対する影響という観点からばかりでなく，権力の行使という観点からも経済的相互依存関係の推進に取り組むが，国民の福祉を考慮するとパワーを極大化しようとする国家の政策を制約することになる。ほとんどの経済的相互依存関係の下では，共通利益か共通損失の可能性が存在する。利益が生まれる可能性も損失が生じる可能性もあるという認識があり，利益配分をめぐる極めて厳しい闘争を通じてそれぞれのアクターの地位を悪化させる危険性があるので，非対称的な相互依存関係を利用することには限界がある。

アジェンダ設定

　複合的相互依存関係についての第2の前提と，複数のイシューの間には明確な階層性がないという点を考慮すると，我々はアジェンダを設定してこれを制御するための政治がますます重要になってくると予測することになる。アジェンダは，パワー・バランスの変化――実際のものか予測されるものかは別として――と，国家安全保障に対する脅威認識によって設定されると政治家は想定する。安全保障と軍事力に影響を与えると思われる時だけ，他のイシューが極めて重要になる。この場合，アジェンダは全体的なパワー・バランスを考慮することによって強く影響される。

　だが今日，非軍事的イシューには，ある時点の国家関係で特に強調されるものもあるが，表面的には同じような重要性を持った他のイシューが無視されたり，技術的にさりげなく処理されたりする。国際通貨をめぐる政治，貿易・石油・食料の契約条件の問題，多国籍企業などすべては1960年代には重要であったが，60年代を通じて国家関係のアジェンダではすべてが高い位置を占めていたわけではない。

　国際政治の伝統的分析家たちは，アジェンダ設定，すなわち（ある特定の）

イシューが政府高官によってどのようにずっと注目され続けるのか，にあまり注目してこなかった。外交政策上の極めて重要な問題は，他国の行動か脅威によって国家に突きつけられるということを，軍事・安全保障問題を重視する伝統的な傾向は示している。これらは，経済問題というローポリティックスとは対照的に，ハイポリティックスである。だが，世界政治におけるアクターとイシューの複雑性が高まるにつれて，軍事力の有効性は低下し，国内政策と外交政策の間の違いは曖昧になってきた。複合的相互依存関係の諸条件が相互に近づき合うにつれ，アジェンダ設定をめぐる政治は一層微妙で際立ったものとなる。

複合的相互依存関係の下では，アジェンダは，前の章で述べたような経済成長と相互依存関係による敏感性の高まりによって生み出される国際的・国内的問題によって影響を受けることが予想される。不満を抱く集団はイシューを政治化して，かつては国内問題と考えられていたイシューを無理やり国家間のアジェンダにするのである。イシューの組み合わせの中でパワーの源泉を配分する仕方を変更することもアジェンダに影響を与えるであろう。1970年代初頭，産油国政府が多国籍企業や石油消費国に対してパワーを増大させたことが政策アジェンダを劇的に変更させたのである。1つのイシュー群にとってのアジェンダは，そのなかでパワーの源泉が変化している他のイシュー群から，リンケージの結果として，変化するかもしれない。たとえば，OPEC諸国が原油価格を引き上げ，1973～74年に石油禁輸した後，南北間の貿易問題をめぐる幅広いアジェンダは変化したのである。国家間の能力が変化しないとしても，アジェンダはトランスナショナルなアクターの重要性のなかでの変化によって影響を受けるかもしれない。1970年代初頭における多国籍企業をめぐる（否定的な）評判のため，過去20年，すなわち1950年代，1960年代における多国籍企業の急速な成長とあいまって，各国内のアジェンダでも国連のアジェンダでもこうした企業を規制することが高い順位を占めるに至ったのである。

今まで見てきたように，政治化——あるイシューをアジェンダの最上位に押し上げようとする扇動や論争——は，多くの源泉を持つことがある。力が増大している政府は，あるイシューを他のイシューとリンクさせることによって，そのイシューを政治化させるかもしれない。非効率化してきたり，重要な

イシュー（の解決）に貢献しない国際レジームは，（そのレジームに）不満を持つ政府が変更を執拗に迫るので，ますます政治化するかもしれない。しかし政治化は，下からも生まれる。国内集団が，うろたえてそれまであまり問題となっていなかったイシューを持ち出したり，ハイレベルの国家間交渉に介入したりするかもしれない。アメリカの国務長官がデタント政策の進展に伴い 1974 年に提案した米ソ貿易協定の締結という暗黙のリンケージ政策は，議会と連動して活動していたアメリカの国内集団が，貿易協定をソ連の出国制限政策とリンケージさせることに成功したため，覆させられた。

　技術的特徴とイシューが提起される制度的背景が政治化のパターンに強く影響を与えるであろう。アメリカでは，議会が注目するようになることがイシューを政治化させる効果的な手段である。トランスナショナルな経済組織や官僚のトランスガバメンタルなネットワークが，（イシューが）政治化するのを回避するために動くと我々は一般的には予想する。（労働組合のような）国内に基盤を置く集団や国内志向の官僚組織は，トランスナショナルに自由に動き回る競争相手に対して政治化という手段——特に議会の注目を引きつけるという——に頼る傾向がある。国際的レベルでは，国家や非国家アクターが多くの会議を開催して，アジェンダを拡大したり狭めたりすることによって自分たちの利益を極大化する国際組織でイシューが取り上げられるように必死に努力することが予想される。

国家や政府を横断する関係

　社会における複数の接触チャンネルは，複合的相互依存関係に関する我々の第3の特徴であるが，それは，国内政治と国際政治の間の区別を曖昧にしている。伝統的な分析が想定しているように，政治連合におけるパートナー（という概念）の有用性は，必ずしも国境によって制約されるものではない。ある状況が相互依存関係に近ければ近いほど，その分だけ政治交渉の結果がトランスナショナルな関係に影響を受けるものであると予想できる。多国籍企業は，独立したアクターとしても，政府によって操作される手段としても重要かもしれない。国内集団の態度や政策的立場は，国内集団とその海外のカウンターパートの間で行われる，——組織だったものにせよそうでないにせよ——コミュ

ニケーションに影響を受けやすい。

　このように複数の接触チャンネルがあるので，政治家が相互依存関係をどう操作するかを判断したり，首尾一貫したリンケージ戦略に従う能力には，国内政治では普通に見られる制約以上の制約があると予想される。政治家は，相互依存関係戦略の全体的効果ばかりか個別の効果を考える必要があるし，政治化とアジェンダ制御のためにこの戦略が持つ意味合いを理解する必要がある。社会の間の交流——安全保障をめぐる交流よりも経済的・社会的交流——が，諸集団に異なった影響を与える。トランスナショナルな関係が高まってきたことから生まれるチャンスとコストは，一定の集団，たとえば繊維産業や製靴産業で働くアメリカの労働者にとっての方が，他の集団にとってよりも大きいかもしれない。相互作用のネットワークを利用して利益を増大させようとして，外国のアクターや外国政府と直接交渉する組織や集団もいるかもしれない。それゆえに，ネットワークのどこか他のところで起こった変化に，他のアクターよりも敏感に反応することもなく，脆弱でもないアクターもいるかもしれない。

　複合的相互依存関係に見られる複数の接触チャンネルは，非政府アクターに限ったことではない。同じような任務を担わされている政府官僚機構の間の接触によって，彼らのものの見方が変わるばかりでなく，特定の政策問題に関して政府間の連携ももたらすのである。政策実現の可能性を高めるために，政府の省庁・部局は外国政府のアクターを，まるで同盟者のように自分たちの政策決定のプロセスに引き込もうとするのである。アメリカのように強大な国家の省庁は，そのような連携関係を利用してトルコやチリのような国家の政府内部に影響力を行使してきたのである。逆に，この連携関係によって，外国政府の省庁がアメリカの官僚組織内部に浸透することができたのである。第7章で検討するように，政府間で展開される政治は米加関係を何度となく特徴づけてきたのであり，しばしばカナダ政府に利益をもたらしてきた。

　政府間の政策ネットワークが存在しているために，国際政治についての標準的な見方の1つ，すなわち，国家は自国の利益に従って行動するという見方について異なった解釈が行われることになる。複合的相互依存関係の下では，こうした伝統的な知見によって，どういう主体が，どういう利益を求めるのか，という2つの重要な問題を回避することができる。政府内の省庁は，国益とい

う名目で自らの省庁の利益（＝省益：訳者）を追求するかもしれない。外国政府の省庁との間で繰り返し行われる相互作用によって，（それまで抱いてきた）省益についての公式的な認識が変化する可能性が生まれるのである。アメリカ通商政策をめぐる政治を文書に基づき慎重に行った研究が示しているように，様々な利益集団が政策決定過程にかける圧力にのみ注目すると，継続して展開される政治過程をあまりにも機械論的に見ることになり，自己の利益についての認識が徐々に変化していく過程においてコミュニケーションが重要な役割を果たしていることを無視してしまうことになる(12)。

　国益概念の曖昧性のために，政府で働く政府首脳にとって深刻な問題が生じるのである。官僚組織は（外交組織を経由しないで）国境を越えて互いに直接接触するので，中央で統制することはますます困難になる。国家が外国政府と交渉する場合に国家は結束するとか，外国人と交渉する場合に国家の諸部局は皆同じように国益を解釈するということには確証が少ない。国家は多面的，あるいは分裂的ですらあることが明らかになるかもしれない。国益というのは，時代が異なったり，イシューが異なったり，同じ政府のなかでも部局が異なったりすると，異なったものとして定義されるものである。（フランスのように中央集権化した政治的伝統のために）政治的凝集性を巧みに維持できるような国家は，一見すると問題領域に多くの源泉を保有しているかに見える分断化された国家よりも，不均等な相互依存関係を巧みに操作することができるであろう。

国際組織の役割

　最後に，複数のチャンネルが存在するために，世界政治において国際組織はそれぞれ異なった重要な役割を果たすと予測することができる。ハンス・J・モーゲンソーの伝統を受け継いだリアリストは，自己利益に基づいて行動する国家が「パワーと平和」を求めて闘争する世界を描く。（リアリストにとっては）安全保障問題が最も重要な問題であり，戦争は（いついかなる国にとっても）差し迫った問題である。そのような世界では，国益が一致することはめったになく，国際制度の活動は制限されるので，その果たす役割は小さいものであるとリアリストは想定するかもしれない。たしかに世界政治にとって国際組織は，明らかに周辺的な存在である。政府や国家を超越して連合が形成され，多様な

イシューが不完全ながらリンクしている世界では，政治交渉において国際組織が果たす役割の可能性は，非常に高くなるのである。特に国際組織は，国際的アジェンダを設定するのに役立ち，連合形成のための触媒としても，弱小国による政治的イニシアチブとリンケージのための場としても機能するのである。

政府は，国際組織が始める活動の一連の流れに対処するため，自己組織化を迫られる。最も重要なイシューを定義し，どういうイシューが同じグループにまとめ上げられるかを決めることによって，国際組織は政府の政策の優先順位，政府部局間の委員会や政府部内のその他の枠組みの性格を決定するのに貢献できるかもしれない。1972年のストックホルム環境会議は，様々な政府の環境関係部局の立場を強化した。1974年世界食糧会議は，食糧不足を回避するためのアメリカ政府の重要な役割に焦点をあてた。1975年9月に開催されたNIEO（新国際経済秩序）を提起するための国連特別総会は，第3世界一般に対する政策についての政府間の議論を引き起こした。IMFとGATTは，民間直接投資ではなく，通貨と貿易に関する政府活動に焦点をあててきた，というのはこれらの分野には国際組織がなかったからである。

各国政府の官僚を結びつけることにより，国際組織は世界政治における連合形成の可能性を高めるのに役立つものである。国際組織は途上国の代表——そのほとんどはお互いの国に大使館を持っていないのだが——を結びつける上で極めて重要であることは明らかであろう。貧しい国々からなる第3世界の連携戦略は，一連の国際会議——そのほとんどは国連が主催したのだが——で，同時にその国際会議自体のためにも発展してきたものである。[13] 国際組織によって，さもなければ接触することもないであろう各国政府の省庁が可能性としての連合か，暗黙の連合を，直接的なコミュニケーションによって特徴づけられる明確な形での政府間連合に発展させることが可能となる。いくつかの事例では，国際組織の事務局は利益を共有している非政府組織のみならず，いくつかの政府や政府の省庁との連合を形成することにより，慎重にこのプロセスを推し進めるのである。[14]

国際組織は，弱小国にとってはしばしば気心の知れたものである。国連システムの1国1票原則は，小国で力のない国々の連合にとり好都合である。国連事務局も，第3世界の要求に好意的であることがしばしばある。その上，ほと

第I部 相互依存関係を理解する

表2-1 リアリズムと複合的相互依存関係が描く政治過程の前提

	リアリズム	複合的相互依存関係
アクターの目標	軍事安全保障が圧倒的に重要な目標である。	国家目標は、問題領域により異なる。トランスガバメンタルな政治によって国家目標を定義することが難しくなっている。トランスナショナルなアクターは自己利益を追求する。
国家の政策を実現する手段	軍事力が最も効果的であるが、しかし経済力やその他の手段も使われる。	問題領域に特徴的なパワーの源泉が最も適切であろう。相互依存関係の操作、国際組織、トランスナショナルなアクターが最も主要な手段であろう。
アジェンダ形成	パワー・バランスが変化する可能性と安全保障に対する脅威が、ハイポリティックスのアジェンダを設定し、他のアジェンダにも強く影響を与えよう。	問題領域内部のパワーの源泉——国際レジームの地位、トランスナショナルなアクターの重要性の変化、他のイシューからもたらされたリンケージ、敏感性に基づく相互依存関係が高まる結果生じる政治化——が配分される仕方が変化することによってアジェンダは影響を受けるだろう。
イシュー間のリンケージ	リンケージは問題領域の間で生じる結果の違いを減少させ、国際的階層構造を強化する。	軍事力は（政策実現のためには）非効率であるので、強大な国家によるリンケージは形成するのが難しいだろう。国際組織を通じて弱小国が行うリンケージは、国際的階層構造を強化するよりも侵食していくだろう。
国際組織の役割	国際組織の役割は小さく、国家のパワーと軍事力の重要性によって限定される。	国際組織はアジェンダを設定し、連合形成を誘発し、弱小国による政治行動の場として機能する。あるイシューのため、国際組織にフォーラムを作ったり、（自分たちに有利な）投票行動を促す能力は重要な政治的源泉であろう。

んどの国際組織の中心的な規範——それらは過去何年もかけて発展してきたのだが——は、国家の平等性ばかりか社会的・経済的な公平性を強調している。第3世界の立場を表現した国連決議——先進国が条件つきで賛成することもあった——は、他の要求を正当化するために利用された。こうした合意は滅多に拘束力を持たなかったが、国際制度の規範によってある程度まで（この合意に対する）反対は、かなり自己利益中心的で、正当化できないもののように見えたのである。

　国際組織によって弱小国は、リンケージ戦略を追求することができるのであ

る。新国際経済秩序をめぐる議論では，第3世界諸国は原油価格や原油の利用可能性という問題を，彼らが伝統的に目標を達成できなかった他の問題とリンクさせることを主張した。第**4**章から第**6**章までで検討するように，弱小国家はまたもや国連が主催した一連の海洋法会議でリンケージ戦略を追求したのである。

　それゆえに，複合的相互依存関係はリアリストの描く世界像とは異なった政治的パターンを生み出す（表2－1は，こうした違いをまとめている）。こうして我々は，伝統的理論は，複合的相互依存関係という状況の下では国際レジームの変化を説明することはできないと思う。しかし，リアリストの描く諸条件に近い状況に対しては，伝統的理論は適合的であろう。次章で我々は，レジーム変容という問題を検討することにする。

注

(1) Hans J. Morgenthau, *Politics Among Nations : The Struggle for Power and Peace*, 4th ed. (New York : Knopf, 1967), p. 36.

(2) 第1章の注(9)(13)で引用されている文献を参照のこと。また以下の文献も参照のこと。Edward L. Morse, "Transnational Economic Process" in Robert O. Keohane and Joseph S. Nye, Jr. (eds.), *Transnational Relations and World Politics* (Cambridge, Mass. : Harvard University Press, 1972).

(3) Henry A. Kissinger, "A New National Partnership," *Department of State Bulletin*, February 17, 1975. p. 199.

(4) 以下を参照のこと。The Report of the Commission on the Organization of the Government for the Conduct of Foreign Policy (Murphy Commission) (Washington D. C. : U. S. Government Printing Office, 1975) and the Studies prepared for that report. また以下の文献も参照のこと。Raymond Hopkins, "The International Role of 'Domestic' Bureaucracy," *International Organization* 30., No. 3 (Summer 1976).

(5) *New York Times*, May 22, 1975.

(6) 有意義な議論を行うためには以下の文献を参照のこと。Klause Knorr, *The Power of Nations : The Political Economy of International Relations* (New York : Basic Books, 1975).

(7) *Business Week*, January 13, 1975.

(8) Stanley Hoffmann, "The Acceptability of Military Force," and Laurence Martin, "The Utility of Military Force," in *Force in Modern Societies : Its Place in International Politics* (Adelphi Paper, International Institute for Strategic Studies, 1973). また以下も参照のこと。

Knorr, *The Power of Nations*.

(9) Henry Brandon, *The Retreat of American Power* (New York, Doubleday, 1974), p. 218.

(10) *International Implications of the New Economic Policy*, U.S. Congress, House of Representative, Committee on Foreign Affairs, Subcommittee on Foreign Economic Policy Hearing, September 16, 1971.

(11) より詳しい議論を知りたいなら，以下の文献を参照のこと。Robert O. Keohane and Joseph S. Nye, Jr., "Transgovernmental Relations and International Organization," *World Politics* 27, no. 1 (October 1974) : 39-62.

(12) Raymond Bauer, Ithiel de Sola Pool, and Lewis Dexter, *American Business and Foreign Policy* (New York : Atherton, 1963), chap. 35, esp. pp. 472-75.

(13) Branislav Gosovic and John Gerard Ruggie, "On the Creation of a New International Economic Order : Issue Linkage and the Seventh Special Session of the UN General Assembly," *International Organization* 30, no. 2 (Spring 1976) : 309-46.

(14) Robert W. Cox, "The Executive Head," *International Organization* 23, no. 2 (Spring 1969) : 205-30.

第3章
国際レジームの変容を説明する

　国際レジームは，国際的な経済過程が展開していくための政治的枠組みを提供するのに役立つものである。レジームの発展と衰退を理解することは，相互依存関係をめぐる政治を理解するのに大変重要である。なぜ国際レジームは変容するのか。①経済過程，②世界の全体的なパワー構造，③問題領域内のパワー構造，④国際組織に影響を受けるパワーの能力，それぞれにおける変化に基づいた4つのモデルを本章では提示する。我々はまず，最初の2つのモデルから検討を始めることにする。なぜならば，それらは最も単純で，最も我々に身近なものだからである。その上で我々は，今までになく新しいイシュー構造と国際組織モデルを考察することにより，（これらのモデルを）精緻化する。

1　経済過程についての説明

　国際政治における経済的イシューの重要性が高まってきていることを指摘する観察者も多い。経済的イシューをどう制御していくかをめぐる議論が起こってきたため，相互依存関係にますます注目が集まるようになったことも確かである。しかし国際経済に関する現代資本主義諸国の学問は，国際レジームが変容する理論をいまだ確立するに至っていない。新古典派経済学は，現実の忠実な描写としてではなく，経済的効率性と福祉を高めるための政策を提案する単純化した説明理論として発展してきた。極めて慎重に言えば，経済学者は正確ですっきりした経済的説明をするために政治現象から乖離してきたのである。レジーム変容のモデルを伝統的経済理論に基づいて構築していないという理由で経済学者を非難することはできない。なぜなら彼らの疑問点は政治学者の疑問点とは異なっているからである。政治学者はパワーに焦点をあてる傾向があるが，「もし我々が，過去数百年の経済理論の主要な流れを見るならば，経済

理論は不思議なほどパワーという概念を考慮に入れていないことに気がつくのである」。

特定の活動が非政治的行動——たとえば，競争的な価格体系を通じて行われる取引——によって特徴づけられているという事実は，政治的パワーが重要なものではないということを何ら意味していない。政治の効果は間接的なものかもしれないが，政治の効果はそのなかで経済過程が生起する関係を決定するかもしれない。国政レベルと地方レベルの政治を多元的に研究しようとするアプローチに批判的な人々は，この第2の「パワーの側面」は，どのイシューが政治決定に向け提起されているかを判断する上で極めて重要であると指摘してきた。

たとえば，第2次世界大戦後の経済の主要な特徴——急速に拡大した基本的には無差別的な貿易，固定相場制の下で経済的センター間で展開された大規模かつ急速な資金の移動，巨大な多国籍企業の急速な成長——は，大規模に国際化した資本主義に有利な政治的環境によって生み出された。その上，経済的取引は有効需要を不均等に配分すること——最も豊かな消費者が市場で最も影響力を有すること——によって，またそれまでの力のパターンを反映したルールと制度によって影響されている。

完全競争状態からの乖離は，分析にあたって常に政治的要因を分析に組み入れている。ひとたび企業が環境保護を強化し始めると，取引，戦略，リーダーシップという問題が直ちに発生するのである。経済分析によってレジーム変容についての重要な洞察が示されるが，新古典派経済学者も含め，教養豊かな観察者たちは誰1人としてそれを適切な説明として受け入れないだろう。レジーム変容を説明するためには，明らかに政治的前提を伴ったモデルを利用する必要があるだろう。しかし同時に，（そのモデルは）経済過程についての洞察を含むものでなければならない。

経済過程に基礎を置くレジーム変容についてのモデルは，まずはじめに技術的・経済的変化に焦点があてられるであろう。特に過去50年間，工業国における経済成長は未曾有のペースで進んできた。世界貿易は年7％以上のペースで拡大し，ヨーロッパや北米のほとんどの主要国にとって世界貿易はGDPの大部分を占めるに至った。対外直接投資と海外生産は，それよりもっと急速に

伸びてきた。こうした変化の背景には，距離とコストを低下させた運輸・通信技術の著しい進歩がある。通信衛星を使って1万2000マイル離れた人と電話で話すコストは，はるかに近いところにいる人に電話するコストと同じくらいである（第9章は，インターネットのような21世紀の技術に焦点をあてることによって，この分析をより精緻化した）。海運技術における巨大タンカーやその他の技術革新は，物資を運搬するコストを削減した。この時期を通じ各国政府は，急速に拡大した取引に対処するため，互いに協定を結んだり，協議したり，制度を作らざるをえなかった。

レジーム変容についての経済過程モデルの第1の前提は，技術変化と経済的相互依存関係の高まりによって，現在の国際レジームは，時代遅れになるだろうというものである。取引量の増大，あるいはたとえば，トランスナショナルな企業に代表される新しい形態の組織に対応するのに，今までのレジームは適切ではないだろう。今までに確立してきた制度，ルール，手続きは，非効率化か崩壊の危機にさらされている。

各国政府は，生活水準を上げようという国内の政治的要求に極力応じなければならないだろう，というのが第2の前提である。1国内の経済的福祉はたいていは最も重要な政治目標であろうし，GNPを上昇させることが，これまた最も重要な政治的指標となるであろう。資本，財，場合によっては労働の国際移動によってもたらされる巨大な経済的利益によって，各国政府は国際レジームの効率性を回復するために，それを修正するか再建しようとする強いインセンティブを持つであろう，というのが第3の前提である。各国政府は，利益の配分をめぐって議論し，経済的相互依存関係の高まりに伴う（自国の）自律性の喪失（敏感性と脆弱性）について不平を言うだろう，しかし経済的福祉を拡大すべきという国内の政治的要求がある場合には，国際経済関係を崩壊させたり，混乱させたりすることによって生じる福祉への負担は，各国が自律性を維持することによって得られる利益よりも大きいということに各国政府は気がつくであろう。各国政府は不承不承，経済的相互依存関係が発展していくのを認めるであろう，そしてさらに不承不承ではあるがどうしようもなく，各国政府は政策を統合させることによって，新しい国際レジームを構築するために協力せざるをえなくなるだろう。このようにレジーム変容は，トランスナショナルな経

済活動の新しい規模と新しい形態に徐々に適応していく過程であろう。各国政府は，経済成長のための高いコストを払わなければならないので，レジームを機能不全に陥らせたり，機能を停止させようという衝動に抵抗するだろう。

経済過程モデルに基づくと，国際レジームは経済的，技術的変化によって時々，根底から突き崩されることがある。しかし国際レジームは，少なくとも長期間にわたり完全に崩壊することはないだろう。

この単純な経済過程モデルは，高度な見識を持った理論家の見解にきちんと対応したものではないが，このモデルは多くの人々の見解に強烈な影響を与えるように思われる。2000年には，一握りの多国籍企業が世界人口のほとんどを支配して，政府より大きな影響力を行使するであろうという1970年代に行われた主張や，相互依存関係の増大によってより大規模な国際的統合が不可避となるだろうという主張は，高まる相互依存関係の傾向を反映したものであった。この経済過程モデルというアプローチの一部は，19世紀を通じて進展してきた技術変化の重要性を踏まえたものである。

しかしながら，政治的現実は，技術的，経済的傾向だけに基づいた予測から乖離することがしばしばあるのである。政府が，政策決定において安全保障，自律性，その他の価値のために経済的効率性をずっと犠牲にしてきたことはあまりにも明らかである。その上，この単純な経済成長モデルは，ある均衡状態から別の均衡状態に移行していくという困難な問題をさらりとかわして，調整に関して避けて通れないはずの政治的問題と対決することはないのである。政治においては，調整は決定的に重要である，パワーは「変化に対応する必要のない能力[(4)]」としてある政治学者に定義されてきたのも事実である。変化のコストとコストの分担についての利害関係に関する見解が，政策への支持を大きく左右するので，調整は極めて重要なのである。

急速に成長してきた経済的相互依存関係は，政治的に重要な集団の間に恐怖と不安を生み出す可能性がある。生産を海外に移転するという企業の決定，あるいは輸入が増大する傾向は深刻な失業や社会的不安を引き起こすと労働組合や地域社会のリーダーたちは恐れるかもしれない。輸入（増加）に脅かされる産業は，政府の保護を執拗に迫る。こうして経済的相互依存関係が拡大するにつれて，保護主義が台頭するかもしれない。我々は，常に保護主義に傾斜しや

第3章 国際レジームの変容を説明する

すいのである。コミュニケーション技術と大企業の組織が，市場と市場の間が自然に緩衝地帯を減少させてきたので，多くの国内集団は政府に政治的緩衝地帯を作るよう要求してきた。国家が脆弱性の増大に脅かされていない場合でも，国内の利益集団の敏感性は国際的取引を制限する政策を採用するために脆弱性を刺激する可能性がある。

　相互依存関係の高まりによって生まれた紛争によって，国際レジームをめぐる論争が突如として巻き起こることがしばしばある。だが単純な経済成長モデルは，多種多様なレジームを説明する上であまり有効でない。なぜなら成長モデルの主要な変数は長期にわたる一世紀に一度起こるかどうかの傾向だからである――技術的変化は，かなり距離の隔たったトランスナショナルな活動のコストを引き下げ，それによってそのような活動を増大させ，敏感性を高めるのである。なぜ，国際レジームは発展・維持される時があるのに，うまく構築されない時もあるのか。もし経済成長が十分な説明力を持っているものであるとすると，国際的な経済的相互依存関係が次々と（それまでの）国際レジームの諸条件に「合わなくなり」，相互依存関係の新しい状況にうまく適合する新しいレジームが，古いレジームに取って代わることが予想される。敏感性が増大すると，新しいイシューや問題が生まれるが，政策決定者に問題解決の志向性があると，新たなレジームを作って問題を解決しようとするだろう。

　だがそのような説明が，集団により，セクターにより，国により極めて異なる利益という観点から行われていることは明らかである。その説明はまた，国際的な政治・軍事政策の決定は，経済政策の決定とは別のものであるとの前提に立っている。1945年国際組織の決定によって，ツートラックないしはマルチトラックのレジームが生み出されたが，そこでは経済的イシューと安全保障上のイシューが日々の政治過程でかなり分離したままになっていた。[(5)] 経済的紛争，あるいは国内下位集団の目標と衝突する可能性のある紛争を制約する手段として，共通の安全保障上の目標を設定すべきであると主張することによって，経済的イシューと安全保障上のイシューは，国内政策においては階層的に結びついているのが普通である。だがこうした分離や経済的イシューの非政治化は，世界政治の規範ではない。それは第2次世界大戦後のアメリカの経済的，軍事的優越性や，同盟関係におけるリーダーシップによって例外的状況であったの

ももっともである。相互依存関係の程度と効果は，かなりの程度，高いレベルの政治的決定や合意に左右されるので，高いレベルの決定や全体的なパワー構造にエネルギーを集中させてきた国際政治の伝統的アプローチは，適切な説明をするのに貢献すべきである。

2 全体的なパワー構造についての説明

侵食されるヘゲモニー

国家間に見られるある種の相互依存関係には，何ら目新しいものはない。アテネとスパルタは，トゥキディデス（Thucydides）の時代には軍事的安全保障に関して相互依存関係にあった。米ソも1947年から1991年の間，同様に相互依存関係にあった。米ソ2カ国は，お互いの安全保障政策の変更に敏感であったばかりでなく，お互いの安全保障政策の決定に脆弱でもあった。相互対立と結びついた，軍事的安全保障という1つのイシューにおけるこの高レベルの相互依存関係は，世界政治の伝統的分析の中核に位置づけられる問題である。そのような環境の下では安全保障上のイシューは，他のイシューより上位にあり，（経済的基盤に支えられた）軍事力の配分がパワー構造を決定するのである。戦争はパワー構造を変動させる最も重要でドラマチックな源泉である。たとえば，現代は第2次世界大戦の結果生み出された特徴をいまだに維持している。

伝統的見解によれば，強力な国家がルールを作る。トゥキディデスが指摘していたように，「強力な国家は自国ができることを実行し，弱小国家は自国がしなければならないことを仕方なく実行しなければならないのである」[6]。2国家関係では，弱小国家との間にイシューが発生した場合，2カ国のうち強い国家の方が勝つのが普通であることを伝統主義者は予想する。システム内では，構造，すなわち国家間でのパワーの配分が国際レジームの性質を決定する。最も重要なパワーの源泉は軍事力である。

全体的なパワー構造に基礎を置く伝統的アプローチの主張は，その単純さと控えめな予測性を特徴としている。パワーの相対的な強さを判断することは，軍事力を基礎とすれば簡単なように見えるし，所与の状況の下でどのように合理的行動をとるのかを計算することは可能である。

政治家は国益をパワーと定義して判断し行動するものとの前提に我々は立っているし，歴史的証拠は我々のこの前提を支持している。その前提によって我々は政治家が過去，現在，将来において政治的舞台で採用してきた，あるいは採用するであろう政策を振り返ったり，予想することができるのである。（それゆえ）我々は政治家が公文書を書く時，それを彼の肩越しに見るのである。我々は政治家が他の政治家と話をしている時に，その会話を耳にすることができるのである。我々は，政治家の思想を理解し予測できるのである。[7]

　国益は，他国との相対的パワー関係から計算されるべきであるし，そうでない場合には，その結果は破滅的なものになるであろうと警告することによってリアリストのアプローチは国内政治を軽視するというもっと極端な形をとる。選択の余地は少ないのである。国内政治が外交に干渉するなら，混乱が生まれるだけである。（リアリストの）伝統的見解を穏やかに解釈した立場では，国内政治の影響を認めるが，リアリズムの中心的主張——そして説明力を生み出すリアリズムの一部——は，国家間の競争に焦点をあてる。世界政治の基本的駆動力を生み出すのは，自律的アクター間の競争なのである。

　伝統的見解にはレジーム変容を100％明確に説明する合意された理論がない。しかしながらパワーの持つ能力という観点で定義される国家のパワーと国際構造をリアリズムが強調することによって，リアリストの前提に基づいてそのような理論を発展させる基礎が与えられるのである。国家のパワーが変化するにつれて——すなわち，国際構造が変化するにつれて——国際レジームを危うくするルールもそれにしたがって変化するのだという主張によって，この基本的原動力が生まれるのである。この原動力は，パワー構造全体に基づくレジーム変容についての我々のモデルの中心にあるものである。

　この全体構造は世界政治に関する問題領域によって大きく異なるものではない。それとは逆に，全体構造は問題領域の間の結果の一致に向かう強い傾向を予測するものである。パワーはお金と同じように代替可能なものと考えられるので，パワーの源泉は主要国によって移動させられすべての問題領域で同等の限界効用を確保することになる。ある問題領域での結果が他の問題領域での結

果と著しく異なる場合，異なった問題領域での結果が軍事力・経済力を基礎とする世界構造と一致したものにするような変化が起こることを期待すべきである。この見解に基づくと，たとえば1973年以降，原油をめぐる政治のパワーと世界政治一般の間の不一致が不安定性の源であったということになる。アメリカや他の先進国は相互援助や新しい原油獲得先を確保しようとする努力や軍事力を行使するぞという脅しによって自分たちに有利になるようにこの不一致な状況を緩和しようとするであろう。OPECでのつながりを利用して武器の購入，NIEO（新国際経済秩序）構築のために他の第3世界諸国との連携，石油消費国との個別の取引，期限の明確でない長期的な開発計画などを通じて，石油輸出国が，自らの力を増大させることにより自らに有利になるようにこの緊張を解決しようとすることは，何ら驚くべきことではなかった。しかしながら，全体的なパワーの不均等性のために伝統的リアリズムの理論に従うならば，OPEC諸国には成功のチャンスは少ないはずであった。

　先進国かOPEC諸国のどちらが勝利するかについてのこうした予測は，確認できるかもしれないし，確認できないかもしれないが，リアリストの洞察は重要である。問題領域の間のパワー配分が不均等である状況を我々は綿密に検討すべきである。緊張はこうした不一致点で高まるのである。ある問題領域のパワー構造の変化はシステム全体に広がるのか，それとも抑制されるのかどうかを決めるために，熾烈な政治闘争が始まるのである。

　戦争あるいは軍事力の公然たる行使がない場合でも国際レジームの変容を説明するために全体的なパワー構造を強調する伝統的な見解を採用することも可能である。もし強国がルールを作るならば，政治か軍事力の変化が経済レジームに影響を与えることになる。全体的なパワー構造を重視するアプローチをとると，我々はヘゲモニーとリーダーシップという要素に注目することになる。安定した経済レジームは，リーダーシップ，すなわちそのレジームを維持するための取引の短期的利益を確保する以前の積極性を必要とし，アクターが自らをレジームによって生み出された長期的利益の主要な消費者とみなす場合，アクターはそのようなリーダーシップを発揮する可能性が極めて高くなると，エコノミストは主張してきた。

　覇権的システムすなわち，ある国家が極めて強力であるため国家間関係を左

右する重要な役割を維持し，かつ積極的にそうする場合，レジームを維持する上でそのようなリーダーシップは，最も発揮しやすくなるとリアリストならば付け加えるであろう。レジームを維持する上での役割に加えて，そのような国家は現在のルールを廃止したり，自国が反対しているルールの維持を阻止したり，新しいルールを作る上で中心的役割を果たすことができる。それゆえに覇権的システムにおいては，優越的国家はポジティブなパワー（新しいルールを作るパワー：訳者）もネガティブなパワー（自国にとって不都合なパワーを否定するパワー：訳者）も保有するであろう。

　リアリストの世界では，そのような条件は軍事的優越性を意味するであろうが，それは必ずしも軍事力の行使を意味するものではない。19世紀にイギリスは南アメリカに自由貿易を強要するために，あるいは沿岸国の妨害から海洋の自由を守るために，その圧倒的に優越した海軍力を利用したが，一般的に言えばそのような行動は不必要であった。覇権国は現在のルールに自国の政策を適用させるよりもむしろルールを変更するのである。たとえばイギリスは海洋の自由の守護者としての立場にあるので，イギリスが戦争中は，中立国の船舶に干渉することは妨げられなかったのである。しかし平時にはイギリス政府は国内利益——それは沿岸管轄権の拡大を主張しようとするものであるが——に反しても海洋の自由のルールを誠実に施行することによって（海洋）レジームの維持に努めたのである。

　覇権国が他国を征服しようとはしないものの，自国の有利な立場を守ろうとする場合，他国も同様に利益を得るかもしれない。パクス・ブリタニカはしばしば祝福される。19世紀の間，1つの覇権国の有した国際経済システムは他のシステムよりも安定していて，大きな経済的安定と結びついていると，チャールズ・キンドルバーガー（Charles Kindleberger）は主張している。[8] 19世紀においては，イギリスの金融力によって，100％ロンドンというわけではないが主としてロンドンに集中していた通貨システムの基盤が作られたのである。第2次世界大戦から1960年代にかけて，アメリカの経済的優越性によってブレトンウッズ体制を通じて非共産圏諸国の間で通貨関係をコントロールすることができた。これとは対照的に，後で詳しく検討するように，戦間期における国際通貨をめぐる不幸な事態が生じたのは，アメリカが強いリーダーシップを発

揮するのをためらい、イギリスもそうしなかったからである⁽⁹⁾。

それゆえに、覇権国は2次的パワーを常に経済的に開発しているわけではないのである。ポンド本位制最盛期に、フランス、ドイツ、ロシア、アメリカにおける工業生産は、イギリスのそれよりも50〜400％も急速に増加したのである⁽¹⁰⁾。アメリカが第2次世界大戦後の通貨システムを支配していたが、ヨーロッパと日本はアメリカ以上に急速に経済成長したのである。デイヴィッド・カレオほどのアメリカ覇権の厳しい批判者ですら「ドル体制が、その加盟国に経済的害悪をもたらしている」⁽¹¹⁾と主張することは難しいと認めているのである。

それでは覇権体制と、これに呼応する経済レジームはなぜ崩壊するのか。戦争あるいは全体的パワーバランスの変化がその明確な原因である。しかしこうした覇権的システムは、それによって生み出された経済レジームが刺激する経済プロセスによってその基礎を侵食されるかもしれない。覇権的システムの生み出す利益と、その利益が配分される範囲が覇権的システムの崩壊をもたらすかもしれないということは皮肉なことである。第2グループの国家は経済力を増大させるにつれ、自国の前提を変化させている。いかに経済的に繁栄していようとも、政府の自律性や政治的地位に不利な影響を与える一方的な依存関係を第2グループの国家がもはや受け入れる必要はなくなるのである。政府の自律性と政治的地位が安定するにつれ、こうした価値は「望ましいが非現実な目標」という押し入れから持ち出されるのである。1920年代と1960年代のフランスのような、少なくともいくつかの国々や、その指導者にとって、経済的繁栄だけでは十分でないのである⁽¹²⁾。

このように、覇権国のルール形成パワーとルール強制能力が侵食され始めると、第2グループの国家の政策は変化していくのである。しかし、覇権国の政策も変化していく傾向がある。危機的な雰囲気と数多くのその場しのぎの政策手段は、みっともないばかりでなく政治状況を動揺させるようなものに見えるのである。不満を抱くようになる国々は、リーダーシップを握ることのコストについて色々と考え始めるであろう。さらに言えば、他の国が今まで以上に自己主張するようになるにつれて、こうしたリーダーシップは政治的、経済的目標をますます保証しなくなるものに見えるであろう。こうした第2グループの国々が政治的地位や政治的自律性をあらためて強調するようになると、さらに

事態は複雑になる。なぜならば，こうした価値は経済的価値が絡むところでは，極めて曖昧なゼロサム的な意味合いを持つことになるからである。第2グループの国々が今まで以上の政治的地位を確保しようとすることは，覇権国にとっては何ら意味をなさない。（覇権国にとって）弱小国の自律性が増大すると，システムを維持しようとするリーダーの影響力がそれに応じて減退するのである。

このようにシステムとして国際関係を動かそうとする覇権国にとって当然の傾向——それは覇権国が動かそうとするシステム全体の利益と覇権国の利益を一致させることになるが——は，国内外において，今までよりも国家主義的な主張によって挑戦を受けるのである。以前は非効率として拒否された2国間主義とアウタルキーは，再び推奨されるようになる。2国間主義とアウタルキーの支持者は経済的安全保障の利益かリスク回避を強調する。パワーによってリスクを最小限にすることができると思われる場合，この議論はあまり意味を持たない。しかし覇権体制にひびが入った時には，効率性を上げるために以前は抑えられていたものを慎重に利用するようになる。

覇権国と第2グループの国々の双方が，このことを認識すると覇権的均衡状態は破れ，両者の間で行動と対抗行動が連鎖的に展開していくのである。システムが変化するにつれ，前提も変化する。一方の側がリスク回避をしようと考え，他方の側が今までより深く広く相互依存関係を維持しようとすることによって，今までよりも国際的でなくシステム的でもない政策が推奨されることになる。このようにして生み出された不確実性を阻止するのが難しいかもしれない。分裂への悪循環がすぐに始まるのである。

伝統的視点から見ると，覇権全体を侵食する経済プロセスについてのこのような表現は一定の訴求力がある。大規模戦争がなかったり，勢力均衡が大きく崩れることもないにもかかわらず経済レジームが変化することを説明するパワー構造全体に基づいた説明は，2，3の前提を付け加えることによってはじめてこの表現は意味を持つのである。このモデルを第2次世界大戦後の国際政治に適用すると，「帝国的共和国」あるいは「アメリカ帝国」に伴って発展した国際経済レジームは，「アメリカのパワーの衰退」によって崩壊しつつあると主張することもできる。[13]

全体構造に基づく説明の限界

慎重に定義すると，覇権という概念と経済過程によって覇権が侵食される状況を分析することによってレジーム変容を説明することができるようになる。しかし全体構造に基づく説明は，一見した場合よりも曖昧で，レジーム変容を容易に説明することができる。覇権を確立するにはどのような資源が効果的と考えられるのか，そして覇権はどの範囲の現象に適用されると考えられるのかを我々は明確にすべきである。

国際経済レジームは，国力の政治的・軍事的側面に直接的に反映するものであるというのが，覇権衰退論の最も単純で説得力に欠けた解釈であろう。ハイポリティックスがローポリティックスを圧倒するというのがそれである。国際経済関係は，軍事力の変化によって説明される。この単純な解釈によって，冷戦期の経済秩序，とりわけその基礎的な分業体制の幅広い特徴が説明される。ソ連あるいは中国の輸出や輸入は世界市場に影響を与えるかもしれないが，これらの国々の計画経済は極めてバラバラであったために，政治的軍事的権力を生み出す3つの主要な（しかし不均等な）源泉に対応した3つの別個の経済システムについて考えることは適切であった。

だがしかし（パワーの）全体構造を説明することからレジーム変容を説明するようになると，最も説得力に欠けた説明はいよいよ意味をなさなくなる。世界経済におけるアメリカの地位と先進国内部および第3世界に対する政策決定におけるアメリカの優位性は1950年から1976年の間に明らかに衰退した。だがこの期間，アメリカは軍事的にも世界で最も強大な国家であった。そして（日本，カナダ，ヨーロッパといった）主要な経済的パートナーに対する軍事的優位は，強化されなかったとしても安定的に維持されたのである。

このように軍事力の配分が国際経済秩序に影響を与えるとはいえ，それ自体は説明のほんの一部にすぎない。全体構造によって適切に説明するためには，他の3つの要素を付け加えなければならない。そうすることでその説明の単純さを減少させ，国際経済レジームが戦後に変化した事実との一致点を増加させたのである。すなわち①軍事的侵略に対する脅威認識が変化したこと，②アメリカとアメリカの貿易・投資相手国との相対的な経済力が変化したこと，③ヨーロッパと第3世界を含む階層的パターンが変化したこと，である。

共産主義の軍事的脅威を懸念してアメリカは，ヨーロッパや日本の戦後復興に寄与するリベラルな戦後経済レジームを発展させ維持するために，短期的には自国の経済を犠牲にした——すなわちリーダーシップを発揮した——のである。国際経済関係における大きな発展は，1947年（トルーマン・ドクトリン）から1963年（部分的核実験停止条約）に至る，最高レベルの緊張が長く続いた冷戦期に見られた。この時期，IMF，世界銀行，GATT，OECDが機能し始めた。通貨の兌換が行われるようになり，共同市場も樹立された。アメリカの安全保障上のリーダーシップは同盟国によって賞賛された。アメリカはソ連の軍事的脅威を認識していたので，アメリカの政策決定者たちは進んで日本やヨーロッパに様々な経済的譲歩を行った。1970年代初頭，（アメリカ側の）対ソ脅威認識が著しく低下したために，軍事的リーダーシップを経済的リーダーシップに微妙に転換させるアメリカの能力は低下し，その結果，これら2つのリーダーシップの間の関係が明らかになり，同盟国の人々の激しい怒りを招いたのである。アメリカの同盟国はひとたび対外的脅威が減少したと認識すると，ジュニア・パートナーとして積極的に行動しなくなった。同時に，経済的に不利な扱いや，不利な為替レートを喜んで受け入れてきたアメリカの姿勢も弱まっていった。

　こうした認識の変化は，アメリカの経済力と比較して日本・ヨーロッパの経済力が増大したことによってさらに明らかになった。戦後まもない頃，ヨーロッパはかなり受身であった。ヨーロッパは（アメリカと）交渉したり，抵抗できる問題であっても，全体構造の中でアメリカに従ったのである。その後，ヨーロッパ経済の驚異的復興と，その復興が少なくとも経済問題に関してはヨーロッパ諸国に与えた自信こそが，ディロン・ラウンドによる関税率引き下げ，通貨交換とその結果としてのドルへの依存度の低下，ヨーロッパ共同市場の創設を可能にしたのである。こうした政策はヨーロッパを経済的に強化するばかりでなく，政治的にも強化しようという願望によって推進されたが，それはソ連に対抗して——後にはアメリカにも対抗して——より自立したヨーロッパとなるためであった。

　こうした状況の下で軍事と経済のリンケージやトレード・オフの関係が生まれたが，それはアメリカの経済的優越性が弱まるにつれてアメリカにとっては

魅力的なものとなった。経済的秩序の混乱は，1960年代におけるアメリカの軍事的衰退によってではなく，そのような混乱が極めて重要な安全保障関係を脅かしかねないというアメリカの懸念が弱まったことによって生み出された。

　覇権衰退論をレジーム変容という事実に当てはめるために必要な第3の要因は，アメリカと他の国々との関係にではなく，ヨーロッパと第3世界との関係にある。(14) 1960年以前，アフリカのほとんどの国は今や独立した他の国々とともに相変わらず（実質的には：訳者）植民地支配の下に置かれていた。それ以来，約50カ国が独立し，時とともにこうした以前は植民地であった国々は自己主張を強めていった。1956年英仏軍によるスエズ運河地帯への侵攻が失敗し，1960年代末以降，スエズ以東のほとんどのイギリス軍が撤退した後，ヨーロッパ大陸外の事態をコントロールする上で重要な役割を果たすことができなくなったことが明らかになった。世界政治が複雑化し，（アメリカ以外の）先進国に対してばかりか，当のアメリカにも経済的レジーム変容のための圧力が加わるようになった上に，アメリカの軍事力ではなくヨーロッパの植民地支配力が衰退したのである。

　要するに，覇権衰退論は第2次世界大戦後の経済的レジーム変容を説明する上で有用であるとはいえ当初ほど全体構造をすっきりと説明するものではない。また覇権衰退論は（今後の世界秩序の）予測のための非常に優れた基礎となるものでもない。衰退が不可避であることが明らかであるという主張は，（こうした留保条件がついた）覇権衰退モデルによって示されるのだが，国内政治，国内的利益，国内的イシューについての前提が不適切であるためにかなりの程度錯覚であろう。指導的立場にある国家では，（構造）全体に行き渡るリーダーシップを維持し，構造を維持するためのコストを支払うことに対する関心は，そこに拠点を置く多国籍企業，金融エリート，同盟国との良好な関係を維持することを付託されている政府の官僚たちの間では，特に強いものがある。2級国家の政府でも，強固なコンセンサスは期待できない。（特定国への）依存によって快適さを得る国もあれば，窮乏を強いられる国もある。国際経済レジームを維持するために，国境を横断する連合が生まれる可能性もある。レジームを維持するために軍事的覇権は必要ないかもしれないが，何カ国かにある既得権益に左右されるかもしれない。外交政策は特定の利益——それはレジームを維持

することに賛成するかもしれないが——に対応するものであるかもしれない。

　覇権衰退論をめぐる議論は，問題領域を区別するのをためらう。だがある領域で圧倒的なルール形成パワーがあるからといって，他の問題領域に対しても効果的な制御能力を有するとは限らない。国際通貨政策や工業製品貿易に関してよりも，1970年代の石油価格暴騰をめぐってアメリカの優越性は急激に低下したのである。軍事力の行使あるいは軍事力を行使するぞという威嚇が効果を上げない場合，以前であったら国境横断的な覇権的立場にあったかも知れない大国が，その問題領域に限ったものでない資源を利用することによって，その領域の政策に影響を与えようとしても難しいだろう。この困難さは，1973〜74年の石油危機の際に特に明らかとなった。アメリカは中東の産油国よりも軍事的，経済的にはるかに強大であったにもかかわらず，これら諸国に原油価格を下げるように説得することができなかった。

　最後に，覇権衰退論は，社会と社会の間の多国籍企業やその他のトランスナショナルなアクターという形をとった多数のチャンネルを通じての接触，あるいは官僚組織の間の非公式な接触や公式的な政府間接触によってもたらされた複雑な結合関係を無視している。開放的で国際主義的な政策に反対する国内からの反応の中には，多国籍企業による対外投資の実際の影響あるいは想定される影響に主として起因しているものもある。多国籍企業はその海外活動において，アメリカのポップカルチャーの担い手としての存在感と役割があるため，アメリカの優位を見せつけることが多くなるが，多国籍企業が本当に海外におけるアメリカのパワー増大に貢献するかどうかは不確かであるというのがせいぜいのところである。[15] このように多国籍企業というアクターは，パワーの測定および現実のパワーと見せかけのパワーの間の断絶状態を曖昧にしているのである。

3　イシュー構造

　国家間に全体としてパワーを配分するものとして構造を単純に解釈しているので，この全体構造モデルは洗練されたものに見える。全体構造モデルは，こうしたパワー配分に基づいて（アクターの）行動パターンについて有意義な予測をするのである。[16] しかしながら軍事的安全保障を最上位に置くイシューの階

層性が存在し，軍事力は使えるものであると我々は考えるべきである。なぜならば，そうでないならば我々は異なった問題領域のために異なったパターンの政治とレジームを見出さねばならないからである。全体構造に依拠する説明は，パワーは水のように水平になろうとするものであると想定している。すなわちあるイシューでA国が優越的であり，別のイシューではB国が優越的であるという不一致は，それが重要なイシューの場合には，軍事力の行使あるいは軍事力を行使するぞという威嚇によって強大な国家が採用するリンケージ政策により解消される。イシューが軍事安全保障に関する限り，最も強大な国家は全体としてこのイシューをコントロールできるであろう。

　こうした前提には反論することができる。たとえば1973年以降，石油問題を解決するパワーは，世界政治の他の問題領域におけるよりもはるかに多方面に配分された。こうした状況を説明するために，軍事力は高いコストを払う覚悟がある時には行使できるものであり，軍事安全保障は政府の抱える多くのイシューの優先順位の最上位にあるものではない，というイシュー構造モデルに立ち戻ることができる。こうした前提から，イシュー構造モデルはイシューの間のリンケージは必ずしも規則正しく効率的に起こるものではないことを暗示している。パワーの源泉はこうした状況下ではそう簡単に移転するものではないと，このモデルは主張する。パワーは全体構造モデルのようには代替可能なものではない（パワーは代替できない点で，全体構造モデルとは異なる）。軍事力は，経済イシューを解決する場合には効果を上げないし，ある問題領域にとって適切な経済的能力であっても他の問題領域では必ずしも適切でないこともある。

　現代の世界政治を観察すると，このような表現はもっともらしく見える。経済的・軍事的能力を全体的に配分することからは多少とも隔たったものかもしれない異なった政治的構造を，異なった問題領域が持っていることがしばしばあるということは明らかである。国内政治，政治化の特徴的パターン，活発に活動している利益集団それぞれで問題領域は大きく異なるものである。たとえば巨大金融機関を支配している一握りの銀行家たちは，国際金融問題に大きな影響力を持っている。一方，通商問題への影響力は（国際金融問題よりは）はるかに多くの人々によって行使される。海洋をめぐる政治では，沿海部の漁師，遠隔の海域の漁師，科学者，石油や鉱物資源に関連する企業，そして海軍など

すべてが関与することになるので，(政治過程の)パターンは複雑となる。サウジアラビア，リビア，イラン，クウェートは石油問題では極めて重要であるかもしれないが，海洋問題，世界的な食糧問題あるいは工業製品をめぐるGATTの貿易ルールに関する問題ではほとんどとるに足らない存在でしかない。同じようにオーストラリアのような食糧生産大国やスウェーデンのように重要な貿易相手国は，石油問題に関しては重要な役割は果たさないかもしれない。

しかしイシュー構造主義は重要な点で伝統的な全体構造による説明とは異なるとはいえ，レジーム変容についての同じような議論の構造を有している。すなわち(あるイシューにおける)強力な国家がルールを作るのである。しかしイシューの構造モデルの基本的前提は，国家はイシュー間に関連性を見出したくなるのかもしれない。そのような関連性を見出そうという試みは成功しないのが普通である。イシュー構造主義の前提は，ある問題領域におけるパワーの源泉は他の問題領域に適用されるとパワーの源泉の一部ないし全部を失うことになる，というものである。このようにして全体構造による説明とは異なり，イシュー構造主義は問題領域を横断するパワーの一致点を予測するものではない。そこで全体としてみると，政治の分析は問題領域によって行われなければならないのであろう。国家は相対的に首尾一貫した自己利益を追求するものであり，ある問題領域で強力な国家は弱小国家を支配し，ゲームのルールを決定するものであるとそれぞれの問題領域の中では仮定している。

このようにしてイシュー構造主義は，特定の状況に対して明確な予測を下すことができるのである。だが分析者はもっと多くの情報を必要とするので，理論としてのイシュー構造主義は全体構造による説明と比べると説得的なものではない。彼あるいは彼女は，軍事的パワーあるいは軍事的・経済的パワーの全体構造ばかりでなくそのパワーが問題領域によってどのように配分されるのかを知る必要がある。イシュー構造主義は説得的ではないもののその理論は分析力のあるものである。なぜなら現代世界政治，とりわけ国際経済関係をめぐる政治を分析する場合に極めて重要なイシューを区別できるからである。イシュー構造主義によって統合された複合的相互依存モデルの2つの前提は，それゆえに予測力を部分的に犠牲にするだけで，現実のある局面と予測との乖離を縮

めることができる。

　全体構造による説明と同様に，海洋とか通貨という特定の問題領域における経済的レジーム変容をめぐる政治についてのイシュー構造に基づく説明は，あるレジーム内で起こっている活動と新しいレジームが発展するよう影響力を与えるための活動とを区別している。前者の例では，小さな不一致が存在しているかもしれないが，主要なアクターはそのイシューのための国際レジームを正当なものとみなしている。一国の政策的オプションは，そのレジームによって制約されている。レジームによって規定されている基礎的ルールの中で政治が行われるが，この政治は一般的にはわずかな利益を得ようとしたり，自国にとって有利な調整を行わせたり，あるいはルールに例外を設けさせようとして展開されるのである。1950年代，1960年代の大半を通じて展開されたGATTをめぐる政治はまさにそれであった。GATT加盟国はGATTのルールを受け入れて加盟したのだが，自国の特定の利益を守るために適用免除（waiver）を確保しようとした。[18] EEC（European Economic Community：欧州経済共同体）内部でも「地域的に政策実現するための政治（politics of regional implementation）」は同じような特徴を示していた。ルールの正当性は，挑戦を受けなかったが，加盟国はルールを曲げたり適用を遅らせたりしようとしたかもしれない。[19] 加盟国の政府は，敏感性の非対称性につけいろうとしたが，レジームそれ自体が政策変更を制約していたので，各国政府は脆弱性をあまり操作しなかった。

　ルール形成——問題領域における政治活動の第2の側面だが——においては，挑戦を受けるのはルールによって暗黙に意味される一連の効果ばかりでなくルールそれ自体である。レジームの本質は主要加盟国によって議論され，政治闘争はレジームが再構築されるかどうか，またそれがどのように再構築されるのかに焦点をあてるものである。かくして脆弱性の相互依存関係という概念が，ここでは最も適切なものである。

　政治活動に影響力を与えるパワーの源泉は，問題の2つの側面で異なることがしばしばあるので，イシュー構造による説明にとってこの区別は重要である。ルールが当然であると思われているところでは，ルールは敏感性の相互依存関係の非対称性をもたらすかもしれない。たとえば外国から投資された資本を国有化する場合には迅速かつ適切な賠償を規定している伝統的な国際法が有効な

限りでは，投資家は受け入れ国の決定に敏感ではなく，むしろ経済と行政が脆弱な小さな受け入れ国の方が，外国投資家（と外国投資家の母国政府）の決定に対して敏感になりやすい。

ルールに疑問が投げかけられたり，あるいは国際レジームが一方的に変化する場合，敏感性に基づく相互依存関係を機能させるという原則は，かつてその原則によって利益を得ていたアクターに対して，もはやパワーという利益を与えることはない。この時点で政治は異なったパワーの源泉，相対的敏感性ではなく相対的脆弱性，あるいはある問題領域における基本的なパワー構造と見なすことのできるものを反映し始めるのである。たとえば対外投資というイシューに関して言えば，外資を国有化すべきでないという動きが弱まるにつれて政府の力は増すのである。ルール形成に影響を与えるパワーの源泉によってパワーを保有する者が代わりの選択肢を実行したり，あるイシューにおいて持っている影響力をどう利用するかについての仮説に挑戦することができるのである。基礎的構造におけるパワーの配分とパワーの実際の配分の間の問題領域における不一致が存在する時，レジーム変容を引き起こす圧力が生じると我々が予測するのはイシュー構造主義のためである。

パワーのどちらの側面も重要であるが，イシュー構造モデルにとって，基礎的なパワー構造の方が基本的なものである，なぜならレジームを破壊したり，逆に作ったりすることは敏感性に基づく相互依存関係のパターンを機能させるルールを変更させることを意味するからである。現在のレジームの下で生じる影響力と利益と，（現在のレジームに）不満な国家が新しいルールが発揮するかもしれない効果への期待との間にズレがあるためにレジーム変容が生じる場合がほとんどである。現行のルールの下で可能となる国家の影響力とルールを変更しようとする根源的なパワーの源泉の間に不一致が見られる場合，イシュー構造主義に基づくと漸進的というよりもむしろ急激なレジーム変容が引き起こされることが予想される。たとえば1971年（固定為替相場制のルールの下で）外貨準備の減少に対してアメリカが示した敏感性と（アメリカのGNPとアメリカがドルに付与した重要性に基礎を置く）基礎的なルール形成パワーとの間の不一致は（国際通貨）レジームの明確な崩壊につながった。

第Ⅰ部　相互依存関係を理解する

構造的説明の限界

　武力行使にはコストがかかったり，（逆に）安全保障上の主要な懸念がないために，全体的パワー構造に基づく説明の有効性が制約される場合には，イシュー構造主義はしばしば有用である。しかしイシュー間のリンケージがうまくいっているならば，イシュー構造モデルが有する説明力は減少する。なぜならば特定の問題領域における政治的成果は，こうした分野における政治的資源だけで説明することはできないからである。しかもある状況ではリンケージはすべての面で大きなパワーを有する国家から生じるのではなく，貧しい脆弱な国家から生じるのかもしれない。たとえば海洋法をめぐる交渉では貧しく脆弱な国家は，リンケージが会議外交では有益であると認識しているので，リンケージの多くは「下から」生じるのである。

　構造的説明にかかわるもう１つの問題は，それが国家の能力にだけ焦点をあてているということである。この説明は，国内の政治的アクターも，トランスナショナルなアクターも考慮していない。構造的説明が国家の能力にだけ焦点をあてているために，戦後のレジーム変容を構造全体から行う説明がどのように制約を受けているかを我々はすでに示してきた。この制約性は，構造的議論をイシューごとに行うことによっては克服できない。たとえば，主要工業国間の貿易においては，基礎的なパワー構造が変化するにもかかわらず維持されてきたレジームもある。海洋政策の研究の部分で検討するように，パワーが持続しているにもかかわらず変化するレジームもある。

　一般的な表現を使えば，国際的相互依存関係を左右する変化していくレジームを理解するには，構造とプロセスの両方を理解しなければならない。国際構造に基づく説明は，政治過程を説明しないと一般的には不適切なものになる。前章で行った区別からすると，（冷徹なリアリスト的説明に見られるように軍事力であるにせよ，イシュー構造アプローチに見られるように経済力であるにせよ）源泉としてのパワー構造と結果を左右し，結果のパターンによって測定されるパワーとの間には不一致が生じがちである。能力を具体的結果に結びつける変換作業には，政治過程が介在する。政治交渉の技量がこの変換作業を左右する。強烈な選好と首尾一貫した立場を維持している国家は，国内のアクターやトランスナショナルなアクターによって制約を受けている国家よりも効率的に交渉を行

第**3**章　国際レジームの変容を説明する

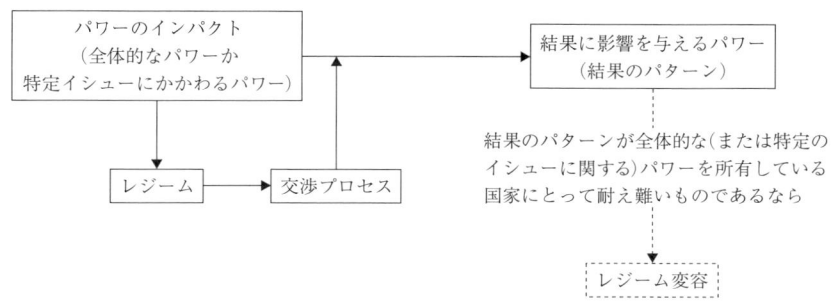

```
┌─────────────────┐                    ┌─────────────────┐
│ パワーのインパクト │────────────────→│ 結果に影響を与えるパワー│
│（全体的なパワーか │         ↑          │（結果のパターン）│
│特定イシューにかかわるパワー）│      │                    └─────────────────┘
└─────────────────┘         │
        │                    │         結果のパターンが全体的な（または特定の
        ↓                    │         イシューに関する）パワーを所有している
   ┌──────┐    ┌────────┐   │         国家にとって耐え難いものであるなら
   │レジーム│──→│交渉プロセス│   │
   └──────┘    └────────┘   │
                             │
                        ┌ ─ ─ ─ ─ ┐
                        │レジーム変容│
                        └ ─ ─ ─ ─ ┘
```

図3-1　レジーム変容の構造モデル

うものである。図3-1が示すように，首尾一貫した立場を維持している国家ですら自国の交渉上の立場が所与のレジームを特徴づけている制度と手続きによって弱められていることに気がつくのかもしれない。

　最も単純な（そして最も興味のわかない）構造に基づく説明では，全面的能力あるいは特定のイシュー（たとえば戦争によって引き起こされる）に関する能力が変化すると，すぐさまレジーム変容が引き起こされることになる。上の図で示される精緻化した構造に基づく説明では，レジームが交渉過程を引き起こし，交渉過程が結果のパターンを生み出すのである。そのパターンが全体的なパワー構造（あるいは特定イシュー・モデルでは問題領域での基礎的パワー構造）と矛盾し，最強国家にとって耐えがたいものであるならば，その矛盾を低下させるためにレジーム変容が起こるであろう。構造的アプローチは，レジームと交渉プロセスを自律性を持たないものとみなす。その仮説の有効性は，本書の最終章で検討する世界政治の条件に左右されるものである。

　結論的に言えば，我々が構造的説明を批判したとしても，それは我々がこの説明を否定したことにはならない。それとは逆に，構造的説明の持つ単純さによってこの説明は，レジーム変容を分析するための最も優れた出発点となるものである。伝統的モデル——その支持者たちはこのモデルをあまねく有効であるとしばしば描くが，このモデルを経済的レジーム変容と注意深く関連づけることを無視するのだが——を含む，経済的レジーム変容の構造的モデルを精緻化しようとする我々の努力は，これらのモデルが明確にされた条件の下で一定の説明力を有するものであるということを我々が信じていることを示して

いる。我々の目的は国際構造理論の不正確さを示すことではなくて，この理論を注意深く再構築したとしても，それは一部しか説明したことにならないことを示すことである。

4　国際組織モデル

　世界政治の構造について考察する1つの方法は，世界政治の主要アクターの間の（全体的な，あるいは特定の問題領域における）能力の配分という視点から行うものである。全体構造モデルとイシュー構造モデルで使用した構造概念がこれである。しかし別のタイプの構造を定義することも可能である。（各国の）外交当局者間の公的関係ばかりでなく，政府首脳から下位の官僚までの多様なレベルの政府間関係によって結びついたものとして政府を捉えることができる。こうした政府間の関係は，特定の状況下での行動を支持する規範によって，場合によっては公的制度によって強化されるかもしれない。我々は国際組織という用語を多用なレベルにおけるリンケージ，規範，制度に言及するために使うのである。この意味での国際組織は別のタイプの世界政治構造である。

　本書で使う国際組織モデルでは，こうしたネットワーク，規範，制度は，レジーム変容を説明するための重要な独立した要素である。第7章で検討するように，公的な国際組織は小さな役割しか果たさないとはいうものの，米加関係にかかわる国際組織があるかもしれない。ネットワーク，規範，制度という広い意味での国際組織には，特定の国際レジームを結びつけた規範が含まれるが，国際組織にはエリート間のネットワークや（適切なものならば）公的な制度も含まれるので，国際組織はレジームよりもより広いカテゴリーをカバーしている。このようにしてブレトンウッズ国際通貨レジームは，諸国家相互間の取引を規定していたが，この時期の通貨問題にかかわる国際組織には，IMFのような公的機関や，各国の財務省・中央銀行間のネットワークも含まれる。国連という公的な制制度と，政府間，とりわけOECDに属する先進国の政府間の非公式なネットワークを含む広い意味での国際組織のなかに通貨問題に関する国際組織が存在していたのである。

　一連のネットワーク，規範，制度はひとたび確立されると撤廃するのも根本

的に再編成するのも困難になる，ということを国際組織は前提としている。全面的な能力にせよ特定分野における能力にせよ，卓越した能力を持っている政府でさえ現存するネットワークや制度の下で確立された行動パターンと自国の意思が対立した場合，自国の意思を貫き通すのが困難であると感じるものである。こうした状況の下では，全体構造理論かイシュー構造理論による予測は正確ではないであろう。上で定義した国際組織が立ちはだかるために，レジームは国家能力の基本的傾向と調和することはない。

　このように国際組織モデルは，レジーム変容の基礎的構造モデルの失敗を説明するのに役立つのである。レジームは能力の配分に対応して形成され組織されるが，その結果として関係のあるネットワーク，規範，制度は，アクターがこうした国力を利用する能力に影響を与えるのである。時間が経つにつれ，基本的国力は国際レジームの諸特徴とますます矛盾するようになる。投票を左右するパワー，連合を形成する能力，エリート間のネットワークを制御する力などのような，組織に依存する能力によって結果を左右する力が付与されるのである。すなわちすでに定義したように，国際組織と結びついた規範，ネットワーク，制度によって影響を受ける能力によって結果を左右する力が付与されるのである。たとえば，国連総会では（アメリカのような）国際システムにおける最も強力な国家が支配権を持つのが一般的であるからといって，正確に国連決議の結果を予測することはできない。その代わりに我々は1国1票制度——これにより国連総会の正式な決定がなされるのだが——に影響を与え，この制度によって利益を得る各国政府の能力を検討しなければならない。

　このように国際組織モデルは，全体構造モデルかイシュー構造モデルが有効であると信じている人々にとって生じるかもしれない難問を解決するのに役立つ。基礎的国力ほど急速に変化しないレジームもあるかもしれない。各国にパワーがどのように配分されているかを知っているだけでは結果のパターンを予測できるものではない。国際組織モデルは，ある場合には慣性を説明するばかりでなく，レジーム変容のダイナミクスについても説明する。前にも注目したように，我々が定義する国際組織は，ある状況を作り出し，その状況のなかでレジームが機能するのである。あるレジームの問題領域とは全く異なるイシューかその問題領域内部において，国際組織はレジームに影響を与えることがで

きるのである。たとえば，1964年にUNCTAD（United Nations Conference on Trade and Development：国連貿易開発会議）が創設されて以来特に，国連のネットワーク，規範，制度は国際貿易レジームに影響を与えてきた。同様に，国連システムの慣行は，新国際経済秩序の樹立を要求する国連総会決議に関して様々な政府に影響を与えてきたのである。国連を通じて発展してきたこの秩序は，国際貿易レジームに影響を与え，より重要なこととして，IMF中心の国際通貨レジームに影響を与え，最終的には直接投資を規制する国際レジームの発展を促進するであろう。論点は明らかである。国際レジームは，我々の定義する国際組織によって影響を受ける決定によって変化する可能性があるということである。

　図3-2は国際組織モデルを示した図である。現行の規範やネットワークは，基礎的な国力と同様に，組織に依存する能力に影響を与え，今度は結果に影響を与えるのである。この図の太線だけを見るなら，このシステムはかなり安定的に持続し，（各国の）基礎的国力によって左右されるわけではない。破線は，レジーム変容の主要な要因を示している。他のネットワーク，規範，制度は，今我々が考察している組織の特定の形態と抵触する可能性があり，その結果レジームの本質に影響を与えるかもしれない。次の章で検討するように，国連のルール，規範，手続きは，海洋問題という問題領域におけるレジーム変容にかなりの影響を与えてきた。組織的文脈——そのなかで決定がなされてきたのであるが——が，海洋空間と海洋資源の利用についてのルールに多大の影響を与えてきた。

　基礎的構造モデルによって無視されるか，控えめに扱われている重要な要素を，国際組織モデルは含んでいるが，このモデルはそれ自体の重要な限界も抱えている。国際組織モデルは，基礎的構造モデルよりも複雑で，もっと多くの情報を必要としている。国際組織モデルは，国際レジームが国際構造のような単一の変数からどのようにして変化するのかを予測することはない。確かに，国際組織と結びついた政治過程に焦点をあてることによって，アクターの戦略と戦略を実行していく場合の賢明さが国際レジームの展開に実質的に影響を与えることが分かるのである。さらに，国際組織モデルは，基礎的構造モデルよりも予測可能性がはるかに低いもので，選択，決定，マルチレベルの交渉の余

第3章　国際レジームの変容を説明する

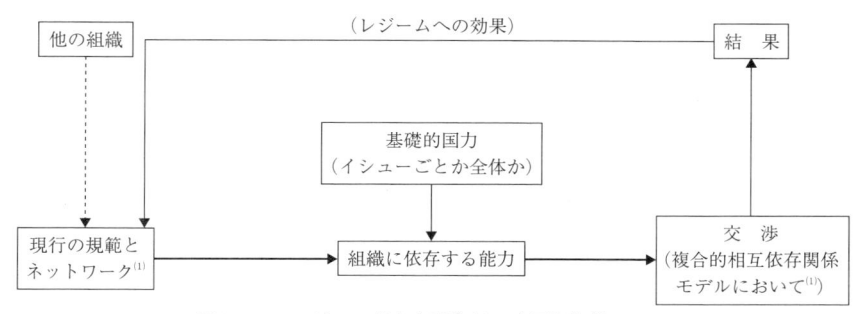

図3-2　レジーム変容を引き起こす国際組織モデル

注(1)　当初，レジームの組織化は国家の基礎的国力に影響を受けるが，それは継続的なものではない。

地を多く残している。

　国際組織モデルが依存している要因は，基礎的構造モデルの要因よりも暫定的で可逆的なものである。もし強力な政府が現行のレジームを破壊しようと決めて，そうする能力ばかりか決意を固めるならば，レジームとそれに関連した組織はもはや存続できないであろう。よく統合されたエリート間のネットワークが国家間の多様なレベルで存在する場合，レジームを破壊するコストは高くなると，国際組織モデルは仮定している。にもかかわらず，(自国にとって) 不利なレジームを維持するためにかかるコストが膨大になると，ネットワークを破壊することになるにしてもレジームを破壊しようと決意する国家も現れるであろう。この時点で，基礎的構造モデルは国際組織モデルよりも適切なものとなろう。

　第2章で検討したように，リアリスト的条件の下では，パワーの基礎的配分が (特に軍事力は使用可能なものであるので) 優勢となりがちであり，国際組織モデルはレジーム変容を説明するのにことさら意味あるものとはならないであろうと我々は予想している。しかしながら複合的相互依存関係の下では，国際組織の規範や手続きと，これらと関連した政治的プロセスがレジーム変容のパターンに影響を与えると予想している。

　国際組織モデルは複合的相互依存関係という条件の下ではじめて適用性が生まれるものである。その場合ですら，このモデルの予測可能性はレジームを変更させるために基礎的パワーを行使しようと決意する政府の行動によって無効になる可能性も秘めたものである。後者の点は，パワーの源泉としての敏感性

と脆弱性に基づく相互依存関係について述べた第1章の議論と関係している。国際組織モデルは，レジームは安定していくものである，すなわちレジームを破壊する政策変更は不可能である，との前提に立っている。アクターは自国の利益のためにお互いの敏感性に基づく相互依存関係を操作する傾向があり，自国の脆弱性を改善するために最低限の政策変更を行うかもしれない。しかし脆弱性に基づく相互依存関係を操作するには限界がある。もしアクターが政策を大幅に変更すると，レジームそれ自体が挑戦を受け，破壊されてしまう。

　モデルの有効性は，アクター相互の脆弱性にかかわる依存性につけ入ろうとすることによってアクターがレジームを破壊することはないであろうという前提に依拠している。逆にもしレジーム破壊が起これば，特定の問題領域か全面的な問題領域における基礎的パワーの源泉は再び最も重要なものとなり，構造モデルは国際組織モデルよりもレジーム変容をよりよく説明するものとなろう。脆弱性に基づく相互依存関係が，パワーの源泉としての敏感性に基づく相互依存関係を左右するのと同じように，これら2つの構造モデルは国際モデルを左右するものなのである。紛争が一定レベルを超えると，国際組織モデルと敏感性に基づく相互依存関係は，関係性がかなり希薄になる。

5　説明の要約

　どのようなモデルであれ世界政治を説明するのに単一のモデルだけでは適切でない。（世界政治をめぐる）諸条件は，（事例ごとに）かなり異なるからである。そこで，読者は，すべてのモデルが（世界政治を説明するのに）適切であると言いたくなるかもしれないし，我々が今まで議論してきたすべての要因を無差別的に結びつける誘惑に駆られるかもしれない。しかしながら読者諸君はそのようにすることによって，どのような要因が最も重要で，それらがどのように結びついているのかについて疑問を抱くであろう。たとえそれらが適切なものであっても，読者諸君は，単純な説明をする期待を放棄しなければならない。すべての問題は同じレベルの複雑性によって検討されるものである。

　複雑なものを統合して1つにすることには欠点があるので，単純なモデルで説明し，必要ならば複雑な要素を加える方がよく説明できるだろう。経済問題

に関しては，我々はまず最初に経済過程モデルを取り上げることができるが，これは国際政治構造を全く無視して，技術的変化と経済的相互依存関係の高まりを基礎としてレジーム変容を予測する。もしそのようなモデルが行動を説明するなら，我々はパワーの適切な構造を決定するというすべての複雑な作業を省略することができる。

我々は，もし起こり得るにしてもこのようなことが滅多に成功するものではないと信じている。それゆえに，次なる分析上のステップは，全体構造モデルが，単独か経済過程モデルと結びつく形をとるかは別として，レジーム変容を説明することができるかどうかを検討することによって，最も単純な形で政治過程を吟味することであろう。全体構造モデルを利用して，色々なイシューに適用できるモデルを作ることが期待できる。ハイポリティクスのイシューである軍事安全保障では強力なアクターは，もし重要な経済イシューでは脆弱であると認識すると，（自国が強い軍事安全保障を）重要な経済イシューと結びつけようとすると，我々は予想することができる。

しかし本章と第**1**・**2**章での議論が正しいとしても，このアプローチは不十分であることがしばしばあろう。それゆえに，次のステップは，イシュー構造アプローチに回帰していくことである。このモデルを利用すると，パワーの源泉は問題領域によって異なり，問題領域の間の関連性は薄いと思われる。問題領域内における脆弱性と関連するパワーの源泉は，レジーム内の敏感性と関連したパワーの源泉を左右する。基本的なパワーの源泉を基礎として我々が期待するものとは逆の結果をレジームが生み出す場合，我々は脆弱性レベルでは強力な国家が，レジーム変容を引き起こすことを予測できるのである。

このように精緻化してもレジーム変容を説明することができないこともあり，国際組織モデルに戻って，アジェンダを設定したり，推測したり，政府内の官僚組織が特定のイシューに関して特に活性化するようにする行動パターンを生み出す場合，規範，ネットワーク，制度がどのようにして他のアクターよりもあるアクターに利益を与えるかを検討する必要がある。我々はまた国際レジームがどのように慣性——それにより国際レジームが，国際レジームを消滅させた条件にこだわることになるのだが——を獲得するのかを問題にする必要がある。

4つの事例——海洋問題，通貨問題，米加関係，米豪関係——のうち少なくとも1つのために，レジーム変容か一定の期間持続するレジームを説明するのにそれぞれのモデルが役に立つことを，次の章以降で示すことになる。いくつかの事例では，十分に説明するために2，3のモデルを結合する必要が出てくるであろう。またいくつかの事例では，一連のモデルを利用する必要がある。（同じイシューであっても）あるモデルは，ある時期には極めてよく当てはまるかもしれないが，他の時期にはそうではないこともある。統合された単一のモデルを開発することは賢明ではなく，異なった条件の下では，異なったモデルの組み合わせが国際レジーム変容と政治的結果を最も適切に説明するであろう。

しかしながらいくつかのモデルを組み合わせようとする我々の能力は，それらのモデル相互間の違いを十分に理解しているかどうかによっている。表3-1は，3つの中心的な問いについてのモデルの前提を要約したものである。構造モデルにとって，基礎的パワーは変換のための高いコストを払わずに国際レジーム変容に変換される。このようにして，意味あるパワー——全面的なものにせよ，特定の問題領域におけるものにせよ——を保有する国家は国際レジームの性格を規定するものである。国際組織モデルにとっては，そうではない。さらに言えば，このモデルでは，レジームとこれと関連した政策上のネットワークを破壊するコストが高くつくので，結果のパターンが基礎的な国力と一致しない場合でもレジームは存続する傾向がある。相互依存関係を破壊する経済的コストは大きく，そのために経済的敏感性が強い場合には，国家は国際レジームを破壊するのをためらう，と経済過程モデルは主張する。

我々は今や事例研究を行う準備ができたのである。しかし先に進む前に，2つのことに留意しなければならない。第1に，事例研究は世界政治のすべてを表現したものではないということである。我々がこれらの事例を選んだのは，第Ⅰ部とⅡ部で説明する理論的理由からである。第2に，第**2**章の冒頭で述べたように，我々のモデルはすべての事例にあまねく適用できると期待されているわけではない。状況が複合的相互依存関係に近ければ近いほど，イシュー構造モデルと国際組織モデルの適用範囲は広くなり，全体構造モデルは正確に説明できなくなる，と我々は予想している。リアリスト的条件が存在する場合，その逆も予期される。経済過程モデルは，詳しい政治的条件が明らかとなって

第**3**章　国際レジームの変容を説明する

表 3-1　レジーム変容についての 4 つのモデルの主要な前提

	全体的構造	イシュー構造	国際組織	経済的敏感性
パワーの基礎的源泉は低いコストで国際レジーム変容に転換できるか？	はい	はい	いいえ	
政策上のネットワークを破壊するコストは高いか？	いいえ	いいえ	はい	―
経済的相互依存関係のパターンを破壊する経済的コストは高いか？	(いいえ)[1]	(いいえ)	―	はい

注(1)　本書では直接述べられてはいない。

はじめて（世界政治を）正確に理解するのに役立つのである。

　世界政治における全面的なパワー構造が，レジーム変容のパターンを決定するならば，モデルの複雑な組み合わせを導入する必要はなかったであろう。世界政治は単一の巨大な湖のようなものである。荒れ狂うこともしばしばあるが，一定の水位を保っているのである。湖の一部に流れ出てくる水量の変化が，湖全体の水量に急速に影響を与えるのである。しかしながら，世界政治は同質的というよりも極めて異質なものであると我々は想定している。それゆえに，我々の分析にとって適切なイメージは，単一の湖ではなく，様々なレベルの水深と「湖」を分離したり結びつけている水路，ダム，水門によって分断されている川である。世界政治における様々なタイプの水路，ダム，水門の高さや強度をよく理解し，これらの設計者，技術者，水門管理者そして彼らが請求する費用について多くを学ぶために，我々は我々のモデルを開発してきたのである。

注

(1) K. W. Rothchild (ed.), *Power in Economics* (London : Penguin Modern Economics Readings, 1971), p. 7. Cited in Susan Strange, "What Is Economic Power, and Who Has It ?" *International Journal* 30, no. 2 (Spring 1975) : 214.

(2) 以下を参照のこと。Peter Bachrach and Morton Baratz, "Decisions and Nondecisions : An Analytical Framework," *American Political Science Review* 57 (1963) : 632-42. なお本論文は，以下の編著に再録されている。Roderick Bell, David Edwards, and Harrison Wagner (eds.), *Political Power* (New York : Free Press, 1969).

(3) データについては以下を参照のこと。Peter J. Katzenstein, "International Interdependence : Some Long-Term Trends and Recent Changes," *International Organization* 29, no. 4 (Autumn 1975) : 1021-34.

第Ⅰ部　相互依存関係を理解する

(4) John W. Burton, *Systems, States, Diplomacy and Rules* (Cambridge, Eng.; Cambridge University Press, 1968), pp. 28-31.

(5) Richard Cooper, "Trade Policy is Foreign Policy," *Foreign Policy* 9 (Winter 1972-73)

(6) Thucydides, *The Peloponnesian War*, Book V, chap. XVII (Melian Dialogues) (New York : Modern Library, 1951), p. 331.

(7) Hans J. Morgenthau, *Politics Among Nations : The Struggle for Power and Peace*, 4th ed. (New York : Knopf, 1967), p. 5.

(8) 以下を参照のこと。Charles Kindleberger, *The World in Depression* 1929-39 (Berkeley : University of California Press, 1974). 集団行動理論も，本書の結論と同じものと言える。適切な解説を知るためには，以下の文献を参照のこと。Mancur Olson Jr., *The Logic of Collective Action* (Cambridge, Mass. : Harvard University Press, 1965).

(9) Kindleberger, *The World in Depression*.

(10) 詳しい数値を知るためには，以下の文献を参照のこと。John P. McKay, *Pioneers for Profit : Foreign Entrepreneurship and Russian Industrialization, 1885-1913* (Chicago : University of Chicago Press, 1970), table 2, p. 5.

(11) David P. Calleo, "American Foreign Policy and American European Studies : An Imperial Bias ?" in Wolfram Hanreider (ed.), *The United States and Western Europe* (Cambridge, Mass. : Winthrop, 1974), pp. 56-78.

(12) 特に以下の文献を参照のこと。Charles Kindleberger, "The International Monetary Politics of a Near-Great Power : Two French Episodes, 1926-36 and 1960-70," *Economic Notes* (Siena) 1, nos. 2-3 (1972).

(13) これらは，Raymond Arron, Amaury de Riencourt, Henry Brandon の著作のタイトルである。

(14) この点を我々に指摘してくれた Rob Paarlbert に感謝する。

(15) 以下を参照のこと。Robert Gilpin, *U. S. Power and the Multinationals* (New York : Basic Books, 1975). また以下の2本の論文も参照のこと。C. Fred Bergsten, "Coming Investment Wars ?" and Joseph S. Nye, Jr., "Multinational Corporations in World Politics," in *Foreign Affairs* 53, no. 1 (October 1974).

(16) 以下を参照のこと。Kenneth N. Waltz, "Theory of International Relations," in Fred I. Greenstein and Nelson W. Polsby (eds.), *Handbook of Political Science*, vol. 8, *International Politics* (Readings, Mass. : Addison-Wesley, 1975).

(17) 長いことそうであった。この件については以下を参照のこと。G. Griffith Johnson, *The Treasury and Foreign Policy* (Cambridge, Mass. : Harvard University Press, 1939), pp. 206-207.

(18) 以下を参照のこと。Gardner Patterson, *Discrimination in International Trade : The Policy Issues* (Princeton : Princeton University Press, 1966), and Kenneth W. Dan, *The Law and Politics of the GATT* (Chicago : University of Chicago Press, 1970).

⒆ 以下を参照のこと。Donald J. Puchala, "Domestic Politics and Regional Harmonization in the European Communities," *World Politics* 27, no. 4 (July 1975): 496–520.

第Ⅱ部

海洋と通貨の問題領域におけるレジーム変容

第4章
海洋と通貨の問題領域における政治
―― 歴史的概観 ――

　19世紀のパクス・ブリタニカは，しばしば国際秩序の黄金期としてみなされる。この頃の国際経済相互依存関係は，その多くがイギリスによって構築され，実施されたレジームによって規律されていた。自由放任(レッセ・フェール)の神話性をよそに，イギリスは，自由貿易や公海の自由といった規範を維持するために，必要に応じて軍事力を用いた。しかしながら，これら諸レジームは他の主要国にも一般的に受け入れられた。ヨーロッパにおけるパワーの配置状況は多極的であったが，海軍力はイギリスに世界中の辺境を支配することを可能にさせた。イギリス側の重要文書によれば，同国が管理する諸レジームは「他を圧倒する保護主義的な大国に直面することよりも自由貿易を旨とするイギリスの手中にある制海権に懸念を抱かない，大多数もしくは可能な限り多くの諸国の主要・重大な利益と密接に結びつけられていた」[1]。

　パクス・ブリタニカを理解する際に鍵となる2つの問題領域は，通貨ならびに海洋空間および海洋資源である。本書は，以降の3つの章（第**4**・**5**・**6**章）にかけて，この2つの領域に関する詳細な検討および比較検討を行う。その理由としては，19世紀より続く問題領域として重要なこの2つの分野が，変容する政治的・経済的条件の下において（本書が提唱する）レジーム変容のモデルを適用し，試すに当たり最適であることが挙げられる。本書は，まず海洋および通貨問題における国際レジームの変容を第1次世界大戦から現在まで描いた後に，説明を加える。この時期全体において，単一の説明モデルもしくはいくつかのモデルの組み合わせが有効であると本書は想定しない。そのような劇的な変容は，通信，輸送の行動様式や海運，漁業，資源採掘活動ならびに国際通貨市場，金融制度のなかで生じており，政治行動にも同様の変容をもたらすことが予期される。実際，本書は複合的相互依存関係の成立条件が1960年代および1970年代以前に現れ，それ故，伝統的な世界政治のモデルは時とともに

不適切になっていくことになると確信してこの研究を始めた。第5章で見ていくように，この議論はある程度まで正しいと言えるが，そこには重要な条件がつくことになる。

　全体構造アプローチは別として，本書が提示するモデルは，問題領域内ばかりでなく，時間の経過とともに問題領域をまたがる政治の行動様式にも大きな相違があることを予測している。このように，本書は，問題領域に内在的な重要性だけのため国際通貨および海洋問題を研究対象に選んだのではない。むしろ，各レジームの差異，すなわちレジーム変容の傾向も異なるであろうということから選ばれたのである。2つの問題領域はともに，ある程度まで複合的相互依存関係の条件を満たしているように思われる。しかし，一方で著しい差異も有している。両領域ともに，社会に複数の接触ルートが存在し，トランスナショナルなアクターが大きな影響力を持っている。その一方で海洋問題においては物理的な力が，通貨問題の場合よりも大きく直接的な役割を担っている。結局のところ，海軍がいまだに海洋をパトロールし，折にふれて国家管轄権の拡大を試みているのである。しかし，物理的な力の役割にかかわらず，海洋問題は，国際通貨問題よりも多様であり，緊密にリンクしているわけでもない。それでも，政治のアクターならば海洋問題のなかに関係性を見出し，グループ化するかもしれない。たとえば，沿岸国および遠洋漁業国の漁業権と深海底における鉱物資源採掘のルールとの間に機能的・直接的な関係性は薄い。しかしながら会議外交においては，これらをまとめて海洋政策問題として捉えることが次第に増えてきた。最後に，これらの問題は，関係する財と地理的配置との結びつきの強さが異なる。通貨は，最も代替可能性が高い品物である。そして銀行や企業，政府は，通貨を迅速に越境移動させるために十分に発達したネットワークを用意している。海洋政策では，地理的領域に固有の資源への法的管轄権の問題が関わっている場合が多い。

　第5章では，この2つの問題領域に複合的相互依存関係の議論を適用する上での条件が検討される。本章では，1920年から1975年にかけて海洋および通貨問題の主な出来事を描き，これら分野における国際レジームの性質の変容に焦点をあてる。

　問題領域ごとに政治過程を分析する前に，本書はまず「問題領域におけるイ

シュー」を定義しなければならない。この作業は，見た目よりも困難である。海洋生物が汚染によって死滅しつつあるとか，国際通貨システムが大規模に増加し続ける国際貿易と投資をはたして賄うことができるかといった客観的な問題と政策をめぐる問題は異なる。イシューとは，政策立案者が関心を持っている問題であり，彼ら／彼女らが公共政策に関連があると考えている問題である。ゆえに政策をめぐる問題は主観的な部分を含んでいる。つまり，この問題が政策に関連があると，政策決定に影響力を有している人々から理解されなければならないのである。

　イシューが主観的に定義されることにより，問題領域も同様に主観的なものとなる。諸国の政府が，ある問題群に取り組んでおり，これら問題が密接に関連していると認識し，1つのまとまりとして扱う場合，本書はこの問題群を問題領域と呼ぶことにする。＊そのような場合，本書はアクターの信条や態度について意見を述べているのであり，問題それ自体の客観的な現実について述べているのではない。本書は，先に国際通貨問題が海洋問題よりも機能上のつながりが密接であると述べた。このつながりは，海洋にかかわる問題はまとめて扱うべきであるというアクターの認識によるところが大きい。しかしながら海洋問題がまとめて扱われる限りにおいて，本書がいうところの海洋問題領域が存在することになる。

　問題領域の境界を正確に定めることは困難である。この困難は，イシューや分類の変容とともに，これら境界も時間とともに変わる可能性があるという事実によって複雑化されてしまう。ゆえに本書は，本書が認識する境界を検討することによって国際通貨および海洋政策の問題領域を論じることにする。

＊　この定義は，政治アナリストが客観的な現実を無視してもよいということを暗にほのめかすものではない。推定されるように，政治的アクターが現実を誤解したならば，自身の認識を改めない限り，その目的を達成することは難しいだろう。長期的には，認識と現実との間にある程度の調和が予想される。それにもかかわらず，ある行為を明確に理解する基礎となるのは，主観的知覚であり，客観的現実ではないのである。特定の状況において，我々は，知覚することから始めるのである。結果もしくは将来的な認知を予想するためには，知覚される対象である現実に関するさらなる情報が非常に望ましい。

第Ⅱ部　海洋と通貨の問題領域におけるレジーム変容

1　国際通貨という問題領域

　国際通貨にかかわる事柄に関心を持つ人々は，しばしばこの分野の境界が自明であると推定する。ゆえに彼らがこの問題領域を定義しないこともしばしばである。国際金融問題が検討されるということだけで定義づけは十分なのである。当然のことであるが，この定義への無頓着は，この領域の動向に関する大多数の合意を反映しており，ゆえにその境界に関する軽視できない合意をも反映している。リチャード・クーパー（Richard Cooper）は国際通貨レジームの主な特質を「①為替レートの役割，②準備資産の性質，③国際資本移動規制の度合い」であるとしている。当局者でこの主張に反対する者は稀であろう。しかしながら，国際通貨レジームのなかでは，他の問題，とりわけ流動性，金融調整，信頼性などに関する問題が発生する場合がある。どのような国際通貨レジームがあるべきかという問題と，レジーム内の関係に焦点をあてる問題の区別に留意することは極めて重要である。為替レートの変動幅，もしくは金融資産としての金の役割に関する議論は，明らかに前者のカテゴリーに属する。1920年代後半における英仏の為替レートが的確であったのか，あるいは，1960年

＊　たとえば1960年代に実施されていた（いくつかの制限が伴う）ブレトンウッズ体制下において，米ドルと金が主要な準備資産であった。為替レートは固定化されており，公的な通貨切り下げの場合を除いて，額面価格から1％以上の逸脱は許されなかった。国際資本移動の大部分は，（いくつかの例外に言及できるものの）制限されていなかった。1960年代後半より，政府間協定が設立したSDR（Special Drawing Rights：特別引出権）は，金や外国為替とともに準備資産（ある国が保有する他国の兌換通貨のこと。すなわち，金，ないし，他の通貨に交換することのできる通貨のことである）となったのである。主要国通貨の間の為替レートは通常，固定されておらず，ゆえに日々，変動する。そして全体として国際資本の移動は，いまだ規制されていない。

＊＊　従来，国際通貨レジームに端を発する諸問題は，この表題の下に分類される。流動性とは，金融システムの循環における国際通貨（金，外国為替，そして現在ではSDRも）の価値を意味する。流動性が不足しているならば，国際金融の流れは過度に規制されている可能性がある。逆に過度に存在する場合には，インフレ傾向が現れる可能性がある。金融調整とは，各国が，国際収支が均衡するように自国の経済と外界との関係を変容させる措置を意味する。金融調整措置は，内的（国内の「緊縮財政」プログラム），あるいは外的（為替レートの変更）である。信頼性とは，流動性財源の保有国の通貨に対する態度を意味する。特定通貨が有する現行価値の信頼が低かったならば，最終的には民間団体によって売り払われてしまう。すなわち，この通貨の価値をさらに押し下げることになるのである。1960年代の国際通貨関係に関する詳細な討議については，Richard N. Cooper, *The Economics of Interdependence* (New York：McGraw-Hill, for the Council on Foreign Relations, 1968) を参照。

代前半に流動性が存在したかという議論は後者に属する。この区別は完璧ではないものの，本書はレジーム内の政治プロセスの内容よりもレジーム変容の問題に焦点をあてる。

本書は，国際通貨の問題領域を（レジーム／非レジーム内の金融調整，流動性および信頼性の問題とともに）為替レートや準備資産，国際資本移動の規制等について望ましいと思われる国際的な取極に関して，政策立案者が判断するイシューのまとまりとして定義する。

この時期全体を通じて，どの程度まで国際通貨をめぐる政策課題が明確であり，一貫性があるのか。アメリカにおいて国際金融政策に関して主要な責任を負っているのは財務省であるので，本書は，アメリカ財務省の年次報告書の1920年より各10年（1972年を含む）のなかで4年間を検討した。税金関連の項目とともに，「通貨」，「貿易」，「外債」，「助成金」，および「民間投資」といった従来からの項目が，国際問題にあてられる財務省の報告書の大半を占めた。さらに国際通貨領域においては，7つのキーワードが報告書表題の4分の3を占めた。表4-1が示すように，金（とりわけ金の移動）への関心が半世紀を通じて突出していた。また，これら関心事および外国為替に関する事柄が密接に関連していることから，双方ともに，本書が国際収支問題と呼ぶものと関連していることから，この表は報告書の継続性を実際より低く評価している。金融資産（外国為替および金）のフローに関する問題およびこのようなフローと関係している国際収支の状況は，この半世紀を通じて重要であるとされてきた。一般的に，国際通貨の問題領域の核心にある政策をめぐる問題の数々は驚くほど一貫性を保持し続けていた。

政策立案者は，国際通貨の問題領域が緊密につながっていると認識するばかりでなく，実際に機能上のつながりが多く存在していると考えている。主要国間に起こった，通貨に関する出来事に対する敏感性が一様でない一方で，為替管理が厳格であった時期（とりわけ第2次世界大戦中）を除いて，1920年から1976年までの期間においては常に重要であったと言える。この問題領域は，国際政治システムに存在するすべての国を含めていなかった。1975年には，ソ連，中国のほかに国際金融フローの影響から自ら鎖国することを画策した諸国の政府が含まれていなかった。しかし，それでも国際通貨にかかわる活動は

第Ⅱ部　海洋と通貨の問題領域におけるレジーム変容

表4-1　国際通貨政策——アメリカ政府が抱えている問題（1920～72年）

	1920	23	25	28	30	33	35	38	40	43	45	48	50	53	55	58	60	63	65	68	70	72
金[1]	×	×	×		×			×			×	×	×	×	×	×	×	×	×			
国際収支[1]											×	×	×	×	×	×	×	×	×	×	×	×
外国為替				×												×	×	×	×	×	×	×
為替の安定化：財務省										×		×	×	×	×	×	×					
国際通貨協力								×	×	×												
IMF											×	×	×	×	×	×	×					
OECD（通貨問題および第3作業部会）																			×	×	×	×

　この表は，アメリカ財務省年次報告書を分析するにあたり，1920年より10年ごとに区切り，1年目，4年目，9年目（少なくとも3年分）においてみられる表題と副題の主要文言を表している。調査期間において，国際通貨政策と関わりのある財務省年次報告内の表題のおよそ4分の3のなかに，これら文言が見出せた。これら文言を含まない表題は，容易に次の文言群ごとに分類することができる：文言1-3（アメリカの一方的行為と一般的進展）；4（2カ国間協定）；5-7（多国間措置）
注(1)　1953年から1965年にかけて，「金」および「国際収支」は，「国際収支および金の移動」もしくは「国際収支および金とドルの移動」というように1つの項目にて表されている。

機能的につながっていることから，国際通貨の問題領域は見方によって存在したり，しなかったりするわけではない。政策立案者の認識は大いに通貨システムに影響を与えることができる。しかし，認識がシステムを構築したわけではないし，政変が起こった場合を除いて，認識の変化がシステムを破壊するわけでもない。[3]

1914年以前の国際金本位制

　1920年以来の国際通貨レジームをめぐる議論をする場合，現代の銀行家や当局者が自動的な自己平衡化システムと見ていた，第1次世界大戦前の金本位制との比較をすることになる。1920年代における当局者の考えを理解しないまま，その後の出来事を理解することは困難である。回帰すべき理想状態として多くの当局者が見ていた大戦前のシステムのイメージに翻弄された1920年代以降ならば，なおさらである。

　金本位制運営の古典的な解釈は，第2次世界大戦末にイギリス政府が設立したカンリフ委員会によって提起された。同委員会は，イングランド銀行が金移動の影響を強化したと主張した。その手法は，金流出が債務に対する準備率を引き下げた場合に，公定歩合を引き上げることで信用規制し，価格，経済活動

および雇用を抑える。委員会の意見は次のようなものであった。

　したがって，わが国の購買力が商品一般の世界市場での物価に対して連続的に調整される自動的機構が存在した。国内物価は過大な輸入を阻止するように自動的に調節された。そして銀行信用の創出が十分にコントロールされていたため，硬直的でない通貨制度の下では不可能であったような国家による干渉から安全にも免れることができた。(4)

公式見解では，この自己平衡化システムは素晴らしい装置であった。この解釈の下では変化に適応する負担——特に失業を通じた負担——が労働者階級，このなかでもとりわけ周辺部の人々に負わされていることに大きな懸念は表明されなかった。

近年の研究は，金本位制度に関するこの解釈に疑問を投げかけている。アーサー・ブルームフィールド（Arthur Bloomfield）は，カンリフ委員会報告書が認める以上に中央銀行が活発であり，多様な金融手法を使用したことを示している。

　疑いもなく，兌換性が主たる目的であり，中央銀行はその本位制が脅威を受けた場合には，色々な方法で例外なく断固として行動した。しかしこのことは，中央銀行の行動が国内における産業活動の水準や信頼度に及ぼす影響，中央銀行の収益や他の副次的目的を考慮しないこと，あるいは政策決定に際して準備率の変動のみに依存したことに気づかなかったり無関心であったりしたことを意味するものではない。……中央銀行は常に機械的な方法で，また何らかの単純，あるいは唯一の規則に基づいて，金や他の対外準備の変動に対処していたのではなく，多様な方法でその思慮と判断を行使するよう絶えず要求されたし，また実際に行使したのである。1914年以前の金本位制は，指導的な個々の国の立場から見れば，管理されたものであって，半ば自動的に調整されるようなものではなかったことは明らかである。(5)

カンリフ委員会は，イングランド銀行が国内に与える影響に主眼を置いたが，

1931年には第1次世界大戦前の金本位制に対する大方の評価は，同行の公定歩合が資本の国際移動に与える影響を次第に強調するようになっていった。同年にマクミラン委員会報告書が指摘しているように，

　　金本位制の自動的運用は……英蘭銀行では多少の制限を受けてヰた。そしてその成果が好都合に運んだのはただ，ロンドンが當時世界における最も有力な金融中心地であり，……公定割歩合政策も殆ど直接的にその準備金の状態をよく調整せしめえたからである。この故に他の諸國は，主として自國の状勢をイギリスの状勢に順應せしめなければならなかつた（日本語訳より引用：訳者）。(6)

ロンドンのみが金融センターではなく，ベルリンやパリも同様に重要であった。しかし，確実にロンドンは最も重要な金融センターであった。イギリスのレートの引き上げ，もしくは周辺部への新たな融資の減少は，短期的・長期的資本移動に大きく影響を及ぼし，それに伴って国際収支に（イギリスばかりでなくイギリスに依存している国にも）影響した。いくつかの銀行がイギリスの利子率の引き上げに応じて自らの利子率を引き上げてもこうした影響は発生した。なぜならば，一層の金融引締め政策が流動資産への動きを加速させ，このことがベルリンやパリといった二流の金融センターの犠牲において基軸通貨国の収支のバランスを好転させることを意味したからである。(7) ゆえに規制は非対称的であり，イギリスは金融情勢の変化に適応する負担を，アルゼンチンのようにイギリスとの貿易に依存している周辺国に求めた。2次的な基軸通貨のセンターであるベルリンやパリも同様に動いた。イギリスが資金を他のセンターから引き出したように，これらのセンターも格下の他のセンターから資金を引き出すことを階層的なシステムが可能にした。それゆえに，先行研究が考えていたよりイギリスおよびイギリス・ポンドに徹底的に支配されてはいなかったものの，システムは非常に安定していたと言える。

　　スターリング（＝ポンド：訳者）-マルク為替相場に対するイングランド銀行の特別な影響力は，ロンドンで金融引き締めを進めるとともに，ドイツの

準備高に過度の負担を強いたと考えられる。しかしながら，この金融構造は，ドイツ帝国銀行に同様の利点を与えることとなり，近隣の小国に対して為替レートを自国に有利に展開させることができた。この短期的な金融に関する影響力の階層性を通じ，金利の上昇とともに，資金は比較的小さな金融センターから大きなセンターへと流れ込んだ。またこの階層性は，短期的な金融調整の負担を周辺諸国間に移転することにより，主要金融センターの通貨間の軋轢を最小化する一助となったのである。これは，ヨーロッパ大陸諸国の国際黒字収支から資金を引き出す決定的な力を両センターともに持たないままに，ニューヨークとロンドンが同じ移動可能な資金をめぐって争うといった後年の傾向と著しい対照をなしている。(8)

イギリスの絶大な支配力は，イングランド銀行およびイギリス財務省が必要とする金保有高の少なさからもうかがえる。スターリングへの信頼性は非常に高く，1913年にイングランド銀行は1億6500万ドル相当の金もしくは当時主要35カ国の公式金準備高の4％未満しか保有していなかった。イギリスの金保有高は，アメリカのそれの15％以下であり，フランス，ロシアのそれの25％以下であった。また，イギリスの金保有高は，ドイツ，イタリア，オーストリア－ハンガリー，アルゼンチンなどの各国の公式な保有量より少なかったのである。(9) 無利子の金を少量しか保有する必要性がなかったことは，弱さというよりも強さの証であった。

優秀な銀行家と同様，ロンドンは自らの金保有高を最適化することができた。なぜならばロンドンが有する他の国際的な当座資産の質，制度的構造の他に，イングランド銀行の公定歩合とロンドン市場の割引率の力により，金が他の金融センターから最後の手段として流れ込むのが常であったからである。(10)

このシステムの安定性は，その階層的な構造，ならびに継続的にポンドおよびその他の主要通貨が今後も金と額面で交換できるという投資家の信頼に基づいていた。流動性が増加したのは，単に新たな金鉱脈が発見され，貨幣用の金

保有高が公式金準備にまわされたからではなく，外貨の保有が増えたこともある。世界各国の公式な金準備高が1900年から1913年の間に約2倍になったのに対し，公式な外貨の保有は4倍以上に増加したのである。1913年には，総準備高の16％から19％を占めていた(11)。

　金融分野における階層性は，政治的な階層性によって補強されていた。イギリスは，軍事的にドイツやフランスのどちらに対しても優勢であったわけではないが，この両国よりもはるかに広範かつ富裕な海外地域へのアクセスを有していた。この優位性は，各国が保有する主要3カ国（イギリス，フランス，ドイツ）の外貨に反映されていた。1913年，ヨーロッパにおいてこれら3カ国の通貨の保有量でスターリング建てであったものが18％にすぎなかったのに対し，非ヨーロッパ諸国におけるこれら通貨の保有量はその85％がスターリング建てであった(12)。

　周辺国は，中心国の中央銀行がとる措置によって自国の貨幣供給が強く影響を受けることを一般に認めてきた。十分に成熟した銀行システムが整備された先進（中小）国であっても，短期資金の流れは「疑いようもなく，自国の公定歩合変動よりもイングランド銀行や他の大手中央銀行の公定歩合変化に敏感であった(13)」。イギリスに大きく依存していたアルゼンチンは，金の流れが自国の貨幣供給量を決定することを認めていた。つまりアルゼンチンには，このプロセスを管理できる有効な中央銀行が存在していなかったのである。すなわち，アルゼンチンは「イギリスの金利変更が自国経済に及ぼす悪影響を無効化できなかったのである」。周辺各国の政府が進行中の事態もしくは自らが置かれた不利な立場を実際に理解していたかは定かではない。国際収支統計の欠如および「自然」にまかせるままに対して，主要国中央銀行によるシステム運営に関する知識の欠如は，国家間の不平等とその原因をより不透明にすることにより，システムの安定性を維持することに寄与したと考えられる。加えて，周辺国における現地の寡頭政治はこのシステムの恩恵にあずかっていたのである(14)。

　暗い過去へと続く，非常に長い期間として見られることが多いものの，国際金本位制の寿命は，実質的には50年にも満たなかったのである。この分野の大家によっては，フランス，オランダ，スカンジナビア諸国，そしてアメリカが銀貨の使用を停止し，自国通貨を金と結びつけた1870年代にまで遡って

起源を求める者もいる。他には，1880年もしくは1900年まで遡る者がいる。この期間の設定は，オーストリア‐ハンガリー，ロシアおよび日本が1890年代に金本位制を遵守していたことを反映してのことである。⁽¹⁵⁾

加えて，国際金本位制は想定されていたよりも円滑に運営されない時もあった。各国の中央銀行は，自らの行為の国際的な影響にことさら敏感であったわけではない。（イギリスおよびフランスの中央銀行は，いくぶんか協調したものの）各国は，一般的利益のため，国際金本位を運営するために協調することはなかった。しかしながらこの期間の終わりには，前述のような協調の必要性が，短期資本の成長・不安定性の結果として次第に明らかになった。1907年以降，「これらと他の問題を源とする収支システムへの過度のショックを最小化するために，何らかの体系的な国際通貨協調を支持する認識がますます広がっていた。そして，このような協調の欠如は1914年協定以前の明らかな特徴であった⁽¹⁶⁾」。

すなわち，第1次世界大戦前の金本位制は決して不変ではなかった。外国為替は，次第に準備高にまわされていた。資本移動はより不安定なものとなり，国家間協調の必要性はますます明らかになっていった。より根本的な政治的変化も発生していた。労働者階級が政治権力を獲得するに至り，失業や賃金引き下げを招くような調整政策に対抗できるようになったのである。1926年にイギリスで発生したストライキも同様のことを示唆している。周辺国がいくらか自律的になれば，これら国の政策は受動的ではなくなるであろう。そしておそらく最も重要なことであるが，アメリカの存在が国際経済のなかで最も顕著となった。第2次世界大戦による景気刺激がなくとも，アメリカはやがてロンドンと資金をめぐって競い，金融分野の階層性は崩れたであろう。⁽¹⁷⁾

国際金本位制が正常に機能している時代の終焉は，第1次世界大戦によって訪れたのである。しかし，本章で論じてきた傾向は，戦争によって増強はされたものの決してこの戦争の産物ではない。ゆえに戦争の影響がなくとも，やがて国際金本位制は破綻もしくは変質したであろうと憶測することはできる。しかしながら，その発生の条件やその場合の形態，その影響をうかがい知ることはできない。

それゆえに実際には，戦前の金本位制は短命に終わり，（国際志向よりも自国志向ではあったが）きちんと管理され，そして容易に変容する可能性があった。

金本位制は，政治的優勢性——イギリスの富裕階級が貧困層に対して持つ優越性とイギリス，フランス，ドイツが周辺国に対して持つ優越性——に基づいていたのである。ゆえに，現実の認識は，政治家による干渉によってのみ害されるという永続的，自動的，安定かつ公正なシステムという神話から実質的に離れていった。しかし，後年にこの神話は，現実そのものよりも多くの意味で強力に働いたと言える。確かに旧レジームのルールは，もはや遵守されていなかった。皆が考えていたように完璧に遵守されたことは一度もないのだ。しかし，レジームのルールは政治家および銀行家（とりわけイギリスのような中心国の政治家および銀行家にとって）の活動を律する基準であり続けたのである。

1920～76年の国際通貨レジーム

本書においてレジームの区別が主なアクターの行動を規律する形式的もしくは実質的ルールおよび規範に基づいていることを思い出してもらいたい。ルールや規範の変更が急激である場合には，レジーム期を区別することにさして困難はない。しかし，場合によっては，変容は徐々に，もしくは順次行われていくものであり，このような場合には時期区分の選択がいくぶん恣意的になってしまう。1920年代のように，何カ国かが一般協定の結果としてというより，次々と平価主義に参加した時，あるいは1930年代初期のように複数の国々が次々と金本位制を離脱した時に，このことは特に言えるのである。このような場合，本書はレジームを基軸通貨国（1931年までのイギリスとそれ以降のアメリカ）の行動から定義づけている。この法則を受けて，本書は1920年から1976年までの56年間を表4－2にあるように，7つの時期に区切った。本書は，各時期における国際レジームの有無と，各時期の初めに起こり，旧レジームを崩壊させ，新たなものを生成したと思われる出来事を記している。

ここからは，各時期を特徴づけたルールおよび規範を簡潔に描写する。すなわち，どの程度遵守されたのか。これらレジームの起点と終点を定める上で選択した理由なども記す。本書が選択した時期区分は，必ずしも自明ではない。また，このような時期区分は歴史の流れを歪曲するものでもある。こうした検討は，この問題領域における55年間の政治的もしくは経済的プロセスを包括的に描写するものではなく，ましてレジーム変容を説明するものではない。国際

第4章　海洋と通貨の問題領域における政治

表4-2　通貨政策の問題領域における国際レジーム（1920～75年）

時期区分	期間	レジームの状況	主な出来事
I	1920～25	レジームの不在：自由変動相場，通貨危機	調査時期の始まり
II	1925～31	（事実上の defacto）国際レジーム：スターリング・ドルの兌換性を中心とした金為替システム	1925年4月：イギリスの金本位制復帰
III	1931～45	レジームの不在：自由変動相場，通貨危機，為替管理（1939年以降，特に重要となる）	1931年3月：イギリスが金本位制から離脱 1944年ブレトンウッズ協定が発効
IV	1946～58	復興レジーム：国際的に合意されたシステムであるが，アドホックな変更が可能であった。為替管理，ヨーロッパ諸国の通貨兌換性の欠如	1958年12月：ヨーロッパ諸国の通貨の自由兌換性が回復
V	1959～71	国際レジーム：固定されているが，調節可能な平価；ドルの金兌換性	
VI	1971～75	レジームの不在：14カ月にわたる主要国通貨の固定金利および各国の中央銀行間の積極的な協調にもかかわらず，安定したルールが不在	1971年8月：アメリカがドルと金との兌換停止を宣言
VII	1976～	国際レジーム：為替政策に関する各国の中央銀行，政府間の協調とともに，変動為替相場制および特別引出権（SDR）に基づくレジーム	1976年1月：IMFの暫定委員会が協定の改正に合意

　通貨問題の歴史を苦手とする読者のために，歴史の進展の一般的な描写を提供し，続く政治的プロセスやレジーム変容の分析を容易にすることを狙いとする。

　第1次世界大戦の間，イギリスからの金輸出は実質的に停止していた。この期間中に国際金本位制は，正式には決して破棄されていなかったものの，実質的には失効していたのである。イギリス・ポンドとアメリカ・ドルは平価より2％下回る4.77ドルにてペッグされた。イギリス国民は，戦争遂行目的の外貨を準備するために，保有する外国証券を売ることが奨励された。1919年までには，イギリスが戦争によって経済的に疲弊していたことは明らかであった。少なくとも当分の間，国際資本の移動が自由であった1914年当時の平価である4.86ドルに戻さないことは可能であった。すなわち，1919年3月に金-ドル・ペッグ制が廃止され，1920年初めから1924年にかけて「為替レートは公的介入からほぼ完全に自由になり，変動性へと移行した」。ポンドは，1920年初頭に3.18ドルの安値をつけ，1921年の終わり頃まで4ドルを切り続けた。戦前の平価にほぼ戻ったのは1924年の終わり頃までであり，これも平価主義に復帰するという期待があったからである。

97

同様に変動していた大陸諸国の為替相場は多大な変動率をみせ、ポンドよりも脆弱であることを示した。1920年4月～1922年4月にかけて対アメリカ・セントで6.25セントから9.23セントへと上がった後に、フランス・フランはやや穏やかな後退をみせ、1926年7月に2.05セントの安値をつけた。実質的に、安定化したのはその年の最後であり、戦前の相場の5分の1である3.92セントであった[20]。ドイツのインフレの影響下にあって、マルクは1920年に2セント程度から1923年には実質的に無価値になっていた[21]。観測筋の多くは、これらの結果を変動相場制に内在する危険であると認識した。ラグナー・ヌルクセ（Ragnar Nurkse）が進め、1944年に出版された国際連盟による研究によると、短期的な資本移動によりこの時期の初期には平衡化していたものの、戦前の平価への回帰が期待されるなか、ヨーロッパ大陸諸国の為替レートが下落するにつれて不安定化していくのではないかとの憶測が流れたという。切り下げが切迫もしくは少なくとも他国における不測の事態の証拠を提供するなか、資金を引き寄せるよりも金利の引き上げもしくは為替の切り下げがこれらの通貨に対する投機に拍車をかけた[22]。この観点からするならば、投機家の心理は政府の決定要素の1つとなったのである[23]。

　1920年から1925年までの状況は、関連するどの主要国政府からも望ましく考えられていなかった。カンリフ委員会による戦前の金本位制の描写は、ジェノア会議（1922年）については単にこれを、単純に過去を正確に描写したものという以上に、（このような変容のデフレ効果を抑制するための修正があるものの）可能な限り速やかに回帰すべき望ましい状態であると見なされた。ジェノアにおいて主要各国は、各通貨が固定平価にて取引される金為替本位の設定を合意した。しかし、このなかで大半の国には、自らの準備高を国際金自由市場にて流動債権の形で保有することが推奨された[24]。金為替本位制は、金を有効利用することを目的に設計された。主要な革新として目されていたものの、実際に金為替本位制は、単に1914年以前より次第に広まっていった慣習を正当化し、拡張しただけであった。「政治圧力から自由」であるはずの各国の中央銀行は[25]、各国通貨を額面通りに維持し、「金の購買力に適切でない変動性」が発生するのを予防するために、緊密に協調することが期待された[26]。

　しかしながら1944年のブレトンウッズ会議とは異なり、1922年のジェノア

会議は通貨問題に関する国際レジームが変容する兆候を示すものではない。マルクの安定化が金融秩序に先がけて必要であることは（とりわけニューヨーク連邦準備銀行総裁ベンジャミン・ストロング（Benjamin Strong）にとって）明らかであった。しかし1922年後半に，ドイツは賠償責任を履行せず，1923年初めにフランスとベルギーの軍隊がルール地方を占領した。そしてマルクは，その後に暴落した。1923年後半，ドイツが1年後にドーズ案による融資によって支えられ，マルクが安定した後になってはじめて通貨が安定したのである。

ジェノア会議の意義は，その提案が，中央銀行総裁たちがイギリスの金本位回帰（1925年4月）の後に樹立しようとした（戦前の平価である1ポンド＝4.86ドルでの）システムを予示した点にある。ほとんどの人が致命的な過ちであったと同意するとはいえ，この分野の大家の意見は金本位復帰が国際通貨レジームの性質を変容させた決定的な出来事であったと一致している。この出来事を追った歴史家の言葉によれば，金本位復帰の決定は「不幸であり，長期的な重要性にもかかわらず，短期的利益と伝統的仮説が長期的考慮と厳格な分析に対して勝利したことを意味した」。後に振り返ってみると明らかにスターリングが10％ほど過大評価されているものの，戦前の平価以外での金本位制復帰は，あまり検討されなかった。それでもなお，「4.86ドル以外のレートでの金取引は考えられなかった」。

ウィンストン・チャーチル（Winston Churchill）蔵相（当時）は，この決定について心中穏やかでなく，決定前の覚書のなかで鋭い質問をいくつか提起している。しかし，

> 彼は難しい立場にあった。なぜならば彼は，理性的にみれば成り行き任せの政策の他に選択肢がなく，政治的には，官界，シティ（イギリス金融界：訳者），企業および国家の支持を得なければならなかったからである。そしてこれらの団体は，実際に採用された政策を望んでいたという点において一致していたのであった。……すなわち，どれだけ近視眼的であったにせよ，一般的に提案されていたものを受け入れ，金本位制を4.86ドルで導入する以外の選択肢は，実質的にチャーチルにはなかったのである。

イギリスの金本位復帰（1925年）は、国内ばかりでなく国際的な圧力の影響も受けた。イギリスはシステムの要石であり、金本位復帰をするという同国の判断が国際通貨を再び安定化させるための重要なステップであると目されていた。スウェーデンのような小国は、回帰を強く迫った。さらに重要なことは、アメリカが迅速かつ断固たる行動を求めたことであった。主要な国際債権国として、戦後のこの期間を通じて唯一金本位制を維持し続けた国として、アメリカは公式な関与に消極的であったにもかかわらず、相当に大きな影響力を有していた。

ドイツの安定化、翌年のフランスの行動に加え、イギリスの決定は、1931年まで続いた国際レジームの幕開けを示していた。同レジームは、国際会議や定義の上での為替レートの体系的な連帯よりも、一連の一方的行為により設定された。また、正真正銘の国際レジームであり、周知されたルール、各国の中央銀行総裁同士の意思疎通もうまく行われ、各国の中央銀行間、とりわけアメリカとイギリスの中央銀行間に少なからぬ協調が見られた。しかし、このレジームは、戦後に弱体化したイギリスが置かれた立場を反映し、経済と同様に政治的にも脆弱であった。

イギリスが国際金本位制から離れた1931年からブレトンウッズ協定（1944年）が発効した1946年初頭まで、国際通貨協定を規律する包括的かつ合意が確立されたルールや規範は存在しなかった。国際的なリーダーシップを取らざるをえなかったアメリカは、最初の5年間はその任を果たさなかった。アメリカ当局者は、対米戦債と先の同盟国に対する賠償金との間に関係はないと主張した。「世界経済復興への協調的アプローチを展開する取り組みは、すなわち戦債をめぐる紛争に幻滅したのである」。イギリスにすら協議することなく、アメリカは事実上1933年4月に金本位制から離れた。その頃、ラムゼイ・マクドナルド（Ramsey MacDonald）首相はルーズベルト（Franklin D. Roosevelt）大統領に会いに向かう洋上にあった。1933年夏、ルーズベルトはロンドン国際経済会議における合意もないままに実質的に延期を強制した。ルーズベルトは、公式声明において、「数カ国の通貨取引に影響するにすぎない、全く人為的で急場しのぎの方策」であり為替相場の安定を確保するためのものであるとして会議出席に反対しアメリカ代表団は腰を抜かしたのである。更に続けて「…い

わゆる国際銀行家の古くからの物神は，国際通貨に永続的な購買力を付与する目的で国民通貨計画を立てるという努力によって代位されつつある」と述べたのである。

　フランス，ベルギー，オランダおよびスイスは，いわゆる金本位制国において，旧平価への固執を試みたものの，これら国々の国内経済・政治的実績はこれに鋭く反対することを示していた。ベルギーは1935年に通貨を切り下げ，オランダとスイスもこれに続いた。フランスも最終的に1936年に先例にならった。フランスは，1937年にフランを1年近く変動相場に置いていたのである。通貨価値の変動は深刻であった。少なくとも1936年までの状況は，実質的に国際協調が介在しない純粋な非レジームであった。これまで常に，完全な調和もしくは多くの成功を収めてきたとまでいかなくとも密接な協力関係にあった，各国の中央銀行総裁は，不況（とりわけアメリカにおける不況）によって信用を大いに落とした。通説に幻滅した政治家は，やみくもに万能の解決策や国内における応急措置を探していた。

　全期間を通じた評価として，この描写は弱められなければならない。なぜならば，三国協定（フランス，イギリスおよびアメリカ）(1936年)は，具体的な協力の方策に乏しかったものの，少なくとも新たなルール制定へと向かう象徴的な第一歩であったからである。これら3国の財務省・大蔵省（1920年代の場合と異なり中央銀行ではなく）は，為替を24時間維持することに合意したのである。加えて，互いの通貨価値の安定化を図ることを目的とする協定を欠いていたものの，「フランスは，アメリカとイギリスから競争的為替切り下げは行わないという保証を得ていた……」。

　にもかかわらず，三国協定は1944年以降，ブレトンウッズで明らかにされた脆弱な国際協力の先駆け以上のものではなかったのである。協定締結以降も，短期資本移動は，とりわけ1938年に為替レートに大混乱をもたらした。同年の上半期，アメリカからの投機的な資本流出が起こり，下半期にはその逆の流れが起こった。全期を通じて，金融協力は貿易障壁，ドイツの為替管理，様々な双務的精算協定および支払協定に代表される経済ナショナリズムによって阻害された。各国政府は，自らに都合よく為替を操作しようと試みた。実際，自由に変動する為替レートはむしろ稀であったと言える。世界的規模での経済破

綻と政治的崩壊が続く時期にあって、国際通貨関係がカオス的な状態になかったとしたら、その方が驚きであっただろう(38)。

　第2次世界大戦の勃発は、通貨問題を律する協定に変容をもたらした。とりわけ「より厳格なペッグ相場と、より厳格な管理が行われるようになり、政府間協定がますますそれまで普通に行われていた金融慣行に取って代わっていった(39)」。これらの協定は、合意されたルールおよび手続きを有する国際レジームを構成しなかった。正式の協定は、1944年のブレトンウッズ会議にて締結されたが、完全な実施には後10年以上の月日を待たねばならなかった。戦後ヨーロッパの経済的な苦境は、（特に1947年に計画されたスターリング兌換性の失敗後には）、ヨーロッパ復興計画が注目の的となることを意味した。マーシャル・プランがヨーロッパ諸国の復興に活用されるなか、IMF（国際通貨基金）は「辛抱強く事態を見守り、自らの資源を温存した(40)」。ヨーロッパに通貨の兌換性が生まれた1958年後半になってはじめて、復興のレジームは、1944年にブレトンウッズにて合意されたレジームの完全なる実施に道をあけたのであった。

　1941年に開始された長く、時として困難な交渉は、1944年4月の英米共同宣言（大西洋憲章）へと通じ、これがブレトンウッズおよび国際通貨基金協定の交渉の基礎となったのである。他の同盟諸国は、1943年および1944年に意見を求められた。フランスとカナダが草案を準備し、ブレトンウッズで英米両国が、（後にIMFや世銀にも締約しなかった）ソ連ならびにいくつかの小国と論争を繰り広げたのだった。44カ国が参加したとはいえ、（33カ国が参加したジェノア会議や66カ国が参加した1933年のロンドン会議と比べて）ブレトンウッズ会議およびブレトンウッズ協定は本質的に英米の所産であった(41)。

　1920年代の慣行に比べて、ブレトンウッズにおいて国際通貨の問題領域は、主として中央銀行や個人銀行に委ねられなかった。実際には、アメリカ財務長官ヘンリー・モーゲンソー（Henry Morgenthau）の目的は、民間金融の利益よりも政府の手段となる国際金融機関を設立することにあった。アメリカ銀行界のひんしゅくをよそに、モーゲンソーは、この問題を、「政府がこれらを管理するべきか、それとも企業の特権的団体と連邦準備金が行うべきかどうかという問題である(42)」と考えた。アメリカ政府内部では財務省が主導権を握っていたが、1942年に議論が始まった時から1947年にスターリングが直ちに兌換でき

第4章 海洋と通貨の問題領域における政治

る計画が破棄されるまで、しばしば国務省との対立が生まれたのである。(43)

　ブレトンウッズで設立されたレジームの核心にあるのは、IMFの加盟国が自らの通貨に公定平価を設定・維持することを可能にする条項である。これは国際収支上の「基礎的な不均衡」を是正し、基金との折衝を得た場合においてのみ変更することが可能であった。こうして、通貨の兌換性が確保されることになったのである。イギリスは、各国の政策に行動の自由を求めた。しかし、アメリカはこの提案に抵抗したのである。加盟国のIMFへの出資額に基づく複雑なスキームで決定される額まで加盟国に、彼らが必要とする通貨を融資することによってIMFはこれら加盟国が平価を維持できるよう支援したのであった。しかし、アメリカが主張したので、加盟国は自らが引き受けた額を上回るIMF資金を自動的に融資されることは不可能となった。IMFは、加盟国の要求の妥当性を判断する裁量権を保有したが、一定の制限も（IMFには）課されたのである。

　IMFには大幅な名目的権限が与えられた。しかしながら、IMF自体は、出資割当額が最も多い加盟諸国によって支配されていたのである。なぜならば、IMFにおける投票は、出資割当額とほぼ比例するように取り決められているからである。ゆえにアメリカは1946年段階におけるIMFの総投票権数の33％を保有し、イギリスは、だいたい16％を保有した。この比率は、年月を重ねるにしたがって下落したが、IMFの歴史の中でアメリカはIMFの最重要決定における拒否権を保証されたのである。(44)

　（完全実施までの）移行期間に考慮が払われ、この期間中にはレジームの完全な義務履行は求められなかった。加盟各国はIMF設立後、3年まで金融取引に設けた制限を維持し続けることができた。その後に、IMFは各国に関する年次報告をすることとなった。発足から5年後に加盟国は制限の保持について基金と交渉することになっていた。(45)移行期間は定義されぬままであったものの、一般的な見込みでは長期に渡るものではなかった。「トルーマン政権が政策変更を行った1947年前半まで、各国の政策立案者は他国が比較的円滑かつ迅速な移行を、2国間主義から通貨兌換性へと5年以内に行うと考えた」。(46)

　制度移行は、実際には、終戦から13年間以上、基金設立から12年以上もかかった。1947年にスターリング兌換を継続しようとするイギリスの取り組み

は，10億ドル相当の金および米ドルを費やし，1カ月を辛うじて経過したところで頓挫した。その後，為替管理が復帰し，マーシャル・プランが発効した。ヨーロッパ諸国の通貨は切り下げられ，アメリカはドルの差別的待遇を受け入れたのである。この間，国際通貨基金の役割は小さなものであった。

　復興レジームは1947年に樹立され，ブレトンウッズで交渉された協定との共通点が少なかった。西ヨーロッパ諸国に対する危機的なソ連の脅威を懸念したアメリカの指導者たちは――国務省と（これに対していくらか抑え気味に）財務省に促され――，ヨーロッパ諸国の金融問題にさらなる支援と共感を与えた。この支援は，優れた数々の制度革新を伴ったものであった。2国間清算協定の締結に続いてEPU（European Payment Union：欧州決済同盟）およびOEEC（Organization for European Economic Cooperation：欧州経済協力機構）が設立された。NATO（North Atlantic Treaty Organization：北大西洋条約機構）の設立に最も明白に表れているように，軍事的脅威に関するコモン・センスは，ヨーロッパ諸国と友好的にふるまうインセンティブをアメリカに与え，ヨーロッパ諸国にはアメリカの先導に従う意思を与えた。政治的合意の枠組みのなかで各国政府は，トランスナショナルな経済関係の管理を維持しつつ，拡大することを可能にしたのである。

　復興レジームの成功は，1950年代に通貨の兌換性への動きが見られたことからもみてとれた。この動きは，1958年にヨーロッパ主要国が正式に通貨の兌換性を採用した時に最高点に達したと言えるだろう。ゆえに1959年初めは，新たな国際レジームの始まりをも示しているのである。このレジームこそが本格的なブレトンウッズ体制である。このレジームは，アメリカが1971年8月15日にドルの金兌換を停止するまで存続した。経済的には，この移行は，ヨーロッパ諸国の経済復興と国際収支の大幅な赤字を生み出し，ドルが不足していた世界経済にドルを供給したアメリカの金融政策とによって可能となった。1950年代後半〜1960年代にかけて，世界輸出は年間7％という目覚ましい速度で伸びていった。海外における製造業へのアメリカの直接投資は，飛躍的な伸びを見せた。政治的にいえば，（ブレトンウッズ体制への本格的）移行は，アメリカのヘゲモニー（の確立）ばかりでなく，各国中央銀行の官僚間と財務省間の結びつきが織り成すネットワークの発展によって特徴づけられる。BIS

（Bank for International Settelments：国際決済銀行）は，EPU の技術的代理人であり，各国の中央銀行役員は「それ自体もパリに本部を持つ欧州経済協力機構の一部局である。EPU 理事会の財務省官僚とともに参加した。これら機構は，ヨーロッパ諸国の財務省幹部に定期的な交流を持たせることに成功した[49]」。

しかしながら，ブレトンウッズ体制は，完全な運営に至った直後に深刻な試練に直面することとなった。ロンドンにおける金価格は 1960 年秋には上昇し，アメリカ政府が 1 ドル＝金 35 分の 1 オンスを維持し続けないであろうという投機筋の不信を示した。その最初の帰結は，金価格を 1 オンス 35 ドルに維持するという非公式の英米協定であった。「イングランド銀行は，ロンドンでの投機的需要を賄うために使用した金を補填するためにニューヨークにアクセスすることができると確信していた[50]」。この結果，国際的に金備蓄することになり，この制度の下で各国中央銀行は金取引きを調整することに合意した。1961 年には，各国の中央銀行総裁たちは，特定通貨に対する投機的な事態が発生した場合の相互支援を行うことを目的とする，一連の通貨スワップ協定を策定した。ブレトンウッズ諸協定の文言とともに精神もが遵守されたならば，1960～61 年の投機に基づく金融危機は，IMF 資金の拡大によって対処されたであろう。しかし，この拡大は，主要な債権国たるヨーロッパ大陸諸国の反対にあったのである。すなわち，1962 年の「一般借り入れ取り決め」において 10 カ国財務相・蔵相会議（主要な先進工業国）の構成国は，必要な場合には基金に出資することを，（そのために各構成国が集団的に出資することに合意することが条件ではあったのだが）「国際通貨システムの障害を未然に防ぐかもしくは対処するために[51]」請け負ったのである。IMF に加えて，様々な機構のなかで複数の公式・非公式の協定が織り成すネットワークが生成された。各国中央銀行間，10 カ国財務相・蔵相会議および OECD（Organization for Economic Cooperation and Development：経済協力開発機構）の第 3 作業部会を通じさらには，各国財務・大蔵省や，経済関係省庁の間で重要な結びつきが維持されたのである[52]。国際流動性を増進するために，国際通貨基金の加盟国は 1967 年に準備資産として特別引出権を設けることに合意した。1971 年までには，IMF の割当額は，10 年前のそれの 2 倍にも上った[53]。

すなわちブレトンウッズ体制は，金融とともに継続的な政治的・制度的調整

のプロセスを経たのである。レジームの運営者が示した制度的な創造性および柔軟性は，加盟国が維持し続けようとした通貨価値の硬直性と明確な対照をなした。政治的な革新が実質的に 20 年前に設計されたシステムの維持に寄与したのである。

　それでもなおレジームに対する圧力は，とりわけイギリスがポンド・スターリングを最終的に切り下げた 1967 年以降より高まり続けた。短期的資本移動が飛躍的に成長するにつれ，固定為替相場制度（平価変更が一定範囲内に固定されている為替相場制度：訳者）システムを維持することはますます困難となった。ユーロダラー市場*の発展は，ヨーロッパ諸国とともにアメリカをも抑制したのである。ユーロダラー市場およびアメリカの双方への週に約 50 億ドルの流入を受け，アメリカの金融機関は「連邦準備制度の規制から，一時的であれ，抜け出す」ことができたのである。[54]

　国家間経済取引への敏感性は，短期資本移動に対して最も顕著に増加した。

　　国際取引を行う上での無知とコストという障壁が低くなるにつれ，資本の潜在的な投機的移動は極端に増加した。……こうした事態の展開のおおよその数値指標は，1947 年 8 月の「巨額の取りつけ騒ぎ」でポンド・スターリングに対する 1 日で最大 1 億ドル以下の投機と，1965 年 5 月にドイツへと流入した 1 日で最大 15 億ドル以下の投機と，1971 年 5 月にドイツへ 1 時間足らずで 1 億ドル以上の移動とを対比することで示される。加えて，無知という障壁が一段と低くなるに従い，15 億ドルが 1 日で 150 億ドルあるいは 500 億ドルにまで上らないという根拠はないからである。[55]

　他の主要な障害としては，基本的調整の問題——とりわけドイツ・マルクと日本円の過大評価に関連した基本的調整——が十分にシステムのなかに取り組まれていなかったことが挙げられる。平価切り上げに対するドイツと日本の抵抗は，金融システムの基軸通貨供給源としてアメリカが，日本およびヨー

---

*　「ユーロダラーとは，アメリカ系銀行の支店を含む，アメリカ以外の銀行におけるドル建て預金である。これらの半数以上は，アメリカ国外（すなわち世界の銀行システムのなか）において設立され，アメリカ連邦準備制度や，他のどの国の中央銀行の力も及ばないプロセスのなかで設立される。」A. James Meigs, *Money Matters* (New York: Harper & Row, 1972), p. 212.

ロッパ主要国政府からルール変更についての同意を得ずにドルを切り下げることができない現実と結びついていた。結果として，1959～71年4月にかけて，ドルは実際に他の主要通貨に対し4.7％価値を上げた。[56]

1971年8月のアメリカの措置は，外国諸機関の求めによってドルの固定平価を維持し続けるというアメリカのコミットメントを正式に終結させることになった。しかしこのような取り組みは，「実際には，長い間ほぼ機能しない状態にあった[57]」。アメリカの国際収支赤字の結果として，外国政府が保有するドルの価値は，アメリカの金保有高をはるかに超えており，金を求めるドル保有国に対してアメリカが対応できないことは明らかであった。こうしてある程度まで，1971年8月のニクソンとコネリーによる措置（いわゆるニクソン・ショック）は，過去10年をかけて現れてきた状況を単に具体化したにすぎないと言える[58]。1960年代初めよりずっと，アメリカはドルの名目的ポジションを向上させる巧妙な計画を考案してきた。また，アメリカは同盟諸国（とりわけドイツ）にドル防衛を無理強いし，ブレトンウッズ体制上の義務を遵守しようとする同国の積極的意思が，ヨーロッパ諸国と日本のアメリカの政策への協力に大きく左右されることを極めて明確にしたのである。

ブレトンウッズ体制の段階的な衰退は，国際レジームというものが一般にははっきりと特定期日に成立したり崩壊したりするものではないことを我々に確認させてくれる。純粋主義者ならば，1963年にアメリカが強要して資本流出を阻止した利子平衡税をもってしても「ブレトンウッズ体制の死」をもう少し前の時期に置くかもしれない。にもかかわらず，本書は，1971年8月15日が1914年もしくは1931年と同じように，国際通貨レジームの終焉を明確に示すものであると考える。ブレトンウッズ体制は，13年弱の間，法律上の通貨の兌換義務という条件の下で運営されていたのである。この期間の大部分は，精緻であるものの本質的にアドホックな非公式で制度的な取り決めのネットワークによって支えられていたのである。そして，最後の数年における位置づけは，明らかに不安定なものであった。しかしながら，歴史的な標準によれば，その寿命は，国際通貨レジームとして特筆に値するものであった。

1971年8月15日の後の4年間，アメリカの行動は，時として世界経済に混乱を巻き起こした。スミソニアン協定は，ドル－金兌換性を回復することも，

ブレトンウッズ体制の崩壊を予期させた一連の為替レートの危機を著しく阻害することもなかった。1972年2〜3月にドルは圧力を受けていた。同年6月にスターリングは切り下げられた。そしてドルは，1971年12月の約8％切り下げに加え，1973年2月には10％切り下げられた。この切り下げが市場に平穏を取り戻すことに失敗したことにより，金融市場は閉鎖された。3月に再開された時には，主要通貨は互いに対して有効に変動していた。続く数カ月，主要通貨の価値は大幅に変動した。[59]

1973年3月以降の「学習期間」が継続されたことにより，財務当局者や銀行家は変動相場制に違和感を抱かなくなり，場合によっては好意的に受け取り始めたのである。財務省や中央銀行に在籍している政府当局者は，もはや人為的な相場を投機筋から守るという半ば不可能な任務に直面することはなかった。また銀行家は，外国為替差益が急騰しているとみなした。[60]次第に，各国の中央銀国は市場に介入し，互いの介入に歩調を合わせるようになっていった。1973年後半にOPEC（石油輸出国機構）が石油価格を急激につり上げ，世界経済に衝撃を与えた後に，変動相場制が国際通貨システムを為替レートの大規模な破綻から救ったことがたびたび示唆された。

嗅覚の鋭い観測筋は，改められたシステムがどの方向へと向かうのかを見極めていた。不確定性が特徴であり，巨額の資金移動が容易な世界にあって，固定為替相場への回帰はありえなかった。1972年8月に，フレッド・ヒルシュ（Fred Hirsch）は「為替相場の運営上の問題は，固定制・変動制の大局的な議論ではなく，管理された変動相場制がとるべき形態に関するものである」[61]と述べた。1975年に，マリーナ・ホイットマン（Marina V. N. Whitman）は変動相場制の経験を振り返る論考のなかで，「各国間の高く，大きいインフレ格差のなかで変動制以外の選択肢はない」[62]と卒直に述べることができた。その一方で，1971年から1975年にかけての通貨価値の大幅な循環的変動と1973年以降の中央銀行の関与は，自由市場を擁護する極端な立場——政府は市場介入を一切回避すべきであり，市場の自動調整に委ねるという立場——が受け入れがたいことを明確に示していた。企業と労働組合から支持を求めつつ，自分の再選を願っている政治家が自らを否定するという期待は，政治的に言えば非現実的であった。そして絶対的な制限はもはや経済的に妥当だとは言えなかったの

である。「継続的な安定化を促す投機の欠如」は，通貨価値の過剰な変動を意味したのである。[63]

新たな国際通貨レジームを設計する試みは，先行きが不透明な経済状況と，いくつかの大手銀行の失敗が大々的に報道されるなかで行われた。それでもなお，各国の中央銀行と，後に外務大臣たちの間にも次第に政策協調が1971〜72年および1973〜75年の間に進んだ。そのためある意味では，新たなレジームが非公式ながら1973年から1975年の間に成立したと言えるのである。しかしながら，このレジームの公式な協定の締結には，1976年まで待たねばならなかった。

1972年9月から1974年7月の期間において改革のための公的なプロセスは，IMF理事会によって設立された「国際通貨システム改革ならびに関連事項委員会（通称20カ国委員会）」に焦点をあてていた。アメリカはIMF内部でこのグループの結成を促すことにより，スミソニアン協定を起草した10カ国グループのなかでもヨーロッパ諸国の力を押さえ込もうとした。しかしながら，委員会の本来の目的は急速に無意味なものになっていった。「安定かつ修正可能なレート」を取り戻すために同委員会は設立されたのであるが，1973年から1974年までに，この目標は予見可能な将来において明らかに達成しがたいものとなっていた。にもかかわらず，委員会の活動は，改革を2つの重要な意味で推進したと言える。まず，安定かつ修正可能なレートに戻すことが基本的な目標ではあったものの，主要諸国は変動相場制が漠然とした将来においては普及しているだろうという点で意見の一致をみていた。こうして変動相場制への移行に向けた詳細なガイドラインが採択されたのである。第2に，委員会は，SDR（特別引出権）が実施までには，廃止されているであろう公定金価格で評価されるべきであることで合意した。すなわち，国際通貨システムにおける金の役割を低減することへ向けた一歩を踏み出したのである。委員会は，貧困国が被る深刻な被害に対し先進諸国が資源を提供する確固たる意思表明を，石油および関連製品の価格上昇によってなすことができると示唆し，発展途上国側の要望に応えた。最後に委員会は，IMFに国内金融におけるさらなる影響力が与えられることを提案した。

1974年9月より改革は——その主な政治的アクターがアメリカとフランス

であったものの——国際通貨システムに関する理事会の暫定委員会を中心に行われていた。1974年12月には，改革されたシステムのなかにおいて通貨が金と関連づけられず，公式な金価格がなくなることにフランスが事実上，合意した。またアメリカは，金が現実的には（市場価格にて）評価されうること，ならびに国際収支の赤字を負う各国政府に提供されることに合意した。1975年11月に，フランスは各国の中央銀行の緊密な連携および財務省幹部の監視という条件で変動為替相場の受け入れに合意した。この合意は，12月でのG10（10カ国グループ）共通の立場と1976年1月に暫定委員会が取り上げた改革関連問題を基礎づけるものとなった。

国際通貨基金協定の正式な改正（1976年1月）について完全な合意に達したという事実は，この時点で新たな国際通貨レジームが発足したことを示している。アメリカの金融担当財務次官は「世界に再び通貨システムが戻ってきた」と宣言した。フランスの財務相は「3年間にも渡る討議の帰結」であるとして協定を歓迎した。そしてこの会期の議長は，協定を「通貨改革への長い道のりの終わりであり，（改革の）成功を求める政治的意思の賜物である」と呼んだ。ウィリアム・E・サイモン（William E. Simon）アメリカ財務長官は，さらに国際通貨改革の「大きなイニシアチブ」を期待しないと述べた。新レジーム形成の明確な期日を選ぶことは，いくぶんか恣意的になってしまう。なぜならばレジームは，徐々に機能していくものだからであるが，1976年の初めになって協定を構成するすべての要素が整ったのである。この協定は多くの主要論点において曖昧であり，単に協議する義務だけを生み出したのである。にもかかわらず，この協定は新たな国際通貨レジームの輪郭を提示したのである。

暫定委員会は，以下の主な措置をとることにより国際通貨レジームを樹立しようとした。

① 「秩序ある為替取り決めを確保し，安定した為替相場制度を促進するため，基金および他の加盟国と協力するため」加盟国政府の責任を強調した一連の条件の下に自由変動相場が合法化された。諸国は，自国通貨に為替平価を設定できるようになった。しかしながら，これは——IMF総投票権数の85％の多数により復権できるものの——もはや要件ではなくなっ

ていたのである（実際にはこれはアメリカの拒否権を可能にした）。
② SDR がシステムにおける主たる準備資金であることを担保するために，また，「国際通貨システムにおける金の役割が徐々に縮小することを確保する」ために様々な措置がとられた。
③ 国際通貨基金は，後に採択されることになるガイドラインに沿って「加盟国の為替レート政策に対する確実な監視」を行う責任を負わされた。

　また委員会は，同時に貧困国のために信託基金を設立することに合意した。この信託基金は，基金が保有する金の売却による収益によって賄われ，任意拠出金によって補強され，国際収支難にある発展途上諸国への支援を容易に広げるために信用枠を自由化することを目的としていた。発展途上国に対応するための会合では，国際通貨システムの改革について合意を得る条件が，より緩い信用供与条件となった。この２つの結合が合意に至る前に解決されなければならない最後の問題であった(68)。

　これら条項の実施は，今までにない国際通貨レジームを生み出すことになる。歴史的には，ペッグ制のみが通貨に関する一般国際協定と関連づけられてきた。これとは対照的に 1976 年 1 月の協定は，柔軟な為替レートに基づく金融システムを規制するための国際金融政策の広範な調整機能を提供するものであった。協定締結から数週間後に執筆された本書にとって，現段階においてその成否を予測することは難しい。私有の流動資産の範囲および主要産業国のインフレ率の相違を考慮するならば，調和のとれた通貨安定の新時代を予見することは愚かなことであろう。また，IMF はここ 5 年間の破壊的な出来事によって著しく弱体化され，柔軟ではあるものの，一部が管理された為替レートシステムのなかで有効でありえるかはいまだ不透明である(69)。これらは，協定を定義し，実施する試みのなかで展開される非公式な政策協調の傾向に多くが左右されるであろう*。

---

*　2000 年現在からみると，本書が，慎重に，ポスト 1976 年のレジームへかけた期待は，楽観的すぎた感がある。IMF は，「確実な政策監視」を実施しておらず，金融危機（1987 年および 1998 年）における主要なアクターは，アメリカ連邦準備金制度であった。過去 2 回の金融危機において，アメリカの一方的行為は，多国間政策協調もしくはレジームのルールよりも重要であったと言える。

2　海洋問題における争点

　地表の約4分の3は，海洋に覆われている。何世紀も，人類は海洋を主に漁業および航行という目的のために利用してきた。海洋は，一国の国家管轄を超えあらゆる村民に開放されていた中世の村落の共同放牧地のように，これまで「グローバル・コモンズ」の1つであったと言える*。そして，中世の村落が経済変動の結果として次第に村のまわりに柵をめぐらしたように，1970年代の諸国も，技術的・経済的変化が海洋利用の増加をもたらすと，海洋の大部分を同じように「柵で囲い込もう」とした。1970年代の国連海洋法会議における交渉では，各国が沿岸200海里の排他的経済水域を主張することを認める案が広く支持された。この案では，世界の海洋のおよそ3分の1が国家管轄下に置かれることになる。「200海里問題とは，主に石油と漁業に関わる問題である。これにより，各国は世界の海洋漁業の5分の3と採掘可能な沖合石油資源のおよそすべてを手に入れることになる」[70]。

　ここ数十年まで，海洋および海洋資源は──1国がどれほど利用しても，他国の取り分を損なうことがないほどに──一般的に公共財として扱ってもよいと思えるほど広大に存在した。無論，漁業および航行の権利に関する個別具体的な紛争は存在したものの，これらは例外として扱ってもよかった。しかしながら，1970年までの技術発展は，人類に海洋および資源を開発する術を与えることとなった。このことは，すなわち資源の稀少性について問題提起をすることとなり，資源から他国を排除するために自らの管轄権下にある領域を拡大しようと各国の活動を刺激することになった。たとえば，漁業においては，漁業船団を擁する諸国の数は増え続け，魚群探知機などの新技術や，漁獲をその場で加工する工船が作業効率を高めた。結果として，年間の漁獲量は1940年代後半には2000万トンであったのが，1970年代初頭には7000万トンへと増え，いくつかの主要な魚種に深刻な枯渇が起きていた。海運の経済的・技術的発展も同様に劇的であった。世界の商船団も1947年には，7800万トンであ

---

*　他にグローバル・コモンズとしては，南極と大気圏が挙げられる。

ったのが，1974年には3万1100万トンへと増えていた。1946年に世界最大の石油タンカーの排水量は1万8000トンであった。それから20年の間に，タンカーの排水量は20倍に増え，32万6000トンとなり，今後もさらに巨大なタンカーの建造が計画されている。各国は，海難事故が自国沿岸の環境に与える影響を次第に気にかけるようになり，したがって自由航行に制限を設けるよう求めるようになっていった。

　第2次世界大戦後の技術的・経済的発展は，伝統的な海洋の利用を増やしただけではなく，新たな利用法も導き出したのである。とりわけ，技術的発展は，海洋および資源の問題に新たに第3の次元（海底）を付け加えた。海中の大陸棚から石油を採掘する費用は，深度に伴って急激に上昇する。海洋掘削の技術は戦後になって急速に発達し，海洋より採掘した石油の量が占める比率は，戦前は実質的に皆無であったのが1970年代には20％近くを占めるまでに至った。*石油採掘の多くは，海上より数百フィート下において行われる。より興味深いのは，深度1万2000フィートから8000フィートの深海底にあるジャガイモ大のマンガン団塊を採掘する技術の発達である。これら鉱床の存在は，長い間知られてはいたものの，大量のマンガン，ニッケル，銅およびコバルトが含まれる団塊の採掘を可能にする技術が開発されたのは，1960年代になってからのことであった。(71)

問題領域の定義

　これらのことを考えるならば，1967年以降劇的なまでに，海洋政治に注目が集まったことはさして驚くべきことではない。この年，アービド・パルド（Arvid Pardo，駐国連マルタ大使）の演説が深海底からもたらされる莫大な富の可能性を劇的に表現し，新たなレジームの必要性を提起した。確かに，海洋政治が新奇に映ることもあったと言える。1972年に提出されたアメリカ大統領の外交教書「1970年代の外交政策（*Report on Foreign Policy for the 1970's*）」では，海洋が「外交の新たな局面」の項目のなかに含まれている。あるアメリカの元

---

*　1975年に，沖合の石油生産は400億ドル，すなわち，それはすべての商業用海上輸送がもたらす額と同額であり，あるいは海洋漁業がもたらす額の4倍（100億ドル）に相当した（*Business Week*, March 22, 1976）。

高官の見解では,「1971年までの5年という短い期間に,科学的,経済的,社会的,法的,軍事的および政治的問題が無批判に均質化され,あらゆる国際会議において精力的に検討された」。カラカスにおいて開催された第3次国連海洋法会議(1974年)では,137カ国より2000人もの代表団が参加し,100項目に上る議題と向いあった。図4-1では,「アメリカ国務省公報(Department of State Bulletin)」において海洋問題への関心が示されている。これは,第2次世界大戦後の参加国の増加を表している。

技術開発が海洋の新たな利用法をもたらし,結果として慣習法に難問を突きつけたが,第2次世界大戦後に顕在化した難問の多くは,実は20世紀の初めにも存在していたのであった。戦間期には,絶滅が危惧される鯨類を保護する会議や海洋石油汚染への取り組み,接続水域をめぐる12件以上もの管轄権の主張,ラテンアメリカ諸国の管轄権拡張に対するアメリカの抗議,漁業および大陸棚資源への管轄権拡張を求めるアメリカ議会の圧力等おなじみの「現代的」現象が特徴的であったと言える。1930年,ハーグで開催された国際会議は海洋法を改める合意に達することができなかった。戦後にジュネーヴで開催された会議(1958年および1960年)は,狭い意味で沿岸国の管轄権の明確な限界について合意に達することはできなかったものの,海洋に関する主要な4条約が作成された。

本書の対象である海洋政策問題とは,平時における海洋,および海洋資源の利用・規律にかかわる問題である。平時の海洋レジームは,主に2つの特徴を備えている。すなわち①各国沿岸に隣接する水域の管轄権の性質および限界,ならびに②国家管轄権の外にある海洋および海洋資源の所有,利用および規律の2つである。この区別は,海洋政策システムの核心的な問題と関連している,より広範な問題(たとえば海運政策や船上の労働問題および海洋軍備管理など)とを分ける。また武力行使という海軍の役割を完全に排除するものではない。「『平時』という用語は,強度の高いレベルで展開される全般的な敵対状況の欠如として定義される」。第**5**章で見ていくように,海軍は平時の海洋政策に関する政治的交渉に大きな役割を果たしてきた。

平時における海洋という問題領域は,2つの「物理的」関係を含む(たとえば,海洋と海洋資源に関して関係国が互いの政策に影響を与えようとする試み)。地理

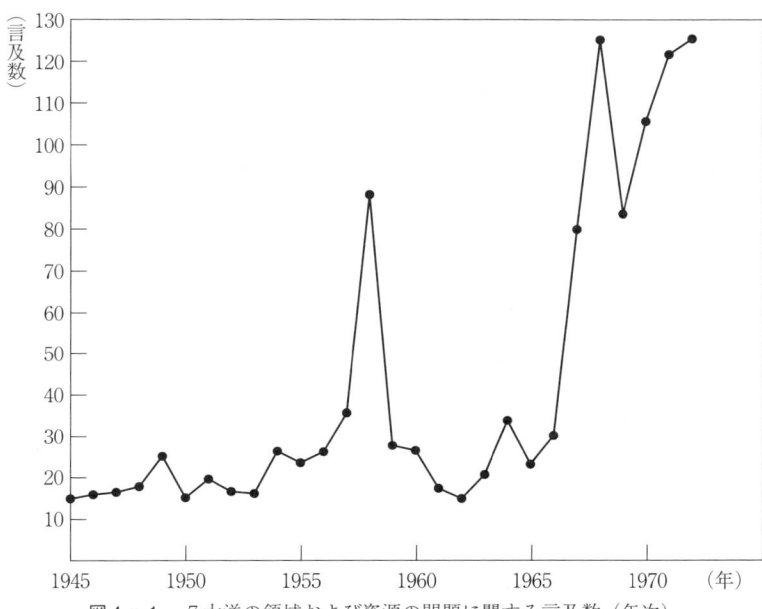

第4章　海洋と通貨の問題領域における政治

図4-1　7大洋の領域および資源の問題に関する言及数（年次）
（出所）　アメリカ国務省公報（1945〜72年）より作成。

的条件は，海洋問題にかなり納得のいく境界を生み出している。ある下院議員の言葉によれば「石油，魚類，船舶，法律家，科学者，技術者および海軍提督が奇妙な取り合わせであることは間違いないが，その公分母は海水なのである」。
(74)

　伝統的に，海洋および資源という問題領域は，漁業や商業航行，海洋掘削，軍事利用などといった緩やかに結びついた諸問題から成り立っていた。前述したように，問題領域は下位にあるイシュー，および（本質的に技術的な理由による）機能上もしくは（政治団体および政府当局者の活動や認識による）認識上の関係性の程度によって区別することができる。海洋問題には機能（航行と掘削や海洋投棄と漁業といった対立する海洋の利用など）によってつながっていることもあるものの，より重要なつながりは政治的・法的認識が提示している。これらのつながりは，法的構造と外交交渉の戦術の両方に端を発している。海洋利用の法規範は，しばしば他の利用法に関する同様の規範の先例となる。「拡大

115

された管轄権」の可能性は，海洋政策問題に関するアメリカの見解に大きく影響した。1969年にある国防次官補が議会で語ったところによれば，「国防総省の最優先事項は，海底に関する最終的な法的レジームが伝統的な公海自由に影響を与えないことにある。これまで頻繁に我々はある分野に適用可能な法的レジームが他の分野へと波及する様を見てきた」[75]。法的・交渉的なつながりは，両方とも会議外交によって増加してきた。全米科学アカデミーの報告書は次のように述べている。

　交渉の場面において，海洋活動の全く異なる分野がますます分かち難くなってきている。全く性質の異なる活動と活動の間にある実際のつながりが最も薄かった場合であったとしても，法的・政治的関係性の強さにより，まとめてとらえられる傾向がある[76]。

伝統的な公海レジーム
　20世紀中頃より，海洋と資源をめぐるガバナンスにおいて一般的に受け入れられていた古典的なレジームは，大まかに公海自由と呼ばれる。公海は，占有可能ではない無主物（res nullius）とされ，沿岸国の管轄権は狭く捉えられ，制限されていた。海洋利用の自由は，時として紛争へと進展し，相反する利用を規律するために国際的な先取権の原則や一般的な基準などが作られた。伝統的に航行は優先されるべき事項であった[77]。公海に関するジュネーヴ条約（1958年）にあるように，「公海は，すべての国民に開放されているので，いかなる国も，公海のいずれかの部分をその主権の下に置くことを有効に主張することができない」。この時のジュネーヴ会議に出席していたあるデンマークの法律家によれば，この「基本的な原則は……あらゆる国の利益にかなっており，ジュネーヴ会議において一度たりとも争われることはなかった[78]」。

　公海自由の原則は，しばしばフーゴー・グロティウス（Hugo Grotius）の著作と関連づけられる。1609年のこの問題に関するグロティウスの論文は，商業航行を排除しようとするポルトガルに対し，オランダの国益を擁護するものであった。同原則は，実務上はしばしば制限されていた。しかしながら，19世紀までには，公海レジームは主たる海洋国であるイギリスの利益およびパワー

と密接に結びつけられていた。1815年当時，イギリス海軍は他のすべての海軍を合わせたものよりも大きかった[79]。慣習法は，海洋国とりわけイギリスによって執行されていたのである。海洋国は，

　その活動の手段が広範な海洋領域をもたらすという事実上の優越性から，領海の拡張にさして興味を有しておらず，……公海の一部に他国の排他的管轄権を設定することに異議を唱える。この水域は，平時において船舶は旗国主義にのみ拘束され，戦時において艦隊は中立水域が拡張されることによって制約を受けることになる（平時よりも狭い）権利を行使することになる。公海自由の原則の擁護は，すなわちこれらの国にとって国益の問題なのであった[80]。

　世紀の変わり目において，沿岸から3海里以上の管轄権を主張する各国（スカンディナビア，イベリア，メキシコ，ウルグアイ）は，僅かしか海岸線を有さず，世界の海運のなかで占める割合は10％未満にすぎない*。1902年，米西戦争におけるアメリカの勝利の後に，メキシコは不本意ながら9海里から3海里へと幅を狭めた。1905年のイギリスの申し立ては，係争水域において拿捕された漁船の釈放へとウルグアイを追い込んだ。また1909年には，イギリスの外交圧力により，ポルトガルが3海里の漁業管轄権を受け入れることとなった。1915年には，ドイツがスウェーデンに対し3海里の領海を実施した[81]。伝統的な公海自由の原則が完全に遵守されなかった唯一の問題は，戦時海運であった。交戦国に対する海上封鎖は国際法上認められてはいたものの，中立国からの船舶に干渉する合意を形成することは不可能であった。戦時における海洋利用に関するルールを確立しようとする努力（1856年にはパリ，1907年にはハーグ，1909年にはロンドンにおいて会議が開催された）にもかかわらず，列強諸国は戦時に領海の制限を機能させるに必要な利益を共有していなかった。

　しかしながら，戦時における海運への干渉は，戦時やその後の平時における海洋の利用に関する他のレジームの遵守に対して僅かな影響しか与えなかった

＊　一説によれば，3海里ルールは，18世紀の大砲の射程範囲によって設定されたとされる。

ことに，本書は注目する。第１次世界大戦中にウッドロー・ウィルソン（Woodrow Wilson）が「14 カ条の平和原則」の中の１つの原則として重視した海洋自由をめぐって英米間で発生した主な紛争は，戦時の例外事項に関するものであり，海洋と資源の利用を規定する通常のレジームを基礎とした公海自由の正当性をめぐるものではなかった。この実情は，海洋におけるイギリスの覇権的地位を主として表したものであった。公海自由の原則の主要な後援者・執行者としてイギリスは，戦時においては中立国による海運に干渉し，平時においては公海自由の原則を護持し続けることによって，自らに事実上の例外を認めていた。平時においてブリタニアは海洋を支配し，戦時においては逆にルールを放棄したのである。

イギリスは，平時におけるルールの遵守に気を配っており，沿岸近くの漁業や航行を他国に許している。1876 年から 1883 年にかけてイギリスは，「海洋のあらゆる利用に３海里の制限を意図して設ける」法律を採択した。あるアメリカ人コメンテーターは，次のような主張すらした。

　　実際には，イギリスが自らの権威を活用した際に発揮した節度と知恵は，同国の海軍力が圧倒的であった期間と，同国の支配力が脅かされたか，もしくは控えめに言えば疑問が投げかけられた過去の何回かの期間，イギリス艦隊の力よりも責任を担っていたと言える。

本章において先に検討した，金本位制下の通貨にかかわる政治と驚くほど類似性を有し，1914 年以前の平時海洋レジームは，階層的で安定しており，イギリスの対外的な支配と，ある程度まで特定の利益（この場合，海軍および海運の利益）を守るイギリス政治内の強い立場に左右されていたのである。

1920〜75 年のレジーム期

1920 年から 1975 年にかけて公海自由の原則は，関係各国がほぼ完全に履行していたレジーム（1945 年まで）から，多くの国が諸原則を遵守しつつも疑義が呈されていた強力な疑似レジーム（1946 年から 1966 年まで），そして，この疑義があまりにも強まった結果としてこのレジームの規定が公然と問題にされる，

表4-3 海洋政策の問題領域における国際レジーム（1920〜75年）

時期区分	期間	レジームの状況	主な出来事
I	1920〜45	公海レジーム	第1次世界大戦後、イギリスが再びリーダーシップを主張する
II	1946〜66	強力な疑似レジーム（quasi regime）	1945年のトルーマン宣言およびラテンアメリカ諸国による管轄権拡大
III	1967〜75	脆弱な疑似レジーム（quasi regime）	1967年国連におけるパルド演説

脆弱な疑似レジーム（1967年以降）へとその地位を追われていった。外国為替の危機がレジーム変容の明確な転換点となった通貨にかかわる政治と異なり、公海自由の原則は徐々に衰退したのであり、各レジームが影響力を有していた時期の設定を恣意的なものにする。にもかかわらず、2つの転換点（トルーマン宣言およびパルド大使の演説）が表4-3にあるような3つのレジーム期を設定することを可能にした。

公海自由に基づくレジームの包括的な構造は、1920年から1945年の間には問題とならなかった。独露両海軍の破壊・解体に伴い、イギリスは海軍の総排水トン数を世界各国との比較において第1次世界大戦直前（1914年において32％）よりも大戦後に増強した（1921年には47％）。その一方で、世界の総排水トン数の11％しか有さないままに参戦したアメリカは、1921年には24％と2位の座についていた（1914年時点において2位であったドイツの14％に比して）[85]。加えて、イギリスはアメリカの造船プログラムを問題視していた。ワシントン海軍軍縮条約（1922年）によって初期の海軍軍拡競争は抑えられたものの、アメリカは、および腰なイギリスから公海上の海上警備の管轄権を拡張する条約（英米酒類密輸取締条約）を勝ち取ったと言える。この条約により、禁酒法時代に密輸を取り締まるために、アメリカは沿岸から「1時間航行距離内」の公海を警備することができた[86]。

アメリカ自身が密輸禁止の例外規定を勝ち取ったにもかかわらず、同国は領海の狭い幅員を認める公海レジームを一般的に支持した。確かに、このレジームから逸脱した主要国は、海洋活動の能力が非常に制限されていたことから影響力が少なかったソ連のみであった[87]。1930年、国際連盟の主催下のハーグ国際法典編纂会議においても公海自由の原則が再確認された。この会議において小国が発言し、投票することができたという事実のみをとって、これが3海里

の領海の設定に貢献し，1930年代において，他に24件もの特別拡張の試みを助長したと主張することもできるが，（3海里などの個別具体的な規定との比較において）全体的なレジーム自体に疑問は投げかけられなかった。[88]

1930年のハーグ会議では，明確な領海画定について合意することができなかった。世界の海運トン数の80％を占める20カ国が領海3海里を支持した。[89]これらの国のなかにはソ連（12海里を支持）とイタリア（6海里を支持）を除く主要国のすべてが含まれていた。12カ国が6海里を支持した。領海を拡張することを目指すエクアドル，メキシコ，イランの1930年代の取り組みは主な海洋国によって認められていなかった。また，検討してきたように，1930年代の日米間密輸規制域・漁業協定のような下位の問題において紛争が発生した場合でも，紛争当事国は明示的に包括的レジームの正当性を受け入れていた。

皮肉なことに，戦後にレジームが段階的に崩壊していく大本の種をアメリカが図らずも蒔いたのは，同国が有数の海軍国であった第2次世界大戦後のことであった。公海自由レジームから有力な疑似レジームへと向かった転換点は，1945年のトルーマン宣言であったと言える。漁業および沿岸石油採掘技術の発展に応じて，トルーマン大統領は一方的にアメリカ沿岸沖に漁業保全水域を設定し，「アメリカに付随する」大陸棚の接続水域の深度200メートルまでアメリカの管轄権を主張した。アメリカは意図的に文言を限定的かつ曖昧にし，包括的レジームを害さないことを望みつつ，その主張を策定した。しかしながら，こうした微妙な対応は，大国の先例にならい，ラテンアメリカ諸国が管轄権の拡張を主張するにしたがって曖昧にされた。南アメリカ西岸に位置するエクアドル，ペルー，チリといった諸国には，大陸棚が僅かにしか存在せず，深度による基準がこれら諸国にとって不公平であり，したがって海岸線からの距離によって管轄権を主張した。ゆえにアメリカが他の争点から切り離そうとした大陸棚の延伸および漁業管轄権の拡張は，ラテンアメリカ諸国の広範な主張およびその後のアメリカ漁船の拿捕や他の困難な外交上の事件の双方を引き起こした。[90]

この第2期においては，包括的レジームに根本的な疑義は呈されていないものの，個別具体的な争点においてその衰退の兆候が見てとれた。結果として，主要な海洋国，とりわけ英米が1958年，1960年とジュネーヴにおいて開催さ

れた 2 つの国連海洋法会議においてこの脆弱化したレジームを改革し，法典化し，保護する取り組みへと結びつけた。第 1 次および第 2 次国連海洋法会議では，ハーグ会議（1930 年）よりも倍の数の国が参加した。第 1 期では，イギリスとオランダがそれぞれ世界の海岸線のうち，5 万と 1 万 8000 海里を支配していた。しかし，第 2 期では，脱植民地化が進み，その支配が後退するに従って，多くの国が次第に海洋問題にかかわるようになった。[91]

ジュネーヴ会議（第 1 次国連海洋法会議：訳者）は，部分的にしか疑似レジームを補強することに成功しなかった。ジュネーヴでは 4 つの主要な条約が締結され，どの政府も直接的に公海自由の原則を攻撃することを可能もしくは得策であるとは思わなかった。しかしながら，

> ジュネーヴ会議では，領海を拡張する旨の主張によって間接的に公海自由の原則が攻撃されたのであった。これら拡張の主張は，伝統的には公海に属していた広大な領域（重要なシーレーンを含む）を沿岸国の主権に服することになる。[92]

1960 年にカナダとアメリカは，6 海里の領海に加えてさらに 6 海里の（漁業の歴史的権限を認めることを含む）漁業水域という妥協案を提案した。この妥協案は，表決に必要な 3 分の 2 の多数にあと 1 票と迫り，その後 1960 年になって，これが第 2 期のハイライトであったことが分かった。一般的に，ソ連ならびに他の 12 カ国が 1960 年に主張していた 12 海里以上の公海に排他的主権もしくは規制を主張する国は稀であった。[93] 第 3 期に支配的となった富裕国と貧困国の南北格差による世界の分断は，1960 年には明白なものとなった。東西冷戦による分断は第 2 期の支配的な政治的関心事であったのである。

対照的に，1967 年以降には脆弱な疑似レジームが存在した。すなわち公海レジーム自体に異議が申し立てられたのである。1967 年のパルド大使の演説（いわゆるパルド提案）は，緊迫した会議外交の時代を触発するきっかけとなった。さらに重要なことに，この演説は膨大な深海底に眠る財の可能性を劇的に表現し，海洋資源およびこの配分上の問題に焦点をあてた。以降，海洋は，その効率的な運用によりあらゆる国家に利益がもたらされる公共の高速道路とし

て扱われることは少なくなった。それどころか，ある国家にもたらされた利益は，他国にとっての損失であるとしばしばみなされることとなった。

　先のジュネーヴ諸条約に拘束されていない新しい諸国がこのゲームに参加したのである。149 カ国がニューヨークにおいて開催された第 3 次国連海洋法会議の第 5 会期（1976 年）に出席した。しかし，ジュネーヴ公海条約（1958 年）を支持したのは，このなかの僅か 51 カ国であった（42 カ国が領海条約を支持し，34 カ国が漁業協定を支持し，50 カ国が大陸棚条約を支持した）。深海底資源の問題および海洋掘削やタンカー建造の技術発展がもたらす問題は，海洋の「中間と底面」に関する新たな問題を登場させるに至った。自由放任レジームの下でグローバル・コモンズが技術的に発達した諸国によって独占的に搾取されることを恐れる低開発国は，国家管轄権の広範な拡張，もしくは，規制を行う強力な国際組織の設立を主張した。国連総会は，深海底を「人類の共同遺産」であると宣言した。中国は，海洋の自由が単に「海洋におけるヘゲモニーおよび拡張主義ならびに他国の海洋資源の略奪」の口実としてしか，超大国から支持されていないと主張した。[94]カナダやオーストラリアのように，冷戦期に海洋問題について海洋国と強く結びついていた諸国は，国益を沿岸国としてのものに切り替えた。英米においてさえ，石油会社や沿岸漁業関係者のような重要な団体が，徐々に管轄権の広範な拡張を支持していった。1960 年時点では，沿岸国の 4 分の 1 しか 12 海里もしくはそれ以上の管轄権を主張していなかったが，1970 年には半数以上の国が管轄権を主張していた。1968 年から 1972 年の間に区切ってみても，12 海里の領海を主張した国の数は，31 カ国から 52 カ国へと増加し，200 海里を主張した国の数は 5 カ国から 10 カ国に増加した。[95]

　しかしながら，第 3 期での管轄権の拡張に匹敵するほど重要であったのは，公海自由の原則に対する疑問の提示であった。1967 年以後の状況は，単に「レジームをごまかす」という類のものではなく，代替的なレジームを樹立する圧力となった。つまり無主物の原則に疑義が呈されたのである。先の 10 年間に発達した観念のなかで最も影響力があり，広範なものは，「海洋領有の主張」であっただろう。この主張は，モンテヴィデオ宣言（1970 年）において都合よく記されており，「すべての国は，現実に採取可能な沖合の海洋資源と将来的に採取可能となるであろう海洋資源を保護するために必要であると思われ

る，自国沿岸の近くの海洋および海底に管轄権を主張する権利を有する[96]」としている。開発主義という有力な国際的な「哲学」の広まりに対応するかのように，伝統，国防，広範な世界平和よりも将来，実現するかも知れない国家的富のような新しい目標が海洋と海洋資源を利用する権利の基礎として主張された。

アメリカ上院が漁業管轄権を200海里まで拡張する旨の法案を可決したと聞き及んだエクアドルの外相が1976年に述べたように，「とりわけ海洋を利用し，海洋がもたらす富を保護する目的のために，各国が沿岸よりの管轄権を自ら定める主権的権利が国際的道義として明確になりつつあることは，エクアドルにとって非常に満足がいくもの[97]」であった。主な海洋国が現状に対するこの解釈を受け入れなかった一方で，1970年代中頃になるとアメリカと（タラ戦争と呼ばれたアイスランドとの一連の漁業紛争にあって3度目の紛争の渦中にあった）イギリスには，長期に渡る国連海洋法会議から最終的に導き出される公式な条約の見通しがどのようなものであれ，伝統的な公海自由レジームの主な特質の1つである狭い沿岸管轄権が維持できないことが次第に明らかになっていった。国際条約によるものであれ，一方的な決定によるものであれ，第3期における会議外交の帰結が沿岸国管轄権の200海里までの拡張であることは明らかであった。したがって世界の海洋の3分の1が囲い込まれることになったのである。

海洋政治のアジェンダ変容

アメリカの政策アジェンダに一定の継続性があった（表4-1参照）通貨の問題領域とは異なり，海洋という問題領域は戦後期に入ってより複雑化したと言える。この複雑性はレジーム変容を求める圧力として貢献した。ここまで見てきたように，他国に最小限の影響すら与えないで海洋資源を占有することができるほどに海洋は広大であると伝統的には考えられてきた。技術の進歩はこの伝統的な前提に異議を唱え，多くの国々による様々な海洋利用に関する紛争が増えていった。これらの紛争により，今度は政策空間が縮小したり海洋利用国がバラバラに孤立することが少なくなった。この政策の縮小は，単に競合する利用法（シーレーンと海洋掘削プラットフォーム，海洋汚染と漁業などに対処）を反映するのではなく，大部分において会議外交の政治交渉に反映され，また増幅されたのである。

海洋政策にかかわるイシューの数とリンケージの増加は，海洋政策アジェンダと全3期を通じてこのアジェンダがアメリカの立場からどのように設定されたかという点の両方に反映されている（表4－4参照）。1920年から1945年にかけて，各国よりもアメリカの方が率先して海洋政策問題を外交政策アジェンダの俎上に載せることが多かった。戦前期の2つの主たる問題（密輸，沿岸漁業）において，アメリカ政府はトランスナショナルな活動に対応していた。加えて，「法典化の機が熟している」トピックを求めていた国際連盟の「国際法の漸進的法典化のための委員会（International Law Committee of the League of Nations)」が（アメリカも参加していた）1930年ハーグ会議のアジェンダを設定した。

第2期初頭において，予期されていたことではあるが，沖合での石油掘削や沿岸漁業者からの圧力を受けた形のアメリカ政府の発議が対処を要する問題を引き起こした。その後，ラテンアメリカ諸国や他の国による管轄権の拡張が政策アジェンダの設定をし始めた。より公式なところでは，国際法委員会が第1次国連海洋法会議（1958年）のアジェンダを準備し，アメリカは会議のアジェンダ設定を助けたものの，このなかの案件を分けたり，処理を早めたりすることはできなかった。

第3期においてアメリカの海洋政策アジェンダは一層複雑化したが，それは，いくつかの源を反映していた。それでいて，アジェンダの多くは，トランスナショナルな活動を規律しようとする低開発国・沿岸国の努力から生まれたばかりでなく，国連総会がこれから生まれる可能性のある経済活動を大げさに演出したことによっても生まれたのである。国境を越えた漁業の管理，民営の海洋掘削，海洋汚染（とりわけ石油輸送における）管理，多数国が参加する合同の科学調査の管理および調査結果の共有などの他国による取り組みがいくつかのイシューを政治化することになった。海底資源や海底の平和利用のようなイシューは，主として国連会議外交のなかの活動から生成した。「国務省公報（*Department of State Bulletin*)」において最も注目された事項は，鉱物資源，海洋汚染，石油および包括的レジームの構造であった。全体的レジームの構造には，

---

* たとえば，表4－1において使用された財務省年次報告に相当するものが海洋問題については存在しない。

表4-4 アメリカ外交政策における海洋問題の位置づけ

海洋政策問題	1920～45年	1945～65年	1966～74年
密　輸	主要な問題		
沿岸漁業	主要な問題	主要な問題	主要な問題
遠洋漁業		主要な問題	主要な問題
大陸棚資源		主要な問題	主要な問題
全体的なレジーム構造	主要な問題	主要な問題	主要な問題
深海底資源			主要な問題
海洋汚染	主要でない問題	主要でない問題	主要な問題
科学調査		主要でない問題	主要でない問題
航行の制限	主要でない問題	主要でない問題	主要な問題

(出所) *Foreign Relations of the United States* (Washington, D.C.: U.S. Government Printing Office, annually); Council on Foreign Relations and Royal Institute of International Affairs (London) newspaper clipping files.

今までの8倍もの注目が集まった。(この増加は，日常的な言及および重大な声明の双方に見られた)＊ 海洋の政治は，もはや海軍の相互依存に支配された，単に航行と漁業の問題ではなくなっていた。現代における海洋政策の立案者は，イギリス海軍の支配を漁業と船舶にとって過ぎ去りし日々として懐かしむことしかできないのである。

3　結　論

本章においては，1920年以降の国際通貨および海洋レジームの変容の説明を試みないまでも，再検討をしてきた。通貨という問題領域は十分に定義されていて，領域がはっきりしている。すなわち高度な機能的つながりをもった密度の濃い領域である。海洋と海洋資源は，緩やかな問題領域であり，機能上のつながりも少ない。しかしながら，時の経過とともに緊密に結びついてきた。1920年から1975年の間に，国際通貨の問題領域に3つの国際レジーム(1976年1月に正式に発足したものを含めず)，ならびに，既存の国際レジームが崩壊し，その穴を埋めるものが現れていない時期区分を3つ見出した。平時における海洋と海洋資源の利用は，強力な公海レジームが衰退し，その原則が脅かされた3つのレジームによる区分が存在した。この原則の一側面(狭く捉えられた沿岸

＊　ここでいう重大な声明とは，ホワイトハウスおよび各省庁の演説，声明，告示，命令および署名記事を指す。このカテゴリーからはプレスリリース，決議文，条約の情報，その他を除く。

国の管轄権)は,国連海洋法会議の正式な成果にかかわらず,著しく修正されたと言える。

注
(1) Eyre Crowe, "Memorandum on the Present State of British Relations with France and Germany" (January 1907), reprinted in G. P. Gooch and Harold Termperly (eds.), *British Documents on the Origins of the War, 1898-1914* (London : His Majesty's Stationery Office, 1928), p. 403.
(2) Richard N. Cooper, "Prolegomena to the Choice of an International Monetary System" *International Organization* 29, no. 1 (Winter 1975) : 66.
(3) 国際通貨システムでの出来事の緊密なつながりを巧みに描写した,外国為替市場の発展に関する綿密かつ詳細な分析として *World Financial Markets* (Morgan Guaranty Trust Company of New York) の各号を参照のこと。
(4) Committee on Currency and Foreign Exchanges After the War, *First Interim Report* (Cd. 9182) (London : HMSO, 1918), pp. 3-4, quoted in Leland B. Yeager, *International Monetary Relations*, 2nd ed. (New York : Harper & Row, 1976), p. 304 [春井久志訳「戦後の通貨および外国為替に関する委員会の第一次中間報告書」『名古屋学院大学論集』第17巻2号,1980年,241-275頁]。
(5) Arthur I. Bloomfield, *Monetary Policy Under the International Gold Standard* (New York : Federal Reserve Bank of New York, 1959), p. 60 [小野一一郎・小林龍馬訳『金本位制と国際金融』日本評論社,1975年,73-74頁]。
(6) Committee on Finance and Industry, *Report* (The Macmillan Report) (London : HMSO, 1931), p. 125, quoted in Yeager, *International Monetary Relations*, p. 304 [瀧口義敏訳『現代金融論——金融及産業について』東京書房,1933年,208頁]。
(7) 特に Peter H. Lindert, *Key Currencies and Gold, 1900-1913*, Princeton Studies in International Finance no. 24 (Princeton : Princeton University International Finance Section, 1969) 参照。ここでは,同書 p. 78 において要約された結論を言い換えている。先行する議論については, Alec G. Ford, *The Gold Standard, 1880-1914 : Britain and Argentina* (Oxford : Clarendon Press, 1962) および Arthur I. Bloomfield, *Short-term Capital Movements Under the Pre-1914 Gold Standard* (Princeton : Princeton University Press, 1963) 参照。戦前の国際通貨システムにおけるイギリスのインド支配の意義に関する近年の研究については, Marcello de Cecco, *Money and Empire : The International Gold Standard 1890-1914* (Totowa, N. J. : Rowan and Littlefield, 1975) 参照。
(8) Lindert, *Key Currencies*, p. 78.
(9) Ibid., table 1, pp. 10-11.
(10) Ford. *The Gold Standard*, p. 25.
(11) Lindert, *Key Currencies*, pp. 14-15, 21-27.

第4章　海洋と通貨の問題領域における政治

(12) Lindert, *Key Currencies*, table 2, pp. 18-19 より算出。
(13) Arthur I. Bloomfield, *Monetary Policy*. 特に「結論」(concluding remarks), pp. 60-62 を参照。リンダートは，1965年のイギリス財務大臣カラハンの発言を引用している。「国際収支統計が存在しなかったため，50年前には，国際収支問題は存在しなかった」。Lindert, *Key Currencies*, p. 36.
(14) フォードは，アルゼンチンにおいて有力な政治勢力であった大地主が，ペソ切り下げに対し偏見が行き渡るようシステムを操作し，（彼らが金で固定された価格で支払われるため）自らを益するように仕向けたと指摘している。*The Gold Standard*, p. 91.
(15) Yeager, *International Monetary Relations*, pp. 296-97 参照。Bloomfield, *Monetary Policy* および Lindert, *Key Currencies* も参照のこと。
(16) Bloomfield, *Short-term Capital Movements*, p. 91.
(17) William A. Brown, *The International Gold Standard Reinterpreted*, 2 vols. (New York : National Bureau of Economic Resources, 1950). 同書 p. 781 において，ブラウンは1919年以後のシステムの特徴を強調している。
(18) Yeager, *International Monetary Relations*, p. 311.
(19) Ibid., p. 319.
(20) Ibid., pp. 324-29. Stephen V. O. Clarke, *The Reconstruction of the International Monetary System : The Attempts of 1922 and 1933*, Princeton Studies in International Finance no. 23 (Princeton : Princeton University International Finance Section, 1973).
(21) 「1923年秋，レートは，1兆マルク＝23.8セントにて安定した」。Clarke, *Reconstruction*, p. 5.
(22) イェーガーは異なる見解をとり，フラン急落と，イギリスの経験がポンドを安定させた証拠とした政府の愚劣に原因を求めている。*International Monetary Relations*, pp. 321, 328 参照。
(23) Ibid., pp. 328-29.
(24) Clarke, *Reconstruction*, pp. 13-14.
(25) Lindert, *Key Currencies* 参照のこと。
(26) Clarke, *Reconstruction*, p. 14.
(27) Ibid., pp. 17-18.
(28) W・A・ブラウンは，1919～25年を復興期とし，1925～31年を実験期と分類している。イェーガーは，1925年以降を「戦後システム」と呼称している。クラークは，「1925年春，スターリングの金本位復帰に続いて欧州通貨の安定が達成されたこと」に言及している。Brown, *International Gold Standard*, p. 180 ; Yeager, *International Monetary Relations*, p. 330 ; Clarke, *Reconstructions*, p. 18.
(29) D. E. Moggridge, *The Return to Gold, 1925* (Cambridge, Eng. : Cambridge University Press, 1969), p. 88.
(30) Ibid., p. 80.

(31) Ibid., p. 87.
(32) 次章にて見ていくように，当時のアメリカの政策は一貫性があまりなかった。アメリカ財務省はヨーロッパの通貨問題に関与しすぎることに消極的であり，そのため負担の多くと影響はニューヨーク連邦準備銀行総裁であるベンジャミン・ストロング（Benjamin Strong）およびその後継者たるジョージ・ハリソン（George Harrison）が負うことになった。イギリスへと向けられた国際的な圧力については Charles Kindleberger, *The World in Depression, 1929-1939* (Berkeley: University of California Press, 1973), p. 47 ［『大不況下の世界——1929-1939』改訂増補版，岩波書店，2009 年］参照。
(33) Clarke, *Reconstruction*, p. 24.
(34) Kindleberger, *World in Depression*, pp. 202-207; Herbert Feis, *1933: Characters in Crisis* (Boston: Little, Brown, 1966), p. 126.
(35) Kindleberger, *World in Depression*, quoting Roosevelt's statement, p. 219. 前掲邦訳 191 頁。
(36) Kindleberger, *World in Depression*, pp. 247-57; Yeager, *International Monetary Relations*, pp. 335-36.
(37) Kindleberger, *World in Depression*, p. 259. 前掲邦訳 232 頁。
(38) Yeager, *International Monetary Relations*, pp. 335-56 におけるイェーガーの議論を参照のこと。イェーガーは，1930 年代の混乱が変動制の不適合性の証拠とならないとして，ヌルクセの主張に効果的な反論を加えている。
(39) Ibid., p. 377.
(40) Alfred E. Eckes, Jr., *A Search for Solvency: Bretton Woods and the International Monetary System, 1941-1971* (Austin: University of Texas Press, 1975), p. 228.
(41) ジェノア会議に参加した諸国のデータについては，Dean E. Traynor, *International Monetary and Financial Conferences in the Interwar Period* (Washington D. C.: Catholic University of America Press, 1949), p. 73 参照。ロンドン会議に関するデータについては Feis, 1933 (p. 245) 参照。ブレトンウッズ会議および予備討議については，J. Keith Horsefield, *The International Monetary Fund, 1945-1965* (Washington, D. C.: IMF, 1969), pp. 3-120 参照のこと。
(42) Eckes, *Search for Solvency*, p. 110.
(43) Ibid., pp. 60-63.
(44) IMF の投票制度に関する広範かつ詳細な考察として，Joseph Gold, *Voting and Decisions in the International Monetary Fund, 1945-1965* (Washington, D. C.: IMF, 1972) 参照のこと。
(45) Horsefield, *IMF 1945-1965*, p. 108.
(46) Eckes, *Search for Solvency*, p. 212.
(47) この点に関する優れた説明としては，Richard N. Gardner, *Sterling-Dollar Diplomacy: The Origins and the Prospects of Our International Economic Order* (Oxford: Clarendon

Press, 1956 ; revised ed., New York : McGraw-Hill, 1969) 参照のこと。別の観点からの説明としては，Joyce Kolko and Gabriel Kolko, *The Limits of Power : The World and the United States Foreign Policy, 1945-1954* (New York : Harper and Row, 1972), esp. chap. 3 (pp. 59-90) 参照のこと。

(48) この点に関する最も信頼のおける説明としては，Horsefield, *IMF 1945-1965*, chap. 18 (pp. 474-94) 参照のこと。

(49) Fred Hirsch, *Money International* (London : Penguin Press, 1967), p. 241.

(50) Ibid., p. 202.

(51) Ibid., p. 262.

(52) Robert W. Russell, "Transgovernmental Interaction in the International Monetary System, 1960-1972," *International Organization* 27, no. 4 (Autumn 1973) : 431-64 参照のこと。

(53) Eckes, *Search for Solvency*, p. 255.

(54) Lawrence Krause, "Private International Finance," in Robert O. Keohane and Joseph S. Nye, Jr. (eds.), *Transnational Relations and World Politics* (Cambridge, Mass. : Harvard University Press, 1972), p. 184.

(55) Richard N. Cooper, "Economic Interdependence and Foreign Policy in the Seventies," *World Politics* 24, no. 2 (January 1972) : 166-67.

(56) Eckes, *Search for Solvency*, p. 257.

(57) Marina V. N. Whitman, "The Current and Future Role of the Dollar : How Much Symmetry ?" *Brookings Papers on Economic Activity* 3 (1974) : 539.

(58) スーザン・ストレンジは，1971年4月においてアメリカの金保有高の公定価格が100億ドルであったのに対し，外国ドル保有高が185億ドルであったことを示唆している。Susan Strange, "The Dollar Crisis," *International Affairs* 48, no. 2 (April 1972) 参照のこと。

(59) 主な出来事の年表については *IMF Survey*, March 1, 1976 参照のこと。

(60) スタンフォード大学でのジョナサン・アロンソンの学位論文は，国際通貨システムにおける銀行の諸機能について研究している。1970年代における銀行および各国政府の立場の変化については，Jonathan Aronson, "Multiple Actors in the Transformation of the International Monetary System" paper presented to the International Studies Association Annual Meetings, February 1976 参照のこと。

(61) *The Economist* (London), August 5, 1972, p. 61.

(62) Marina V. N. Whitman, "The Payments Adjustment Process and the Exchange Rate Regime : What Have We Learned ?" *American Economic Review*, May 1975, p. 144.

(63) Ibid., p. 138.

(64) これらの説明としては次を参照のこと。*New York Times*, June 14, 1974 ; *The Economist*, June 8, 1974 および November 22, 1975 ならびに *IMF Survey*, January 19, 1976.

(65) *New York Times*, January 9, 1976.

⑹ *New York Times*, January 10, 1976.

⑹ *IMF Survey*, January 19, 1976.

⑹ *New York Times*, January 9, 1976 および *The Economist*, January 10, 1976 を参照のこと。

⑹ 現在の IMF が今後もずっと有用であることについて疑問を投げかける批判的な論評として *The Economist*, January 17, 1976, p. 81. 他の論者は，IMF の資源が 1948 年段階では世界貿易の 15％を占めていたのに対し，1977 年では，僅か 4％程度にしかなっていないことを指摘した。すなわち「割り当て額によって取り決められた基金の資源への加盟国のアクセスは，現在では，加盟国が直面する赤字の取るに足らない一部分しか達しないのである」。Tom de Vries, "Jamaica, or the Non-Reform of the International Monetary System," *Foreign Affairs* 54, no. 3 (April 1976) : 599.

⑺ "Scramble for the Sea," *The Economist*, March 3, 1976.

⑺ Evan Luard, "Who Gets What on the Seabed ?" *Foreign Policy* 9 (Winter 1972-73).

⑺ Edward Wenk, Jr., *The Politics of the Oceans* (Seattle : University of Washington Press, 1972), p. 250.

⑺ Edward N. Luttwak, *The Political Uses of Sea Power* (Baltimore : Johns Hopkins University Press, 1974), p. 8.

⑺ Representative Bob Wilson, *Congressional Record*, February 9, 1972.

⑺ Quoted in Lawrence Juda, *Ocean Space Rights* (New York : Praeger, 1975), p. 99.

⑺ National Academy of Sciences, *International Marine Science Affairs* (Washington, D. C. : National Academy of Sciences, 1972), p. 82.

⑺ Louis Henkin, "Changing Law for the Changing Seas," in Edmund Gullion (ed.), *The Uses of the Seas* (Englewood Cliffs, N.J. : Prentice-Hall, 1968), p. 75.

⑺ Max Sorensen, "Law of the Sea," *International Conciliation* 520 (November 1958) : 198, 201.

⑺ Sayre Swarztrauber, *The Three Mile Limit of Territorial Seas* (Annapolis, Md. : Naval Institute Press, 1972), p. 108.

⑻ Pitman B. Potter, *The Freedom of the Seas in History, Law and Politics* (New York : Longmans, Green, 1924), p. 249.

⑻ Swarztrauber, *Three Mile Limit*, p. 111.

⑻ Edward M. House, *The Freedom of the Seas* (London : National Council for the Prevention of War, n. d.) および Labour Party, *Freedom of the Seas : Old and New* (London, n. d.) 参照のこと。

⑻ Swarztrauber, *Three Mile Limit*, p. 71.

⑻ Roland G. Usher, quoted in Benjamin Russell, *Anglo-American Relations* (Boston : World Peace Foundation, 1919), p. 43.

⑻ World Peace Foundation, "The Staggering Burden of Armaments," *A League of Nations* 4 (April 1921) : 242 のデータより算出。

(86) イギリス政府は，アメリカ側の要求に応じるか否かで内部分裂していた。*The Times* (London), July 7, 1923.
(87) William E. Butler, *The Law of Soviet Territorial Waters* (New York : Praeger, 1967) 参照のこと。この例外は，帝政的政策（Tsarist Policy）の継続によるものである。
(88) Swarztrauber, *Three Mile Limit*, p. 148.
(89) C. John Colombos, *The International Law of the Sea* (New York : McKay, 1967), p. 103.
(90) Bobbie Smetherman and Robert Smetherman, *Territorial Seas and Inter-American Relations* (New York : Praeger, 1974) 参照のこと。
(91) World Peace Foundation, "Staggering Burden of Armaments," p. 244.
(92) Sorensen, "Law of the Sea," p. 201.
(93) E. D. Brown, "The 1973 Conference on the Law of the Sea : The Consequences of Failure to Agree," in Lewis Alexander (ed.), *The Law of the Sea : A New Geneva Conference* (Kingston, R. I. : Law of the Sea Institute, 1972).
(94) Quoted in Elizabeth Young and Brian Johnson, *The Law of the Sea* (London : Fabian Society, 1973), p. 3.
(95) Edward L. Miles, "The Dynamics of Global Ocean Politics," in Douglas Johnston (ed.), *Marine Policy and the Coastal Community* (London : Croom Helm, 1976).
(96) J. E. S. Fawcett, "The Law of the Sea : Issues at Caracas," *The World Today* 30 (June 1974), p. 239.
(97) José Ayala quoted in the *New York Times*, January 30, 1976.

第5章
海洋と通貨の問題領域における複合的相互依存関係

　過去50年以上かけて海洋と通貨にかかわる政治に大きな変化が起こっている。本章では，各問題領域における政治過程がどの程度，複合的相互依存関係の理念型に対応するか，さらにこのような近似が時代とともに変容してきたか否かを検討する。本章の前半では，海洋と通貨政治がどの程度，複合的相互依存関係の諸条件に適合しているか検討する。この諸条件とは，①軍事力の役割低下，②階層化していない複数のイシューの存在，および③複数の社会間接触チャンネルの存在，の3つである。本章後半においては，第2章において概説された複合的相互依存関係の政治による予想がどの程度，海洋と通貨政治における行動様式と適合しているかみていく。

1　複合的相互依存関係の諸条件

軍事力の役割
　複合的相互依存関係が純粋に存在する状況にあっては，軍事力は意味をなさない。この状況が世界政治の主要な問題領域のどれか1つにでも通用するならば，それは驚くべきことであろう。にもかかわらず，複合的相互依存関係という極（軍事力の不在）とリアリズムという極（軍事力が主要な手段である）のどちらが現実に近いのかを問うことは有益である。複合的相互依存関係が現実の重要な側面を反映しているならば，リアリズムの考え方と（それに基づく）予測は大幅な修正を余儀なくされるだろう。ゆえに本書も，2つの問題領域において世界政治が変容しているか否かを検討するべきであろう。果たして軍事力は，前世紀より役立たずになったのであろうか。
　軍事力は，通貨の領域よりも海洋と海洋資源の問題領域において直接的な役割を果たす。そして海洋分野において軍事力は，海軍力を通じて，伝統的に公

第5章　海洋と通貨の問題領域における複合的相互依存関係

然と行使されてきたので，その変容を認識するのは比較的容易である。

　本書が定義している海洋という問題領域は，海洋と海洋資源の平時における利用ならびに規制を中心に展開されてきた。平時の海洋利用を妨げない限りにおいて，公海上で展開される大国間の戦略的な駆け引きの側面がこれには含まれない。明らかに，海洋は米ソの核バランスのなかで極めて重大な場であり，遠隔地に通常戦力を展開するのにも重要であった。広範な海洋に身を潜めることのできるミサイル搭載型の潜水艦は，報復能力を発揮するのに不可欠であった。ある文献によれば，「1945年以来，アメリカ海軍は，カリブ海から北朝鮮を経由しトリエステまでのグローバルな領域において，あらゆるレベルの軍事警戒態勢で……70件を超える事態に対して（相手側に）積極的に警告を発してきた」[1]。1946年の戦艦ミズーリのトルコ訪問，1962年のキューバ海上封鎖，そして1970年のヨルダン内戦における第6艦隊の活動の3つは，どれも戦後期において安全保障上の目標を達成するためにアメリカが海軍力を行使した事例である。1970年代にソ連は，海上部隊を増強し，明らかに軍事介入したり世界の広範な地域で政治目的を実現するために旗幟を鮮明にする能力を高めようと試みている[2]。

　これら重大な海軍の軍事力行使は，明らかに海洋と海洋資源レジームの交渉にも影響を与えた。1958年の第1次海洋法会議は，海上での核実験問題を原則的に回避し，1971年の海底非核化条約および海洋法会議も対潜水艦攻撃で使用される水中探知機の制限に触れなかった。その一方で，軍艦の洋上航行および潜水艦の海峡通過に対する規制の可能性は，米ソが交渉不可能とするなかで，交渉にとって重要であった。しかしながら，海軍力が大国の地位を決定づけたとはいえ，海軍力による世界支配は，少なくともアメリカにおいては，1970年代にいくぶんか衰退したと言える。公海自由を尊重するという色彩が強かった1970年5月に表明されたアメリカの立場は，海軍色が強く打ち出されていたものの，国内の経済利益が前面に出るようになって曖昧になった。

　これら2つの分野における武力行使の長期的傾向は，大国と小国では様相が異なっていた。20世紀初頭において武力行使は頻繁ではなかったものの，大国とりわけ英米両国によって効果的になされ，これによって公海レジームの侵害を試みる各小国を抑止しようとした。戦間期にアメリカが国境を越えた密輸

133

を抑制するために武力行使したことから，海軍大国の間で紛争が発生した。イギリスは，アメリカの密輸禁止の所産である管轄権の拡張に対し譲歩をみせた。時として大国は小国に対し海軍を仕向けることもある。イギリスは，スペイン内戦時，海上封鎖海域内で食糧輸送船の航行を保障するために軍事力を行使したことがある。(3) しかしながら，将来の動向にとって，より重要であったのは英米との間の紛争における弱小海軍国による武力行使であった。ソ連は，自国沿岸に展開するイギリスのトロール漁船に対し軍事力を行使した。カナダは，アメリカのトロール漁船4隻を拿捕し，アメリカ側によるカナダ船の撃沈事件とともに1930年代の米加間に様々な紛争を生み出した。エクアドルは1935年にアメリカ船艦に罰金を科した。しかしアメリカはエクアドル外務省をエクアドル戦争省とは対立するトランスガバメンタルな同盟相手と見なしていたのでアメリカは軍事力で対応しなかった。(4)

　第2次世界大戦以来，一般的に大国は，海洋資源をめぐる小国との争いに軍事力を行使してこなかったと言える。そして軍艦の航行権を守るために，列強諸国は，これまで幾度となく軍事力による威嚇または行使をしてきたが，これらの試みが常に成功裏に終わるというわけではなかった。1946年に，イギリス海軍はアルバニア沖合に位置するコルフ海峡が国際水域であると主張し，高い代償を払うこととなった。1958年には，アメリカ海軍がロンボク海峡を通航し，自国領海であるとするインドネシアに抗議した。(5) 米ソは，マラッカ海峡におけるインドネシアおよびマレーシアの管轄権を否認した。1957年から1967年までの間，英米両国は，エジプトによるイスラエル船舶の通航制限，とりわけティラン海峡の通航の制限に対抗する意味で海軍による示威行動を行った。しかし，これらの試みは成功しなかった。ある観測筋が1967年に記しているように「(エジプト外相が砲艦外交と評した)意図的な武力行使の脅威は行われず，結果的に英米の国益を益するどころか害したのであった(6)」。

　1968年，北朝鮮によるアメリカ海軍所属の電子偵察艦プエブロ号の拿捕に際して，アメリカは軍事力によって対応することができなかった。しかしながら，1975年にカンボジアが貨物船マエグエス号を拿捕すると軍事力に訴えた。マエグエス号事件の特異な状況は，航行権を擁護するために軍事力を行使する可能性ばかりか，その限界を示したと言える。軍事力は，領域管轄権の拡張を

第5章　海洋と通貨の問題領域における複合的相互依存関係

主張する小国の立場を否定する大国によって行使されたのであるが，その政治的コストはかなり低いものであった。アメリカは，カンボジア新政権とそもそも悪化するような外交関係その他関係を有しておらず，つい最近の敗北に忸怩たる思いであった国内世論の大部分は，短期間かつ電撃的な報復措置を批判するどころか支持する構えであった。確かにマエグエス号事件において，軍事力は，公海上のアメリカ商船の権利保護よりもヴェトナムで敗北した場合にアメリカの権益を守る決意のために行使されたと言える。仮にそうであるならば，海洋と海洋資源はほぼ関係のない問題となったのである。

　その一方で，小国は排他的な沿岸漁業権をより一層遠洋まで拡大するために，また経済もしくは環境目的で隣接海洋領域に広範な管轄権を主張するために，頻繁に軍事力を行使してきた。強国による「砲艦外交」は，主として小国による砲艦外交に取って代わられたと言える。イギリス海軍の艦隊行動よりも，エクアドルおよびペルーによるアメリカのマグロ漁船の拿捕，もしくはアイスランドによるイギリスのトロール漁船に対する嫌がらせの方が，海洋と海洋資源問題における武力行使の象徴となったのである。実際，イギリスはアイスランドとのタラ戦争における穏当な軍事力の行使を費用がかさむばかりか非効率的であることを知ったと言える。先述した事例に加え，戦後の漁業紛争において軍事力は，ブラジルがフランスに対して，アルゼンチンがソ連に対して，そして韓国，中国，ソ連が日本に対して用い，成功したのである。1969年ガーナ沖におけるソ連の海軍力の誇示は，部分的にガーナ側によって拿捕されてから4カ月も拘束されていたソ連のトロール漁船の迅速な釈放を実現するために策定されたものであった。しかしながら，一般的に，海洋権益を確保するために武力行使を辞さないというソ連の意思は，「より長期的な外交目的のために，財産の差し押さえおよび人員の追放，場合によっては犠牲者を出すことをいとわないという，かなり一貫した態度」であった。

　多くの場合，政治過程は統計が示すよりも複雑であるが，第2次世界大戦後から1970年までに海軍が出動した80件もの事例（明らかに不完全なリストによれば）のなかの14件の事件は，平時の海洋空間および海洋資源の利用に関するものであった。これら14件の事件のうち，大国による軍事力の行使よりも小国による行使の方が成功裏に終わる場合が僅かながら多かった。ただし，こ

のような統計は誤解を招きやすい。なぜならば，抑止力を問題として取り上げるならば，紛争の欠如は，武力行使の効力に帰することができるからである。それにもかかわらず，小国による管轄権の拡張とこれに伴う紛争は，以前は平時における海洋レジームを保持し続けていた大国の海軍力による抑止力が低下していることを示している。

　平時の海洋問題における軍事力の役割の変容および大国と小国が示す正反対の傾向は，第**2**章における一般的な考察に対応する。その原因の1つは，軍事技術の発達にある。核保有国は，（軍事的対立の）エスカレーションのリスクによって抑制されたばかりでなく，1970年代までに沿岸国約40カ国が地対地ミサイルを保有することによって遠洋艦隊による軍事活動の潜在的軍事的コストを高めたのであった。武力行使に反対する一般規範は，変容の第2原因なのである。イギリスがタラ戦争において経験したように，漁業紛争において大国が軍事力を伴った行動に出ることはしばしば不当ないじめに見えることがある。最後に，そして，おそらく最も重要なことであるが，大国による武力行使の動きは，海洋という問題領域内外における広範囲な国益の実現を，多くの場合妨げてきたと言える。漁業紛争においてエクアドルやペルーに対するアメリカの武力行使に見られる効果は，ソ連の行動にも影響したかに思われる。

　このようにして海洋という問題領域における軍事力の役割は変容したのである。軍事力は，以前に比して中心的ではなくなり，もはや強国による支配を補強するものではなくなっている。大国の海軍力によって強要されていた公海レジームの衰退は，小国に武力行使の余地を残したばかりでなく，旧レジーム下では抑制されていた資源開発を新たなイシューとして挙げることを可能にした。技術の進歩は，深海底における鉱物採掘，石油採掘，海洋環境保全などに関連する他の諸問題の展開に貢献した。これらの問題のなかで軍事力によって解決されたものは1つもない。

　武力行使の傾向に関して導き出される結論は複合的であるということである。海洋は戦略的にいまだ重要であり続け，その利用は間接的ながら効果的に海洋と海洋資源問題の交渉に影響したのである。軍事力もまた，引き続き，直接的にこれらの問題に影響している。しかしながら，この場合には，劇的な変容は，レジームを補強する（すなわち抑止を維持する）ために行使される大国の武力か

ら，自らの管轄権拡張のために，既存の公海レジームを衰退させるために行使される小国の軍事力という形で起こった。しかしながら近年では，部分的な技術進歩と既存レジームの衰退により，どの場合において軍事力が有効でないかについて様々な問題が提起されることとなった。

これら行動様式の複合性が意味するところは，海洋問題における軍事力の役割に関する一般的な主張は，慎重に条件づけられなければならないということである。それにもかかわらず，海洋という問題領域における現実の状況は，複合的相互依存関係とリアリスト的解釈の中間にあると結論づけることもできる。すなわち，軍事力は特定の問題に対して有効である場合もあるが，その結果を決定する支配要因ではないというものである。加えて，1945年以前よりも海洋問題において重要である場面が減ってきたと思われ，いくつかの紛争では全く役に立たなかったと言える。このようにこの複合的相互依存関係の状況は，海洋という問題領域については1967年以前，とりわけ第2次世界大戦前よりも現在のほうが当てはまる。

海洋と海洋資源とは異なり，国際通貨問題において，軍事力による威嚇または軍事力の行使は，これまで明白ではなかったと言える。この点において通貨をめぐる政治は，海洋と海洋資源をめぐる政治よりも複合的相互依存関係に当てはまるようになってきたと言える。たとえば，平時において各国政府が，為替を操作するために，他の政府に特定の通貨を保有するように仕向けるために，あるいは，好都合な通貨レジーム形成についての支持を取りつけるために軍事力による威嚇を直接的に行ったという証拠はない。換言すれば，特定の国際通貨をめぐる政治に従わなかったある国に対し直接的に攻撃するという積極的な軍事力による威嚇は，存在しないか，ことのほか稀であるように思われる。

一方で，通貨をめぐる政治は軍事力をめぐる政治から完全に分離されているわけではない。通貨調節手段は，時として政治的および安全保障上の目的を達成するために活用されてきた。ジェイコブ・ヴァイナー（Jacob Viner）は，1914年以前において，「外交が戦前の国際金融に決定的な影響を与えた」という概括に実質的な真実があると結論づけた。[11] 1930年代における東南ヨーロッパに対するドイツの経済的支配は，ドイツの政治的・軍事的パワーを補強するために活用された。[12] 1947年にポンドの完全交換性を停止し，イギリス経済に，

さらなるてこ入れを行うというアメリカの決断は，主に安全保障上の動機によるものであった。(13) 逆に1956年のスエズ侵攻時に，アメリカはイギリスが対スエズ政策を変更しない限り，困窮したポンドを支持することを拒否した。(14)

時として，このつながりは逆方向へと向かうこともある。国際通貨上の目標を達成するために，軍事的手段が間接的に活用されたことはある。イギリスが帝国を維持している間，植民地はポンドの力の源泉であった。なぜならば，ロンドンが実質的に植民地各国の通貨政策を決定していたからである。スーザン・ストレンジ（Susan Strange）によれば，1957年にイギリスは，新たに独立したマレーシアの軍事的な保護とマレーシアによるポンド支持を直接的に結びつけた。(15) 1966年以降，アメリカは，ヨーロッパにおいて継続されていた軍事的な役割とドイツによるアメリカの国際通貨政策の支持とを結びつけた。(16)

これらの事例は，国際通貨問題が軍事安全保障問題と全く切り離されないことを示している。それでいて，軍事力の行使または軍事力による威嚇（あるいは軍事的保護を撤回するという威嚇）は稀である。より高い頻度で，国際通貨問題の交渉において活用される政策手段は，この問題領域自体から，または貿易政策のように密接に関連した領域から現れるものが多い。1920年代，フランス銀行がポンドに圧力をかけた時に，イギリス財務省はフランスの対英戦債すべての支払いを提示する可能性を匂わせた。エミール・モロー（Emile Moreau, フランス銀行総裁）は，自身の日記のなかで「フランス銀行がイングランド銀行を支配していることは疑いようもない。しかしながら，イギリス財務省はフランス財務省を支配しており，我々がスレッドニードル街の省庁に圧力をかけようとしたならば，チャーチル（Winston Churchill）財務相がポアンカレ（Raymond Poincaré）財務相を脅すことになる」と打ち明けている。(17)

1930年代において，通貨政策と貿易政策は密接に関連していた。ロンドン国際経済会議において，貿易問題は通貨不安が解消されるまで解決できなかった。(18) 無差別な貿易システムと固定相場での通貨兌換性の両方をアメリカが求めるなか，両者のつながりは第2次世界大戦後も継続された。1971年に，ニクソン（Richard Nixon）大統領とコナリー（John B. Connally）財務長官は，ドル切り下げを強いるために，通貨調節手段と貿易手段の両方を用いた。しかしながら，彼らは露骨な軍事力による威嚇や米同盟諸国の軍事的な保護の撤回を利用

することはなかった。56年間の検討を通じて，軍事力よりも，――通貨をめぐる問題領域内か関連分野のなかにおける――経済的な手段の方が国際通貨問題では，有用であることが分かった。すなわち，軍事力の役割に関する限り，国際通貨という問題領域は理念型よりも複合的相互依存関係に合致するものの，時とともに明白もしくは劇的な変容が起きることはなかった。

イシュー間の階層性の欠如

　海洋という問題領域は，各イシューの間に一貫した階層性を示してこなかった。沿岸国の利益は，戦間期には強く，1945年のトルーマン宣言につながった。冷戦期においては，安全保障上の関心が圧倒的であったものの，国家目的の階層性は，別の組織や団体が重要であるとみなしている新たな諸問題の挑戦を受けている。たとえば，海軍の自由な活動を望む声が，海洋資源の開発や海洋汚染による環境の配慮よりも常に優先されていたわけではなかった。海軍，大手石油会社およびシエラクラブは，多くの場合において意見を異にする。そしてアメリカ政府は，山積する問題に一貫した政策的優先順位を維持してこれなかった(19)。

　海洋と海洋資源問題のさらなる複合性は，1920年から1970年までの50年間におよぶ国際会議の審議案件に見出すことができる。1930年のハーグ法典編纂会議では，6件の実質的な審議案件が提示された。主要4条約を生み出した第1次国連海洋会議（1958年）は，73カ条より構成される国際法委員会草案に基づいていた。1974年カラカスでの第3次国連海洋法会議第2会期では，25件もの主要な議題と100件近くの付随する議題が挙げられた。加えて，カラカスでの会議の方が論争的な議題が多かったと言える。

　海洋問題の件数の増加は，米外交政策の観点からも明白である。表4－4が示しているように，1920年から1945年の間に，アメリカにとっての問題領域は，2つの主要な問題群（沿岸漁業および対密輸措置を実施するための航行の侵害）と6つの副次的な問題群より構成されていた。1946年から1966年にかけて，密輸がこのなかからはずされたものの，大陸棚資源，遠洋漁業および領海の幅が加わり，主要な問題群を計5つとした。1967年から1972年にかけては，表5－1が示すように，石油，深海底資源，海洋汚染への関心ならびに包括レジ

第Ⅱ部　海洋と通貨の問題領域におけるレジーム変容

表5-1　アメリカ国務省公報にみる海洋問題（七大洋）に関する言及の年次平均値

	1946〜66年	1967〜72年	各期間の増加（％）
レジーム	1.7	14.5	852
漁　業	10.4	26.3	252
自由通航	8.3	15.5	186
海洋汚染	1.5	13.8	920
海洋調査	4.2	13.3	317
石　油	0.6	4.5	750
鉱物資源	0.9	10.3	1,144
計	27.6	98.2	363

（出所）　アメリカ国務省公報（1946〜72年）より作成。

ームにかかわる問題が劇的に増えたと言える。

　これらの問題は，1970年代にはより密接に関連するようになった。様々な政府機関がかかわるにつれ，政策空間の圧縮が起こったのであった。1968年に，国防省，内務省，国務省の3つの省庁より「海洋法に関する省庁間タスクフォース（Interagency Task Force on the Law of the Sea）」が設置された。1975年までには，13もの省庁が関与していたのである。[20]問題が増加し，相互に連結したことには主に2つの理由がある。すなわち，技術の進歩と国際レジームの変容である。図5-1は，レジーム変容の役割を明らかにしている。第2次世界大戦より「国務省公報（*Department of State Bulletin*）」における海洋問題へのすべての言及に基づけば，図5-1は様々な問題への言及が，レジーム変容をめぐる国際交渉の時期に一斉に起きたかを示している。

　第4章において示されたように，国際通貨システムもまた技術的に複雑な諸問題を含んでいる。しかしながら，この領域におけるイシューは，一般的に緊密に連結しており，時間が経過しても一貫性を保ってきた。たとえば，1972年のアメリカ財務省の年次報告書は，次の5つのイシューをこの時点での世界規模の判断を要するものとして挙げている。

①　安定した為替相場および交換率を維持する手段
②　システム内における金，準備通貨および特別引出権の適切な役割
③　適度な流動性の量
④　為替レートの許容変動幅

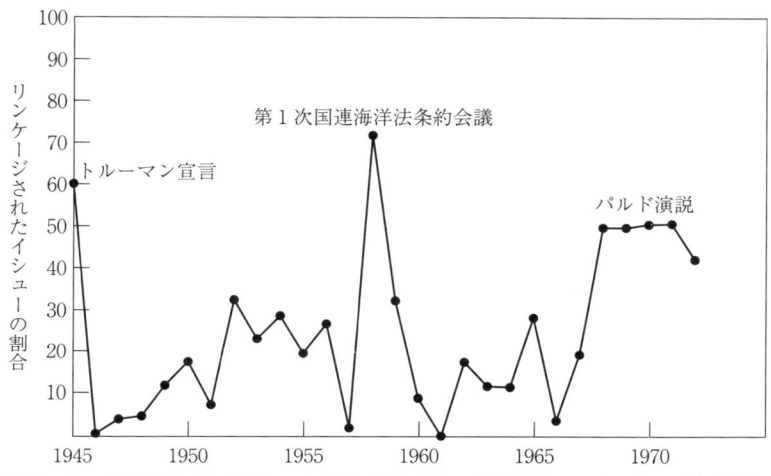

図5-1 海洋問題（六大洋）への言及（％）（他の海洋問題へのリンケージを含む）
(出所) アメリカ国務省公報（1946～72年）より作成。

⑤ 流動資本移動に関するその他の措置について[21]

　特別引出権の例外を除き，これら問題のすべてが，1920年代から1940年代にかけて，国際通貨をめぐる討議にとって重要であった。しかしながら，1970年代には，引出権と対外援助を結びつけ，開発途上国の国際収支上の困難を緩和するためにIMF株に基づく金売却を活用し，IMF融資の規則を自由化することで資源を移転するために国際通貨システムを活用するよう，貧困国が提言した。アメリカや主要な他の先進工業諸国は，新たな通貨レジームを設置する上で，これらの問題を2次的な重要性を有するとみなし，1970年代に入ってから時間を割いて取り上げられるようになった。実際に，1976年1月，開発途上国側の要求に応えるための諸規定は，IMF暫定委員会が直面したなかで最も論議を呼んでいたものであった。

　長期的に見ると，様々な問題のなかで相対的な重要な変化がいくつか起きていた。これらの変化は，表5-2に表され，アメリカ財務省の報告書には，懸念材料として以下の3群が挙げられている。すなわち，①国際通貨システムにおける通貨のフロー，その他諸国の行為およびアメリカの単独行為（ここでは，アメリカはシステムのオブザーバーであり，アクターでもある。しかしながら，最重要

表5-2 アメリカ財務省年次報告書に見られる3種類の問題への関心度（頁数に基づく分析）

問題の種類	1920年代	1930年代	1940年代	1950年代	1960年代	1970年代
フローに関するもの[1]	2.65 (100)[2]	0.17 (46)	2.45 (52)	2.50 (57)	5.78 (59)	7.10 (46)
2カ国間の問題に関するもの	0.0	0.2 (54)	1.05 (23)	0.60 (14)	0.55 (6)	0.20 (1)
多国間の問題に関するもの	0.0	0.0	1.10 (24)	1.25 (29)	3.43 (35)	8.30 (53)

注(1) 各問題の定義については本文を参照のこと。
(2) カッコ内の数値は，10年単位における同問題全体のなかでの割合（パーセンテージ）を表す。

点は，他国との協調にあるわけではない），②アメリカが結んだ2国間協定，合意，および③多国間合意，制度および協定，である。

いくつかの傾向が表5-2から見ることができる。最も著しいものは，多国間問題を扱う比率が1920年代，1930年代の報告書においてゼロだったものが，1940年代，1950年代においては4分の1へと増加し，1960年代には35％，1970年から1972年には半分以上を占めたことである。1930年代，1940年代，1950年代には，それなりに扱われていた2国間協定は，より小さな役割へと格下げされたのである。一般的に，レジームそのもの，ならびにレジームの強化もしくは構築の方法が重視されるようになった。これは，資金のフローおよびこれに対するアメリカの措置にのみ焦点を合わせていた当初とは対照的である＊。

しかしながら全体的に見ると外交政策上のアジェンダは，国際通貨問題が多様化したりこれらのイシューの間の階層性が消えてしまったことによるというよりも，これらのイシューの特徴が時とともに変化したことによって影響を受けてきたのである。これらの問題や他の経済問題がイシューとなっていなかった頃，軍事安全保障が外交政策の大部分を占める傾向にあり，諸問題の間には明白な優先順位が存在するように思われた。全体的に見ると，1940年代と

＊ アメリカ財務省年次報告書における詳解は，次の要件に従って符号化されていた。すなわち，国際収支において直接的にアメリカが懸念するべき事項，ドルの価値やその他のアメリカの国益に深く関係していたか，または国際通貨レジームの問題もしくはその改革案に関係していたかという点である。1940年まで制度改革への言及は存在しなかった。しかしながら，1943年から1955年にかけて，国際通貨問題を扱ったなかで常に（頁数で言うならば）4分の1を占めていた。それからまた，1965年まで報告書から消えたものの，1972年（調査対象の最後の年度）までには，国際通貨関係の項において最も面積をとるようになった。

1950年代においては,(国際通貨に関わる)イシューはこのようにして階層化されたのだが,この時期は例外的なものであった。1920年代において,国際通貨政策は,イギリスとフランスにおいて政治的判断を下す主要な対象であり,両国間の争いの重大な原因であった。1930年代には,アメリカにおいても政治的に非常に目立つようになった。1933年にハーバート・ファイス(Herbert Feis)が述べているように,国際通貨政策は「各国の外交政策の台風の目であった」。1944年のブレトンウッズにおける重要な討議にもかかわらず,国際通貨問題は,1940年代には第2次世界大戦の結果として影が薄く,後には(安全保障上の不安がいくらか和らいだ短い期間の後)(厳しい)冷戦(という現象)により影が薄いものであった。

1970年代には,国際通貨問題に政治的関心が急激に集まった。アメリカの外交政策アジェンダおよび他の主要資本主義諸国のアジェンダから見たならば,この関心によって「新しいイシュー」は明らかに多様化したのである。通貨分野において,これらイシューは目新しいものではないものの,休眠期間の後には非常に重要なものとなった。1925年や1933年,1971年のように,重大な判断と危機の時期においては,国際通貨政策は常にハイポリティックスの対象であった。しかし,危機が去り,新たなレジームや新たな国家政策が考案される時には,以前の問題の重要性は低下する。すなわちイシュー間の階層性パターンは,危機の時期が去来するごとに変容するのである。*

複数の接触チャンネル

海洋と通貨の問題領域双方において,様々なレベルでの政府間の相互接触の機会は1920年代から劇的に増加した。1920年代にはこれらの分野におけるほとんどの関係は2国間のものであった。主要国からの少数の担当官だけがお互いをよく知り,頻繁に顔を合わせていた。ごく少数の国の政府のみが関与し,

---

* 政府首脳を含む,政府の主要な実力者たちは,これらの時期の通貨問題に常に関与してきた。しかしながら,1913年以来,『ニューヨーク・タイムズ』において国際通貨問題の相対的な取り上げられ方の分析は,1960年代後半および1970年代前半が,(『ニューヨーク・タイムズ』の見出しのなかで,この問題にあてられた大きさの割合を指標とするに)この対象時期を通じて,最もこれらのイシューに関心が集まったことを示唆している。同様の分析結果が同時期のアメリカ財務省年次報告書ならびに1947年以降の国務省公報に見られる。このデータに関しては,筆者所蔵。

これらの国々における当該問題領域に関する官僚構造は実に単純であった。その後50年以上が経過し，国際組織を通じた多数国間の結びつきが拡散した。当該イシューに関係した官僚組織の範囲はより拡大した。特に海洋問題に関しては，無数の組織が関与していると言っても過言ではない。それゆえに，政府間の接触チャンネルは劇的に増加したのである。

海洋問題の領域に関係する国際組織の数は第1期の5から第3期初めの19まで，約4倍に増加した。1975年には，定期的に開催される会合や国家機関の調整組織，小さな漁業委員会まで含めれば約30に上った[23]。国際通貨分野における機構の拡散はこれほどまでの勢いはなかったものの，官僚間のコミュニケーション・ネットワークの成長には目覚ましいものがあった。1960年代から1970年代初頭にかけて，4つの重要な政府間機構が国際通貨分野で活動を行っていた。1930年に設立されたBIS（Bank for International Settlements：国際決済銀行），1944年に設立されたIMF（International Monetary Fund：国際通貨基金），1961年にOEEC（Organization for European Economic Cooperation：欧州経済協力機構）を改変して設立されたOECD（Organization for Economic Cooperation and Development：経済開発機構），そしてEEC通貨委員会である。これらの機構が政治的に重要であった理由は，これらがより非公式なG10を形成していたことである。OECDの主要国は1962年のIMF一般借り入れ協定に参加していた[24]。IMFとOECDは時折，委員会とワーキンググループを設立し，国家・個人を問わず様々な機構のメンバーシップが重複したために，エリート層のネットワーク構造は実際にはむしろ複雑といってよいものであり，トランスガバメンタルな交渉の機会は機構が予定しているものよりも多かった。取り決めの複雑さや参加者の多様な役割を考慮すれば，通貨制度改革についての交渉が「フィナンシャル・サーカス」と評されることは驚くべきことではない[25]。

非政府間接触チャンネルもまた双方の分野において発展した。1945年以前，海洋問題に関する政府外の主な利害関係者は漁業者（伝統的に国別に管理された）および定期船同盟やカルテル的な取り決めでトランスナショナルに組織化された海運企業であった。1945年以降，伝統的な海運企業と漁業者に加え，多国籍石油企業や多国籍鉱山会社，さらに科学や生態学，世界秩序に関するトランスナショナルなグループが海洋を利用し，政府への政治的要求を行うようにな

った。特に 1945 年以降，海洋分野においては，トランスナショナルな活動が急増し，拡散した。

　トランスナショナルな経済活動が増加するにつれて，トランスナショナルな政治活動や交渉も増加した。1920 年代から 1930 年代にかけては，密輸業者たちは意図しないうちに政治的影響を与えていたし，漁業者は意図して政策に影響を与えていたが，双方ともトランスナショナルな組織ではなかった。国際法協会は公式に 3 海里領海を支持していた。国際海事委員会は航行と海運に関連した法的論点のうち，より論争の少ないものの解決を図って会議を開催した。

　第 2 期において，トランスナショナルな政治活動はさらに活発化した。石油企業は国際法協会の会員となっている顧問弁護士を通じて働きかけ，国際法委員会が 1958 年第 1 次海洋法会議へ提出した条約草案に影響を与えた。科学者は SCOR（Scientific Committee on Oceans Research：海洋研究科学委員会）をトランスナショナルに組織し，IOC（Intergovernmental Oceanographic Commission：政府間海洋学委員会）を創設し，大規模海洋学調査の調整をするよう各国政府に圧力をかけた。世界秩序を構築しようという諸団体（World order group）はより強固な国際レジームの促進を目指してトランスナショナルに活動を行った。

　1967 年以来，トランスナショナルな機構による政治的活動はさらに活発化した。石油企業や鉱業企業は様々な国でロビー活動を行い，自身にとって都合のよい政策の実現を図った。国際法協会はこの 2 つの産業と密接な関係を有していた。主要国における政策的なサポートの拡大と経済的リスク拡散のために，鉱業企業の間での合弁が行われるようになった。科学者たちも幾分か慎重なロビー活動を行い，世界秩序の構築を図る目標を促進しようとするグループは数多くの非公式会合を開催し，自らの見解の流布を図った。

　他方で通貨問題領域においては，このようなトランスナショナルなアクターや接触の重要性が着実に高まっているとはいえない。トランスナショナルなアクターは，すでに 1920 年代には非常に重要であった。アメリカの銀行家たちは，国際舞台における花形であり，金融の公的流動性は，1920 年から 1931 年にかけてアメリカに 110 億ドルを上回る額の外国資本問題をもたらした。政治において，これらアクターは政府と等しく重要であった。なぜならば，アメリカ政府がヨーロッパ復興に政府として関与していくことに対して無関心である

ことを公にしていたからである。J・P・モルガン（J. P. Morgan）は，1920年代の金融史において主要なアクターであった。ある著述家の言葉によれば，「アメリカ当局が残した空白は，J. P. モルガン& Co. によって穴埋めされた」。

1929～31年の恐慌後，モルガンのような銀行家の重要性は急落し，トランスナショナルな関係は，以後，25年も政府政策の後塵を拝することとなった。1950年代後半と1960年代になってようやく，アメリカ系銀行の大規模なヨーロッパへの回帰が実現し，多国籍企業の華々しい成長によって，トランスナショナルなアクターが国際通貨システムのなかで再び突出した地位を占めることができたのである。1974年にユーロダラー市場が2200億ドル規模に成長し，1972年には，アメリカ系多国籍銀行中，上位20行の預金額の伸びが579億ドル（本店および支店を合わせた総額の30％）に達した。これは，この現象がいかに大規模であったかを物語っている。その上，変容も急激であった。この10年前に，ユーロダラー市場は非常に小さく，1965年にこれら銀行20行のうち海外に預金を持っていたのは6％にすぎなかった。

海洋をめぐる問題領域と同様に，通貨分野でも，トランスナショナルな活動をしている，大規模で洗練されたその重要性を高めていく明らかな傾向が見てとれる。銀行と多国籍企業はさらに重要となった。1960年代に，アメリカ系銀行の海外進出はとりわけ急速であった。世界中に数百の支店を擁するシティ・バンクのような巨大銀行から，取引銀行関係を通じて国際通貨システムの末端にしか参加できない小さい銀行まで，銀行は極めて多種多様である。銀行のなかでも最大のものは，個人投機家よりも通貨システムの運営に強い影響を与え，通貨システムと最も大きな利害関係を持っていた。最後に，その時々に応じて，経済専門家によるトランスナショナルなネットワークが国際通貨システムのなかで重要な役割を果たしていた。1960年代と1970年代初頭において，経済学者は，銀行家と政策立案者に対し変動為替相場の考え方を正当化したかのように見えた。それは，ヨーロッパ各地の温泉地で開催された会議を通じた成果であり，もう1つはジョージ・シュルツ（George Schultz）アメリカ財務長官のような主要な政策立案者自身が経済学者であったことにも求められる。

通貨，海洋そして複合的相互依存関係

表5-3は国際通貨と国際海洋という2つの問題領域と複合的相互依存関係の密接性，ならびに1920年代から1970年代にかけての主要な変容をまとめたものである。1970年代には，両問題領域ともに，理念型とは純粋に一致しないものの，リアリズムの考えによるよりも複合的相互依存関係の考えに近かったといえる。とりわけ，軍事力は各領域，特に海洋政治に一定の影響力を持っていた。また，海洋分野における問題の多様化とこれを秩序化し，序列化する困難さは，国際通貨をめぐる政治と異なっている。1920年以来，海洋をめぐる問題領域は通貨をめぐる問題領域よりも，3つのすべての次元で変容したが，とりわけ多くのイシューと多様な接触チャンネルについて変容してきた。

2 通貨と海洋における政治過程

「複合的相互依存関係」は，国際政治の理論家が伝統的に集中して研究を行ってきた「戦争状態」と鋭く対比する一組の条件を描き出す。したがって，複合的相互依存関係の下では意思決定者にとっての機会と制約条件は伝統的なリアリストの世界では異なっている。他国による武力行使が急迫している場合，リアリストの観点からは，国家の存続は外部の事態に対して早急な対応をとれる能力にかかっているとされる。慎重な政治家ならば，それゆえに国内政治の気まぐれな動きから距離を置こうと試みる。しばしば，彼らは外的要因に集中し，内的制限を無視しろという，十分に実証されてきた勢力均衡もしくは現実政治（realpolitik）の格言に従おうとするのである。機動性と意外性が重要とされる他の戦略的状況と同様に，アクターの行動は正確には予測しえない。しかし，それぞれは安全保障のジレンマや権力闘争に気をとられ，軍事力の使用は重要な政治的選択肢となってくる。

複合的相互依存関係の下では軍事力の役割は無視しうるほど小さいという事実は，こうした制約を緩めるものである。もはや，国家は主要な外交政策を軍事的な勢力均衡や軍事的連携に合わせるように調整する必要がなくなるだろう。他方，多角的で非階層的なイシューに関して，国家間の多角的接触チャンネルが影響力を持つことになる。すなわち紛争の原因と協力の要因が同時に増加す

第Ⅱ部　海洋と通貨の問題領域におけるレジーム変容

表5-3　通貨問題および海洋問題における複合的相互依存関係の変容（1920年代～1970年代）

複合的相互依存の様相	1970年代における状況が複合的依存関係のモデルにどの程度近接したか	時の経過とともに複合的相互依存モデルへと近接していったか否か
海洋問題		
軍事力の役割低下	複合的相互依存への接近程度は弱い。軍事力の役割は依然として強い。	Yes. ただし条件付き：1970年代においては弱小国による軍事力行使の事例が多く見られた。しかし，多くの事例，とりわけ大国にとっては，こうした軍事力の行使は功を奏さなかった。
問題領域の非階層性	複合的相互依存への接近程度は強い。階層性の維持は困難である。	Yes.
多様な接触チャンネル	複合的相互依存への接近程度は強い。	Yes.
通貨問題		
軍事力の役割低下	複合的相互依存にかなり接近しているが，場合によっては軍事力とのリンケージが見受けられる。	No. 従来より軍事力の役割は小規模であり，明らかな傾向は見出せない。
問題領域の非階層性	複合的相互依存への接近程度は弱い。当該問題領域において，各イシューは，密接にリンクされ，機能的に関連付けられている。しかし，1970～75年のように通貨問題が顕著であった時期には，外交政策のアジェンダは全体として問題領域の階層性が見出しにくい（軍事的な安全保障が自動的に優先するわけではない）。	No. 通貨問題において，各イシューとの密接なリンケージは長く持続する傾向にある。通貨問題が「ハイポリティックス」となる場合には，外交政策全体の階層性が弱められる。この傾向は，1933年と1971年の双方に見出される。
多様な接触チャンネル	複合的相互依存への接近程度は強い。	Yes. ただし，この傾向は，単純な直線であらわされるものではない。接触チャンネルは，1930年代前半に一度縮小されるが，1960年代には，かつてない規模の数になっていた。

るのである。外交政策の全体像はより複雑になる。結果として，国家が妥協する際の選択肢は豊かになる。国家はどの問題を強調すべきか，どの問題を無視すべきか，どの問題で譲歩を要求すべきか，どの問題で妥協をするべきかという選択をすることが可能になる。制約はより少なく，選択肢はより多くなり，実現可能な政策の範囲が拡大する。

　国家は政策を政治家による合理的計算の上に行う自律的な主体であるとの前提に立てば，本書は複合的相互依存関係が意思決定者の選択の幅を広げたと結論する必要があるであろう。古き制約は衰退し，新しい機会が出現した。しかし，残念なことに，複合的相互依存関係の他の側面は新たな制約をもたらした。それは，「戦争状態」にあるよりも予測不能であり，かつ同程度に拘束力を持つものである。諸社会間に出現した多様な接触チャンネルは，影響力を行使する手段を政府に授けただけでなく，非政府アクターに対しても政府に対して影響力を行使する手段を授けた。多国籍企業などのトランスナショナルな機構は，こうしたアクターのなかでも最も重要なものである。多様な接触チャンネルは，政府間関係の強化をも意味し，それは政府による政策の一貫性に対する副作用を伴うものである。社会と経済に対する政府の監視と結びついた社会間の相互依存の発展は，まずは間接的な相互依存政策（政府が相互に無意識のうちに影響を与え合う）を，次に直接的な相互依存政策をもたらす。意思決定者間の周到な決定からではなく，国内的圧力や圧力団体が有害とみなしたトランスナショナルな相互作用への反応のなかから新たなイシューが出現する。

　第**2**章において，本書はリアリズムと複合的相互依存関係それぞれの理念型は政策過程以下の5つの局面で異なる予測を行うことを論じた。すなわち，①アクターの目標，②国家政策の手段，③アジェンダ設定，④イシュー間の結びつき，⑤国際組織の役割の5点である。本章の始めで，海洋をめぐる問題領域と国際通貨をめぐる問題領域の双方は，リアリズムの理念型よりも，より複合的相互依存関係の理念型に近いこと，また双方の分野とも必ずしも複合的相互依存関係の条件を満たしているわけではないことを示した。これより本書は第**2**章で取り上げた政治過程に対する予測と，通貨と海洋の分野で本書が検証した現実を対比したい。複合的相互依存関係の予測はリアリズムの予測よりもより正確なものなのであろうか。

アクターの目的

　複合的相互依存関係に立脚すれば，国家の目標は問題領域ごとに異なり，そしてトランスナショナルなアクターの目標も問題領域ごとに異なる。したがってトランスガバメンタルな政治は国家による一貫した目的の追求を阻害すると予測する。

　表面的には，この3段論法は，ほぼ正しいと思われる。結局，海洋の分野におけるイシューは通貨政策におけるイシューとは異なる。しかし，リアリズムの期待する予測と複合的相互依存関係の期待する予測を分ける主たる相違点は軍事安全保障の目標が両分野の他の目標よりも優先されるかどうかという点にある。冷戦中，こうした目標は，海洋政治のなかでは優越した地位にあった。しかし1970年代には，多くの中小国だけでなく世界有数の海軍国であるアメリカにおいても，経済や他の目標が軍事安全保障の目標より優先された。海軍にとって，自身の目標を国家利益とすることが難しくなった。海軍は1970年5月のニクソン大統領の施政方針演説において示された海洋政策のなかで，海峡の自由通航を最重要事項とさせることには成功したが，海洋分野における包括的な優先順位を維持することはできなかった。たとえば，1969年の時点では，海軍は「狭義の大陸棚の定義をとることが国家安全保障の観点からも海洋の自由維持の観点からも最善であるとの立場」を固持していたが，この主張は他の利益に破れた。[32]

　通貨政策においては，安全保障の目標は時にはこれに関連づけられたものの，決定的な要素とはされなかった。アメリカは財政収支の悪化を理由として，ヴェトナム戦争を終了させなかったが，1965年と1968年に戦争により悪化した財政の立て直しのためにドルの切り下げを行った。ヴェトナム戦争の勝利とドルの安定という両方の目標の追求は失敗に終わった。安全保障上の考慮は，1971年のドル切り下げ交渉に影響を与えた。しかし，ニクソンとコナリーが政策を推し進めたものは主に経済であったように思われる。確かに，数名の論者はアメリカの経済的横暴が西側同盟を弱体化させると危惧した。たとえば，『ニューヨーク・タイムズ』社説は農務省，商務省，財務省による同盟諸国への対応を批判している。[33]

　第2の主張，すなわちトランスナショナルなアクターは2つの問題領域にお

いて異なる目標を追求するという説は，信じがたいものではあるが，明らかに正しい。異なるトランスナショナルな機関，異なるエリート層のネットワークがこれに絡んでくる。

アクターの目標に関する複合的相互依存関係から導かれる最も重要な主張は，第3の主張である。政府間政治は国家に対し，明確化された目標の追求を阻害するというものである。トランスガバメンタルな政治に関する体系的な情報を確保することは難しいが（そうした情報の多くは必然的に機密事項であるため），トランスガバメンタルな政治が行われたのは，複合的相互依存関係の条件が通貨分野や海洋分野に適用できた時代，すなわち多様な接触チャンネルが重要であった時代（通貨分野では1920年代と1960年代，海洋では1950年代後半以降）である。

海洋政治におけるトランスガバメンタルな関係は政府間の下部組織が直接的に結んだものである。イギリス海軍とアメリカ海軍は定期的に情報を交換している。[34] ロバート・E・オズグッド（Robert E. Osgood）はインドネシアとアメリカは海軍間の緊密な関係により，海峡に関しての対立を避けていると報告している。[35] 各国の海軍間の緊密な関係は1970年代初頭のブラジルとアメリカの間のエビ漁に関する紛争の激化をも阻止した。[36] 前述のとおり，初期には，アメリカは大陸棚延伸に関してエクアドル政府のなかの一派に対して働きかけた。1920年代のイギリスとアメリカの間の密輸に関する紛争では，イギリスおよびアメリカの両政府において内部対立が生じ，「穏健派」同士でのトランスガバメンタルな調整が行われていたように思われる。[37]

しかし，海洋分野において，多くの，おそらくはほとんどのトランスガバメンタルな関係が生まれたのは大規模な会議外交の場においてである。海洋問題が政治的に突出するにつれ，多元的な産業社会からの様々なグループや代理人が国家代表への参加を要請する圧力を強めていった。海洋法会議のカラカス会期において，アメリカ代表は110人（国務省所属者はそのうちに20人にすぎない）にも上った。まさに，会議のなかにおけるバーチャルな会議といった有様であった。国務長官が代表団の人数の削減を行ったが，1975年のジュネーヴ会議においても，代表団の人数は80名以上であった。こうしたトランスガバメンタルな接触によって，アメリカの交渉力は制限された。「アメリカ代表団のなかのある者は，代表団のなかで他国政府の見解について嘘をつき，ある者は外

国の代表団と結託して政府政策とは反対の立場をとった(38)」。これより幾分明確な形ではないにしても，漁業，海軍，石油開発，鉱業，その他同じ機能的利益を共有する国家代表たちが参加する様々な「クラブ」が非公式な会議外交の一部として設立され，さらには国家を横断するような定期的なコミュニケーションのチャンネルを構築した。しかし，これはすでに分裂していた国家利益をめぐる内部対立にさらに緊張をもたらすものであった。多くの小さく，貧しい国々は国内の利益も単純であり，トランスガバメンタルな接触による影響も少なかった。大規模な会議外交の場では，トランスガバメンタルな接触は小さく貧しい国が大国に対して意見を主張しやすくした。

予測したとおり，国際通貨問題の領域では，トランスガバメンタルな関係は1920年代に最も力を発揮し，ついで1960年代と70年代において再びその力を見せつけた。1920年代には，モンタギュー・ノーマン（Montagu Norman）（イングランド銀行総裁）およびベンジャミン・ストロング（Benjamin Strong）（ニューヨーク連邦準備銀行総裁）の間で，最も重要な政府間関係が構築された*(39)。2人とも，金本位制を信奉し，中央政府から独立した中央銀行が協力して国際通貨政策を作成すべきであるとの立場をとっていた。こうした共通の見解は，彼らの間に協力に関する強力な基盤を築くこととなったが，他方でしばしば自国の財務省との間での紛争を引き起こした。中央銀行総裁たちは一般的に制限的な通貨政策を好んだが，国内の政治的圧力がそうした政策を阻害することを恐れた。しかし，彼らの間の協力関係はこうした圧力を改善することができた。たとえば，1924年12月には，ストロングはノーマンに電話し，ニューヨーク連邦準備銀行が公定歩合の0.5％引き上げを検討していることを伝え，ノーマンが引き上げを先行して行うか確認している。ノーマンはニューヨーク連邦準備銀行の後に，自行の公定歩合の1％引き上げを行い，「ストロング氏に追従しているように見せかける」と答えたという(40)。1930年，BISが設立される際，ノーマンは「政府の手の届かないところに銀行を設置するように尽力した(41)」。

1930年代に入って，政府が管理政策を強化し，軍事的要素が絡むイシュー

＊　当時，イングランド銀行はまだ民営であった。しかし，同行は疑いもなく政府機能を果たしており，イギリスの政策決定ネットワークの一部であった。ゆえにストロングとノーマンの交流は「トランスガバメンタル」であるとみなすことができるのである。

が出現していき，中央銀行総裁たちによる政府間関係の観点での思考の限界やその効力の低下がヒャルマル・シャハト（Hjalmar Schacht）の回想録のなかで痛烈に描かれている。

　ドイツにおける状況が限界に達すれば達するほど，平和維持のためにバーゼル人脈を利用したいという私の思いはより強まっていった。(1938年の)夏，私はイギリス側のカウンターパートであるモンタギュー・ノーマンに対して，イギリスの政策を平和維持したいという私の努力に歩調を合わせることが可能でないかどうかを尋ねた。その当時までイギリス側の政策は，外交においてヒトラーを自由にさせる，というものであるように思えたのである。
　4週間後，ノーマンと再会した時，彼曰く
「貴方の提案をネヴィル・チェンバレンと話しあった。」
「答えはどのようなものでした？」
「返事は，『シャハトとは誰のことだ？　こっちはヒトラーとやりあわなければならないんだ』だったよ。」
この答えは，私を絶句させた。[42]

　トランスガバメンタルな活動は1930年代に急速に減少した。数々の危機により，政府は国際通貨政策に注意を向けざるをえなかった。そして不況は中央銀行を含めた銀行家への信頼を低下させた。国家政策の指示・執行は一般的に政治的に責任を負う者により行われるようになった。財務省の重要性が増大し，中央銀行の重要性は衰退していった。[43]
　国際通貨関係の担当者間のネットワークは1930年代後半にわずかに見直され，さらにワシントンとブレトンウッズにおいて戦後の再建計画が作成されるなかで再構築された。[44]ブレトンウッズ体制が徐々に機能していくにつれ，財務担当者の結びつきも強まっていった。しばしばBISにおいて各国の中央銀行の代表者が会合を開催した。彼らと各国財務省におけるそのカウンターパートたちはG10，OECD，EEC通貨委員会の場において意見を交換した。事務方レベル，そして大臣レベルでの強い友情が築かれ，相当な仲間意識と団結心が作られたように思われる。[45]

1960年代後半に通貨問題がより政治化すると，トランスガバメンタルな連携の維持がより困難になってきた。ロバート・W・ラッセル（Robert W. Russell）は以下のようにコメントしている。「政府が直接的に，そして集中的に為替レートを交渉材料として使うようになってから，中央銀行間の協力と中央銀行総裁たちによるトランスガバメンタルな連携は政治的背景に押しつぶされていった」。

財務担当者間のトランスガバメンタルな協力が最も弱まったのは，ジョン・コナリー（John B. Connally）のアメリカ財務長官任期中であった。1971年，コナリーによる議会委員会に対するスミソニアン会議に関する説明は，彼のアプローチがいかに他国との協調から離れているか如実に示している。

　ローマ会議において，私は10％のドル切り下げの可能性を示唆した。私は単に示唆しただけで，実行するとまでは言っていない。すると，そのショックでその後40分間も沈黙が続いたのだ。議場は満員だというのに，誰も一言も発言しないのだ。たった一言も。
　ついには，ある閣僚が，これは全く受け入れられないと発言した。我々は同意できない，と答えた。同意できるのはせいぜい5％だ，と。結局，スミソニアン会議で我々は8.57％を落としどころとした。

しかし，コナリーもコナリー主義者の権勢も長くは続かなかった。コナリーの後継者であるジョージ・シュルツは，カウンターパートたちとより緊密な関係を築き上げたからである。

財務・大蔵大臣の間での政府間の政策調整と中央銀行総裁間のネットワークは存続し続けた。1971年の秋においてすら，イギリスの大臣は次のように皮肉ったほどである。「母国の浪費家の同僚から離れ，苦しみのうちにある仲間の傍らに寄りそう。主張は違えども，我々財務・大蔵大臣はこうした経験を共有できたことを貴重であると思った」。リチャード・クーパー（Richard Cooper）によれば，国際通貨システム改革を図る20カ国委員会の継続協議は，各国の金融問題に関心の強い大臣たちの間のトランスガバメンタルな連携を強化し，正当化させ，国内の拡張論者の圧力に対抗する意図もあったと論じる。

この議論は，トランスガバメンタルな政治は国家による明確な特定の目標追求を阻害するという，複合的相互依存関係から引き出した本書の予想を示唆するものである。ある種の状況下において，すなわち国内の利益が鋭く対立し，様々な問題があり，政治のトップリーダーたちの注意がこうした問題に焦点をあてていない場合には，トランスガバメンタルな連携は国家の目標の明確化を困難にする。我々は1920年代の国際通貨分野において，そして1960年代と70年代の海洋分野において，この効果を見出した。しかし，国内の利益が一致し，政治のトップリーダーたちがこうしたイシューに強い関心を抱いているような場合では，複合的相互依存関係の状態にあっても，政府は一貫した政治的目標を追求することが可能である。国家目標の一貫性は複合的相互依存関係によりさらに難しいものとなるが，決して不可能ではない。トランスガバメンタルな政策調整は複合的相互依存関係に内在するように思われる。しかしトランスガバメンタルな連携，政府内の異なるセクターが他国政府からの機関と連携し，それぞれ他のセクターとは矛盾する政策目標を追求するのは，実はある条件がそろわない限りは行われない。

国家政策の手段

　リアリズム的諸条件の下では，軍事力——直接的な行使であれ，漸次的な行使であれ——は，国家政策の最も有効な手段であるとされてきた。複合的相互依存関係の下においては，各問題領域における経済的相互依存関係の取り扱い，国際組織とトランスナショナルなアクターの取り扱いの方が国家目的の実現に重要である。

　ここまで見てきたように，海洋イシューにおいて，軍事力が潜在的な国家政策の手段であり続けるものの，とりわけ大国による，その行使の頻度は少なくなった。アメリカと南アメリカ諸国との間の漁業紛争は，この実例である。漁業紛争において小国は，しばしば軍事力を行使する傾向にある。しかし，これは，一般的にトランスナショナルなアクター（水産会社）に対するものであり，どちらかと言えば他国に対するものではない。アメリカも同様にトランスナショナルなアクターを操ろうとしてきた。たとえば，1954年の漁業者保護法とその後の修正条項は，アメリカのマグロ漁船団を保護するにあたって海軍力以

外の選択性として設定された。自国の船が拿捕された場合に，損害を漁業者に補償することによって，アメリカ政府は，南アメリカ諸国の管轄権拡張の受諾を意味したかもしれない，ペルーもしくはエクアドルの漁業権を買い取るインセンティブを失った。

しかしながら，トランスナショナルなアクターを操ることに関しては，小国勢の方が長けていることが分かった。拿捕と罰金の諸手続きが，時としてゲームとなったばかりでなく，エクアドルとペルーはアメリカ水産会社（エクアドルにおけるマグロ産業の半分がアメリカ系であった）と石油会社を，人質としてばかりか同盟相手として利用できた。たとえば，「石油会社は，社益のために，ワシントンにおいて，漁業紛争をめぐる緊張緩和に向けて精力的にロビー活動を展開したのである」。アメリカが支援削除などの経済制裁を発動しようとした時，南アメリカ諸国は，たとえば，外交官の国外退去問題やOAS（Organization of American States：米州機構）を通じてアメリカの「経済侵略」に対し，外交的に非難を呼び集めるなどして問題をエスカレートさせた。アメリカが問題のエスカレーションに消極的であったことから，関与がより深かった南アメリカ諸国勢の方が政治交渉において経済相互依存関係を利用することに成功したのである。

より広くいえば，1つのレジームが衰退に直面した時，諸大国は軍事力を背景とした単独主義的な措置よりも，国際組織を通じた代替案を出して交渉しようとしてきた。会議外交の文脈のなかで，アメリカは各国代表による非公式グループ結成を促した。このことは，各開発途上国の機能的利益の本質から各国代表に「教育」をほどこすことを意図している。しかしながら，本書が見てきたように，これらトランスガバメンタルな折衝は，アメリカよりも小国の方がうまく活用してきた。以下に見るように，より一般的には，弱小国は，国際組織をアジェンダ設定と政治交渉の連結をする手段として利用してきた。残された大国による武力行使の可能性が海洋問題交渉に影響を与えたものの，軍事力による威嚇は，最も威力を発揮した国家政策の手段ではなかったのである。

通貨問題において，ここまで本書が見てきたように，軍事力は国家政策に影響を与える他のイシューと結びつけられることもあった。1960年代に，とりわけアメリカは，ヨーロッパ諸国の政策に影響を与えるために，軍事力が持つ

保護機能を通貨政策と結びつけた。しかしながら，概して他の手段の方がより有効だったのである。1960年代にアメリカは，国際収支への圧力を緩和するために，アメリカ系多国籍企業の活動に影響するガイドラインを発表した。その間に，フランスは，過剰に保有していたドルを金に交換していた。これは，ブレトンウッズ体制のルール下で敏感性に基づく相互依存関係を利用することによってアメリカに影響を与えるためであった。後に1971年になって，金とドルの交換を停止した時に，アメリカは脆弱性に基づく相互依存関係を基礎づけていた非対称性を利用したのである。1971年以降，外国為替市場においてアメリカの見せたドルの維持を拒否したり消極的であったことは，しばしばアメリカが支持する国際通貨改革に他国を合意させる戦略の一部であるとみなされた。以下にみるように，国際組織は，海洋に比べて通貨分野においては，さほど重要な役割を果たしてこなかった。しかし，各国は，国際組織の加盟要件や加重投票制度を変更し，特定の機構フォーラムに問題を持ち込む（あるいは持ち込まない）ことによって自らの交渉能力を高めようと奮闘してきた。要するに，軍事力は，通貨をめぐる政治に影響を与えるために他の問題とリンクされた。しかし，海洋分野でも同様であったように，軍事力は，最重要の手段ではなかったのである。

アジェンダの形成

　リアリズムの条件の下では，ある問題領域のアジェンダは，安全保障上の脅威やパワーバランスの移り変わりによって決定されることが予想される。しかしながら，複合的相互依存関係の下では，アジェンダは，主に問題領域内の資源配分の変容，ならびに，その他様々なプロセスによって影響されることになる。このプロセスのなかには，国際レジームの進展とレジームが経済的・技術的環境の変化に適用する能力，トランスナショナルなアクターの重要性の変化，他の分野とのリンク，国内政治の結果としての政治問題化が挙げられる。この予想は，通貨および海洋問題領域において，どの程度支持されうるだろうか。
　国際通貨問題において，アジェンダの大部分は，いかに国際レジームを構築もしくは維持するかという課題によって占められてきた。『ニューヨーク・タイムズ』紙は社説で次のように論じた。

国際通貨システムは，その機能が悪化している場合においてのみ公の関心事項となる。それは，為替レートが乱高下している場合か，投機家や企業が資金を大量に移動させている場合か，国民が通貨不安によるにわか好景気と不景気によって二重に損失を被っているような場合である。この基準で考えるならば，国際通貨改革の基本目的は，世界通貨システムを一般大衆に対し，可能な限り関心を失わせることにあるといえる。[52]

既存のレジームがない場合，通常，秩序だったルールと規範の行動様式をいかに再構築するかという点に関心が集まってきた。これは1920年から1925年，1936年から1946年，1971年から1976年までの期間に当てはまる。1930年から1931年および1965年から1971年の期間において，既存の固定金利レジームは，基軸通貨の弱体化（英ポンドが第1の事例となり，米ドルが第2の事例となった）に伴い不十分なものとなった。レジームの欠陥が明らかになるほどに，通貨問題は各国のアジェンダとなり，レジーム崩壊後にも緊急を要する事項であり続けた。1960年代に，多国籍企業や銀行は，資金の流れを促進し，その重要性が増すことで，これらアジェンダ変更を促したと言える。

要するに，アジェンダ変更とは，整合的かつ機能的に連結された問題領域におけるレジームの貧弱な運営に由来するのである。通貨分野における戦後のプロセスは，貿易とは好対照をなしている。貿易分野においてアジェンダ設定は，少なくともアメリカにおいては，関税引き下げと非関税貿易障壁を除去する行政権限を議会に求める大統領の貿易自由化のイニシアチブと，輸入増大により負の影響を被る団体による保護主義的動きという2つの組み合わせにより成立するからである。[53]また通貨は海洋問題のアジェンダ設定とも対照的である。海洋アジェンダは，国内諸グループに新たな脅威とチャンスを提供してきた経済・技術的変化によって強く影響されてきた。競争相手が技術的発展を遂げることによって影響を受けた沿岸漁業者は，保護を強く訴えてきた。マグロ漁業者は報復措置を求めてロビー活動を繰り広げ，石油会社，深海資源採掘会社，海洋科学者，環境保護の活動家のような諸団体もまた自らの主張を通した。海洋問題における国際アジェンダの策定が，部分的に，他国政府による一方的な管轄権拡張の主張によるものであった一方で，1945年のトルーマン宣言は国

第5章　海洋と通貨の問題領域における複合的相互依存関係

内の漁業関係および石油関係業者への対応であったと言える。しかしながら，アジェンダは次第に国際会議によって影響されることとなる。このような会議においては，とりわけ貧困国の政府が新たな取り決めを求め，自らを益すと考える事柄を十分に考慮するよう扇動したのであった。

　海洋という問題領域において，技術発展がもたらした資源の配分問題に関する国内・国際政治的な社会運動は，アジェンダ形成に大きく寄与することとなった。国際通貨問題における政治的な特徴の進展は，国際レジームの危機から生じた部分が大きかったと言える。いずれにせよアメリカにおいては，国内の声が聞き届けられることは少なく，政策を主導したのは依然として政府内では財務省・国務省であり，金融界は蚊帳の外にあった。しかしながら海洋問題においては，（国内外を問わず）各々のバラバラな利益がアジェンダ変更に大きく影響したように思える。

　2つの問題領域においては，軍事的脅威がアジェンダ変更の主要な原因とはならないという本書の一般的な予測が支持されることになる。しかし，複合的相互依存関係の下では様々なパターンが可能となる。アジェンダは，様々な問題領域において，同じ道筋に従って変更されるわけではない。その多様性は，国際レジームの変容を扱う次章においてより明確となるであろう。ここでは，複合的相互依存関係にかなり似ている場合においても，様々な問題領域における，アジェンダ変更のパターンがかなり多様であることが，少なくとも明らかにされるべきであろう。

イシューのリンケージ

　リアリズムの諸条件の下ではイシューのリンケージは，概ね強国によってなされると予想されるであろう。これは，世界政治の特定領域における自らのパワー（とりわけ軍事力）を行使し，各国を他の分野において強制するとされるからである。しかしながら，複合的相互依存関係では，武力行使があまり有効でないことから，強国によるイシューのリンケージが困難なものとなることが予想される。それにもかかわらず，様々なリンケージが成立し，その多くは，弱小国が国際組織を通じて成立させるものである。

　この過程は，1960年代および1970年代の海洋政治に強く反映されている。

1958年および1960年のジュネーヴ会議においていくつものリンケージが，機能的に結ばれたイシューとそうでないものとの間にも成立した。1967年以降，イシューのリンケージはより強いものとなった。それは部分的にイシュー間の機能的相互依存関係の増進によるものであった。資源は無制限に存在するという旧レジームの根底にあった前提に対して，実質あるいは潜在的な海洋の競合的な利用の判断力が発達したのである。このリンケージへの勢いを強化したのは，特に第3世界主要国が満足のいく全般的な交渉を保障するためにイシューをリンクさせる国際会議での傾向であった。

1967年以降に新たに登場した主要なイシューである深海底資源がこのリンケージを促進した。海底には広範な宝の山が眠っているという希望は，主要もしくは控えめな海洋利用国の数以上に海洋という問題領域に関心を持つ国の数を増やしたのである。特定の関心というよりも一般的な関心を持つ，これら新たなアクターはリンケージの主要な源であった。国連総会によって1968年に設立された深海底委員会は，当初35カ国によって構成されていたが1971年には91カ国までにその数を伸ばした。深海底問題における自らの技術的劣勢を知った開発途上諸国は，「領海の幅員，海峡の航行権および漁業慣行に関連する他の海事法レジームの考慮を粘り強く紹介した。これらすべては，複合性ばかりでなく，論争性にも新たな一面を加えたのである[55]」。米ソは，共に当初から深海底問題と他のイシューを区別しようと試みたが，失敗に終わった。その後，アメリカは，経済水域に関する権利と軍艦の自由航行を連結しようとした。しかし，一般論をいえば，1967年以降の海洋問題を扱う会議において，連結は事実上，弱者の手段となったのである。

通貨をめぐる政治において，リンケージの過程はかなり異なる様相を呈していた。第1に，機能的リンケージの方が重視される。1920年から1970年にかけて幾度となく，アメリカ財務省の報告書類は，国際通貨政策と貿易政策の明確なリンケージを強調した[56]。国際通貨政策は，マクロ経済政策に不可欠であり，ゆえに必然的に他の経済分野とリンケージされるのであった。

第2に，小国だけでなく大国からも国際通貨分野におけるリンケージが形成された。ブレトンウッズ体制を構築する上で，アメリカは貿易システムと同様に通貨に対しても影響力を及ぼすために外国援助を利用した。1947年のイギ

第5章　海洋と通貨の問題領域における複合的相互依存関係

リスによるポンドの兌換再開の約束は 1946 年のアメリカからの借款の条件であった。[57]「通貨と軍事を別々に扱うとする西側諸国内での『二重』システムの崩壊の後」，これらのイシューのリンケージを最も頻繁に要求したのは，またしてもアメリカであった。[58]今回は，貿易と通貨の問題はニクソンとコナリーによってリンクされた。そして 1970 年代初頭のヨーロッパとの論争において，アメリカは密接に関連した諸問題に関する一般協定を模索した。このリンケージは機能的観点から正当化されているが，その方向性は明確ではない。「大西洋地域の国際関係における政治的問題，軍事的問題，経済的問題は現実によってリンクされており，我々が選択したのでもなければ一国から他の国に対する貿易戦略上の目的によるのではない」のだ。[59]

1970 年代に，開発途上国は新しい国際通貨レジームの協定を，主要国による譲歩とリンクしようとした。開発途上国はこの目標を達成できなかったが IMF が第 3 世界加盟国の利益のために金を売却することや信用供与の緩和が盛り込まれた 1976 年 1 月のジャマイカ協定などの譲歩を引き出している。しかし，IMF における小国の影響力は海洋法会議におけるそれよりも弱かった。これは投票権の少なさだけでなく，通貨の問題領域における取引材料が少なかったためである。海洋においては，小国は管轄権拡張の宣言や新たに宣言を行って管理下におさめた水域へ入ったものに対する妨害行為により，常にトラブルを起こすことができた。

複合的相互依存関係に関する本書の仮説は海洋分野において確認することができる。小国からのリンケージは政治過程のなかで重要な部分を占めている。しかし，それらは国際通貨分野においては，大国がほとんどの政治的資源を有するため，小国とのリンケージは海洋におけるよりも重要ではない。

国際組織の役割

本書は，海洋の問題領域にかかわる国際組織が，ここ数十年の間に数多く生まれ，トランスガバメンタルな政策協調および同盟構築がこれら国際組織内で行われうることをみてきた。このような行動様式が見られることは珍しいことではない。IMCO（Intergovernmental Maritime Consultative Organization：政府間海事協議機関）において，各国の運輸省の担当官は，同機構の管轄権に石油汚染

のみならずあらゆる環境汚染が含まれるように，管轄権の拡大を求めた。しかしながら，この行動は，いくつかの政府にとって外交機関の立場に反するものであった。本書はまた，複合的相互依存関係の諸条件において予期されるように，国際組織が重要なアジェンダ設定者であることも述べてきた。

さらに重要なことは，海洋という問題領域におけるルール作りの政治が国際組織と密接に関連してきていることである。この分野の国際組織の運営は，主権と国家平等を重視する。19世紀において，内陸国が海洋のルール作りに参加することは考えられなかった。しかしながら，1930年に国際連盟が開催したハーグ会議においては，（内陸国である：訳者）チェコスロバキアも等しく発言権と投票権を有していた。法典化会議は，（会議から）逸脱行動をとる国の重要性を劇的に表現し，大国の規範的優越性を弱めた。

そうであっても，1930年代における世界のコミュニケーションの行動様式は，ヨハン・ガルトゥング（Johan Galtung）が封建的と呼んだものであり，強国と弱小国の間には垂直なコミュニケーションが成り立っているものの，弱小国同士では僅かながらの水平なコミュニケーションしか存在しなかった。1930年代に，エクアドルやトルコ，イランのように管轄権を拡張する努力が大国の抵抗をもたらした国は，外交的に寡黙であり，孤立していた。後に，国際組織に等しく加盟することによって，これら国の潜在的な外交同盟は活発なものへと変容することになる。

近年，国際組織は海洋問題を政治化し，これらの問題に積極的に参加する国家の数を増殖させてきた。沿岸線を除いて，主要な海洋を開発する能力がなくとも，開発途上諸国の政府は，これらの問題に対し影響力を持つに至った。間違いなく，国連海洋法会議において守勢であったのは主要な海洋国家だったのである。1967年の国連総会において海洋資源の問題が取り上げられた事実は，投票による多数決が標準的であった分野において，潜在的ないくつかの同盟関係を活性化させた。すなわち一般目的を有する制度（総会）のルールおよび実行が，新たな海洋レジームを設置すると思われるルールおよび実行の討議に影響したのである。国際組織のルールが開発途上国を優遇したという事実は，これら諸国にさらなる影響力を与えた。本書が掲げる複合的相互依存関係の理念型の予想は，この場合においては確認されたことになる。

通貨をめぐる問題領域は，いささか状況が異なる。トランスガバメンタルなネットワークは BIS や IMF，OECD のような国際組織のなかで育成された。しかし，国家間の政策アジェンダの大部分は，国際レジームの諸条件によって形成された。1970 年代に，開発途上国勢は，自らが望む問題を討議に紛れ込ませることにいくらか成功した。しかし，その成功は限定的なものであった。最も重要なことは，第 3 世界が海洋分野の問題解決に積極的に参加したが，この分野の国際組織設立にあまり影響を与えなかったことであろう。

通貨問題は，国際通貨基金や少数の先進資本主義国が構成する，精選された「クラブ」が先に手をつけていた。これらの問題は，国連の一般的なフォーラムで取り上げられなかったのである。海洋分野とは対照的に，1960 年代の国際通貨の分野には，すでにいくつかの国際組織が設置されていた。そしてこれら国際組織には，不平等な状況下にある第 3 世界諸国の大部分が加盟し，IMF の出資割当額にほぼ対応した投票数を有していたのである。その上に，各国中央銀行の官僚と財務・大蔵省高官たち，エリート（第 3 世界の中央銀行官僚や財務省高官を含む）のネットワークは，すでに存在していた。1971 年にヨーロッパとアメリカが合意に達しなかった結果，新たな国際通貨レジームを模索する討議のなかで第 3 世界諸国がより大きな役割を持つに至ったことは事実である。しかし，この役割を有することによって第 3 世界諸国が主要なアクターとなったわけではなかった。金融資産は，影響力の要であり続けたのである。1973 年に石油価格の上昇した後，主な石油輸出国は突然富裕国となり，IMF への出資割当額がやがて増額されたものの，この増額は，これら輸出国の新たな金融上の高い地位を反映したものであって国際組織の規範や手続を反映するものではなかった。

ここでも，海洋と通貨の問題領域における政治過程が対照的であることが分かる。これら 2 つの分野において国際組織は重要である。しかしながら，国際通貨分野においては，主に金融資産を持つ各国間の政策協調の手段として機能しているのである。これら国際組織は，結果に重大な影響を与えるというよりもパワーの源泉を反映しているのである。対照的に，海洋分野においては，国際組織は，主要な海洋大国を犠牲にして弱小国の影響力を増加させたのである。

163

3 結　　論

　表 5 − 4 は，複合的相互依存関係の政治過程が，第**2**章において検討されたように，1970 年代に海洋および通貨に裏づけられた本書の予測範囲をまとめている。両方の事例において政治過程は，リアリズムよりも複合的相互依存関係の条件によって予測されたものに，より近かったと言える。しかしながら，本書の予想と結果の対応で見る限りでは，国際通貨という問題領域よりも海洋という問題領域の方がはるかに一致していたと言える。特に開発途上国は，先進国よりも海洋分野に影響力を有し，国際組織を有効に活用したと言える。

　長期に渡り，ある問題領域の諸条件が複合的相互依存関係に近づくほどに，政治過程もこれに伴い変容するという主張を海洋の事例は裏づけてきたと言える。大国による武力行使が減り，結果として小国の機動性が高められたのである。各社会の間に複数のイシューと多様な接触チャンネルが生じた。政治問題化，イシューをリンクする交渉，小国への機会提供，そして海洋イシューへの国際組織の関与などが増進された。特に管轄権や支配権について一方的な主張をする場合，社会的な相互依存関係の高まりと，間接的な相互依存関係への認識の高まりの結果，直接的な政策上の相互依存関係も増大するのである。より多くの政府機関が関与し，政府間関係ばかりでなくトランスガバメンタルな関係にも機会が提供されるに至り，政治過程はますます複合化した。

　その一方で国際通貨分野においては，各国政府機関が取り扱う問題に一定の継続性が認められた。トランスナショナルなアクターが非常に重要となったのは，対象期間の後半 15 年のことなのである。しかし，それまでの間でトランスナショナルなアクターが重要であったのは，対象時期の初頭，すなわち 1920 年代のことであった。通貨イシューシステムのなかで最も重要な変化は，（対象時期全体を通じて，強く存在していた）複合的相互依存関係の諸条件ではなく，政府の活動に見出される。各国政府は，国際通貨問題に対し，──特に，アメリカ政府は，1920 年代においては非常に消極的であったのに──より積極的になった。財務省のように政治に敏感な機関は，大統領権限が直接及ばない連邦準備制度理事会およびニューヨーク連邦準備銀行を犠牲にしてまで影響

第5章 海洋と通貨の問題領域における複合的相互依存関係

表5-4 複合的相互依存の政治過程——海洋問題と通貨問題（1970～75年）

	複合的相互依存の下で各国に期待されるもの	海洋問題において証明されるか	通貨問題において証明されるか
各アクターの目的	各国の目的は，問題領域によって異なる。トランスガバメンタルな政治により，目標の定義が困難となる。トランスナショナルなアクターは独自の目標を追求する。	Yes.	ある程度までは証明される。しかし，一定の条件下では，複合的相互依存の理念型が想定するよりも政策の統一性が高くなる。
国家政策の道具	経済的相互依存の操作。国際組織とトランスナショナルなアクターは大きな役割を担うことになる。	Yes. ただし，場合によっては軍事力が行使されることもある。	Yes. ただし，1960年代においては，軍事力の防衛的役割とのリンケージがみられる。
アジェンダの形成	アジェンダは，各問題領域における次の要素に影響される。資源配分，国際レジームの位置づけ，トランスナショナルなアクターの重要性の変化，他のイシューとのリンケージ，国内政治の帰結としての政治化，国際政治の力学。	Yes. とりわけ国際組織と国内政治は重要である。	Yes. とりわけ国際レジームの位置づけは重要である。
イシューのリンケージ	大国によるリンケージ形成は困難である。しかし，それでも様々なリンケージが形成されるだろう。これらの大部分は，弱小国が国際組織を通じて形成するものであり，階層性を強化するというより，衰退させるだろう。	Yes. 予想2つとも証明される。	No. リンケージは形成されるが，弱小国と同じように大国も等しく形成するものである。
国際組織の役割	アジェンダ設定をするアクターとして，提携を模索するアリーナとして，弱小国の政治活動をするアリーナとして重要。イシューに応じてフォーラムを選択し，票を動員できることは重要な政治資源となるだろう。	Yes. 3つの側面すべてにおいて証明される。	さして重要ではない。提携のアリーナとして，調整装置として重要。しかし，アジェンダ設定をするアクター，弱小国の政治活動をするアリーナとしては，さして意義をもたない。

165

力を手にした。1960年代後半および1970年代前半において，各イシューは前例がないほど国内において政治問題化され，国際組織が，少なくともフォーラムとして，戦前よりも重視されるようになった。政策決定をしなければならない場面で，アメリカ政府内の亀裂がたびたび明らかになった。イシューのリンケージ交渉は，鋭い対立の場面において行われ，その数は増え続ける傾向にあった。その理由は，単にイシューの総数が増えたからではなく，各国政府，とりわけアメリカ政府が政策手段としてリンクした相互依存関係の取り扱いを重視したからである。

　本章は，海洋と通貨の問題領域における国際レジーム変容を説明できていない。この作業は，次章において展開される。ここでは，1970年代とその半世紀前までの進展の双方の時期において，いま一度この2つの領域の相違を単に示すことで十分である。複合的相互依存関係に接近する諸条件下では，国際政治はリアリストの世界観とは異なったものとなる。しかし，それは決して一様ではないのである。

注

(1) Edward Luttwak, *The Political Uses of Seapower* (Baltimore : Johns Hopkins University Press, 1974), p. 38.
(2) Michael McGwire, K. Booth and J. McDonnell (eds.), *Soviet Naval Policy : Objectives and Constraints* (New York : Praeger, 1975) 参照のこと。
(3) James Cable, *Gunboat Diplomacy : Political Applications of Limited Naval Force* (New York : Praeger, 1971).
(4) *Foreign Relations of the United States, 1935*, vol. 1 (Washington, D. C. : U. S. Government Printing Office, 1953), p. 918 ; *Foreign Relations of the United States, 1936*, vol. 5 (Washington, D. C. : U. S. Government Printing Office, 1954).
(5) Robert Osgood, "U. S. Security Interests in Ocean Law," *Ocean Development and International Law* 2 (Spring 1974) : 29.
(6) Cable, *Gunboat Diplomacy*, p. 226.
(7) Jeffrey Hart, "The Anglo-Icelandic Cold War of 1972-73," 未刊原稿, 1976.
(8) McGwire, Booth, McDonnell, *Soviet Naval Policy*, p. 528.
(9) Ibid., p. 529.
(10) Cable, *Gunboat Diplomacy*, pp. 175ff.
(11) Jacob Viner, "International Finance and Balance of Power Diplomacy," in Jacob Viner,

International Economics (Glencoe, Ill.: Free Press, 1951), p. 85.

(12) この問題に関する研究の決定版として Albert O. Hirschman, *National Power and the Structure of Foreign Trade* (Berkeley: University of California Press, reissued, 1969).

(13) Richard N. Gardner, *Sterling-Dollar Diplomacy: The Origins and Prospects of Our International Economic Order* (Oxford: Clarendon Press, 1956; revised ed., New York: McGraw-Hill, 1969) 参照のこと。

(14) Hugh Thomas, *Suez* (New York: Harper and Row, 1966), p. 145.

(15) Susan Strange, *Sterling and British Policy: A Political Study of an International Currency in Decline* (Oxford: Oxford University Press, 1971), p. 97.

(16) Stephen Cohen, *International Monetary Reform, 1964-69: The Political Dimension* (New York: Praeger, 1970).

(17) Andrew Boyle, *Montagu Norman* (London: Cassell, 1967), p. 229. Stephen V. O. Clarke, *Central Bank Cooperation, 1924-31* (New York: Federal Reserve Bank of New York, 1967), p. 119 も合わせて参照のこと。

(18) Herbert Feis, *1933: Characters in Crisis* (Boston: Little, Brown, 1966), p. 213. 無論, 第4章において検討したように, 当時の通貨不安がこの会議によって片づいたわけではなかった。

(19) Ann Hollick, "Seabeds Make Strange Politics," *Foreign Policy* 9 (Winter 1972/73) および H. Gary Knight, "Special Domestic Interests and United States Oceans Policy," in Robert G. Wirsing (eds.), *International Relations and the Future of Oceans Space* (Columbia: University of South Carolina Press, 1974) 参照のこと。

(20) その過程は, Ann Hollick, "United States Ocean Policy: 1948-1971," Ph. D. dissertation, Johns Hopkins University, 1971 に詳細に記述されている。

(21) *Annual Report of the Secretary of the Treasury on the State of Finances, 1972* (Washington, D. C.: U. S. Government Printing Office, 1972).

(22) Feis, *1933*, p. 294.

(23) J. David Singer and Michael Wallace, "Intergovernmental Organization in the Global System, 1815-1965: A Quantitative Description," *International Organization* 24 (Spring 1970): 239-87.

(24) 詳解として Fred Hirsch, *Money International* (London: Penguin Press, 1967), sec. 4, pp. 219-82 参照のこと。

(25) この用語は, ロバート・W・ラッセル (Robert W. Russell) が使用し, 雑誌などでも国際通貨問題に関して多く見受けられる。

(26) インタビューに基づく。

(27) Edward L. Miles, "Transnationalism in Space: Inner and Outer," in Robert Keohane and Joseph S. Nye, Jr. (eds.), *Transnational Relations and World Politics* (Cambridge, Mass.: Harvard University Press, 1972) および Warren Wooster, "Interaction Between Inter-

governmental and Scientific Organizations in Marine Affairs," *International Organization* 27 (Winter 1973) : 252-75 参照のこと。

(28) J. B. Condliffe, *The Commerce of Nations* (New York : Norton, 1950), p. 447.

(29) Clarke, *Central Bank Cooperation*, p. 47.

(30) Alice C. Barrass, "Afloat on a Sea of Controls," *The Banker* 123 (June 1973) : 613-20.

(31) Robert W. Russell, "The Organization of the International Monetary System : Contributions of Transnational Elite Networks to Rules and Reforms," paper prepared for delivery at the 1973 annual meeting of the American Political Science Association, New Orleans, Louisiana, September 1973 参照のこと。

(32) Assistant Secretary of Navy Robert Frosch quoted in Lawrence Juda, *Ocean Space Rights* (New York : Praeger, 1975), p. 99.

(33) "Export Drive," *New York Times*, June 7, 1971.「典型的なのは、地中海での共通市場を目指す特恵貿易協定に対抗するために第6艦隊を同地域から撤退させるべきだとするコナリー財務相の提案である」。

(34) インタビューに基づく。

(35) Osgood, "U. S. Security Interests," p. 14.

(36) インタビューに基づく。

(37) *The Times* (London), July 7, 1923 ; *Morning Post* (London), November 3, 1923.

(38) Ann L. Hollick, "National Ocean Institutions," *Ocean Development and International Law* 3, no. 2 (1975) : 163.

(39) Clarke, *Central Bank Cooperation* ; Boyle, *Montagu Norman* ; and Lester V. Chandler, *Benjamin Strong, Central Banker* (Washington, D. C. : Brookings Institution, 1958) 参照のこと。

(40) Clarke, *Central Bank Cooperation*, p. 88.

(41) Andrew Boyle, *Montagu Norman*, p. 247.

(42) Ibid., p. 304. シャハトの回顧的報告に完全に信を置くことに抵抗がないわけではない。しかし、まゆつばものであれ、このエピソードを省くのはあまりに惜しい。

(43) G. Griffith Johnson, Jr., *The Treasury and Monetary Policy, 1933-1938* (Cambridge, Mass. : Harvard University Press, 1939).

(44) たとえば、Sir Roy Harrod, *The Life of John Maynard Keynes* (New York : Harcourt Brace, 1951) および Keith Horsefield, *The International Monetary Fund* (Washington, D. C. : IMF, 1969) 参照のこと。

(45) Robert W. Russell, "Transgovernmental Interaction in the International Monetary System, 1960-1972," *International Organization* 27, no. 4 (Autumn 1973) : 431-64. Hirsch, *Money International*, とりわけ chap. 11, "Central Bankers International" も合わせて参照のこと。ジスカール・デスタン (Giscard d'Estaing) とヘルムート・シュミット (Helmut Schmidt) の個人的な友情が、それぞれがフランス財務相とドイツ財務相であった時

に育まれたことはよく知られている。
⑷₆ Russell, "Transgovernmental Interaction," p. 463.
⑷₇ *To Provide for a Modification of the Par Value of the Dollar*, U. S. Congress, House Committee on Banking and Currency, Hearings, 92nd Cong., 2nd sess., on H. R. 13120, March 1, 2, 3, and 6, 1972, pp. 11, 19-20.
⑷₈ Anthony Barber at the IMF, *Annual Meeting of the Board of Governors* (Washington, D. C. : IMF, 1971), p. 7, quoted in John Odell, "The United States in the International Monetary System," Ph. D. dissertation, University of Wisconsin, 1976.
⑷₉ Richard N. Cooper, "Prolegomena to the Choice of an International Monetary System," *International Organization* 29, no. 1 (1975) : 89.
⑸₀ これらの条件のより体系的な詳細については Robert O. Keohane and Joseph S. Nye, Jr., "Transgovernmental Relations and International Organizations," *World Politics* 27, no. 1 (October 1974) : 39-62 参照のこと。
⑸₁ Bobbie Smetherman and Robert Smetherman, *Territorial Seas and Inter-American Relations* (New York : Praeger, 1974), p. 49.
⑸₂ *New York Times*, January 16, 1976.
⑸₃ この2つの分野の，初期のものではあるものの，明示的な比較としては，Johnson, *The Treasury and Monetary Policy*, pp. 206-207 参照。E. E. Schattschneider, *Politics, Pressure, and the Tarriff* (New York : Prentice-Hall, 1935) および Raymond A. Bauer, Ithiel de Sola Pool, and Lewis Anthony Dexter, *American Business and Public Policy : The Politics of Foreign Trade* (Chicago : Aldine-Atherton, 1963) も合わせて参照のこと。『ニューヨーク・タイムズ』のようなデータ源において貿易問題に関心が集まる傾向を分析したならば，世論が貿易に高い関心を有している時期が，国内の圧力団体もしくは行政部門に端を発し，新たな貿易関連立法の成立を試みている時期と一致していることが分かる。ゆえに，関心が集まる傾向にはムラがあり，その問題が議会において論じられているかに左右される。その一方で，通貨問題においては国際的な危機が発生するに伴って関心が高まる傾向がある。
⑸₄ "Formulation of United States Policy on the Resources of the Continental Shelf and on Coastal Fisheries," *Foreign Relations of the United States*, vol. 2 (Washington, D. C. : U. S. Government Printing Office, 1945), pp. 1481-1520.
⑸₅ Edward Wenk, Jr., *The Politics of the Oceans* (Seattle : University of Washington Press, 1972), p. 284.
⑸₆ たとえば，次の年の報告書を参照のこと。1940 年 (pp. 119-28)，1955 年 (pp. 49-52) および 1972 年 (pp. 58-59)。
⑸₇ Gardner, *Sterling-Dollar Diplomacy* (1956), p. 204.
⑸₈ Richard N. Cooper, "Trade Policy Is Foreign Policy," *Foreign Policy* 9 (Winter 1972/73) : 18-36.

第Ⅱ部　海洋と通貨の問題領域におけるレジーム変容

(59)　Henry A. Kissinger 演説，1973 年 4 月 23 日。
(60)　インタビューに基づく。
(61)　Sayre A. Swarztrauber, *The Three Mile Limit of Territorial Seas* (Annapolis, Md.: Naval Institute Press, 1972), p. 132.
(62)　J. Galtung, "A Structural Theory of Imperialism," *Journal of Peace Research* no. 2 (1971): 81-118.
(63)　John Gerard Ruggie and Branislavs Gosovic, "On the Creation of a New International Economic Order: Issue Linkage and the Seventh Special Session of the UN General Assembly," *International Organization* 30, no. 2 (Spring 1976): 309-46 参照のこと。
(64)　Joseph Gold, *Voting and Decisions in the International Monetary Fund* (Washington, D. C.: IMF, 1972) 参照のこと。

第6章
海洋と通貨におけるルール形成の政治

 本書の第3章では,どのようにレジームが変容し,そして,なぜ変容したのかを問い,4つの説明モデルを提示した。レジーム変容に関する分析は,最もシンプルで,簡潔な説明から始まるべきであり,必要な場合には,複合性を加味すべきであると示唆した。第3章で見たように,レジーム変容に関する最もシンプルな説明こそが,経済成長の過程を際立たせることになるのである。これが本章での出発点である。

1 経済過程とレジーム変容

 レジーム変容に関する経済過程モデルは,経済的・技術的変化に対する福祉志向型の対応に基礎を置いている。福祉志向型の対応をとるなかで,国際的およびトランスナショナルな経済関係が,国際レジームを大きく進展させることにつながるのであろう。すなわち,世界政治の上部構造が,生産と交換の基本的関係における変化にもはや対処することができなくなるのである。何らかの形で,レジームは適応を余儀なくされるか,あるいは,崩壊に結びつく可能性がある。こうしたモデルが含意しているのは,政府が経済的相互依存関係による福利的恩恵を受けることに対して,しぶしぶながら自制するであろうし,その結果として,レジームに適応するか,あるいは,早急に新しいレジームを構築するという圧力にさらされるということである。これは,パワーの国際的配分に関する諸問題を無視している。そのため,このモデルは,以下の2つの点を説明する。1つが(技術的変化と相互依存の増大による)国際レジームの衰退という点であり,もう1つが(福利的恩恵が失われるという脅威認識への対応として)そうしたレジームを再建するのか,あるいは,それに適応するのかという点である。

第Ⅱ部　海洋と通貨の問題領域におけるレジーム変容

　表6-1は，レジームが確立された，あるいは，再建された5つの出来事と，レジームが，1920年代以降，通貨と海洋の領域において崩壊したり，著しく弱体化した4つの時点を示している。経済過程モデルが予測しているのは，レジームの崩壊が技術的・経済的変化によって説明され，レジームが相互依存関係の福利的恩恵を得るために確立され，再建されるということである。表6-1が示しているように，経済過程モデルは，すべてのレジーム変容に関する様相を明らかにしている。技術的変化は，通貨と海洋の領域双方において急激であったし，経済過程における変化が重要であったのである。協調がどのようになされるべきかということに関して，常に一致をみることはできなかったが，相互依存関係を管理することから得られる協調が有益なことも明らかであった。

　しかし，第2章で述べたように，経済過程モデルは，いかなる変容に対しても十分な説明を与えていないのである。あらゆる変容において，少なくとも，国際政治的要素は経済過程に優るとも劣らず重要である。このモデルは，講和成立後の1925年にイギリスが金本位制へと復帰したことや，銀行システムの崩壊と世界恐慌に見舞われた1931年にイギリスが金本位制から離脱したことをうまく説明できるかもしれない。しかし，そうした状況でさえ，政治的要素が重要だったのである。イギリスの指導者たちは，1925年における彼らの役割が何たるかを考えていたのであり，そのことは，決定を行う際に役立つ経済的な信念のみならず，イギリスの伝統的なヘゲモニー上の位置から得られるものであった。同様に，本書では，西欧列強には一貫した政治的枠組みがなかったことや，特に，イギリスの通貨支配に対抗するフランスの行動を考えることなくして，1931年の出来事を適切に説明することはできないのである。(1)

　経済過程モデルはまた，実際には起こらなかったいくつかの転換点を予測する。1931年の悲劇の後であれば，このモデルは，1933年のロンドン国際経済会議における成功を予測していたであろう。なぜならば，競争的為替レートの操作，および，貿易障壁という代償が，すべての国にとって明白であったからである。しかし，その会議は決裂した。このことは，ヘゲモニーの不在や効率的なリーダーシップを指摘した全体構造モデルの支持者たちが，予測していたことであろう。アメリカ，イギリス，およびフランスとの間のより大きな協力が，1936年の三国協定によって明らかになったが，その規定はかなり限定さ

第6章 海洋と通貨におけるルール形成の政治

表6-1 レジーム変容——経済過程モデル

時期	問題領域	変容の描写	経済過程モデルによる説明
レジームの確立あるいは再建			
1920年以前	海 洋	イギリスによる公海自由レジームの確立	部分的である。経済過程モデルがイギリスの公海自由レジームの恩恵を説明する。
1925年	通 貨	イギリスの金本位への復帰	部分的である。平時経済への復帰により部分的とはいえ、金本位制が可能となった。しかしながら、誤解と政策決定が説明にとって重要である。
1944〜48年	通 貨	ブレトンウッズ体制の確立と合意による一時中断	部分的である。相互依存が衰退した。相互依存から恩恵を受ける将来への認識が影響力をもった。
1958年	通 貨	ブレトンウッズ体制の完全履行	部分的である。経済的な回復がブレトンウッズ体制を完全に履行させたが、アメリカの政治的・軍事的役割もまた重要であった。
1976年	通 貨	キングストン合意	部分的である。貿易と資本のフローの恩恵が合意へのインセンティブを生みだしたが、主要国間の密接な政治的関係もまた重要な役割を果たした。
レジームの弱体化あるいは機能停止			
1931年	通 貨	イギリスの金本位制からの離脱	部分的である。脆弱な政治的構造や以前の政治的決定を考慮すれば、経済的変化が重要であった。
1945年	海 洋	トルーマン宣言に続く拡張	部分的である。技術的変化が、海底をめぐる適切で付加的な管轄権へのインセンティブへとつながった。タイミングはこの場合も説明されていない。
1967年	海 洋	パルド大使によるスピーチ、国連による関与	部分的である。技術的変化による恩恵の認識が重要であった。タイミングはこの場合も説明されていない。
1971年	通 貨	ブレトンウッズ体制の崩壊	部分的である。技術的・経済的変化が加速度的なスピードで増大する資金のフローへとつながり、ヨーロッパや日本への基本的なシフトが重要であった。タイミングおよびアメリカがイニシアチブをとったという事実は説明されていない。

れていた。第2次世界大戦によって主要資本主義諸国の間の一体性をもたらす政治的条件と、ある程度は経済的条件が生まれて初めて、新しい国際通貨レジーム創設に向けた実質的進展が図られたのであった。

経済過程モデルは、通貨および海洋のイシューにおけるレジーム変容のための十分条件ではないが、必要条件を提示している。いかなる完全な説明も、パ

ワーの分配を含まなければならないだろう。パワーという観点から行われる最も単純な説明は，次で触れることになる全体構造モデル——伝統的なハイポリティックス——である。

2　全体構造とレジーム変容

　全体構造モデルは，強者がルールを形成するという前提に基づいている。国際レジームは，システムにおける最も強力な国家の利害と一致していなければならない。総体としてのパワー関係が変化するにつれて，国際レジームもそれに応じて変化するのである。軍事にかかるコストへの制約が取り除かれる時に，軍事力が支配的になるために，戦争がレジーム変容を生み出す傾向がある。しかしながら，本書の第**3**章において，戦争がない時の国際レジームの崩壊を説明するために，ヘゲモニーを衰退させる1つのモデルを発展させた。国際システムにおける全体的なパワーが拡散するようになると，国際レジームが崩壊するのである。パワーがより集中するようになると，強力な国家にとって好都合な新しいレジームが進展を遂げるであろう。

　全体構造アプローチに関する最も単純な説明は，国際レジームの性質を説明するために軍事力の分配を用いる。しかしながら，我々が行った研究によると，いくつかの例外を除けば，軍事力の分配が優れた説明を提示しているということにはならないのである。たとえば，第1次世界大戦以前に見られた海洋におけるイギリスの支配は，他の強国との関係において，一般的な政治的・軍事的立場よりも一層際立っていた。戦間期における公海レジームを維持するイギリスのリーダーシップは，その一般的な軍事的立場によっては説明されなかったのであり，第1次世界大戦によってその軍事的な地位は著しく低下した。第2次世界大戦後の海洋におけるアメリカの支配は，ソ連に対する軍事的・政治的優位性をはるかに上回るものであった。海洋レジームに明らかに適応しない軍事的なパワー構造など決してありえなかったのである。しかし，いずれの場合にも，ルール形成を行う権限と軍事力の全体的な水準との間には相当の隔たりがあった。

　同じように，軍事システムの構造とルールを決定する能力との間にある不完

全な関係は，通貨のイシューにおいても明白であった。1930年代半ば以前には，アメリカは，その軍事的能力から予測される影響力はさほどなかった。それに比べて，イギリスの方が影響力があったと言える。第2次世界大戦以後の際立った例外は，ソ連であった。国際通貨システムにおけるソ連の影響力は，ほとんどなかった。なぜならば，国際通貨の経済システムは，IMFあるいはGATTのルールの下で，ソ連を国際経済情勢に積極的に関与させなかったのである。国際通貨問題に対する影響力は，主要資本主義諸国に集中していた。

　第3章において論じたように，軍事力の分配は，1960年代におけるブレトンウッズ体制の衰退とその最終的な崩壊を，部分的に説明しているにすぎない。軍事的脅威に関する認識，アメリカとその友好国の相対的な経済力，ヨーロッパと第3世界をめぐる階層的なパターン，そうしたものすべてにおける変化が影響力を持っていたのである。こうした諸変数が付加されると，全体構造モデルが持つ説明力は一段と増す。より洗練された全体構造モデルは，とりわけ，公海レジームの初期における衰退と，戦後のブレトンウッズ体制の確立と遂行をうまく説明するのである。

海洋レジームの衰退

　第1次世界大戦の余波で，弱体化したイギリスは，公海上での密航者の追跡をめぐって，アメリカに譲歩しなければならなかった。1945年までには，アメリカの持つ全体的なパワーが意味したのは，トルーマン宣言に概要が述べられているアメリカのパワーの拡大が，争う余地のないものであったということである。トルーマン宣言は，アメリカがレジームのさらなる衰退を回避したいという観点から書かれていたが，それに続く要求には，トルーマン宣言よりも一段と踏み込んだ表現が多くあった。アメリカの揺るぎない海上支配，および，アメリカのヘゲモニーが行き渡っているとされたラテンアメリカには多くの目障りな国家が多く存在したという事実にもかかわらず，アメリカは，レジームのさらなる衰退を防ぐことができなかったのである。

　全体的なパワー構造は，こうした状況の多くを説明する。1945年から1960年代にかけてのアメリカの海上支配は，アメリカがソ連とグローバルな規模で争っていたことや，ソ連の全体としての軍事力は，アメリカの海軍力ほど明ら

かに優位を占めてはいなかったという事実によってかなり説明がつく。ここでは，2つの要素が重要である。1つは，グローバルな軍事的位置から影響を受けたソ連の政策であり，もう1つが，同盟国に対するアメリカのリーダーシップという要素である。

　1960年代まで，ソ連は，海洋レジームのいくつかの重要な局面に対して，修正主義的な態度を示した。20世紀初めに，日本に敗北して以来，海軍力の劣る大陸国家としてのロシアは，その海岸線を防衛するために拡張された管轄権を継続して強く求めた。実際には，1917年から1960年代の初めまで，ロシアは，海洋法を，「ソ連沿岸から他国を追い出す一連のルール」とみなしていたのである。戦後期において，ソ連は12海里の海域を主張し，それを防衛するばかりではなく，重要な接続海域を閉鎖した。ソ連の海軍力は劣っていたが，核保有国としての立場によって，ソ連はその沿岸権に対するいかなる挑戦も挫くことができた。国際法委員会や1958年の国連海洋法会議において，ソ連は他国に対して，領海3海里の主張に反対するように促したのである。ソ連とアメリカの立場が収斂するようになったのは，1960年代になってからである。

　第2に，軍事的には双極的なパワー構造によって，アメリカは，グローバルな反共産主義同盟のリーダーとなった。ソ連からの安全保障上の脅威が強く認識された双極的な対立の際立つ時期において，アメリカは，安全保障上の問題と同盟の維持を最優先の課題とした。たとえば，ペルーがオナシスの捕鯨船団に対して――アメリカは外交的に抗議した――軍事力を首尾よく行使した直後の1954年，同盟関係を崩壊させるかもしれない対立を避けようとしたのがアメリカの政策的立場であった。その代わりとして，アメリカは，国連総会の場における「公海上の諸問題に関する1つ1つの議論」を通じて，「領土権を過度に主張することに終止符を打とう」と試みたのである。しかしながら，議論で話し合うべき点について述べる際に，アメリカの国務省当局者は，軍縮や原子力平和利用に関する諸問題に比べて，海洋をめぐる問題は重要ではなかったことを認めた。アメリカが，米州法曹協議会で行われた，領土権の設定を行う個々の国家の権利を認める票決で孤立したと認識した1956年に，アメリカはラテンアメリカ諸国の首都で2国間外交という手段に訴えたのである。アメリカが強調したことは，領海の拡張によって，西側諸国の防衛が脅威に晒され

るということであり，その結果として，その後開催されたOAS（Organization of American States：米州機構）会議での曖昧な見解が生み出されただけであった[5]。ペルーを個人的に訪問し，ジョン・F・ダレス（John F. Dulles）国務長官は漁業協定については原則的に合意したが，後に差し迫るスエズ危機にその関心は向けられていた[6]。

その一方で，アメリカは漁業従事者保護法（Fisherman's Protective Act）を成立させ，その下で，アメリカ財務省は，許可なく漁業をしていたマグロ漁師たちから支払われた罰金を返金した。その一方で，拡張された管轄権の不承認という法的立場を維持したのである。アメリカは，システムの基礎を弱めたり，対外的に介入したりするよりも，対立するトランスナショナルなシステムに関する国内目標を操作することによって，その法的立場を維持するほうがコストが安いと判断したのであった。法的効果がどのようなものであれ，国際政治的効果が，海洋空間に対する拡張された主張が行われないように努めてきたアメリカの信用性を弱めることになったのである。同盟国のなかでのリーダーが，海洋のイシューにおいて力の弱い同盟国と向き合った時に，目を背けたのが超大国なのであった。『オイル・フォーラム（*The Oil Forum*）』がその読者たちに説明したように，戦前であれば軍事的報復手段をとったであろう。しかし，局地的な対立が「おぞましい核戦争」につながることを政府は恐れたのであり，「我々は，南アメリカ諸国との友好関係を必要としたのである」[7]。核超大国が双極的な軍事システムにおける同盟関係のリーダーシップに関心を持つにつれて，アメリカは，イギリスほど，その潜在的な海軍力に基づくヘゲモニーを行使することに余裕はなかったのである。19世紀の多極的な軍事システムにおいてイギリスは，同盟国からの反発，あるいは核の脅威について心配する必要はなかったのである。

国際通貨レジーム

全体構造モデルについての精緻化された説明は，国際通貨の分野におけるレジーム変容を予測する様々な過去の記録を有している。それは，1920年代において，イギリスが国際金融の中心地としての位置を取り戻し，イングランド銀行が国際通貨システムにおいて広く認められたリーダーになったということ

177

を説明するわけではない。第1次世界大戦後，アメリカが軍事力や経済力から見て全体的に最も強力になったことは事実であるため，全体構造モデルは，アメリカ中心の戦後レジームを予測していたのであろう*。イギリスの弱体化によって，レジームは，世界恐慌から生み出された圧力に対してより脆弱になってしまったが，全体的なパワー構造における変容は，1931年における通貨レジームの崩壊を予期していなかったのである。全体構造モデルによって，我々は，1925年から1931年にかけての国際通貨レジームを予測することはできなかった。しかし，それが一旦出現したならば，このモデルは，そのレジームの短い生命を正確に予期することになったであろう**。

　全体構造モデルは，戦後直後，国際通貨の分野において最も成功を収めている。アメリカの軍事的・経済的支配は，ブレトンウッズの復興レジーム（1944〜1948年）の発展や，1958年以後のブレトンウッズ体制の完全な実施に重要な役割を果たした。1971年のレジーム変容に至る出来事や，1971年と1976年の間に行われた交渉にはさほどの影響力はなかったが，アメリカの軍事的・経済的支配は顕著であったと言える。

　双極性の発展とソ連からの脅威の認識は，ヨーロッパの復興のために，一定のルールを留保したいというアメリカの意図を説明している。アメリカのヨーロッパや後の日本に対するより惜しみのない，温情的な政策的変化は，1947年頃に起こったが，それはソ連に対する認識が変化したことに影響されたものであった。ソ連の脅威は，1946年の春には，イギリスへの借款に対する議会

---

*　アメリカの銀行家は，1918年から1920年にかけて，ニューヨークがロンドンに取って代わり，主要な国際金融センターになることを目指したが，直接的にイギリスの銀行と競合するのか，あるいは，徐々にイギリスの金融システムを「アメリカ化」し，支配していくのかという方法をめぐっては意見の一致をみていなかった。銀行家の間にあった意見の不一致や，政府からの強い支援がなかったことによって，アメリカの支配が1920年代に達成されることはなったのである。以下を参照されたい。Joan Hoff Wilson, *American Business and Foreign Policy, 1920-1933* (Lexington : University of Kentucky Press, 1971), pp. 14-17. さらに以下も参照のこと。Carl P. Parrini, *Heir to Empire : United States Economy Diplomacy, 1916-1923* (Pittsburgh : University of Pittsburgh Press, 1969).

**　いかなる構造モデルも，1925年のイギリスの金本位制への復帰がそうであったように，現実の誤認に基づいて行為を予測できるとは思えない。イギリスのリーダーたちは，イギリスが持つ資源を過大評価していた一方で，国際経済が次の10年に経験するであろう経験の重大さを過小評価したのである。全体構造理論が予測したように，イギリスは十分な政治的資源を持つことなく，リードするように努めてきたが，最終的に失敗したという事実は，長期的な変容を説明する際に，この理論の重要性に対する証左としてみなされうる。

の支持を増大させることにおいて決定的であった。翌年の春，国務省はイギリスに対する寛大な援助の計画策定に忙殺されていたが，それに対して，政治的・軍事的な問題にはさほどかかわることのない財務省は，以前のように緊縮的で銀行家のようであった。ソ連の脅威が認識される以前には予想できなかったアメリカの莫大な援助は，それがうまく成功するように行われた経済的な議論を反映することのないままに，ヨーロッパ，そして日本にもある程度注ぎ込まれた。1947年にイギリス・ポンドの対ドル兌換回復に失敗した後，アメリカはドルに対するヨーロッパの差別待遇を許容するばかりではなく，そのような差別待遇に基づいたスキームを確立するために運転資本3億5000万ドルを欧州決済同盟に供給したのである。そのことによって，ヨーロッパの域内貿易が増加した。1950年代の多くを通じて，アメリカは，恒久的な国際収支の赤字を寛大な態度で見ていた。1950年，財務省は他国の立場の改善を意味する純金の流出を歓迎した。1955年には，アメリカの流動性不足は，他国が為替制限を緩和することに役立つ例として引き合いに出されたのである。

　したがって，1940年代後半から1950年代初めまでに，ソ連の脅威と，軍事的な双極性によって，国際経済問題に関して，アメリカ連邦議会と財務省が積極的にヨーロッパ諸国（後には日本）へと譲歩することになったのである。このことが次に，アメリカの外交官たちに対して，以下の手段を提供することにつながったのである。すなわちブレトンウッズ体制という，開放的で多国間による貿易と支払いに関する問題を徐々に機能させるために用いられた手段である。こうして，軍事システムの発展によって，アメリカの同盟国を経済的に援助するばかりではなく，アメリカの政治的リーダーシップが強化された。このことは結果として，アメリカは戦間期のように受動的で国家主義的な政策を採用するのではなく，むしろ通貨システムにおいて積極的にその国力を行使するだろうと他国に確信させるのに役立ったのである。通貨システムにおけるその能力を発揮することに役立ったのである。

　ヨーロッパと日本の経済的能力の向上が，1971年のブレトンウッズ体制崩壊の原因になったことは明らかである。しかしながら，しばしば言及されるアメリカの経済的衰退は，急激なものではなかった。すなわち，1957年から1972年にかけて，世界貿易に占めるアメリカの割合は，16.8％から14.4％へ

と減少したにすぎなかったのである（表6－3, 186頁を参照のこと）。こうした漸進的変化は，ブレトンウッズ体制の崩壊を十分に説明することにはならないのである。さらには，ヘゲモニーが衰退することを説明するモデルは，なぜ，アメリカの挑戦者ではなくアメリカが，1971年8月15日のブレトンウッズ体制の終焉を予期したのかを説明していない。結局のところ，ケネディ（John F. Kennedy）・ジョンソン（Lyndon B. Johnson）両政権期において，アメリカはその体制を維持しようと試みたのであり，財政的な創意工夫および政治的・軍事的なパワーの双方を用いたのであった。したがって，全体構造モデルは，我々に1971年のレジーム変容を理解する重要な背景を示してくれる。しかしながら，その変容を完全に説明することにはなっていない。

　全体構造アプローチは，新しい変動為替体制や調整された介入が，アメリカの軍事的支配および経済的支配への回帰，あるいは，優位な地位を占めるためのさらなるパワーの勃興なくして，どのように1976年の合意に結びついたのかについて説明していない。もしアメリカが，（その支配が弱体化したために）ブレトンウッズ体制を維持するほど強力ではなかったのであれば，新しいレジームを創出することがほとんどできなかったはずであるということを，我々は，想定すべきであったのである。支配的なリーダーの存在なくして，改革に関する合意などありうるはずもなかった。その代わりとして，効果的なルールのない時期が長く続き，貿易戦争，通貨操作，新しい重商主義――これらは1971年から1974年にかけて多くの人々によって予測されたことであった――が起こるはずだったのである[*]。

　表6－2は，全体構造モデルが，レジーム変容に関する9つの事例を説明す

---

[*] 1971年から1976年にかけての出来事は，最近のことであるので，それらについての解釈は暫定的であるにすぎない。何人かの情報に通じた観測筋は，ジャマイカ合意について我々よりもはるかに懐疑的な見方を示した。たとえば，以下を参照のこと。Tom de Vries, "Jamaica, or the Non-Reform of the International Monetary System," *Foreign Affairs* 54, no. 3 (April 1976), pp. 577-605. 新しいレジームの価値やパフォーマンスについて明確な判断を，この時点で行うことはできないが，将来的な発展は，全体構造モデルに興味深い試金石を提供するだろう。もし，ジャマイカ合意が崩壊し，為替相場の競合的な操作や著しい不安定さが一般的になれば，全体構造モデルが示した予測が，実現されるだろう。その時に，我々は，レジームを機能させる十分な中心的な力がなかったということを推測することができたのである。逆に，ジャマイカ合意が成功し，調整がかなり効果的であれば，全体構造モデルは，この事例においてはあまり妥当ではないように思えるだろう（2000年3月時点での個人的メモ。全体として，懐疑主義者は正しかった）。

第6章 海洋と通貨におけるルール形成の政治

表6-2 レジーム変容——全体構造説明

時期	問題領域	変容の描写	全体的パワー構造における変容による説明
レジームの確立あるいは再建			
1920年以前	海 洋	イギリスによる公海レジームの確立	わずかに部分的である。イギリスによる海軍力，全体的な軍事力がルールを設定させた。
1925年	通 貨	イギリスの金本位への復帰	説明していない。全体的な軍事的・経済的なパワーにおけるシフトがアメリカ中心のレジームを予期すべきであった。
1944〜48年	通 貨	ブレトンウッズ体制の確立と合意による一時中断	説明している。アメリカの経済的・軍事的な支配がブレトンウッズ会議とその後にも反映された。
1958年	通 貨	ブレトンウッズ体制の完全履行	部分的である。アメリカの支配が，アメリカによって形成されたブレトンウッズ体制の履行をかなりの程度説明する。しかし，ヨーロッパの復興がそうなるための必要条件であった。
1976年	通 貨	キングストン合意	説明していない。パワーのかなりの拡散に向かう全体パワー構造における変化は，全体構造モデルのもとではいかなる合意も想定していないし，ヘゲモニーが衰退し，単一的なリーダーシップも不可能な状態であった[1]。
レジームの弱体化あるいは機能停止			
1931年	通 貨	イギリスの金本位制からの出発	説明していない。経済的変化が出来事を予期した。イギリスの立場の弱体化がレジームの脆弱性を説明するのに役立つが，全体的な世界のパワー構造における変化が明確にされなかった。
1945〜46年	海 洋	トルーマン宣言に続く拡張	説明している。アメリカは1945年には支配的な地位を占めたが，結果としての双極構造が，アメリカによるラテンアメリカ諸国への海軍力を用いた支配を抑えつけた。
1967年	海 洋	パルド大使によるスピーチ，国連による関与	説明していない。貧困国と沿岸国の全体的なパワー資源はこの時期には増大しなかった。
1971年	通 貨	ブレトンウッズ体制の崩壊	説明されていない。全体的な軍事力における変化がシフトへとつながることはなかったし，全体的な経済力におけるシフトが部分的な説明を提供しているにすぎない。

注(1) 本書180頁の脚注を参照のこと。

るのにいかに適切であるのかを示している。我々は全体構造モデルが，3つの事例に関する適切かつ簡潔な説明を行っていることを認識した。表が示しているように，全体構造モデルは，第2次世界大戦後の15年続いた海洋レジームが，1945年から1946年にかけて修正されたことを説明するのに最も有益である。

3　イシュー構造とレジーム変容

　イシュー構造モデルに従えば，強者がルールを作るのである。しかし，重視されるべきは，イシュー内部での強さである。レジーム変容はイシュー内部におけるパワー配分が変化することを反映している。イシューにおけるパワーを論じる際には，第**2**章で行った世界政治における2つのレベルでの行動を区別することが重要である。第1のレベルでは，国際レジームが，いくつかのささいな不一致を伴いながら，あらゆる主要なアクターによって正当であるとみなされ，政治は国際レジームが提供する基本原則の枠内で行われるのである。それゆえに，そうした状況下での帰結に及ぼす効果的なパワーは，基底にある経済的な能力ばかりではなく，レジームの性質に依拠するだろう。たとえば，効果的な無差別貿易レジームの内部では，効果的な報復措置（すなわち，この次元での相対的な非脆弱性）をとらないまま差別的な貿易制限を課す能力は，システムのルールによって交渉する際に実際に使えるパワーの源泉とはならないだろう。

　政治行動の第2のレベルは，ルール形成である。このレベルでの行動は，レジームそれ自体に挑戦する。そのような状況において，ゲームのルールは，主要な参加者によって疑いを投げかけられる。レジームは，もはや定数ではなく，変数なのである。すなわち，レジームを好ましいと思う人もいれば，そうでないとみなす人もいるということである。こうした区別は，イシュー構造についての議論を理解する際に極めて重要である。なぜならば，パワーの源泉の異なるタイプ——異なるパワー構造——はこのレベルで意味を持つことになるであろうからである。もし，政策に関する問題が，もはや，いかにルールが国際レジームの制約のなかで公式化されるのかということではなく，いかにレジームが設計されるのかにあるのであれば，幅広いパワーの源泉（それに伴う，幅広い相対的な脆弱性）が意味を持つようになる。貿易レジームの例を引き続き扱うために，もし無差別貿易がもはや想定されないのであれば，効果的な報復のない障壁を課す能力が重要なパワーの源泉になるのである。

　イシュー構造アプローチは，こうした区別に大きく依拠している。問題領域における基本的なパワーの分配が，レジーム内部での効果的なパワーの分配と

一致しなければ，レジームは変容することになる。問題領域では強力であるが，国際レジームのルールによって不利益を被っていると感じる国家は，システムを弱体化させようとしたり，破壊しようとするだろう。基本的なパワー構造とレジーム内部での影響力との不一致は，変容への原動力を提供するのである。

国際通貨という問題領域

　イシュー構造モデルは，1931年の通貨レジームの崩壊を理解するのに役立ち，1971年のブレトンウッズ体制の破綻を説明することに大きく貢献している。我々が見てきたのは，イギリスを中心とする戦間期の通貨システムは，1920年代の不安定な世界の金融状況のみならず，レジームを効果的に支えることのできなかった全体的な政治構造のために脆弱であったということである。フランスは足を引っ張り，アメリカは援助のための強い行動をとる準備ができていなかった。しかし，問題領域の基底にあるパワー構造とルールの効果との間には矛盾が存在するのであり，そのことは，2つの点で明らかになった。政治的には，フランスは，国際通貨領域におけるイギリスの優位性に不快感を抱いたが，それは，何度もフランの通貨価値の引き下げが行われた一方で，ポンドが金と同等の価値であった戦前に戻ったという事実によって象徴され，支持された。しかし，フランの通貨価値が低く設定——実際のところ，通貨の引き下げなのであったが——されたという事実は，フランスが継続的にポンドに対して圧力をかけることができたということを確証づけた。こうしたことから，フランスはレジームを狙い撃ちにする政治的理由があったのである。他方で，イギリスにとって，戦前期のようにポンドと金が同等の価値を維持することは，まず困難であった。そして，1931年の銀行崩壊が起きると，それは現実的に不可能になった。したがって，イギリスは，旧来のルールの枠組では無力であることを認識していた（なぜならば，イギリスは，金に基づいて，ポンドの価値を変動させることができなかったばかりではなく，現行レートで需要を満たすために，十分な金や外貨を供給することができなかったからである）。しかしながら，イギリスは，依然として，主要な金融大国であった。そのために，イギリスは，金本位制から離脱し，ポンドを変動相場制に移行させた時に（変動相場制を操作するために介入した時に），イギリスの立場はすぐに強化された。1931年にイギ

リスが金本位制を放棄した時に決定的となったことは，レジームの基底にあるパワーと制約の間に存在する，こうした矛盾であった。

　我々は，イシュー構造モデルを，1960年代におけるブレトンウッズ体制の発展を分析するために用いることもできる。こうしたレジームの下では，平価と比較した時のある国の通貨の強弱，および国際準備高の規模は，政治的なパワーの強弱の主要な源であった。アメリカがドルの切り下げと取りつけを回避しようとしていた1960年代に，アメリカはレジームのルール枠組みのなかでますます弱い立場に立っていた。ドイツや日本といった多くの準備金を保有する債権国は，強い立場にあった。アメリカは，両国に対して準備金を裏づけとしたパワーを用いることのないように説得した。しかし，ドイツと日本の準備金が増加するにつれて，これらの国は，（名目上，ドルが金と自由に交換できた）ブレトンウッズ体制の前提の枠内ではより強力な位置を占めたが，そうした前提は，ますます危うくなっていた。ドイツと日本は，ドルの平価切り下げに対して脆弱になった。なぜならば切り下げは両国の保有する，ドルの価値を減じることになるからであった。ヘンリー・オーブリー（Henry Aubrey）は，1969年に以下のように指摘した。「アメリカに対する債権国の影響力は，まさに，旧来の概念やルールにしたがってゲームを行うアメリカの意図に左右される。もし，アメリカが，それらに真正面から挑戦することを決めたのであれば，そのゲームは，かなり異なった方向へと展開するだろう」[11]。

　古いレジームのルールを打ち破ることによって，1971年当時のアメリカは，国際通貨政治に影響を及ぼすその経済力の行使に課されるレジーム上の制約を破棄した。その頃，アメリカは軍事的および政治的な影響力に加えて，その根本的な経済力——強力な経済，国民生産に占める外国貿易の低い割合，および国民生産の全体的な規模——を，通貨ゲームのルールを変更するために用いることができたのである。ドルから金への兌換を停止したために，アメリカは，兌換の要件によって身動きがとれなくなることはもはやなかったし，以前にもまして，1971年8月以後の交渉における立場がより強力になったと認識したのである。

　ブレトンウッズ体制が破綻する前の15年間，その基底にあったパワー構造における変化と，レジームの制約の枠内での影響力に見られた変化との間に見

られる相違は,その15年間に見られた世界貿易や,主要国の金融上の準備金における割合上の変化のパターンによって例示される。こうしたいかなるデータも,パワーの指標として慎重に取り扱わなければならない。そうした数字は,非常に大雑把な概算でしかないはずである。それにもかかわらず,ブレトンウッズ体制の枠内での準備金の水準は決定的であった。なぜならば,ある国の通貨は,金あるいは外貨に対する固定された価値で兌換されるからである。自国の通貨の価値を変動させる代替手段は,いずれの国にとっても達成することは困難であったし,アメリカにとっては,(レジームにおける一般的な合意あるいは変化なしには)実際に不可能であった。1971年の後に,貿易戦争,あるいは他の形態での競合によって,パワーという根本的な手段,たとえば,パワーの源泉としての国際貿易における自国の割合比率が,より重要になった。

　表6-3が関連ある数字を提示している。(既存のレジームの枠内でのパワーを示す)アメリカの準備金に占める位置は,(基底にあるパワー構造における位置を示す)世界貿易に占める割合よりも急激に低下した。国民総生産を示す統計が用いられたならば,継続的なアメリカの強さが,より明らかになるだろう。1970年代初めの世界の財の生産量として,ソ連は13〜15％,日本は7〜8％を生産していたのに対して,アメリカは依然として,25〜30％を生産していた。アメリカの基本的立場は,貿易が主要な貿易相手国に対してよりも,アメリカにとって国民生産のなかに占める低い割合を構成しているという事実によってさらに強化された。それゆえに,アメリカは,国際通貨貿易システムにおける混乱に対して,その相手国と比較して,さほど脆弱ではなかった。

　こうした数字は,基底にあるパワーとそのレジーム内部での影響力との間にある矛盾が,レジーム変容の源であるという我々の主張を補強する。1957年から1972年にかけての国際通貨システムにおける著しい変化は,アメリカの経済が衰退したという単純な定理では説明できない。その時期における衰退は,世界貿易にアメリカの占める割合が16.6％から14.4％に減少したにすぎず,アメリカが世界生産の4分の1以上を占めることには変わりなかった。アメリカの立場が本当に弱体化したのであれば,アメリカが,1971年の国際通貨システムにおける急激な変化をもたらすことはできなかっただろう。そして,アメリカは,IMF協定を改正する1976年の合意に至る交渉のなかで広まった,

表6-3　通貨パワーの源泉（1957〜72年）

国　名	基本的構造（世界貿易に占める割合）			レジームに決定された構造（世界貿易に占める割合としての準備金）		
	1957年	1967年	1972年	1957年	1967年	1972年
アメリカ	16.8	15.3	14.4	40.1	20.0	8.3
イギリス	10.1	8.2	6.9	4.2	3.6	3.6
フランス	5.4	6.1	7.1	1.1	9.4	6.3
ドイツ	7.7	9.9	11.5	9.1	11.0	15.0
日　本	3.4	5.6	6.9	0.9	2.7	11.6
11の主要貿易国家[1]	62.8	67.6	70.0	69.1	70.9	63.5

注(1)　上記の5カ国に加え，ベルギー，オランダ，スイス，イタリア，カナダ，そしてスウェーデン（G10＋スイス）。
(出所)　国際金融統計（ワシントンD.C.：IMF）。

将来のシステムの性質に関する本質的な見方を理解することもなかっただろう。レジーム変容を説明するのは，（問題領域の枠内であろうと，あるいは，集合的なパワーにおいてであろうと）アメリカの弱体化や衰退ではなく，1971年以前のレジーム内部では弱い立場にあったという文脈における，アメリカの基本的な強さである。

　それにもかかわらず，イシュー構造によって完璧な説明ができるわけではない。1960年代において，レジームをその基底にある構造に適合させる際の遅れは，相当なものであった。イシュー構造の説明は，矛盾の除去を説明しているが，そもそもその発展を説明していない。さらには，1971年の出来事の後に，構造的に説明できない他の出来事が続いた。1971年12月に，スミソニアン・インスティテュートで為替レートを再調整をするものの，ブレトンウッズ体制下と同様に固定相場制度を維持し続けようとする試みは，トランスナショナルな資産運用会社がドルに対する信認を失うや失敗した。最初は1972年6月のポンドに対して，そして次に起こった1973年2月と3月のドルへ抵抗する金融の動きは，事実上の変動為替相場への移行を後押しした。結果的に，このパターンは，1976年1月にジャマイカのキングストンで合意した新しいIMF協定のなかで正当化され，「それは，ブレトンウッズ以降では，国際通貨システムにおける最も広範囲に及んだ変化を具現化している」[13]。

　こうした合意は，問題領域におけるパワー構造の変化によって説明することはできない。なぜならば，この合意の交渉が行われた時期に，主要産業諸国の

第6章　海洋と通貨におけるルール形成の政治

間で，大きな変化が起こったわけではないからである。部分的には，1976年の協定は，経済過程モデルによって説明することができる。1970年代におけるトランスナショナルな組織は，大量の流動性資金をコントロールするようになり，そうした資金の流動性も甚大であったために，固定為替相場制を維持することは極めて困難であり，不可能であることもしばしばあった。アメリカの連邦議会上院の金融委員会レポートの見積もりによれば，1971年には，潜在的にある2580億ドルもの流動資産が多国籍企業によって保有されているということであった。リチャード・クーパー（Richard Cooper）は，「（ブレトンウッズ体制において提示された）為替レートにおける大規模な変化は，今日通用している資金の高い流動性と両立していない」と論じた。他国には経済変動に関する独自のパターンがあり，それは固定レートを永久に維持することを不可能にしているために，クーパーは，変動為替相場の何らかのパターンが必要不可欠であると結論づけている。こうしたことから，経済的な現実が，政治的な選択を厳しく制約するということが見えてくる。

　経済過程モデルは，政府当局者が1971年から1976年にかけて新しいレジームに合意しなければならなかったいくつかのインセンティブも説明している。国際貿易や資本移動は，すべての産業諸国にとって重要であるが，そうした運動を規制する何らかの取り決めは，1973年から1974年にかけての混乱期の後，明らかに必要とされた。しかし，そうしたインセンティブは，1933年や1936年にも存在したが，ほとんど合意をみたものはなかった。それゆえに，イシュー構造や経済過程に関する双方の説明（いかに双方が有益であろうとも）を乗り越え，ブレトンウッズ体制の時期に発展した政府当局者の政治的ネットワークを検証することが有益であろう。従って，国際組織モデルによって，近年の国際通貨政治を理解することが容易になるだろう。

海洋政治

　イシュー構造モデルは，海洋政治の初期にかなり当てはまる。実際には，公海レジームが確立された時，全体的な軍事システムにおける多国間での勢力均衡が存在したが，海軍力に関していえば一極構造であった。19世紀の初めには，イギリス海軍は，他のすべての海軍を合わせた規模よりも大きかったので

あり，1914年には，イギリスの主要な軍艦の保有数（192隻）は，依然として，2位以下の3つの海軍の合計保有数とほぼ同じであった（ドイツ89隻；アメリカ67隻；フランス52隻）。さらに，イギリスは，海洋の主要な利用者であった。1886年に，世界の商船トン（100トン以上の船籍）の半分は，イギリスであったし，1914年におけるイギリスの商船隊は，世界の40％を依然として占めた（それは，第2位のドイツの4倍であった）。イギリスは，公海レジーム（はじめに述べたように，イギリスが特別な事例として取り扱った戦時を除けば）を確立することへの関心と，それを実行する構造的パワーの双方を有していた。このことは，実際の軍事力が自然の成り行きで用いられたということではなく，レジームを維持することが必要であった時に，軍事力の利用を防げなかったということを意味した。ある論者は，第1次世界大戦以前のシステムについて以下のように記した。

　……平時において海洋は自由であり，それゆえ，戦争という問題が唯一際立った問題であると，海軍国は声高に宣言する。このことは，あまりに強烈である。海軍による支配は，将来の戦争に関する法，航行に関する法，および領海法の策定において，平時の時に作動するのである……弱小の海洋国家が……海洋法の起草に関心を持つことはほとんどないのである。

第1次世界大戦がもたらした1つの効果と，それに関連した強大なアメリカの海軍増強計画（1916〜21年）は，戦前における単極の海軍構造を，双極構造，それに続く三極構造へと変容させることであった。そのことは，1922年のワシントン海軍軍縮会議において合意をみたように，主要な軍艦の保有割合を，イギリス：5，アメリカ：5，日本：3にすることが正式に承認された（表6－4参照）。イギリスは，もはやアメリカのレジームに対する執着を強制することができなかったのである。さらに，アメリカは，イギリスほど執着することに関心がなかった。ハーディング（Warren G. Harding）政権が商船増強計画に終止符を打った時に，アメリカの商船隊はイギリスの半分の規模になった。アメリカは漁獲量においては第2位であったが，その漁業はイギリスや日本と違って，遠洋漁業ではなく基本的に沿岸漁業であった。アメリカ（およびイギリ

第6章 海洋と通貨におけるルール形成の政治

表6-4 海洋関連の諸能力の分配

諸能力	1914年以前	1920〜39年	1946〜65年	1966〜75年
全体的軍事力（軍事支出による測定）	多極	多極	双極	双極
問題領域内部における軍事力（主要な海軍国における海軍力の比率）	単極（イギリス）2：1	三極（イギリス，アメリカ，日本）5：5：3	単極（アメリカ）3：1	双極（アメリカ，ソ連）1.5：1
平和利用：商業船舶	単極	多極	多極	分散
平和利用：漁業	多極	多極	多極	分散

ス）は，戦間期に小規模な国家による（レジームへの）執着を主張するのが常であったが，アメリカ自体の執着は不完全であった。アメリカは，1920年代から1930年代にかけて，密輸取り締まりのための管轄権を拡大し，1930年代には日本がアメリカの沿岸で漁業を行わないように外交的圧力をかけたり，1939年にヨーロッパで戦争が勃発した後，300マイル半球圏内中立ゾーンを宣言したのである。1943年に，ルーズベルト（Franklin D. Roosevelt）政権は，大陸棚や漁業保全水域に対する管轄権を拡大しようという計画に着手した。トルーマン宣言が先例として広く言及されているので，こうした拡大は，第1期のレジームから第2期の擬似レジームへ移行する転換点であることが分かった。

第2次世界大戦後から1950年代に至っては，海軍力の構造は再び単極になったが，アメリカによる支配が圧倒的であった。アメリカは，主要な水上艦に関して，第2位のイギリスと第3位のソ連を合わせた数の2倍保有していた。ソ連の海軍力が成長した1972年の時点でさえ，アメリカは依然として，主要な水上艦や大型の原子力潜水艦の保有数では，ソ連を1.5倍も上回っていた。アメリカ海軍の提督たちが「制海権を失った」と1974年に警告を発した時，ステニス（John C. Stennis）上院議員は，アメリカはいまだにソ連海軍よりも，主要な水上艦トン数で2倍以上あり，その活動範囲の広さと兵器の数でも上回っていると応答した。要するに，第2次世界大戦の終わりにおいて，アメリカの海軍力は，他のすべての国を合わせたよりも，大きかったのである。この観点において，アメリカの立場は，1914年のイギリスのそれと似ていた。第3期の始まりにおいてでさえ，アメリカは，支配的な海上戦力を持っていた。空母や巡洋艦に関していえば，他の国のすべての保有数に比べて2倍（92隻），

189

フリゲート艦，駆逐艦，護衛艦に関していえば，ソ連とイギリスの保有数の合計よりも2倍多かった。戦後のほとんどの時期は，アメリカは，初期のルール形成能力を持つヘゲモニー構造と関連したであろう海軍力を持っていたのである。

　海洋をめぐる問題領域の基底にあるパワー構造は，1920年代から1930年代にかけて既存のレジームと一致していた。アメリカが密輸を食い止める手段に関しての例外的立場を獲得したが，公海の自由は，イギリス，アメリカ，日本によって支持されてきた。第1次世界大戦の結果として生じたパワー構造の基底にある——アメリカが制海権を握った——変化は，アメリカが決定したわけではない。しかし，公海レジームから1945年の疑似レジームへの変容を伴いながら，アメリカは，漁業水域や沿岸に隣接する大陸棚への拡張した管轄権を主張したのである。アメリカの政策は，以下で示すように，国家の役割や利害に対する政策決定者の認識の遅れを反映した。しかし，そうした大胆な主張を行うアメリカの力が，全体的なパワー構造ばかりではなく，海軍力における優位によって促進されたことは疑いなかった。

　しかしながら，1967年以後に起きたレジーム変容は，パワー構造の基底にある変化によって説明される。新興・弱小国家が，1945〜67年にかけて強力であった疑似レジームに異議を申し立てた。海洋を支配することに依然として長けていたアメリカと，急速にその能力を向上させていたソ連の両国は，海洋空間や資源におけるガバナンスをめぐる交渉において守勢に立っていると気づいていた。イシュー構造の説明では，1967年以降の古い公海自由原則の急速な衰退を説明することができないのである。

　こうした理由から，海洋をめぐる問題領域にとって，過去10年間の国際レジームにおける変化は，以前に存在したレジームと比べると，全体構造，あるいはイシュー構造の説明によってうまく説明されないのである。海洋空間のルールを形成した強力な国家の権威は，戦前あるいは戦後初期にはそうであったように，問題に付されることなくそのままかり通るということはもはやなかったのである。基底にあるパワー構造（海軍の有する資源）は，以前として集権的であったが，それが戦後の強力なレジームにはつながらなかったのである。むしろ，国際レジームは弱体化することになった。

表6-2にある9つの事例のうちの1つであるイシュー構造モデルは，1920年以前に確立した海洋レジームと，1940年代におけるその初期の衰退をうまく説明するのに役立ち，1931年と1971年の通貨におけるレジーム変容の多くの部分を説明してくれる。いずれも，全体構造モデルでは，適切に説明することができなかった。しかし，2つの構造モデルのどちらを使っても，海洋における最近のレジーム変容をうまく説明することができず，1971年と1976年の通貨レジームにおける変容に関して我々が持つ疑問のいくつかに対しても，いまだに回答を与えないのである。

4 国際組織とレジーム変容

とりわけ過去10年間に起こったレジーム変容のすべての事例を説明する基本的な構造モデルの失敗をどのように説明するのか。その失敗は，とりわけ，海洋をめぐる問題領域に顕著である。具体的には，支配的な海洋国家が，その全体的な覇権力が大きいとされたある地域，すなわちラテンアメリカにおいて，マグロ漁業者に対する力の行使を防ぐことができなかった点を，どのように説明するのか。冷戦期において，全体的なパワー構造における双極性は説明の一部を提示したが，1967年以降の時期には適切ではない。小国であるアイスランドが，タラ戦争の時にイギリスに勝利したという事実を，どのように説明するのか。アメリカとソ連という2大海軍大国が，1967年以後，海洋空間と資源のガバナンスをめぐる交渉において守勢に立ったという事実を，どのように説明するのか。

もしパワーが国内の経済システムにおける貨幣と同類のものであったならば，こうした矛盾が起こることは稀であろうし，そうなった時でも，長くは続かないであろう。全体的な軍事力の源泉という面で優位に立つアクターは，各問題領域にまたがる結果が平等な限界効用を生むために，そうした資源を再分配するだろう。同じように，問題領域の基底にある構造レベルでパワーを持つアクターは，レジームをその根幹をなす構造とより一致するように試みるだろう。政治的な用語において，こうした試みはイシュー間のリンケージという形をとって現れるのであり，そこでの結果を，あるものが強い立場にあったイシュー

と結びつけることによって弱い立場を改善させるのである。構造とレジーム——双方とも問題領域の内部にあり，全体的な軍事構造と様々な問題領域との間の一致——が一致する方向へ向かう傾向があるだろう。

我々が取り上げた通貨の事例において，1940年代や1950年代，そして1931年と1971年における問題領域内部にそうした全体的な収斂傾向を見出した。しかし，通貨政治において，そしてまた，最近の海洋政治においてでさえ，構造とレジームとの間には不一致が存在する。複合的相互依存関係の条件におけるパワーの源泉は，完全に同質的でもなければ代替可能でもないということを，こうした不一致は示唆している。ある領域における能力は他の領域における影響力へと容易には変換できないのであり，まして，現在のレジームや決定のための手続きの下では，同じ問題領域における影響力へとは変換できない。それゆえに，我々の最も重要な分析的課題の1つは，基本的な構造仮説に対する例外と限界を理解することであるが，その基本的な構造仮説とは，パワーの代替可能性に関する仮定に依拠し，構造・レジームの高い割合での一致を予期している。あるいは，第**3**章で用いた比喩に戻れば，パワーは水のように水平になろうとする傾向があるが，分析的課題は，世界政治における異なるレベルのパワーの領域を維持する水門とダムの高さと強度を理解することである。

第**3**章で展開した国際組織モデルは，（全体的あるいは特定イシューの）基底にあるパワー構造とレジーム変容との間にあるこうした不一致のいくつかを説明するのに役立つのである。国際組織モデルは，複合的相互依存関係に典型的な政治過程，および，問題領域の内部やそれに関するルールと規範の独立した効果を想定している。ある時期の基底にあるパワー構造と一致して確立したレジームは，自律的にその生命力を後で発展させるかもしれない。レジームが有効である限り，基底にあるパワーの源泉は，規範と政治過程によって不動のものになるだろう。たとえば，ブレトンウッズ体制のルールは，根幹であるアメリカの通貨パワーを固定化し，ド・ゴールがドルを金に兌換したように，ヨーロッパ諸国が，国際収支を通じてアメリカにより多くの圧力をかけることを可能にした。

国際組織モデルによれば，結果は，レジームに依存した能力によって予想される。すなわち，その能力とは，レジームを特徴づける規範と過程によって正

当化され，可能となる能力のことである。レジーム過程モデルにおけるパワー関係は，敏感性に緩やかに基礎を置いており，それゆえに，強力な軍事国家，あるいは，問題領域内部の脆弱性の相互依存関係の観点から，よりパワーを持っている国家によって転覆されることに常に影響を受けやすいことは明らかだろう。国家がレジームや組織によっていやしくも制限を受けていることは，注目に値する。リアリズム的な状況下において，全体的あるいはイシュー構造モデルは，レジーム変容を説明すべきであり，国際組織モデルは，レジームの持続性あるいは変化の時期の遅れを説明するのに役立つにすぎないのである。

　国際組織モデルの主要な貢献は，実際のところ，レジームの持続性を説明することにあるが，国際組織モデルからレジーム変容に関する予測を引き出すこともできる。このモデルにおいて，レジームの崩壊あるいは弱体化は，世界政治の規範や組織過程における変化によって説明される。世界政治の他の領域で新たな規範が生まれ，その後，それが特定の問題領域に移転することによるか又は，すでに他の問題領域か，特定の組織で作動している確立された規範をその問題領域に適用することによって，レジームは変更されるかもしれない。同じように，レジームは，そのレジームを出現させた基底となるパワーで国家の位置を低下させる政治的な交渉過程によって変容させられるかもしれない。あるいは，国際組織の中核にしばしばある政治的相互作用のネットワークの発展が，国際レジームに対する新しい原則への合意を促進させるだろう。

　これまで見てきたように，もしイシュー構造の説明が伝統的な理論である全体的なアプローチに付与されるならば，（経済過程アプローチと結びついた）そうした説明は，表6－2で示されたレジームの崩壊あるいは弱体化の4つの事例のうち3つをかなりうまく説明できるのである。しかし，基本的な構造に関する説明は，1967年以後の海洋レジームの衰退を適切に説明していない。

海洋政治

　1967年以降の公海レジームの衰退の主な原因は，国連の規範や政治的過程に求められる。第5章で述べたように，海洋にかかわる問題領域における国際組織の規範と手続きは，主権と国家平等の原則を強調する。このことは，1930年と1958年に当てはまった。しかし，軍事力は1930年には依然として大きな

役割を担っていたし，1958年のジェノア会議で見られた連合形成のパターンは，全体的な世界の双極的対立状態を反映した。1960年代半ばまでには，アメリカとソ連という2大海軍国は，さほど対立もしていなかったし，沿岸国の領海管轄権拡大の可能性を主張することに双方とも関心があったのである。両国は，会議のなかで取り扱う狭く限定されたイシューを広げる可能性について議論した。1967年に行ったスピーチのなかで，マルタの大使は，深海底に沈む宝のような資源を切り開くことになる技術的進歩を予期した上で，大国を対象とした議事日程・進行を加速化させたばかりではなく，公共のハイウェイとしての海洋空間を管理するという観点よりも，海洋資源を再配分するという観点から，取り扱うべきイシューを見直したのである。深海底委員会が設立され，弱小国の主張によって追加されたイシュー間の関連性が認識され，国連総会が国連海洋法会議の招集を求めた後になると，海洋に関するイシューは，海軍力や海洋開発能力ばかりでなく，平等主義的な組織手続きや富裕国と貧困国との対立によっても，左右されたのである。

交渉に参加したあるオブザーバーによれば，結果は以下の通りだった。

> 主要な海洋国は，もはや過程をコントロールすることはできない。そうした過程は，主要な海洋にかかわる能力の多くを持たないが，海洋という手段を通じて世界の所得分配における不平等を是正しようとする連合によって今やコントロールされているのである。さらには，こうした連合は動員されて結成されるのであり，①国家による200海里の領海主張を行う国家と，②資源と所得の再配分をイデオロギー的に試みる国家という2つのグループによって「支配権を握られている」とまで言う賛同者もいる。[22]

国際組織や会議外交における影響力のパターンは，基底にある構造から予測できるものとはかなり違うこともしばしばである。さらには，フォーラムの範囲がより広く，その内容が一般的になればなるほど，それが原因となる分散性もますます顕著になるはずである。IOC（International Oceanographic Commission：国際海洋学委員会）やIMCO（Intergovernmental Maritime Consultative Organization：国際海事協議機関）——それぞれ，70カ国程度で構成され，特定の機

第6章　海洋と通貨におけるルール形成の政治

能的管轄権を持つ——における影響力の構造は，構成国もその倍以上あり，ほとんど無制限に話し合われる議題がある海洋委員会における影響力の構造とはかなり異なっている。国連総会において海洋法に関する問題について交渉することは，組織依存型の能力構造に類似することになるが，それは，発展途上国（77カ国グループ＝G77）の連合が最初に形成し，その名称で初めて呼ばれることになったUNCTAD（United Nations Conference on Trade and Development：国連貿易開発会議）の構造と類似している。1969年のUNCTADにおける影響力に関する研究は，UNCTADにおける影響力と構造的パワーとの間にある相関関係を見出した。その構造的パワーとは，全体的なパワーの一般的指数と，（世界の輸出シェアに基づく）イシューに特有の権力によって測定されるが，それぞれ，0.43と0.41にすぎなかった。[23]エドワード・マイルズ（Edward Miles）は，国連海底委員会におけるレジーム依存型の影響力に見られた同じパターンを見出した。ラテンアメリカとアフリカのグループは，最も影響力があり，グループとしての結束は，国としての能力やグローバルな地位よりも重要な影響力の源であった。[24]

　国際組織は，国家間の影響力に関する個々の組織依存型の構造を生み出したばかりではなく，主導的な海軍国の交渉における地位を弱体化させた。国際会議での潜在的な連合は単に国家に制限されない。政府の下位機関の関心が，競合する国内機関の関心よりも他国内部でより好まれることも時折ある。国連が開催した国際会議は，トランスガバメンタルな連合のいくつかに対して，活発化するための物理的接触や正当性を提供した。海洋法交渉での機能的なクラブはこうした効果を有していた。先に見たように，交渉におけるアメリカの頼みの綱は前もって明らかにされることもしばしばであった。とりわけ重要な事例は，深海底委員会のジュネーヴ会合での（当時のアメリカの公式政策には反していたが）大陸棚をめぐる沿岸国の広範な管轄権を望む発展途上国と，アメリカ内務省や石油企業幹部によるロビー活動であった。[25]国際会議での政府に対するロビー活動に加えて，多国籍の石油および採掘企業は，これまで未知であった領域への関心に対する政府の認識や定義に影響を及ぼす共同事業をいくつかの国で起こすことも時折あった。本書第5章において，政治的交渉に影響を及ぼす多国籍でトランスガバメンタルなネットワークに関するさらなる事例を提示し

195

た。こうしたすべての事例が示したことは，主導的な海軍国における何らかの「国内的な」利害は，政治的戦略や連合パートナーの選択において，国境という枠組みに制限されなかったということである。

国際組織モデルは，基底にあるパワー構造を完全に無視してはいないということを想起すべきである。海洋をめぐる交渉において，軍事力の構造は背後に見え隠れしている。結局のところ，アメリカあるいはソ連は，会議の結果生み出される条約の批准を拒むことがいつでもできたのであり，たとえば，海底での採掘作業を守るために軍艦を派遣することもできたのである。こうした可能性は，政治家が会議での外交を重視する組織依存型の影響力の構造とかかわっているが，軍事力は，会議外交に特有な，影響力に関する他の多くの源と競合するに違いない。しかしながら，海洋に関わる問題領域におけるルール形成の政治が1967年以後に作動したために，海軍力は国際組織の歪んだプリズムを通過した後になってようやく役割を果たしたのである。そして，国連海洋法会議が多くの国によって批准されるであろう条約を生みだすかどうかにかかわらず，1976年までに，公海レジームは，国際組織モデルによってうまく説明される政治的変化によって恒久的に変更されたのである*。

なぜ，支配的な海軍国がこのような変化を生じさせることが可能だったのか。答えは，複合的相互依存関係の状況が進展することに主に求められる。イシューやチャンネルの多様性によって，公海自由におけるアメリカの「国益」が定義されることや，それを実行することをより困難にした。それと同時に，軍事力の行使が大国にとって大きな負担になったという事実が，海洋をめぐる問題領域におけるルール形成に対して明確な影響を及ぼした。経済的パワーがパワー構造の基底にある通貨をめぐる問題領域とは違って，海洋をめぐる問題領域における伝統的な構造は，海軍力に多くを依拠していた。最近数十年間に，経済的パワーとは違う軍事力を大国が小国に行使するのは，より大きな負担になった。その行使，あるいは，その行使によるあからさまな脅威でさえ，かなり可視的になり，直接的で激しい抵抗を引き起こし，重要な国内における価値と

---

*　2000年3月時点での個人的メモ。海洋法条約は，1982年に国連主導で交渉が開始され，現在は効力を持つに至っている。アメリカは条約当事国ではないにもかかわらず，その政策を，沿岸管轄権に関する条約の条項に適合させている。

矛盾することもしばしばである。

こうした変化は，全く新しいというわけではない。20世紀の初めには，

　　人道主義的考慮，中立国の抗議と報復の脅し，日露戦争時のイギリス海運業界の中立権をめぐる不確実性についての同業界からの不満，そしてその他の影響力，といった圧力を受けて，イギリスが自国の極端な要求を取り下げるまで，交戦権を制限することにほとんど前進は見られなかった。(26)

一般的な意識や関心の変化によって，軍事力は有効な手段とはみなされない方向へと向かったが，1945年以後の核兵器の出現はとりわけ大国にとって重要な意味を持つようになった。第5章で見たように，砲艦外交が超大国にとってあまり有効ではなくなる一方で，小国が戦後期に（戦前期にはほとんどありえなかった）砲艦外交をうまく用い始めたということが言える。海軍力が大国にとってより大きな負担になるにつれて，大国は，基底にあるパワー構造に訴えるよりも，組織依存型のパワー構造によって特徴づけられるルール形成の政治をすすんで容認するようになったのである。

国際通貨領域

　通貨政治はかなり異なっている。すなわち，イシュー構造はレジームの崩壊をかなりうまく説明し，1976年に出現した新しいルールは，主として，主要な国際経済・金融パワーによって決定された。ある程度の変化は，IMFの加重投票システムを通じて生じた。投票が行われない時でさえ，議決権の配分が，結果を左右する。しかし，その配分は，有効な権力をIMFそれ自体から切り離すことによって，とりわけ，一般借り入れ取り決め（General Agreements to Borrow）と併せて（産業諸国だけが構成員である）G10を設立した1962年の決定によってなされた。OECDの第3作業部会と国際決済銀行もまた影響力があった。そして，「両グループは，G10とほぼ役割が重なり合っていた」。(27) 1971年の危機を一時的に終息させたスミソニアン協定は，G10によって交渉が行われた。

　1976年協定は，形式的にはIMF理事会の委員会を通じて発展することにな

ったが，主要な産業諸国がその過程において支配的であった。実際には，決定的な展開は，1975年11月，先進6カ国が集まったランブイエサミット会合でのフランスとアメリカとの協議の後に発表された。最初はG10，その後はIMF暫定委員会によって，こうした合意が決定された。1976年のジャマイカにおける協議で，発展途上国は，基金からの借用に関連したいくつかの譲歩を引き出し，金の売り出しを行うことができた。それにもかかわらず，発展途上国はレジーム変容の過程で支配的であることはなかった。それどころか，発展途上国は，その過程でいささか周辺的な位置を占めていた。

　海洋法会議との違いは極めて対照的である。財政的資源は集中して存在している。主要国の政策は，軍事力に訴えることなく，段階的に慎重に調整しながら財政的見地から遂行することができ，そして，主要な産業諸国は，IMFという組織があまりに困難であると分かった場合には，それとは別の国際通貨システムを容易に作ることができた。いずれにせよ，G10だけで，(1976年に発効した新しい協定の下でも) IMFにおける割り当ての56％以上を保有していたために——それゆえに，議決権の中で僅かしか占めないわけであるが——かなりの支配権は組織内部でさえ維持された。国連に一般的な1国1票の原則は適用されない。

　それゆえに，国際組織モデルは，ブレトンウッズ体制の崩壊を説明することにとって，本質的なことではないのである。1976年1月に生まれた新しいレジームは，主要な先進産業諸国による根本的な支配を正確に反映している。しかしながら，通貨領域に関する基本的な構造説明が十分であったと結論づけることは，問題領域の非常に重要な特徴を無視することになるだろう。リチャード・クーパーが言うように，「国際通貨レジームの選択に関する議論」は，目的や恩恵の分配に関する相違ばかりではなく，「選択されたレジーム内部での行為をめぐる他国の信頼性に関する不確実さを伴う」のである。高いレベルでの対立があったにもかかわらず，一定程度の信頼は，ブレトンウッズ時代に事務レベルで作られた。財務大臣，中央銀行総裁，およびその部下たちの間で作られたネットワークは広く張りめぐらされ，その度合いも深かった。緊密な政府間関係に加えて，トランスガバメンタルな政策調整が頻繁に行われた。1973年以降，中央銀行間でのインフォーマルな調整は，変動為替相場制を規制・調

節する手段としてより身近な存在となり，主要国の財務大臣による協議も定期的に行われた。実際には，（IMF協定の改正を含む）レジーム変容に関する1976年の合意は，主要国間での緊密な政策調整のさらなる展開が変動相場制の効果を和らげるだろうという信念に基づいていた。こうした信念は，ブレトンウッズ体制から始まり，何年かかけて構築された相互信頼と緊密な関係に基づいていたが，それは妨害されたとはいえ，1971年のニクソン-コナリーの行動によって決定的なほどには打ち砕かれはしなかった。1971年の余波は，1931年のそれとは非常に異なっていた。暫定委員会が提案した条件は次のようなものであった。

　協定の修正条項は，以下の規定を含むものとする。国際通貨基金の加盟国は，準備資産に関する政策が，国際流動性に対する国際的な監視をうまく促進させ，国際通貨システムにおける特別引出権を主要な準備資産にするという目的と一致することを確保するために，IMFや他の加盟国と共同で取り組むことにする。[32]

　こうした政策調整のネットワークの明確な重要性を記述することは困難であるが，システムにおける参加国は，政策調整のネットワークを非常に重要であると考えている。以前のレジームの下で作られたエリートによるネットワークの効果を無視する人間は，現実を誤って解する危険を冒すことになる。
　つまるところ，国際組織モデルは，基本的な構造モデルよりもさほど正確には定義されていない。あらゆる問題領域にとって影響があると予測される規範と過程は，事前に特定化することは困難である。国際組織モデルの予測は，より確定的ではなく，一定の方向に向かうことを妨げるが，国際組織モデルが指摘する方向へと進路を変えることに柔軟である。国際組織モデルは，明らかに補完的なアプローチであり，単独で用いられる単純で確定的な構造・経済過程モデルが現実を歪める時に用いられるのである。しかし，これまで見てきたように，とりわけ海洋に関する問題領域にとって，そして，通貨政治にとってはいくつかの重要な点で，国際組織モデルは，レジーム変容の政治を理解するに際して極めて重要な洞察力を提供するのである。

5 システム的説明の限界——国内政治とリーダーシップ

　システム的説明には限界がある。たとえば、なぜ強力な国家が、1920年代におけるアメリカの国際金融政策のように、国際レジームを方向づけ、コントロールしようとするために保有する資源を時に用いないのかを、システム的説明では説明することができない。ヘゲモニー衰退論は、部分的な説明にすぎないのである。我々は、変化する出来事の背景にある認識上の遅れを導入する必要があり、そうした遅れは、大国における国内政治やトランスナショナルな関係が国内に及ぼす影響を考慮に入れることによってのみ説明できる。こうした限界は、システム的モデルのすべてに影響を及ぼすが、とりわけ、国家の基本的なパワーを行使する能力に焦点を合わせる2つの構造モデルに影響を及ぼすことになる。国際組織モデルは、少なくとも、我々に対して複合的相互依存関係に典型的な政治過程を示し、そこでは、国内政治と国際政治の境界が曖昧になっているのである。

　リーダーシップの遅れに関する理論は、我々の事例の1つ——第1次世界大戦後の通貨に関する例外的な事例——を説明するのに役立ち、海洋レジームの衰退の始まりを理解するのにも役立つ。チャールズ・キンドルバーガー（Charles Kindleberger）が示唆したことは、問題領域の基底にあるパワー構造の移行の時期において、新興の強力な国家は、獲得すべき恩恵やリーダーシップの必要性を認識する以前に、リーダーシップ能力を発展させるだろうということである。さらには、リーダーシップを当然のことのようにかつて考えていた2番目の地位にある国は、システムを弱体化させる政策を追求する可能性が高いのである。そうしたことから、両大戦期には、アメリカは、国際金融に関するリーダーシップを行使することができなかったのであり、その任務を、弱体化したイギリスに託したのであった。そして、フランスは、「フランスの立場が世界経済や政治的安定性に与える影響を適切に考慮せずに、その国益を追求したのであった」[33]。

　しかしながら、第2次世界大戦後、アメリカは、国際通貨問題での世界におけるリーダーシップを掌握した。1947年以後、このリーダーシップは、前節

でも議論したように，冷戦の影響や政治的・軍事的な双極性によって補強された。国家安全保障によって先導されたイシューの階層性が確立されたのである。国際金融に関する問題でリーダーシップを発揮することは，軍事的にも経済的にも強力なヨーロッパや日本との同盟を構築する全体的な戦略の一部であった。安定した国際通貨システムを構築することは，大きな設計のなかで極めて重要なことは明らかであったし，第2次世界大戦後の最初の20年ほどの期間は，新重商主義的な短期的利益が介入することは認められなかった。1971年までに，曖昧さが生じた。国務省や財務省の当局者たちが，国際金融政策は国家安全保障政策よりも下位であるということを議会に報告すると，ニクソン大統領は，雇用を創出することを根拠として，通貨切り下げを行う自らの行動を公然と正当化しようとした。しかしながら，少なくともその時点まで，リーダーシップを行使し，強いドルを維持しておこうとするアメリカの当局者たちの信念は，ドル中心の国際通貨レジームを維持するためにアメリカの基底にあるパワー資源を用いる強い動機であった。

　キンドルバーガーのリーダーシップの遅れに関する理論は，戦間期の通貨システムに応用されるように考案され，確実にレジーム変容を理解する際に役立った。そしてまた，その理論は，第2次世界大戦終戦の時期に見られた海洋に関する問題領域におけるアメリカの行動を説明するのに有益である。戦前期を通じて，イギリスは，レジーム構造を維持するリーダーであった。アメリカは，フリーライダー的な存在であったばかりでなく，禁酒法支持者や司法省，あるいは西海岸の鮭漁関係者たちといった国内の強い利益団体が，議会や大統領にその要求をぶつけた時に，レジームに対する例外を主張したのであった。1945年のトルーマン宣言は，漁業関連団体の行うロビー活動という国内政治や海洋掘削における石油企業の国内利益から生じたものである。リーダーシップは，内務省によってとられた。公文書が示しているように，海軍は重要な役割を担わなかったのであり，国務省が2次的な役割を果たしたにすぎないのである。[34]　ある意味において，トルーマン宣言は，1930年代からの遺産であった。1945年にはアメリカは事実上のリーダーであったが，ラテンアメリカの模倣者たちが1946年以後にレジームの維持におけるシステム的な関心を持つという新しい認識へと変わるまで，アメリカのリーダーシップに対する認識は，フリーラ

イダー的な認識のままであった。

　通貨と海洋に関するイシューにおいて，リーダーシップを行使する試みは，一旦その必要性が認識されると，当事者利益の多様性によって複雑になった。海洋に関する問題領域において，利益の多様性は，第2次世界大戦以後，その複合性とともに，劇的に増大した。戦前は，漁業と航行が海洋の主要な利用方法であったが，1945年以後，アメリカが直面したのは，海洋政策に関心を持つ多くの「国内の」集団や企業とともに，海洋掘削，深海底採掘，および環境保護といった新しいイシューの出現であった。さらには，新しいイシューの1つである海洋掘削は，遠洋よりも沿岸の利益を強化し，最も価値あるアメリカの漁業は，遠洋漁業よりも沿岸漁業であった。安全保障と経済的利益の幸運な偶然の一致に遭遇したイギリスのリーダーシップとは違って，公海レジームに関するアメリカのリーダーシップは，内部で交錯する圧力に苦悩したのである。

　通貨領域において，2つのアメリカの政策が国内利益を傷つける傾向があった。1つ目が，ヨーロッパと日本にドルに対する差別的扱いをさせることであり，それは詰まるところ，アメリカの商品に対する差別的扱いを認めることになった。そして2つ目が，ヨーロッパと日本が競合的地位を取り戻すと同時に，ドルに対する安定的な価値を保つことである。輸入競争産業や，そうした産業に従事している労働者は，とりわけそうした政策によってダメージを受けた。アメリカの貿易収支が赤字に転落し，失業率が1960年代後半から1970年代前半にかけて上昇したために，こうした状況に対する抗議活動は高まった。しかし，最初は，通貨サイドではなく，貿易サイドに対する不満という形をとって現れた。AFL-CIO（アメリカ労働総同盟産業別会議）は保護主義的になったし，繊維品や鉄鋼製品に対する割り当て圧力が高まった。

　こうした圧力に直面して，海洋および通貨政策において最も顕著なことは，もしかすると，その例外性ではなく，アメリカのリーダーとしての役割における立ち回りに関して，アメリカの政策がどの程度システム的な条件下で定義されたかということである。全体として，海軍軍人，遠洋漁業者，および船荷主は，1947年と1972年の間の古典的な海事に関する方法で海洋政策上の「国益」を定義することができた。1971年までに，ニューヨーク連銀やウォールストリート出身の政府高官たちの意向を反映したニューヨークの金融界が，戦

第6章 海洋と通貨におけるルール形成の政治

後アメリカの国際通貨政策を代弁していた。しかしながら、1971年に、ニクソンに対して強い行動を起こすようにアドバイスしたのは、銀行家ではなく、「日本企業との競争によって、本業であった写真業から排除されてコングロマリットになった中西部の企業ベル・ハウエル（Bell and Howell）の前社長ピーター・パターソン（Peter Peterson）であった」。そして、財務長官は、ウォールストリートの金融街出身ではなく、テキサスの政治を通じて這い上がってきた男だった。

　海洋および通貨政策の双方において、組織的あるいは経済的利益は、グローバル志向の政治リーダーに魅力的であったシステム的リーダーシップを補強したのである。遠洋漁業者、船荷主、および海軍軍人が海洋政策それ自体を決定したわけでもなく、銀行家が通貨政策を絶対的に支配したわけでもない。こうした団体に対する抵抗があまり強くなかった限りにおいて、こうした団体は、世界政治におけるアメリカの役割に関する現代政治概念と、自分達の選好を同一視することによって利益を受けたからである。国内団体の特定利益や政治的リーダーシップに関する認識された国益は、お互いに補完し合うのだが、海洋政策よりも国際通貨問題においての方がより一貫性があった。

　こうしたことがきっかけとなり、我々は、国内のアクターが国際的リーダーシップに影響を及ぼすにつれて、その政治的戦略を問うことになる。異なる集団は、それぞれ違う利益を有しており、原則的には、政策決定によって階層的に組織化され、「国益」という装いで包まれているのである。しかしながら、最初に述べたように、国際組織や国際会議の政治は、国内団体の事実上の、あるいは活発な連合に対して機会を提供しており、その相互利益はその階層性とは異なっている。国内団体は、国際フォーラム間でイシューを配分するために、すなわち、イシューを関連づけるか分離させるために、競合している。その過程において、国内団体はイシューを政治化させ、そのことによって、広範囲な利益集団や官僚機構の関心を刺激するのである。結果として、主要国の国家戦略が、国際システムのリーダーシップに関する認識によって単に形成されるわけではなく、国内利益によって形成される可能性もある。国際構造と国際レジームの一致についての予測は、失敗するかもしれない。なぜならば、主要国における鍵となる国内のアクターが、政策過程を掌握し、その利益の方に政策を

誘導させ、リアリズムの理論が国家によって導かれると想定した政治的・軍事的利益、あるいは集合的な経済利益には対抗するからである*。

海洋に関する問題領域において、国内のアクターの戦略、とりわけ、禁酒法支持者と漁業従事者の戦略は、戦前期には大きな効果を持ったが、1946年と1960年代後半にかけて、海軍はより効果的な力を持っていたのであり、アメリカの政策は、システムのリーダーシップに向けられたのである**。アン・ホーリック（Ann Hollick）が示したように、1967年以降、国際組織と国際会議を通じたルール形成の政治は、イシューの国際問題化から国内問題化する方向へ向かった。そして、ルール形成の政治は、広範な国内的関心を喚起し、アメリカの沿岸利益に関する立場を結果的に強化した。1970年5月に明らかになったアメリカの政策に表明された国益は、主として海軍の見解を反映しており、安全保障と公海をとりわけ強調するものであった。その後、沿岸利益を持つ国内アクターが資源に関心を持つ弱小国と交渉するにつれ、アメリカの立場は大きく変化したのである。そうした弱小国家は、自らの交渉における立場を向上させるために、イシューの広範な関連性を促したのである。ある意味において、海洋法に関する交渉を、国内の立場を構成するものとして考えることができるのであり、国内の立場は、2つの大きな潜在的連合、すなわち、沿岸国と海洋国家の連合にまたがっているのである。政府の下位組織あるいは非政府的なアクターが国内政策の範囲を広めたり歪めたりさせるような戦略を追求するにつれて、こうした潜在的連合の存在は、時間の経過とともに、国内の立場に影響を及ぼすのである。

国際通貨政策に関する問題領域において、国内の集団による政治的戦略は、より抑制的であった。財務省と国務省は優位な立場を占めるために競合した。銀行や多国籍企業のようなそうした領域に直接的利益を持つ非政府組織は、政策的見解を表明した。しかし、貿易に関するイシューや多国籍企業の活動につ

---

* これは、ある程度、国際政治における「システム的」決定要因と「国内的」決定要因の間の相違に関する古いイシューである。これに関する一般的な議論は以下を参照されたい。K. J. Holsti, *International Politics: A Framework for Analysis*, 2nd ed. (Englewood Cliffs, N. J.: Prentice-Hall, 1972), pp. 353-400.

** 1948年に、漁業従事者の利益が、国務省内に官僚による同盟を生み出す圧力となった。1970年代までに、漁業と野生生物を守るための特別な補助手段という立場は、以前は遠洋漁業に関連した仕事に就いていた人々から広く支持された。

いては，より広い世間での議論があった。通貨に関するイシューは，貿易のそれよりも技術的側面が強く，通貨問題の影響は，繊維の輸入や逃亡企業（組合の要求を逃れるため州から州へ移動する工場のこと：訳者）が引き起こす影響よりも，理解したり評価したりするのが容易ではないように見える。労働組合や輸入競争企業からの代表は，ドルの切り下げよりも，輸入割り当てや拡大した調整援助プログラムからの利益を，容易に認識することができるのである。アナリストがしばしば述べることは，長期的な一般利益を考慮に入れた経済的な観点から，政治的アクターが為替レートを議論しなければならない時でさえ，実際には，貿易あるいは投資に関する制限について議論しているということである。

エコノミストは，通貨のなかに表現された賃金や価格に対する一般的な関心に言及するために，現実的な言葉よりも，貨幣の幻想という言葉を用いた。同じように，ブレトンウッズ体制の安定した固定為替相場制の下ではとりわけ，政治的な貨幣の幻想が存在した。政治的集団は，容易に理解される貿易政策よりも，通貨政策の福祉に及ぼす帰結にはあまり注意を払ってこなかった。こうした政治的な貨幣の幻想が1970年代以降に，変動相場制の下で弱体化しているかどうかということが，将来にとって重要な問題なのである。これまでは，通貨変動の不確実な効果が，特に関連する専門性を理解していない人々の目には，（目先きの利益で行動することがしばしばある）政治家が，さしあたっての問題を是正するための個別の貿易・投資措置に焦点をあてる強い動機を与えているように見えるのである。議会や，議会に出入りする集団は，通貨政策よりもむしろ，貿易・投資政策を強調するのが通例である。

我々は，政治化を，政策アジェンダのイシューに関する優先順位や，注目を受ける政府のレベルを提起する際に高まる論争や動揺と定義した。大雑把にいえば，トップレベルで注目される政治化は，2つの方向からのものである。1つは，（一般的に受け入れられるかどうか，立法を伴うかどうか，官僚的であるかどうかは別にしても，国内政治からくる）下からであり，もう1つが，（他の政府や国際組織からくる）外部からである。イシューを政治化させる手段は，国内的な視点よりもむしろ，国際システム的な視点を採用する政府の能力に影響を与えるのである。戦後の通貨と海洋の事例は，明らかな対照性を提示する。

もちろんのことながら，全体として，海洋政策ばかりではなく，国際通貨政

策は，1970年代により高度に政治化するようになった。しかし，通貨の領域においては，政治化は，主として，国際システムの危機の結果であったし，国際レジームを維持する条件は，経済的・政治的現実とますます一致しなくなったのである。政治化は，国内集団の戦略によってもたらされたわけではなかった。それとは対照的に，海洋政策の領域における政治化は当初，他国の政府，とりわけ発展途上国の戦略の結果生まれたものであり，発展途上国は，旧来のレジームの制約に反対し，新しい一連のルールを確立するための競合する提案を，問題領域に加えたのである。発展途上国の戦略は，政治化の他の起点である国内的なアクターを刺激し，国内的なアクターはその変化する利益や，諸外国政府の行動によって生み出された新しい問題や機会に反応した。対外的圧力と対内的圧力の結合によって，アメリカがシステム的なリーダーシップ・アプローチをとることは，ますます制限を受けるようになった。

　国際的リーダーシップに関する本書での議論は，複合的であることが判明した。リーダーシップは，政府高官の認識によってばかりではなく，国内およびトランスナショナルな集団や組織によっても影響を受けるのである。海洋の領域において，認識が変化するのは遅く，1930年代の国内政治を反映したトルーマン宣言は，アメリカの国際システムの利益に支障となるレジームの侵食過程の一因となった。政治家や政府当局者がアメリカをシステム上のリーダーとみなし始めるにつれて，公海レジームに利害を持つ集団や組織の立場が強化されたが，国内の政治化やトランスナショナルな連合がこうした政策を攻撃すると，そうした立場は1970年代に再び弱体化した。1967年以後の海洋の問題に関する国際交渉によって提示された機会とともに，こうした集団の活動は，アメリカ政府が一貫した立場をとることをより一層困難にした。それゆえに，アナリストが，構造モデルに基づいてアメリカの行動を予測することは，より困難となったのである。

6　結　論

　第3章で述べたように，分析は最も単純な説明から開始されるべきであり，複合性を，現実に適合するために必要なものとしてのみ付加されるべきので

ある。適切な説明は，モデルの組み合わせを必要とすることもしばしばであろう。最も単純で馴染みのある組み合わせは，経済過程モデルと全体構造モデルのそれである。実際には，この組み合わせが，多くの伝統的な分析の基礎にある。表6－5が示しているように，モデルのこうした組み合わせが，3つの事例（海洋 1945～46年；貨幣 1944～48年；貨幣 1958年）を非常にうまく説明しており，1920年以前の海洋レジームの確立に関しては，さらに巧みに説明を加えているのである。しかし，最も最近の3つの事例を含めて，レジーム変容に関する5つの事例は，こうした定式化によってはうまく説明されない。1925年の金本位制に復帰するイギリスの決定は，国内政治やリーダーシップの遅れを考慮に入れる必要がある。1931年のポンドの崩壊は，政治的な弱体化という文脈における経済過程によって影響を受けたのである。しかし，ポンドの崩壊は，とりわけ，ポンドに対するフランス・フランの切り下げの結果として，問題領域内部での関係に見られる特定のパターンによっても強く影響を受けたのである。国家の基底にあるパワーと，事実上の国際レジームの規定との間には不一致が存在したのであり，イギリスは，ポンドを変動相場制に移行させることによって，立場を変化させたのである。同じように，問題領域内部におけるパワー構造は，1971年の出来事の説明にとって重要である。再度，レジームのルールは，基底にあるパワー構造と一致しなかったことになる。こうした事例の双方において，我々のイシュー構造モデルは，最も適切であった。

　全体構造モデルと経済過程モデルの組み合わせは，1967年の後の海洋レジームにおけるシフトを説明していない。ここでは，国際組織の政治過程が最も重要であった。結局のところ，全体構造モデルは，1976年における国際通貨レジームの再構築を適切に説明していないのである。というのも，全体的な軍事力も経済力も1971年と1976年の間により集中するようにはなっていなかったからである。主要国の全体的な能力や，その政策選好に関する知識は，レジームの帰結を予測するには不十分であっただろう。1971年から1972年にかけてのそうした要素に基づけば，アメリカに有利な為替レートで調整した固定相場制の復活を予期すべきであった。このことは，1971年12月のスミソニアン協定の直接的な帰結であったが，急速に増加する国際金融フローや，国際銀行業務における変化と一致していなかった。1972年6月のポンドの変動相場制

第Ⅱ部　海洋と通貨の問題領域におけるレジーム変容

表6-5　レジーム変容——経済過程と全体構造モデル

時期	問題領域	2つのモデルの結合による説明
レジームの確立あるいは再建		
1920年以前	海　洋	説明している。経済的な要素が行動するインセンティブを説明する。全体的な構造が，イギリスの行動する能力を説明するが，イギリスの強力な海軍力を認識させることに修正を迫り，その全体的な軍事的立場に異議を差し挟む。
1925年	通　貨	説明していない。戦後のアメリカの軍事力・経済力がアメリカ中心のレジームを予期しただろう。以前のヘゲモニー的地位への認識およびリーダーシップの遅れが説明のために必要である。
1944～46年	通　貨	説明している。とりわけ，全体構造モデルによって説明される。アメリカの経済的・軍事的支配が存在する。
1958年	通　貨	説明している。ヨーロッパの経済的復興は，継続するアメリカの全体的なパワーという文脈で生じる。
1976年	通　貨	説明していない。経済過程モデルは合意するインセンティブを示す。しかし，全体構造モデルが結果を誤って予期する。政治的ネットワークの分析が必要である。
レジームの弱体化あるいは機能停止		
1931年	通　貨	わずかに部分的である。適切な説明を行うために，問題領域内部における権力関係を，ポンドに対するフランの切り下げの結果としてみる必要がある
1945～46年	海　洋	説明している。経済過程モデルがアメリカにとって新しい問題とインセンティブを示す。全体構造モデルは，なぜアメリカが行動するパワーをもち，ラテンアメリカ諸国の拡張を止めなかったのかを説明する。
1967年	海　洋	部分的である。技術的変化による予期される恩恵への認識が重要であった。しかし，全体構造モデルは失敗する。国際組織の政治過程が重要である。
1971年	通　貨	部分的である。技術的変化および全体的経済力における変化が説明に寄与した。しかし，問題領域におけるパワー構造の変化および基底にある資源とレジームのルールとの間にある不一致を説明しなければならない。

に移行するイギリスの決定と，それが引き金となった1973年3月のドルの変動相場制への移行は，主要な中央銀行が対応できるとは思っていなかった急速な資金決済の悪影響によって促進された。経済過程モデルは，政府当局者が合意に達するために持っていた動機を正しく指摘しており，パワーのイシュー構造におけるアメリカの強みは，そうした帰結とうまく一致する。しかし，ブレトンウッズ体制の下で発展した主要国間の政治的ネットワークに関する分析の枠内では，政府当局者の動機が，なぜ1931年から1936年にかけてよりも，1971年から1976年にかけての方がより影響力があったかということを説明できないのである。

　表6-6が示しているのは，経済過程モデルと組み合う形で全体構造モデル

第6章 海洋と通貨におけるルール形成の政治

表6-6　全体構造のパワーおよび経済過程モデル

説明力	問題領域における条件	
	リアリズムへの近接	複合的相互依存関係への近接
高　い	海洋，1920年以前 海洋，1945～46年 通貨，1944～48年 通貨，1958年	
低　い		通貨，1925年 通貨，1931年 海洋，1967年 通貨，1971年 通貨，1976年

が、リアリズムや複合的相互依存に近い状況で、いかにうまくレジーム変容を説明しているかということである。こうした伝統モデルの説明力は、リアリズム的な理念型に近い状況には力を発揮するが、複合的相互依存関係に近い状況には向いていないと見ることができる[*]。

表6-6が3つの重要な定理を示している。それらは、2つの問題領域に基づいて明確に立証されることはできないが、我々の通貨と海洋に関する研究によって支持される。

① 過去半世紀に渡って、世界政治の諸条件をめぐる傾向に関していうと、複合的相互依存関係の理念型は、ますます意味を持つようになってきている。最近の3つの事例は、リアリズムよりも複合的相互依存関係の方がよりよく説明できる。

② 世界政治の諸理論の有意性に関して、全体構造モデルと経済過程モデルに基礎を置く伝統的な理論は、複合的相互依存関係の状況におけるよりも、リアリズム的な状況においてレジーム変容を説明するのである。伝統的モデルは、とりわけ、複合的相互依存関係の状況が全体的に適用された最近

---

[*] 1958年以後にブレトンウッズルールを完全に適用することは、軍事力が直接用いられず、多様なチャンネルが問題領域に存在したことから、考えようによっては逸脱した事例であろう。しかしながら、表6-6が想定しているのは、西側同盟における、全体的なアメリカのヘゲモニーに対するリンケージを通じた軍事力の役割は——最終章で議論することになるが——リアリズムに近い状況を表していた。

の事例を説明することに弱点がある。

③　こうした2つの定理はともに以下のことを暗示している。海洋および通貨政治に適用された世界政治の伝統的な理論は有用でなくなってきており、イシュー構造や国際組織モデルに基づく新しい理論が、現実を理解し、適切な政策を構成するためにしばしば必要とされるだろう。

他の問題領域に関するその後の研究によって、こうした定理がいかにうまく立証されるのか、あるいは、どの程度拡張すれば適切であるのかに関係なく、我々は、複合的相互依存関係で説明できる傾向が不可逆的ではないという初期の警告を想起すべきなのである。我々が通貨において見出した循環パターンが要点であると判明したばかりではなく、主要国の軍事的安全保障にとっての深刻な脅威は、多くの問題領域における状況に影響を与えることは疑いもなく、全体構造モデルの有意性を増大させるだろう。

複合的相互依存関係の状況が生まれるということは、異なる問題領域の政治が同一であろうということを暗示しているわけではない。それどころか、国際組織モデルの特徴が通貨分野における最近の変容を説明することに役立っているが、イシュー構造モデルがそうした変容を十分に説明していることが分かったのである。海洋分野においては、このことは当てはまらなかった。最初に見たように、基底のレベルとレジーム決定のレベルでは、通貨分野におけるパワー能力の配分は、かなり一極集中的であった。それに対して、海洋分野においては、基底にあるパワーの源泉（海軍力）は、複合的相互依存関係の状況で制約を受けるにつれて、国際組織での手続きがより重要になったのである。

2つのイシューにおける政治化のパターンは、かなり異なっているということも判明した。海洋分野において政治化の多くは、「下」から、すなわち、アメリカの国内政治の内部から起こる傾向があり、それゆえに、支配的な政府のアクターが政策を遂行する自由に制限を加えるのである。それに対して、通貨分野において、政治化は一般的に外部から生じてきたのであり、体系的政策を遂行させた。こうしたパターンのために、大統領の一貫した関心は、海洋よりも通貨に向けられた。結果として、まとまりのある政府の政策を維持することが容易になったのである。

第6章 海洋と通貨におけるルール形成の政治

　最終的に，安定した国際通貨システムの管理は，公共財へと近づくのである。すなわち，あらゆる国家は，他から受け取る利益を減じることなく，公共の利益から恩恵を受けることができるのである。国家がすべて獲得する公共財を認識する限りでは，リーダーシップをすすんで受け入れる傾向がある。海洋の主要な使い道が交通路であった初期の頃，海洋空間と資源の管理は，公共財であるとしばしば認識されもした。これは，第4章で引用されたイギリスの覚書で示された。1967年以降に，技術変化および石油と鉱物資源問題が浮き彫りになるに伴い，海洋政治は，分配の問題や，グローバルな公共財の一部を囲い込むことを防ぐ方法に，焦点があてられた。こうした状況下において，多くの国家は，公海レジームを維持する際の大国によるリーダーシップを，公共財としてはもはやみなさなくなったのであり，それゆえに，レジームの維持は，大国にとってより大きな負担となった。

　海洋と通貨におけるレジーム変容の政治を比較することから得られる結論は，1つの単純なモデルが他のモデルによって代えられるということではなく，国際政治分析は，より違いが分かるようなものでなければならないということである。高名なエコノミストが述べたように，歯医者のような専門的職業に身を置く人間は，異なったツールの詰まったバッグと，適切なタイミングでどのツールを用いるのかを知るための判断力の両方を必要とするのである。同じことが政治的分析にも当てはまる。我々の結論としては，伝統的なツールは，捨てられるべきではなく，鋭敏にされ，新しいツールで補完される必要があるということである。

注

(1)　以下が有益である。Charles P. Kindleberger, *The World in Depression, 1929-1939* (Berkeley : University of California Press, 1973).［石崎昭彦・木村一朗訳『大不況下の世界――1929-1939』改訂増補版，岩波書店，2009年］

(2)　Robert Friedman and Mary John, "The Soviet Position at the Third U. N. Law of the Sea Conference," in Michael MacGwire, K. Booth, and J. McDonnel (eds.), *Soviet Naval Policy : Objectives and Constraints* (New York : Praeger, 1975), p. 343.

(3)　William E. Butler, *The Law of Soviet Territorial Waters* (New York : Praeger, 1967).

(4)　*New York Times*, October 7, 1954 ; *Christian Science Monitor*, November 30, 1954.

(5) *New York Times*, March 15, 1956 ; *Christian Science Monitor*, April 2, 1956.

(6) *New York Times*, July 29, 1956. David C. Loring, "The Fisheries Dispute," in Daniel Sharp (ed.), *U. S. Foreign Policy and Peru*, (Austin : University of Texas Press, 1972), p. 73. このなかでは，1960年代初めまで良好な関係が保たれたのは，アメリカマグロ漁船協会とペルーとの間の私的な交渉のおかげであったし，その時期には，地引き網の技術によって，マグロ漁師によって餌が不要になり，沿岸漁業権を購入しなくなったとされている。

(7) T. Orchard Lisle, "Offshore Rights : Freedom of the Seas," *The Oil Forum*, August 1955, p. 288.

(8) Richard N. Gardner, *Sterling-Dollar Diplomacy : The Origins and the Prospects of Our International Economic Order* (Oxford : Clarendon Press, 1956), pp. 299-305 ; 319-325. Joyce Kolko and Gabriel Kolko は，アメリカの政策を動かす根本的な動機は，経済的なものであることを，限られた成果から得られた見解のなかで論じようとしている。両者が示しているのは，将来を見据えたアメリカの資本家たちが，そのような政策を支持するに足る十分な理由を持っていたであろうし，こうした観点から考えた者もなかにはいたということである。*The Limits of Power : The World and the United States Foreign Policy, 1945-1954* (New York : Harper and Row, 1972), esp. chap. 3. を参照のこと。

(9) Leland B. Yeager, *International Monetary Relations*, 2nd ed. (New York : Harper and Row, 1976), p. 413.

(10) U. S. Department of the Treasury, *Annual Report, 1950* (Washington, D. C. : U. S. Government Printing Office, 1950), pp. 49-50 ; および *Annual Report, 1955* (Washington, D. C. : U. S. Government Printing Office, 1955), pp. 49-50.

(11) Henry Aubrey, "Behind the Veil of International Money," *Princeton Essays in International Finance* no. 71 (January 1969) : 9.

(12) 同じ領域における2組みの推定値については，以下を参照のこと。Ray S. Cline, *World Power Assessment* (Washington : Georgetown University, 1975), p. 145 ; および Kenneth N. Waltz, "America's European Policy Viewed in Global Perspective," in Wolfram Hanreider (ed.), *The United States and Western Europe* (Cambridge, Mass. : Winthrop Publishers, 1974), p. 13.

(13) *IMF Survey*, January 19, 1976.

(14) U. S. Congress, Senate, Committee on Finance, *Implications of Multinational Firms for World Trade and Investment and for U. S. Trade and Labor*, Report to the Committee on Finance by the U. S. Tariff Commission, 93rd Cong., 1st sess. (Washington, D. C. : U. S. Government Printing Office, 1973), p. 539.

(15) Richard N. Cooper, "The 'System' in Disarray," *Saturday Review/World*, January 26, 1974 ; reprinted in Cooper's testimony to the Joint Economic Committee in the U. S., Congress, Joint Economic Committee, Hearings on *The 1974 Economic Report of the President*, 93rd Cong., 2nd sess., part 2, February 22, 1974, p. 621.

(16) Sayre Swarztrauber, *The Three Mile Limit of Territorial Seas* (Annapolis, Md.: Naval Institute Press, 1972), p. 108.
(17) Pitman B. Potter, *The Freedom of the Seas in History, Law and Politics* (New York: Longmans, Green, 1924), pp. 184, 193.
(18) Swarztrauber, *The Three Mile Limit of Territorial Seas*, p. 171；および Wilhelm Hadeler, "The Ships of the Soviet Navy," in M. G. Saunders (ed.), *The Soviet Navy* (New York: Praeger, 1958), pp. 140-42.
(19) Norman Polmar, *Soviet Naval Power* (New York: National Strategy Information Center, 1972), p. 92.
(20) ザムワルト将軍の発言については以下からの引用。*New York Times*, July 3, 1974. ステニス上院議員の発言については，以下からの引用。*New York Times*, September 20, 1974. このなかでさらに，ステニス上院議員は，ソ連海軍は2つの決定的な限界──空母と上陸作戦部隊を保有していなかったこと──を持ち，地中海の外に出て作戦を行う能力を持っていなかったと主張した。ソ連は，アメリカよりも潜水艦の数では上回っていた。
(21) Swarztrauber, *The Three Mile Limit of Territorial Seas*, p. 172. アメリカが優位に立てなかった唯一の領域は，潜水艦と巡視艇の合計の保有数であった。
(22) Edward L. Miles in Douglas Johnston (ed.), *Marine Policy and Coastal Community* (London: Croom Helm, forthcoming).
(23) Joseph S. Nye, Jr., "UNCTAD: Populist Pressure Group," in Robert Cox and Harold Jacobson (eds.), *The Anatomy of Influence* (New Haven: Yale University Press, 1973), p. 361. 関連性の尺度は－1.0から＋1.0まで変動するケンドールの順位相関係数である。
(24) Edward L. Miles, "The Structure and Effects of the Decision Process in the Seabed Committee and the Law of the Sea Conference," unpublished manuscript.
(25) インタビューに基づく。
(26) Potter, *The Freedom of the Seas*, p. 230.
(27) Fred Hirsch, *Money International* (London: Penguin Press, 1967), pp. 262-63. また，以下も参照のこと。Robert W. Russell, "Transgovernmental Interaction in the International Monetary System, 1960-1972," *International Organization* 27, no. 4 (Aurumn 1973): table 1, p. 436.
(28) *The Economist* (London), November 15 and 22, 1975.
(29) *IMF Survey*, January 5 and 19, 1976.
(30) 割り当ては，1976年1月19日の *IMF Survey* に載せられた割り当て案から計算された。
(31) Richard N. Cooper, "Prolegomena to the Choice of an International Monetary System," *International Organization* 29, no. 1 (Winter 1975): 69.
(32) Interim Committee Communique, in *IMF Survey*, January 19, 1976, p. 19.
(33) Kindleberger, *World in Depression*, pp. 302-303.
(34) "Formulation of United States Policy on the Resources of the Continental Shelf and on

Coastal Fisheries," *Foreign Relations of the United States*, vol. 2, (Washington, D. C.: U. S. Government Printing Office, 1945), pp. 1481-1530.

(35)　こうした系列 (lines) についての議論は，以下を参照されたい。Fred Hirsch, "The Politics of World Money," *The Economist*, August 5, 1972, p. 62.

(36)　Ann Hollick, "United States Ocean Policy : 1948-1971," Ph. D. dissertation, Johns Hopkins University, 1971.

(37)　チャールズ・キンドルバーガーのケインズを引用した発言。Conference at Harvard's Center for International Affairs, December 1975.

第Ⅲ部

レジームと2国間関係

第7章
米加関係と米豪関係

　軍事力の不在，イシュー間階層性の欠如，および社会間の多様な接触チャンネルの存在によって定義される複合的相互依存関係の概念は，現実を記述したものではなく，抽象概念である。実際の状況がこれら3つの理念的条件に近似する限りにおいて，第2章にて概説した複合的相互依存関係の政治が見出されるだろう。著者たちが海洋と通貨の問題領域に数多く見出したのは，そうした複合的相互依存関係の政治の特徴であった。しかし，海洋と通貨のいずれの問題領域も，複合的相互依存関係の諸条件に完全に合致するものではない。前章で発見したことは，複合的相互依存関係の諸条件に近似するにつれて，全体構造モデルによる説明はほとんど役に立たなくなり，代わりにイシュー構造と国際組織による説明が有効になるということであった。

　本章のアプローチは，第Ⅱ部のアプローチとは異なったものになる。第1に，グローバルな経済イシューではなく国家間関係を比較することによって，第Ⅱ部とは異なる角度から相互依存関係の現実に切り込む。第2に，本章の扱う事例として，熟慮の末，米加関係（アメリカとカナダの関係）を選択した。米加関係が複合的相互依存関係の3つの理念的条件に最も適合すると思われたためである。ただし，米加関係が世界政治について一般化できる標準的な事例であると考えているのではない。過去半世紀の米加関係について考察することを選択したのは，この事例によって複合的相互依存関係の実際の政治過程を検討することが可能になるからである。すなわち，米加関係を分析することによって，複合的相互依存関係の政治過程が時間の経過とともにどのように変化するかを観察でき，そして軍事力が役割を果たさないハイレベルの政治的紛争の結果にそれら政治過程がどのように影響するのかを観察できるのである。もし米加関係という「最も有望な事例」において重要な影響が見られなければ，その場合はおそらく，程度の違いを考慮する必要があるにせよ，複合的相互依存関係の

政治過程に関する本書の予測は世界政治全般の分析にさほど有益ではないということになるのだろう(1)。

さらに議論を進めて、米加関係の事例における複合的相互依存関係をどの程度まで拡張して一般化できるのかについて検討したい。たとえば、政治的友好関係や、文化の違い、経済発展の程度の違いはどのような影響をもたらすのかといった問題である。だが、このような野心的な問いは、本書が現実的に検討しうる範囲を超えている。そこで本章はこうした一般的な命題を問う代わりに、2つ目の事例として米豪関係を選択した。これまでの章では国際的な違い——それは様々な理論の予測能力を比較する上で助けとなるものであるが——がもたらす影響を見てきたが、本章では類似する米加関係と米豪関係を比較することによって、少なくともいくつかの要因を固定できる。つまり、オーストラリアを選択したのは、オーストラリアがカナダと文化的・政治的に類似しているためである。そのことにより、両国の軍事安全保障の状況の違いや地理的距離の違いがもたらす甚大な影響について検討する一方で、国家の規模、経済の全体的特徴、国内政治システムの影響を一定にできるのである（実際の世界が実験室ならばこうした検討は容易であるが）(2)。

要するに、複合的相互依存関係の深度という点では異なるが、その他できるだけ多くの点で似ている2つの事例を選択したのだ。オーストラリアの事例は、カナダの事例と比べて、複合的相互依存関係からはるかに遠い状況にある。両事例ともに政治的紛争は軍事力の行使を伴わずに解決されている。しかし米豪関係では、明らかに軍事安全保障問題が支配的なアジェンダであり、軍事力の保護的役割は依然として極めて重要であり、距離のために接触チャンネルは限定されている。ある観察者が述べたように、「カナダを現在の位置から移動させて、アフリカ沖に置いて考えてみなさい。そうすれば、オーストラリアの物理的位置の問題がよく分かる」のである(3)。

もちろん、距離は他の条件にも影響を及ぼす。アメリカとカナダが近接していることにより、たとえばセント・ローレンス水路問題、大気汚染、密輸問題への対処といった、様々なイシューが生じている。遠く離れた友好国の間では、いかに関係が広範囲に渡るとしても、このようなイシューは見られないだろう。さらに、核の時代である現在、アメリカとカナダは、共通の命運によって結び

つけられている。すなわち，アメリカに対する全面的な核攻撃が行われれば，カナダ自身がその攻撃のターゲットとして意図されていたか否かにかかわらず，カナダも深刻な被害を受ける。しかし上述のような違いを考慮しても，米加関係と米豪関係の両事例は，複合的相互依存関係が2国間関係に及ぼす影響を検討するという本章の目的に十分適合している。

両事例には様々な違いがあるため，米加関係の事例における国家間紛争の結果のパターンと，米豪関係における結果のパターンに違いが生じることは，驚くに値しない。本章は，米加関係に見られる複合的相互依存関係の政治過程が，米加関係と米豪関係の結果の違いの一因であることを示す。本章の終わりでは，構造モデルおよび経済過程モデルが，米加関係においてすら，結果とレジームの説明にある程度は役立つことを示す。

まずは，両事例がどの程度リアリズムや複合的相互依存関係の諸条件に合致しているのかを明らかにし，リアリズムと複合的相互依存関係というそれぞれの理念型によって予測される政治過程が政治的紛争の結果のパターンにどのように影響を与えたのかを示さねばならない。

1 米加関係と複合的相互依存関係

概して，米加関係は第**2**章にて示した複合的相互依存関係の3つの条件に合致している。両国関係における軍事力の役割はごく僅かである。過去2回のアメリカによるカナダへの侵攻は，今日では大昔の出来事として認識されている。アメリカの軍事侵略に対するカナダの恐怖感は第1次世界大戦の前夜まで消えずに残っていたが，軍事的脅威としての可能性は，おそらく1871年までに，そして1895年までには確実に，なくなっていた。アメリカの侵略に対するカナダ軍の最後の公式の緊急対応計画は，それが廃棄された1931年には，すでに過去の遺物となっていた。

第**2**章にて論じたように，軍事力が能動的な目的を達成するための手段とならないことと，軍事力が何らの役割を果たさないことは同義でない。第2次世界大戦以降，外部の脅威に備えた米加軍事同盟は，緊密な協力と深刻な摩擦の双方の種となってきた。両国の全面的な協力に向けた大きな前進のいくつかは，

第2次世界大戦中に行われた。同様に,戦後の両国関係における最も重大な危機の1つで,その問題に対する意見が割れたためにカナダの政権を崩壊せしめた危機は,ソ連の軍事的脅威に対抗する米加共同防衛に含まれるミサイルの核武装化をめぐる問題であった。しかし,その問題の交渉過程を特徴づけたのは,軍事力による脅しでも,軍事的な保護を取りやめるという脅しでもなかった。

第2章では,軍事力は潜在的な役割を果たしうる時があるとも記した。軍事力を用いる可能性が,政治過程に重大な構造的制約を加える。しかし,そのような構造的制約がもし米加関係に存在するとしても,それは極めて緩やかであり,関係を抑制する効果は乏しい。想像力をたくましくして軍事力が使用される状況を想定する人がいるかもしれないが,そのような憶測にはほとんど意味がない。こうした憶測は,赤の女王が不思議の国のアリスに,自分は毎日朝食前に6つのあり得ないことを考えることができる,と話すのを思い起こさせるだけだ。

米加関係に多様な接触チャンネルがあることも明らかである。両国はそれぞれ相手国にとっての最重要貿易相手国である。毎年約3800万人のアメリカ人がカナダを旅行し,約3400万人のカナダ人がアメリカを訪れる。1970年代には,双方向に年2〜3万人の恒久的移民がいた。アメリカの雑誌やテレビは,多くのカナダの人々の関心を集めている。1960年代後半,製造業,エネルギー,採鉱,鉄道,公益事業,販売業にかかわるカナダ企業の(価値にして)約29％をアメリカ居住者が保有していた。製造業では,その数値は44％に達していた。加えて,表7-1が示すように,多くの社会的つながりは1920年以来拡大してきた。

米加両国政府は,両国の社会と同様に,多様な接触手段を有している。約31のアメリカ連邦政府機関と21のカナダの連邦政府機関は,互いと直接にやり取りしており,一部の州政府も同様である。カナダ連邦議会向けに行われたある調査によると,1968年に,両国の政府高官は両国の国境を越えた往来を約6500回行った。そのうちの僅か139回のみが,カナダ外務省関係の往来であった。もう1つの直接の接触チャンネルが,電話である。1972年11月のある1週間,アメリカとカナダの間では,アメリカ政府の連邦電話局の通話料無料回線を用いて1日平均340本の通話が行われた。政府間の交流が外交使節を

表7-1　米加間のトランスナショナル・プロセス

移民

年	アメリカからカナダへ（人）	カナダからアメリカへ（人）
1920	40,000	90,000
1938	6,000	14,000
1953	9,000	46,000
1962	11,000	44,000
1971	23,000	23,000

訪問者

年	アメリカからカナダへ（100万人）	カナダからアメリカへ（100万人）
1920	データなし	データなし
1938	データなし	データなし
1953	28	23
1962	32	30
1971	39	34

貿易

年	カナダの対アメリカ輸出額(100万米ドル)	カナダの総輸出に占める割合（％）	アメリカの対カナダ輸出額(100万米ドル)	アメリカの総輸出額に占める割合（％）
1920	581	45	921	12
1938	279	33	460	15
1953	2,463	59	2,940	19
1962	3,608	57	3,970	22
1971	11,665	66	10,951	21

投資

年	アメリカの対カナダ長期投資(100万米ドル)	カナダの外国投資においてアメリカの占める割合（％）
1920	1.6(1918年)	36
1938	4.2(1939年)	60
1953	8.9	77
1962	19.2	77
1971	28.0(1967年)	81

（出所）　M. C. Urquhart, ed., *Historical Statistics of Canada* (Toronto : MacMillan, 1965); Statistics Canada, *Canada Year Book* (Ottawa : Information Canada, various years); Statistics Canada, *Canada's International Investment Position, 1926-67* (Ottawa : Information Canada, 1971); *United Nations Statistical Yearbook* (New York : United Nations, 1961, 1971).

通じて行われるという古典的なイメージは、明らかに米加関係の事例にはあてはまらない。

最後に、米加関係のアジェンダを見ると、軍事安全保障上の懸念が優先的なイシューや支配的なイシューとはなっておらず、広範に渡るイシューの存在することが分かる。先述のように、多様な接触手段が存在するため、米加関係のアジェンダ全体を描き出すことは事実上不可能なのだが、1920～46年の間について、外交文書に記述された両国関係を調べることはできる（表7－2参照）。

アメリカの外交文書によると、両国間のアジェンダにおいては経済イシューがかなり優勢であった（戦時中を除く）。また、1920年代には年平均6.4回の交流が行われていたが、1930年代には9.2回、1940年代前半には1920年代の約3倍に相当する17回に増加した。アジェンダが複雑になるにつれて、イシューが大統領に届けられる割合はやや増加したが、最も劇的な変化は、閣僚（主に国務長官）が対処するイシューの割合が減少し、官僚が対処するイシューの割合が増加したことである。アメリカの「大統領公文書（*Public Papers of the President*）」に登場する大統領の公式アジェンダに限定すると、戦時を除いて、カナダに関する言及のかなりの部分を社会・経済イシューが占めている（表7－3）。

社会・経済イシューが優勢であったばかりでなく、一貫したイシュー間階層性を確立し、維持することもしばしば困難であった。あるアメリカの高官の体験談では、次のように述べられている。

　どちらの国も、自国から相手国に要求する優先事項のリストを、自国内で実効的な合意を得つつ公式に作成することは、どのような形をとるにせよ不可能であると分かっていた。対応する優先順位を、様々な国内政策に対して——結果的には有権者諸団体に対して——同時に適用しなければ、外交の優先順位リストを策定できない。……「カントリー・ペーパー」（国別情報）や「政策分析・資源配分ペーパー」などは、これらのペーパーの内容が主として対外問題のみに関わるものであれば、ある程度は優先順位を定める意味を持つ。しかし、「国内の」主要な省庁や監督機関の一部を統御することを意図しているならば、それらのペーパーは実効性を有しないお役所仕事

表7-2 アメリカとカナダの国家間関係（1920～46年）

	1920年代（総数64）	1930年代（総数92）	1940～46年（総数119）
問題領域（政府の目的）			
軍　　事	3％	5％	44％
政　　治	8％	10％	20％
社　　会	16％	20％	6％
経　　済	72％	65％	30％
アメリカ政府における対応のレベル			
大 統 領	12.5％	15％	16％
閣　　僚	75％	34％	20％
他の高官	12.5％	50％	64％

（出所）　*Foreign Relations of the United States*（Washington, D.C.: U.S. Government Printing Office, 1920-1946）．

表7-3 アメリカ大統領年次公文書におけるカナダへの言及に占める経済・社会イシューの割合[1]

期　　間	カナダへの言及の件数	割　合（％）
ルーズベルト政権から1940年まで	16	80
第2次世界大戦中	16	23
1945年以降，トルーマン政権	36	65
アイゼンハワー政権	36	55
ケネディ政権・ジョンソン政権	52	55

注(1)　純粋な形式的声明および親善目的の声明は除外した。
（出所）　*Public Papers of the Presidents*（Washington, D.C.: U.S. Government Printing Office, 1933-69）．

にすぎない[11]。

　大統領や有力な閣僚——たとえば1971～72年のコナリー財務長官——が強い関心を向けるために，アジェンダにおける複数のイシューに一時的な優先順位が設けられることはありうる。しかし，優先順位の一貫性と整合性を維持するために必要な強い関心を保つことはほぼ不可能である。したがって，国家目標の階層構造のトップに安全保障を一貫して据えるリアリストの前提は，米加関係に当てはまらない。
　第2次世界大戦以来，米加関係は，同盟，絶え間ない協議，イシュー間の明示的なリンケージの禁止を基礎とするレジームによって管理されてきた。2国間関係を管理するレジームは，第Ⅱ部で論じた問題領域（海洋と通貨）に影響を与えるレジームよりもはるかに広く緩いものだが，アメリカとカナダのよう

な関係において公的な制度が弱いということは，本書が定義した広い意味において，レジームや国際組織が欠けているということと同義ではない。それどころか，外交官や注意深い観察者は，交渉において予定される手続きやルールを実際に叙述できたのだ。事実，アメリカのリンドン・ジョンソン（Lyndon B. Johnson）大統領とカナダのレスター・ピアソン（Lester Pearson）首相から指示を受けたアメリカのリヴィングストン・マーチャント（Livingston T. Merchant）大使とカナダのアーノルド・ヒーニー（Arnold Heeney）大使は，1965年に両国間の協議手順を要約した。両国間の協議手順は，「静かな外交」と呼ばれることになった。また，複数のイシューを明示的にリンケージさせないことについては，別のベテラン外交官の以下の言葉に表されている。「少しばかり，親善のために譲歩してもよい。しかし基本的に，それぞれの取引は別個に行うべきだ」。

　戦後の米加関係におけるこのようなレジームは，昔から変わらずに存在したものではない。戦前の米加関係においても，軍事力が用いられることはなく，アジェンダでは経済イシューが優勢であったものの，両国関係における協議手順は戦後と全く異なっていた。さらに，両国は無関係のイシューを駆け引きのために頻繁にリンクさせていた。リンケージによってより多くの成功を収めたのはアメリカ側だが，アメリカ側だけでなく双方がリンケージを行っていた。共通の大義名分と絶え間ない協議を象徴とする両国の戦後のレジームは，第2次世界大戦中のドイツの脅威と，その後の冷戦期のソ連の脅威に対応して発達したものであった。

　1970年代前半，リンケージを禁止するレジームの規範が変更されるように思われた。1960年代後半，「静かな外交」ドクトリンは，カナダ市民のナショナリスト（国家主義者）勢力からの厳しい批判にさらされた。後に検討するように，1960年代のカナダの交渉アプローチは次第にナショナリスティック（国家主義的）で自己主張の強いものとなり，少なくとも短期的には，アメリカとの交渉に良い結果をもたらした。つまり，様々なイシューにおいて，交渉の結果は次第にカナダの立場に近いものとなった。しかしカナダに対抗して，1971〜72年，アメリカ財務省は率先して「カナダに対し厳しい態度をとる」ことを行い，貿易イシューを政治化して他の問題とリンクさせ，政府の他の機

関によるトランスガバメンタルな接触で支配権を握ろうとした。同時期には、カナダ政府もトランスナショナルな関係およびトランスガバメンタルな関係の支配の強化を試みていた。(14)しかし、様々なイシューを政治化して交渉を集権化する双方の試みが長続きせず、レジームを根本的に変質させるに至らなかったことは、いくぶんか驚くべきことだろう。トランスガバメンタルな交流は継続し、明示的なイシュー間リンケージは再び少なくなった。たとえば、アメリカによるカナダ産石油の受け入れと自動車協定の再交渉を行いたいというカナダ側の希望を1971年にアメリカ財務省がリンクさせようとしたことは、今となっては出来事の珍しさと時期の意外性において際立っている。レジームと交渉結果の関係については、後に本章でより詳細に検討する。

2　米豪関係と複合的相互依存関係

　ほとんどのアメリカ人は——国際関係を学ぶ多くのアメリカ人学生ですら——オーストラリアとの関係についておぼろげな認識しかない。そこで、米豪関係と複合的相互依存関係の議論を行うにあたり、1920年以降の両国政府の互いに対する政策を簡潔に整理することから始める。

　1920年代、政府間交流やトランスナショナルな交流はかなり低調であったが、太平洋を隔てた両国関係は1930年代に荒波の時代を迎えた。オーストラリアは、大英帝国の「帝国内特恵関税」のための貿易協定に参加していた。この貿易協定は、大英帝国内、あるいはコモンウェルス（英連邦）内の貿易を促進するために、外部に対する関税を引き上げるものであった。

　結果的に、オーストラリアと盛んに貿易を行い、通常はオーストラリアに対して貿易赤字となっていたヨーロッパ諸国の間で、オーストラリアはかなりの不興を買った。……オーストラリア政府は、関税を引き下げるのではなく、（1934年に）手っ取り早い解決策に走った。すなわち、オーストラリア政府は、およそ6対1の割合で輸入超過となっていた貿易不均衡を解消するため、米豪間の貿易関係を全面的に見直したのだ。(15)

オーストラリアのこの試みがもたらした結果は，アメリカとの貿易戦争であった。オーストラリアは，アメリカに対する差別的な「貿易転換計画」を案出した。アメリカは新たな2国間協定の要請を拒絶し，代わりに報復としてオーストラリアをブラックリストに載せた。結局のところ，米英関係が改善し，第2次世界大戦が間近に迫ったため，オーストラリア政府はイギリスの圧力に屈し，米豪間の貿易戦争は終結した。だが，貿易協定に向けたアメリカとオーストラリアの交渉は，順調に進まなかった。

　しかし戦争により，米豪両国は接近した。日本が1941年に真珠湾を攻撃する前に，オーストラリアは必死になってアメリカからの安全保障の約束を取りつけようとしたが，失敗した。しかし真珠湾攻撃の後，オーストラリアとアメリカは緊密な同盟国となった。大規模なアメリカ軍がオーストラリアに派遣され，あらゆるレベルで両国間の接触が飛躍的に増大した。しかし，両国関係は全面的に円満というわけではなかった。オーストラリアは，多くのイシューにおいてアメリカからの相談が不十分であると感じていた。1944年，オーストラリアとニュージーランドは南西太平洋の会議の開催を呼びかけたが，アメリカはこれに強く反対した。オーストラリア代表との議論のなかで，アメリカ代表はグローバルな安全保障協定が結ばれるまで地域的な協定を結ぶべきではないと主張して，オーストラリアとニュージーランドによるこのイニシアチブをソ連の戦術にたとえることすら行った。明らかにアメリカの政府高官が恐れていたのは，アメリカが南太平洋に「勢力圏」を創設したと見なされうる行動をとれば，東ヨーロッパをめぐるソ連とアメリカの慎重を要する交渉が妨げられかねないということであった。[16]

　戦後もオーストラリアとアメリカは同盟国であり，良好な関係にあったが，ハーバート・エヴァット（Herbert B. Evatt）が労働党政権下で外務大臣を務めた間に（1945～49年），いくつかの論争的なイシューが浮上した。オーストラリアはアメリカとの公式な同盟関係を求めたが，そうした公式の合意——つまりANZUS（アンザス条約：太平洋安全保障条約）——は1951年まで結ばれなかった。1951年というのは，日本との和平条約の交渉が行われている時期であり，朝鮮戦争が始まった後にあたる。その時には，オーストラリアでは保守政権が権力の座についていた。

1951年以来，オーストラリアは，実質的にも公式にも，アメリカによる保護に依存してきた。とりわけ1949年から1972年までの長期に渡るオーストラリアの保守政権支配の間，両国は，防衛に関して緊密な協力を行ってきた。オーストラリアは，アメリカの政策を一貫して支持する国の1つであり，かつヴェトナムに戦闘部隊を派遣した数少ない同盟国の1つであった。オーストラリアの軍事力はアメリカ製の装備に大きく依存し，両国軍の将校は緊密な接触を維持し，両国の政治指導者は様々な共通のイシューや紛争地域への対応について頻繁かつ密接に相談してきた。アメリカとオーストラリアの間の「紛争イシュー」（両国間の論争的なイシューの意味）を議論するにあたり，格段の友好と温情を特色とする1950年代と1960年代の両国関係の文脈を踏まえなければならない。実際に，同時期のオーストラリア議会における議論がしばしば明らかにしたところによると，オーストラリアの保守政権とアメリカ政府との間には，オーストラリア政府と同国の野党労働党との間よりも多くの合意がなされた。

　このような背景に基づき，複合的相互依存関係の諸条件に米豪関係を当てはめることにより，我々は複合的相互依存関係の諸条件について考察できる。まずは軍事力の役割から検討する。

　オーストラリアとアメリカの間に，戦争の危険は一度たりとも存在しなかった。すなわち，一方から他方に対して軍事力を行使したことも，軍事力の使用を脅したこともなかった。しかしながら，軍事力の保護的役割は，両国関係において極めて重要であった。たとえば，イギリスが1930年代後半にアメリカの軍事的支援を望んだため，間接的な影響ではあるが，米豪間の貿易戦争がアメリカに有利な形で解決したのだ。また，1939年以降，とりわけ1941年，アメリカによる防衛の必要性がオーストラリアにとって逼迫したものとなった。第2次世界大戦以降，オーストラリアはアメリカに依存してきたのだ。加えて，両国の安全保障関係は全く非対称的であった。すなわち，アメリカがオーストラリアを守ることに失敗しても自国の安全保障は危険にさらされないが，オーストラリアはアメリカの支援がなければ強力な攻撃者から自国を守れないのだ。

　複合的相互依存関係の第2の側面である社会間の接触チャンネルに関しても，米豪関係と米加関係は明らかに異なる。オーストラリアがアメリカから約1万マイル離れた場所にあるという事実が，重大な違いを生み出しているのだ。

1930年代，アメリカからオーストラリアまでは船で3週間かかった。1940年の冒険飛行では4日間かかった。今日でさえ，ワシントンからキャンベラまでは空路で19時間から21時間もかかる。

したがって，表7-1と表7-4を比較すると分かるように，アメリカとカナダのトランスナショナルなつながりが，アメリカとオーストラリアのつながりよりもはるかに広範囲に渡ることは，驚くべきことでない。1971年のアメリカからオーストラリアへの移民は，アメリカからカナダへの移民の28.7％にすぎず，オーストラリアからアメリカへの移民はカナダからアメリカへの移民の僅か4.5％であった。オーストラリアとアメリカの間の往来の人数を合算した総訪問者数は，カナダとアメリカの総訪問者数のたった0.3％であった。オーストラリアからアメリカへの輸出高はカナダからの輸出の僅か5.4％であり，アメリカからオーストラリアへの輸入はアメリカからカナダへの輸入の僅か9.5％であった。同様に，アメリカによるオーストラリアへの直接投資額はアメリカのカナダへの投資額と比べてはるかに少なく，たとえば1962年にアメリカ資本の支配下にあったオーストラリアの製造業は10％未満であったのに対して，カナダの製造業の44％がアメリカ資本の支配下にあった。[17]

したがって，オーストラリアの経済や人口の規模がカナダより小さいことを考慮しても，経済面でオーストラリアはカナダほどアメリカに依存していない。1971年時点で，オーストラリアの輸出の僅か12％がアメリカに向けたものであったのに対して，カナダの輸出の66％がアメリカ向けであった。また，アメリカからの輸入はオーストラリアの総輸入の約22％にすぎなかった（カナダの輸入の67.5％はアメリカから[18]）。1920年から1971年にかけて，貿易・直接投資・移民のすべてが著しく増加したものの，いずれにおいても米豪関係の数値は，米加関係の数値よりもずっと低いままであった。

米豪両国政府の間には，ある高官が言うところの，接触の「巨大ネットワーク」が存在する。1950年以来，オーストラリアの首相は頻繁にワシントンを訪問し，ANZUS（アンザス）理事会は毎年閣僚レベルで会合を開き，閣僚はそれぞれに様々な問題についてしばしば会合を持つ。しかし，そうした政府間の接触のほとんどは依然としてワシントンで行われているため，オーストラリアは物理的にも人員的にも大規模な大使館をワシントンに備えている。米加関係

第7章 米加関係と米豪関係

表7-4 米豪間トランスナショナル・プロセス

移民 (人)		
年	アメリカからオーストラリアへ	オーストラリアからアメリカへ
1920	1,709	2,066
1938	2,937	228
1953	(700)[1]	742
1962	1,082	1,878
1971	6,591	1,046

訪問者 (人)		
年	アメリカからオーストラリアへ	オーストラリアからアメリカへ
1920	データなし	データなし
1938	データなし	データなし
1953	データなし	データなし
1962	データなし	データなし
1971	85,079	78,777

貿易 (100万ポンド)[2]		
年	オーストラリアの対米輸出	オーストラリアの対米輸入
1920	11 (7.4%)	24 (24.0%)
1938	3 (2.4%)	18 (16.0%)
1953	58 (6.8%)	85 (16.7%)
1962	109 (10.2%)	174 (19.7%)
1971	634 (12.1%)	1,032 (22.1%)

投資 (100万米ドル)[3]		
年	アメリカの対オーストラリア直接投資	年間フローにおいてアメリカの占める割合 (%)
1920	53	データなし
1938	89	データなし
1953	324	27.6
1962	1,097	41.6
1971	データなし	38.8

　上表の数値に関しては出所による不一致がいくつか見られるが，すべての事例において，数値の桁数は同じである。

注(1)　「恒久的出国者および長期の入国者の国別」データの，1409人という数値に基づく推定値。
　(2)　1971年の数値は米ドル。括弧内の数値は，オーストラリアの総輸出・総輸入に対して，アメリカへの（からの）輸出・輸入が占める割合を示している。
　(3)　投資に関しては，1920年の代わりに1919年，1938年の代わりに1936年のデータがそれぞれ用いられている。また，1953年と1962年の数値は，それぞれ，長期の年次変動データに基づく1952～54年と1961～63年の平均値である。

(出所)　オーストラリアへの移民に関して：Commonwealth Bureau of Census and Statistics, *Yearbook Australia*, various years.
　　　　オーストラリアからアメリカへの移民に関して：*Historical Statistics of the United States* (Washington, D.C.: Government Printing Office, 1960) and *Supplements* (Washington, D.C.: U.S. Government Printing Office, 1965); (1971年のデータに関して) *Yearbook Australia* (Canberra: Australian government, 1972).
　　　　訪問者に関して：Commonwealth Bureau of Census and Statistics, *Overseas Arrivals and Departures, 1971* (Canberra).
　　　　貿易に関して：*Yearbook Australia*, various years; (1971年のデータに関して) International Monetary Fund/International Bank for Reconstruction and Development, *Direction of Trade, 1970-74* (Washington, D.C.: IMF/BFD).
　　　　投資に関して：(1962年以前のデータに関して) Donald Brash, *American Investment in Australian Industry* (Cambridge, Mass., Harvard University Press, 1966); (1971年のフローのデータに関して) *Yearbook Australia*, 1972 and Commonwealth Treasury, *Overseas Investment in Australia* (Canberra, 1972).

において見たような訪問者数や通話回数に関するデータは米豪関係では利用できないが、もし仮にそのようなデータがあれば、同種の任務に携わるアメリカとオーストラリアの高官による直接の接触の回数が米加関係よりはるかに少ないことはまず間違いないだろう。

米豪関係のアジェンダは、米加関係のアジェンダと同様に、極めて多岐に渡る。しかし、米加関係のアジェンダとは異なり、米豪関係のアジェンダには明確で一貫した階層性が存在する。太平洋を隔てた米豪両国において、圧倒的に最大の関心が向けられてきたのは、同盟にかかわる政治・軍事イシューであった。1950年代および60年代の米豪関係にかかわる回顧録や2次資料は、安全保障上の諸問題を圧倒的に重視しており、オーストラリアの対外政策の公式記録——オーストラリア議会の議論や政府の関心を反映している——も、安全保障問題によって占められている。外国情勢に関する新聞や雑誌の報道も同様であり、マレー半島や、インドネシア、後のヴェトナムといったイシューが報道の中心を占めた。表7-5が示すように、カナダとは対照的に、1945年以降のアメリカの「大統領公文書」におけるオーストラリアに関する紙幅のかなりの部分が、社会・経済的活動ではなく政治・軍事的活動に割かれている。表7-5はアメリカ大統領によるオーストラリアに関する公の発言に基づくため、若干手法は異なるものの、米加関係に関して同様の調査を行った表7-3との比較が可能である。ヴェトナム戦争が主要イシューであった時期を除いて、アメリカ大統領にとってオーストラリアの重要性が非常に低かったことは明らかである。

安全保障問題を最上位とするイシューの階層性を設定して、それを維持することを可能にしたのは、1950年代および1960年代にオーストラリアが軍事安全保障上の懸念をしばしば表明したためであり、また、自国がアングロ・サクソンの経済的・政治的・文化的諸制度の孤立した前線基地として、現実にあるいは潜在的に敵対するアジアの諸隣国に接していると感じていたためであった。我々の体系的分析の対象最終年である1969年の後、1972年後半に権力の座についた（しかし1975年12月に権力の座を失う）労働党政権の下でオーストラリアの政策は顕著に変化した。それでも、1950年以降の20年間を通じて、イシュー間の伝統的な階層性は変わらないままであった。

表7-5 アメリカ大統領年次公文書におけるオーストラリアへの言及 (1945〜71年)

政権	政治・軍事		社会・経済，その他	
	ページ数	割合（％）	ページ数	割合（％）
トルーマン政権 (1945〜53年)	0.4	50	0.4	50
アイゼンハワー政権 (1953〜61年)	2.8	97	0.1	3
ケネディ政権・ジョンソン政権 (1961〜69年)	41.1	94	2.5	6
ニクソン政権 (1969〜71年)	2.3	92	0.2	8

（出所） *Public Papers of the Presidents* (Washington, D.C.: U.S. Government Printing Office, 1945-71).

後に見るように、経済イシューをめぐる紛争は起きたが、そうした紛争によってオーストラリア人が自身の安全保障の拠りどころであると信じる同盟関係の妨げとなることはなかった。さらに、経済・社会イシューに関して、オーストラリアは単純にカナダほどアメリカと密接に結びついておらず、またカナダほどアメリカに依存していなかった。直接投資・貿易・旅行が少ないだけでなく、マスコミュニケーションのつながりが全く異なっていた。オーストラリアでもアメリカのニュース雑誌が販売され、多くのアメリカのテレビ番組が見られたが、オーストラリアにおけるアメリカの文化の影響は、カナダの英語圏における浸透度には遠く及ばなかった。「オーストラリアは依然として、アメリカにおける日常的な感情や、動機、生活の流れとは関係が薄く、離れている。まるでコミュニケーションの手段が大型快速帆船（クリッパー）しかなかった時代のように、離れている[21]」と論じるのは言いすぎかもしれないが、このように誇張したコメントが真面目に行われたという事実が、米豪関係と米加関係の著しい違いを示している。つまり、距離はあながち幻想ではないのだ。

米豪関係の枠組みを規定する基本的な諸条件は、明らかに米加関係と全く異なっている。それにもかかわらず、戦後における米豪・米加それぞれの関係を管理するレジームの一部の側面は、非常に似通っている。とりわけ、同盟協議と、交渉において明示的なリンケージを避けることは共通している。1950年から1969年までの間、明示的なリンケージは事実上のタブーであった。オーストラリアが対日和平条約への署名を決めたことは、明らかにアメリカが

ANZUS（アンザス）の結成に同意する決断と結びついていたが，外交官は2つの出来事が1つの取引の裏表ではないと人々を納得させようと努めた。カナダの事例でもそうであったように，第1次世界大戦以前はリンケージが行われていた。しかし，戦後の米豪関係において，イシューの政治化が強まることはなく，リンケージを禁止するタブーが脅かされることはなかった。なぜなら，オーストラリアが概してアメリカに対する強硬姿勢をとらなかったためである。

米豪関係は米加関係よりもリアリストの主張する諸条件に近いため，全体構造モデルは米加関係よりも米豪関係をうまく説明すると著者たちは考えている。そこで我々は，米豪関係は全体構造の観点によって十分に説明できるが，戦後の米加関係における政策紛争の結果は全体構造理論に基づく予測とは著しく異なるものとなることを示す。米加関係の結果が全体構造モデルの予測とはなぜ異なるのかを明らかにするため，政治的交渉過程を検討する。アメリカとカナダを結びつけている複合的相互依存関係の諸パターンによって，米加関係と米豪関係の諸事例における結果のパターンの違いをかなりの程度まで説明できると論じる。

3 米加関係のイシューと結果

これまで概して，米加関係の政治の説明に伝統的アプローチはあまり役に立たなかった。米加関係は，リアリストのレンズを通して世界を考える政治家や研究者をしばしばうんざりさせてきた。ある研究者が1960年代半ばに記したように，「米加関係の研究は，世界が直面している大きな問題についてはほとんど何も語ってくれない」のである。他のある研究者は，米加両国間の警戒態勢がとられていない国境を，「パワーに対する無関心」の例として引用した。しかしながら，米加関係において軍事力の役割が重要でないとはいえ，紛争は頻繁にあり，両国政府はしばしば自国のパワーを行使する。しかし，複合的相互依存関係の諸条件の下に行われる政治的取引をめぐる権力闘争とプロセスは，伝統的分析手法では捕捉できないのだ。

伝統的分析手法では，米加関係の紛争の結果をうまく予測できない。全体構造モデルによる単純な説明によれば，一方が隣国の37倍の軍事支出と12倍の

経済規模を有する2国間システムにおいては、大国側が重要な問題において小国側よりも多くの勝利を得ると予測される。さらに、トランスナショナルなアクターが、覇権国側から小国側に向けて、その逆よりも多く浸透する時、結果の分布はなおのこと大国側に有利なものとなるはずである。実際に、一部の論者はそのような状況に言及して「カナダ化 (Canadianization)」という言葉を作り出した。[25] イシュー構造に基づく説明ならばイシュー間のリンケージを行うことの難しさを説明できるだろうが、ほとんどのイシューにおいてアメリカの資源が圧倒的に優位であるため、単純なイシュー構造分析を用いると、全体構造モデルと同様に、両国政府間の紛争のほとんどの場合においてアメリカ側が利益配分に有利な結果を得ると予測することになるだろう。これらの説明に代えて、複合的相互依存関係の政治過程、そしてとりわけトランスナショナルなアクターとトランスガバメンタルなアクターの役割が、政府間交渉において全体構造モデルが予測するよりも対等な結果のパターンをもたらすという仮説を立てることができる。

　より洗練された構造的議論ならば、結果のパターンは、2国間システムよりもグローバルなシステムの構造によって決定されると考えるだろう。グローバルな双極性を所与とすると、覇権的指導国は、下位の同盟国が重要でない紛争に勝利するのを認めることによって、同盟の安定化を図る。たとえば、米加関係において、「カナダ側がかなりの割合で試合に勝利するが、試合が行われた球場と試合のルールはアメリカのものだ」ということが時に言われる。本章で後に示すように、この金言はある程度正しい。しかし、冷戦の間、カナダ側は球場について合意していた。そしてカナダ側は、長い時間をかけて多くの試合に勝ち、戦後の試合のルールを徐々に変えてきたのだ。表7-6から表7-9までに示した諸事例は、いずれもアメリカ大統領の関心を引くのに十分な事例であった。そして、アメリカは、グローバルなレベルでの甚大な戦略的影響を伴う2件の事例のうち1件——カナダが北米合同防空システムにおいて使用されていたBOMARC（ボマーク・ミサイル：長距離地対空ミサイル）に核弾頭を搭載することに消極的であったことをめぐる1961年の紛争——に勝利したが、キューバ・ミサイル危機の際にカナダのアメリカへの協力が遅れたことをめぐる紛争は引き分けであった（これら事例の簡潔な記述については表7-8および表

7-9を参照)。もちろん,すべての事例がカナダにとって等しく重要だったわけではない。しかし,カナダの研究者による委員会がカナダの自律性という観点から最も重要として選んだ10件の紛争事例に限定して分析すると,表で示した全事例を見るよりはアメリカが幾分ましな結果を残しているが,その違いはさほど大きくない。[26](これらの事例については,後の表で説明する。)

政府間交渉プロセスの結果に関するこれらの新たな仮説を検証することは,一見するよりも複雑だ。そこで,結果のパターンを叙述することに加えて,複合的相互依存関係の過程——とりわけトランスナショナルなアクターとトランスガバメンタルなアクターの役割——が変化したかどうかを検討したい。そこで,第2次世界大戦前20年間の交渉過程と結果を,戦後20年間のそれと比較することにした。

米加間の国際交渉を明瞭に分析するにあたって直面した最初の障害の1つは,有名なエピソードの存在であった。カナダ側とアメリカ側のそれぞれに,好んで使われる例がある。カナダ側は,雑誌税のようないくつかの特定の事例に注目する傾向があった。雑誌税の事例において,カナダは自国の雑誌市場がアメリカの雑誌——とりわけ,『タイム (Time)』と『リーダーズ・ダイジェスト (Reader's Digest)』のカナダ版——によって支配されることを懸念していた。カナダはこのイシューを貿易の問題としてよりも,文化の押しつけの問題として捉え,アメリカの雑誌を差別的に取り扱う課税法案を1956年に通過させた。雑誌の出版社は精力的に両国でのロビー活動を展開し,アメリカ政府は差別的取り扱いに抗議した。その後カナダは,『タイム』と『リーダーズ・ダイジェスト』を雑誌税の立法から除外することを認めた。カナダ側は,トランスナショナルなアクターとアメリカ政府が結託してカナダ政府を打ち負かした戦後の経済紛争の典型例として,頻繁にこの事例に言及する。

他方,アメリカ側は,米加関係の典型事例として自動車協定を引用する傾向がある。1960年代前半,アメリカ国内よりもカナダ国内での生産を増加させるため,カナダは自動車部品への輸出補助金を導入した。アメリカ政府は,対抗して関税を引き上げることにより単純に報復するのではなく,両国間での自動車の自由貿易を認める協定を提案した。カナダはこの協定に合意したが,多国籍自動車企業に圧力をかけることにより,多国籍自動車企業の次の投資が確

実にカナダで行われるようにして，アメリカ側よりもカナダ側で生産と雇用を増加させることに成功した。多くのアメリカ政府高官は騙されたと感じた。[*]

このように特定の事例にのみ着目するのは，人々が目隠しをされた状態で象を描こうとして，それぞれの目的にとって最も都合のよい部分を見るために，目隠しの下からのぞき見をするようなものだ。アメリカとの2国間交渉でうまくいっていないというカナダ側の主張を聞くことも，カナダ側が2国間交渉で多くを取りすぎだというアメリカ政府高官の主張を聞くことも，珍しくない。そのような根拠のない話が繰り返されるのは，政治的に有効だからだ。しかし，政治家にとって有効であっても，分析者にとっては障害となりうる。

第2の問題は，すでに見たように，米加関係のアジェンダ全体を描き出せないことだ。これらの研究上のジレンマに対する本章の解決策は，アメリカ大統領が関与した重要な国家間紛争に焦点を絞ることである。この解決策には，国家間アジェンダ全体の一部分にしか焦点をあてられないという短所があり，統計的に少数の事例しか検討できない。それでも，欠点を補ういくつかの長所がある。第1に，これは最も重要な点だが，大統領レベルの紛争アジェンダは，同種の事例の全体像に近づく可能性が最も高い。なぜなら，首脳レベルの紛争行動については，観察者が多くを伝え，関係者がしっかりと記憶する傾向があるからだ。すべての事例を見つけることは期待薄だが，重要な諸事例の全体像にかなり近いところまで接近することがおそらく可能だろう。また，大統領の関心を引いた紛争は，傾向として，他の紛争よりも重要性が高い。したがって，おのずから重要な事例が選択されることになる。時に首脳会談では「アジェンダを埋めるため」の項目が生まれることも確かであるが，こうしたことは紛争

---

[*] Carl Beigie, "The Automotive Agreement of 1965: A Case Study in Canadian-American Economic Affairs," in Richard A. Preston (ed.), *The Influence of the United States on Canadian Development* (Durham, N.C.: Duke University Press, 1972), p. 118. あるカナダの閣僚は，GMカナダの頭越しに，ニューヨークのGM（ゼネラル・モーターズ）幹部と直接に交渉した。カナダは，別個の裏協定がなければ，政府間協定に署名しないつもりであったと言われている（オタワでのインタビューによる）。アメリカ連邦議会における以下の証言も参照。Senate, Committee on Finance, *United States-Canadian Automobile Agreement, Hearings Before the Committee on Finance on H. R. 9042*, 89th Cong., 1st sess., September 1965, pp. 153-56.

的イシューよりも協調的イシューにおいてより頻繁に起こる。さらに，官僚機構とは異なり，大統領の関心は物理的に限定された希少資源である。我々は複合的相互依存関係に内包されるトランスナショナルな要素とトランスガバメンタルな要素が，時間とともに国家間関係にどのような影響を与えるかに関心があるので，大統領の関心という一定の資源における米加関係を観察することは有益である。また，ハイポリティックスに焦点を合わせると，トランスナショナルな関係とトランスガバメンタルな関係が重要だという本書の複合的相互依存関係仮説に反する条件での考察が可能となる。最後に，大統領はあらゆる政府アクターのイシューに渡る最も広い担当範囲を有しているので，大統領レベルにおいて，米加間の相互作用では一般に存在しないとされているイシュー間のリンケージを発見できる可能性が高い。したがって，統計的には不利であるが，本章は少数事例分析の方法論を用いることに決めた。そのような方法論の重要性と妥当性は，本書の理論的関心の観点から正当化されうる。

　事例を特定するにあたっての困難の1つは，紛争の境界と結果にかかわる問題である。本章が重要な国家間紛争と言う時に意味しているのは，目的が相容れないため，あるいは手段による代償が大きいため，ある政府による他の政府への要求が容易には受け入れられない状況のことである。このような意味での紛争は，必ずしも劇的なものではない。また，紛争解決に際して，1国が他国よりも好ましい結果を得るとは限らない。持続的な協力関係の中で，解決策が両者の利益となるかもしれない。政府の目的が相互に合致する大きな分野があるかもしれない。また，主要分野における不一致が，首脳の選好や行動から生じているとは限らない。しかしながら，重要な国家間紛争が成立するために必

＊　たとえば，あるアメリカ政府高官は，自身とカナダ側の交渉相手が，いかにして五大湖の公害問題で新たなアプローチによる成功を主導したかについて記述している。首脳会談というタイミングの幸運と，共同宣言に「友好的な」項目が必要であったことにより，その高官の試みが大統領の関心を引いた。対立的なイシューを加えなければならないようなアジェンダは稀である。以下も参照。Roger Swanson, *Canadian-American Summit Diplomacy, 1923-1973* (Ottawa: Carleton, 1975).

＊＊　しばしば，紛争には両国に利するパレート最適解がある（すなわち，共同の利益となる解である）。しかし，グラフにおける曲線上のパレート最適性の正確な位置は特定できない（これは，この節で着目している利益配分の問題である）。一部の事例において，共同の利益はある意味で利益配分よりも重要であるかもしれないのだが，後者の問題（利益配分）によって，トランスナショナルなアクターが非対称的に浸透する状況における国家間交渉に関する仮説を検証できる。

要であることは，容易には相手国に受け入れられない，あるいは代償を伴わずしては受け入れられない国家間の要求である。そのような要求が特定の外交的形式をとる必要はないが，特定の方策を好む（あるいは反対する）という選好について相互に理解するためのコミュニケーションがなければならない。

　紛争が始まるのは最初の政府間要求が行われた時であり，紛争が終わるのはさらなる要求がなくなった時，あるいは首脳の関心がもはやその紛争に向けられなくなった時である。紛争は，1件の要求によって成り立つこともあり，複数の要求によって成り立つこともある。複数の要求それぞれに示されている政府の目的がおおよそ同じであれば，複数の要求のまとまりを単一の紛争として扱う。たとえば，雑誌税の事例は，カナダの3つの政権期に渡って繰り返された問題であるが，アメリカ側の要求の性質は基本的に同じであった（『タイム』および『リーダーズ・ダイジェスト』への差別的取り扱いをやめること）。他方，1970年代のカナダのアメリカ向け石油輸出の問題は，1960年代とは異なる事例として扱われる。なぜなら，アメリカ政府の目的（および要求）が，カナダからの輸入を制限することから，反対にカナダからの輸入を促進することに変化したためである。

　紛争の結果を評価することには，またある種の問題が伴う。表7－6では，紛争当初の両国政府の目的の不一致の幅を検討し，最初の要求の時点を基準としてカナダとアメリカのどちらの目的により近い結果となったか（あるいはおおよそ互角の結果となったか）を明らかにした。しかし，この表を見ても，解決策がどれだけ調和的であったか，あるいは創造的であったかということは分からない。たとえば，一部の事例においては，両者ともに紛争の結果から利益を得たのだろう。また，紛争に負けた側が譲歩をしたとも限らない。表が示しているのは，どちらの国がより好ましい結果を得たのかということだけなのだ。

　ある紛争が調査期間の最後までに解決されなかった時，あるいはかなり遅れていずれかの国の目的が変更された時，解決を遅らせた国が目的を達したとみなした。たとえば，アメリカは結果的に中華人民共和国の取り扱いを変更したのだが（国家承認をめぐる問題：訳者），カナダのルイ・サンローラン（Louis St. Laurent）首相が最初にドワイト・アイゼンハワー（Dwight D. Eisenhower）大統領にこの問題を提起してからおよそ15年間も変更せずにいたのだ（つまりこの

場合,アメリカが目的を達したものとみなす:訳者)。

　最後に,紛争の結果に関する本章の結論は,政策決定者が「正しい」目的を有していたか否かについての判断とは無関係に下されたものである。あるカナダ政府の高官が我々の1人に語ったところでは,一部の事例は,アメリカ政府高官が自国の利益を正しく認識していなかったために起こったものであり,実際には紛争でなかった。同様に,1965年の自動車協定におけるカナダの政策は,カナダの自律性を損ねたという点で批判できる。しかしいずれの例においても,紛争が起こる「べき」であったかどうかはともかく,実際に紛争は起こったのだ。適切な政策について異なる観点を持つ2人の観察者がいたとしても,どちらの政府が,その時点で有していた目的(適切な目的であるとは限らないが)をより多く達成したのかを言うことはできるだろう。

　言うまでもなく,紛争を特定し評価するこれらの手続きは,米加関係のごく一部分しか表していない。たとえば,一部の社会的・経済的諸団体が,政府間合意から他の団体より多くの利益をしばしば得ることを理解することは重要であり,このような社会構造的側面は政府間交渉をめぐる本章の分析では捕捉できない。カナダは1965年の自動車協定により大きな利益を勝ち取ったが,カナダの消費者とアメリカの一部の自動車産業労働者とを相手とした,カナダ政府とカナダの自動車産業労働者とアメリカの自動車企業との間の暗黙の連合の勝利と見ることもできる。さらに,アメリカ内における連邦レベルの法的な対抗策が失敗に終わったとき,自動車産業労働者の組合は,カナダへの職の輸出をやめさせるため,両国間の賃金の平準化に向けた交渉をトランスナショナルなルートを用いて直接に企業と行った。カナダの自動車産業労働者は利益を得たが,カナダの他の産業の労働者の利益となったかどうかは定かでない。さらに,カナダのナショナリストは,多国籍自動車企業のカナダ支社に対する自国の自律性が損なわれたことを残念に思った。同様に,著者たちが分析した事例では,カナダ政府の交渉における立場は強化されたことが多かったかもしれないが,アメリカによる影響力が高まっていたカナダにとって,一時的な利益よりも大きな代償を伴うことも少なくなかった。

　以下に示す諸事例が,政府全体ではなく政府間の交渉過程の頂点,すなわち首脳レベルに着目していることも注意を要する。しかし,外交文書が利用でき

る戦前期における，首脳レベルに達しなかった17件の紛争事例の結果のパターン（9件はアメリカに利し，6件は互角，2件はカナダに利した）は，首脳レベルにおけるパターンと同様であった。＊　戦後について正確な比較を行うことはできないが，印象としては，レベルが異なっても結果のパターンに大きな違いは見られない。

　もう1つの問題は，このアプローチでは，一連のプロセスが別々の要素に分割され，全体ではなく部分の集合としての2国間関係を評価していることである。この点への批判はある程度正しいが，多くの外交官や政治家自身がおおよその評価システムを持っていることは注目に値する。＊＊　ある高官は，「過去数年間，誰がより多くの譲歩をしてきたかについておおまかな認識はある」と言う。誰が政治的預金残高（国益と言い換えてもよい：訳者）から引き出しすぎた（譲歩しすぎた：訳者）のかについてのこの曖昧な意識は，捉えがたいものではあるが，複数のイシューをリンクさせる重要な背景となっている。＊＊＊　もし諸イシューが緊密に結びついているならば，あるイシューにおける政府にとって好ましからざる結果が他のイシューにおける好ましい結果のための代償となるかもしれない。しかし一般的に，このように緊密なリンケージは行われていない。

　最後の問題として，ハイレベルの紛争に基づいて米加関係全体への一般化を行ったとしても，そこには発生に至らなかった紛争事例が含まれていないということがある。紛争が阻止される理由としては，対抗措置が予測されることや，社会的接触またはトランスガバメンタルな接触によって，新たな政府の目的が

＊　17件の紛争事例とは，以下の通りである。1920年代：五大湖海軍制限問題，ミシスクオイ湾漁業問題，ロゾー川排水問題，カナダ桃禁輸問題，アメリカ乳製品禁輸問題，聖マリア・ミルク川分水路問題，アメリカ酒類運搬船「アイム・アローン」号沈没問題，越境特権問題，パサマクォディ湾管轄権問題。1930年代：アメリカのタグボートに対するカナダの差別問題，アメリカによるカナダ船拿捕問題，セント・クレア川浚渫問題，カナダによるアメリカ漁船4隻拿捕問題，犯罪者への領事謁見問題，五大湖船荷問題，所得税協定問題，スペイン内戦への武器供給問題。これら事例の調査を助けてくれたアリソン・ヤング（Alison Young）に感謝したい。

＊＊　約30名の現・元高官に，表7-2，7-3，7-4における紛争の記述と評価へのコメントと修正を求めた。唯一1名（カナダ側）が，別個の紛争を評価する手順に反対した（継続的な過程を正確に表せていないという観点から）。

＊＊＊　同じ国のなかでも，官僚機構が異なると，異なった評価をすることがある。アメリカ商務省高官は，1970年代前半，カナダ側がいつも得をしているとして頻繁に不平を述べていた。ある国務省高官は，「1960年代の米加の金融高官の間の関係は非常に緊密で，しばしば自分たちが政策から締め出された。しかし今や，彼らの関係は非常に悪く，政策を複雑にしている」と述べていた（1973年12月のワシントンDCにおけるインタビューによる）。

表明され，紛争が立ち消えとなることがある。たとえば，アメリカ企業のカナダ支社の一部は，域外規制に抵触しないように，中国からの注文を避けたものと考えられている。恒常的に存在する米加間のトランスナショナルなつながりが，社会構造的要因として，カナダ政府が最初の段階で行う選好の定義に影響を及ぼしている。しかし，表7-6から表7-9までに示した諸事例のなかで，相当の自律性を有する政府機関の間の緊密なトランスガバメンタルな接触によって紛争が回避されたと思われるのは，コロンビア川開発問題（表7-7）とカナダ核武装問題（表7-8）の2件であった。後者の事例では，トランスガバメンタルな軍事同盟が，カナダのジョン・ディーフェンベーカー（John Diefenbaker）首相に圧力をかけ，核兵器を早期に受け入れさせた。ディーフェンベーカー首相はこのことを後悔するに至った*。同様に，必要な情報をアメリカとのトランスガバメンタルなコミュニケーションに依存していることが，カナダの選択肢を制約している可能性がある。

他方，表7-6から表7-9までを一見して分かるように，カナダが重大なイシューを一度も提起していないというのは真実でない。それどころか，後に見るように，カナダは，オーストラリアが触れずにいた（逆にアメリカは触れたが）いくつかの困難なイシューを提起した。そして，なぜ特定の紛争が抑制されたものとなったかを考える際には，擬似的な因果関係に注意しなければならない。たとえば，カナダによる中華人民共和国の承認が遅れたのは，一部にはアメリカへの配慮のためだが，同様にカナダの国内政治のためでもあった。言い換えると，事例を過度に解釈してしまわないよう注意すべきであり，また事例を軽視しすぎないようにも注意すべきである。上記の但し書きを頭に入れたうえで，アジェンダ形成と政治過程という観点から事例を分析する前に，表7-6の9件の戦前の事例と表7-7，7-8，7-9の31件の戦後の事例を

＊　与党進歩保守党内の核兵器を支持するグループは，公式・非公式に行われたNATOやNORADの高官の訪問や彼らとの情報交換によって，勢いを増した（ワシントンDCにて行ったインタビューによる）。

第7章 米加関係と米豪関係

表7-6 1920〜39年の米加関係において大統領アジェンダとなった紛争事例

紛　争	最初に政府行動を行った側	最初に国家間要請を行った側	目標により近い結果を得た側
漁業規制問題（1918〜37年） カナダはアメリカに漁業問題（とりわけ鮭）に関する条約の批准を求めた。アメリカは鮭条約を，日本の鮭漁による脅威が明らかとなる1930年代まで先延ばしした。	双　方	カナダ	アメリカ
カナダのパルプ材輸出規制問題（1920〜23年） アメリカは，「広範囲に渡る報復」を行うと脅して抗議し，成功した。カナダ側の狙いは，カナダ国内でのパルプ加工を促進することであった。	カナダ	アメリカ	アメリカ
セント・ローレンス水路問題（1918〜41年）[1] アメリカは，共同で運行管理と水力発電開発を行うことを求めた。カナダは乗り気でなかったが，1932年の条約に合意した。しかし条約はその後アメリカ上院で承認されなかった。そのためアメリカは新たな合意を求めた。カナダは再び消極的であったが，1941年に署名した。	アメリカ	アメリカ	互　角
酒類密輸取り締まり問題（1922〜30年） アメリカはカナダに対して，アメリカが禁酒法の実施を容易かつ低コストで実施できるようカナダ国内の措置を行うように要求し，成功した。	アメリカ	アメリカ	アメリカ
シカゴ水利問題（1923〜28年） カナダは，シカゴにおける五大湖の水の利用が，カナダの港湾にダメージを与えているとして抗議した。しかし，アメリカは水の利用の中止を拒否した。	アメリカ	カナダ	アメリカ
アメリカの関税引き上げ問題（1928〜38年） カナダはアメリカが1930年に関税を引き上げるのをやめさせようとしたが，失敗した。カナダは報復措置を行うと同時に，代わりの貿易パターンを模索した。カナダは1933年まで，貿易協定を要求した。アメリカはすぐには応じなかったが，1935年と1938年に協定に署名した。カナダ側がアメリカ側より幾分多くの譲歩をした。	アメリカ	カナダ	アメリカ
トレイル溶鉱所問題（1927〜35年） アメリカは，カナダのブリティッシュ・コロンビア州の溶鉱所から排出された煙によるアメリカ・ワシントン州の農民の被害に抗議し，IJC（International Joint Committee：国際合同委員会）への付託を要求した。農民からの圧力を受けたアメリカはIJCの勧告を拒否し，カナダに特別仲裁裁判を立ち上げるよう要求し，成功した。	アメリカ	アメリカ	アメリカ
酒税法案問題（1936年）[2] カナダは，カナダの酒造家がアメリカ財務省と合意を結ぶよう仕向けることを目的としてアメリカで提案されていた重税に抗議し，成功した。アメリカ国務省はカナダの抗議に理解を示し，ルーズベルト大統領も国務省を支持した。	アメリカ	カナダ	カナダ
アラスカ高速道路建設問題（1930〜38年） アメリカは，カナダのブリティッシュ・コロンビア州（アメリカに「浸透されること」を心配していた）を通る高速道路の共同建設を提案し，1942年までは順調に交渉していたが，同年に始まった戦争により計画は変更された。	アメリカ	アメリカ	カナダ

注(1)　政治過程においてトランスナショナルな組織が重要な役割を果たした事例である。
　(2)　政治過程においてトランスガバメンタルな関係が重要な役割を果たした事例である。
（出所）　*Foreign Relations of the United States* (Washington, D.C.: U.S. Government Printing Office, annually).

第Ⅲ部　レジームと2国間関係

表7-7　1950年代の米加2国間紛争事例

紛　争	最初に政府行動を行った側	最初に国家間要請を行った側	目標により近い結果を得た側
セント・ローレンス水路問題（1945～58年）[1] カナダは，アメリカが決定を急がなければ，単独で建設を行うと脅した。	カナダ	カナダ	互　角
アメリカ農産品輸入割り当て問題（1953～1960年代中頃） カナダは繰り返しアメリカの保護政策に抗議した。アメリカは僅かに譲歩したが，根本的な要求には応じなかった。	アメリカ	カナダ	アメリカ
グーゼンコ面会問題（1953年） アメリカは，上院小委員会がイゴール・グーゼンコ（Igor Gouzenko，ソ連からカナダに亡命した人物）と面会できるよう手配することをカナダに求めた。カナダは当初拒否したが，2度目の要求に条件つきで受諾した。	アメリカ	アメリカ	アメリカ
シカゴ水利問題（1954～59年）[1] カナダは，シカゴ市がミシガン湖の水を利用することを認めるアメリカの立法がなされようとしていたことに繰り返し抗議し，成功した。	アメリカ	カナダ	カナダ
アメリカ鉛・亜鉛輸入割り当て問題（1954年～） カナダはアメリカの規制に抗議したが，失敗した。	アメリカ	カナダ	アメリカ
コロンビア川開発問題（1944～64年）[2][3] アメリカは，コロンビア川の全体開発を要求した。カナダは，下流域への補償が行われ，ブリティッシュ・コロンビア州との国内論争に和解するまで問題を先送りした。	アメリカ	アメリカ	互　角
カーリング・ブルワリー問題（1956年）[1] カナダはカナダ企業（カーリング・ブルワリー）に対するメリーランド州の差別的措置に抗議した。アイゼンハワー大統領はメリーランド州政府を説得して改めさせた。	アメリカ（州政府）	カナダ	カナダ
雑誌税問題（1956～65年）[2][3] アメリカは，アメリカ誌のカナダ版に対する差別的課税に繰り返し抗議した。1956年の立法は廃止され，1965年に『タイム』と『リーダーズ・ダイジェスト』がこの税を免除された。	カナダ	アメリカ	アメリカ
安全保障情報保護問題（1957年）[1] カナダは，アメリカ上院小委員会の情報公開によってカナダの高官が自殺したことに抗議した。アメリカはカナダの要求に従い，今後情報を誤用しないことを約束した。	アメリカ	カナダ	カナダ
石油輸入割り当て除外問題（1955～70年）[2][3] カナダは，安全保障上の観点から，カナダに対する石油の輸入制限の非合理性を訴え，カナダ西部の石油をケベックに送り，ベネズエラ産石油を締め出すと脅し，成功した。	アメリカ	カナダ	カナダ
企業活動領域外規制問題（1956年～）[2][3] カナダは，カナダ国内のアメリカ企業子会社の活動の自由を領域外から制限することをやめるようアメリカに要請した。アメリカは原則を変えることは拒否したが，特定の事例において協議手続きを免除することに合意した。	アメリカ	カナダ	アメリカ

注(1)　政治過程においてトランスガバメンタルな関係が重要な役割を果たした事例である。
　(2)　政治過程においてトランスナショナルな組織が重要な役割を果たした事例である。
　(3)　カナダの自律性にとって非常に重要な事例である。

第7章 米加関係と米豪関係

表7-8 1960年代の米加2国間紛争事例

紛争	最初に政府行動を行った側	最初に国家間要請を行った側	目標により近い結果を得た側
ボマーク・ミサイル調達問題（1959~60年）[1] カナダのディーフェンベーカー首相は、アメリカ国防総省の反対および議会の予算削減要求により危機に直面していたBOMARC（ボマーク）ミサイルの開発を継続するようアイゼンハワー大統領に求めた。その結果、予算は復活した。	アメリカ	カナダ	カナダ
カナダ核武装問題（1961~63年）[2][3] アメリカは、カナダがNORADおよびNATOの兵器体系を採用するよう求めた。ディーフェンベーカー政権は対応をめぐり意見が割れ、政権が崩壊した。次期ピアソン政権が兵器体系を採用した。	カナダ	アメリカ	アメリカ
アメリカの木材輸入規制問題（1961~64年）[1] カナダは、当初は行政による規制の緩和を求め、後には非常に保護主義的な議会の法案に拒否権を発動することを求めた。ジョンソン大統領はこの法案に拒否権を発動した。	アメリカ	カナダ	カナダ
海員国際組合問題（1962~64年）[1][3] カナダは、AFL-CIOによる海員国際組合への支援と、カナダの海運への破壊的なボイコットをやめさせるようアメリカ政府に求めた。アメリカ大統領はAFL-CIOに影響を及ぼそうと努力したが不十分であった。カナダ政府の受託者が海員国際組合と妥協し、ようやく混乱は終息した。アメリカ政府の狙いは、AFL-CIOの反感を買うことなく、カナダ政府の助けとなることであった。	カナダ	カナダ	アメリカ
民間航空路再交渉問題（1962~65年） カナダは、カナダの航空会社のアメリカへのさらなる進出を認めさせるため、再交渉を要求した。北アメリカ大陸を1つのユニットとして扱うガルブレイス案を基礎に、合意に達した。	カナダ	カナダ	互角
漁業水域拡大問題（1963年~） カナダは、漁業水域と直線基線の拡大を一方的に宣言した。カナダは歴史的な漁業権に関する規定も設けたが、アメリカは抗議を行った。しかし抗議は実らなかった。	カナダ	アメリカ	カナダ
金利平衡税問題（1963年）[3] カナダは、統合資本市場の存在を理由に、金利平衡税からの除外を求めた。アメリカは、カナダがアメリカで調達する外貨準備を増やさないという条件つきで、新規発行分の適用除外を認めた。アメリカの狙いは、国際収支バランスを改善することであった。	アメリカ	カナダ	互角
アメリカ国際収支ガイドライン問題（1965~68年）[1][3] カナダは、アメリカ企業による資本流出の削減と資本の本国送還の増加を促すアメリカ国際収支ガイドライン（1965年は任意、1968年は強制）からの除外を求めた。カナダがアメリカ資本の通過と、カナダの外貨準備の水準と形態を制限することと引き換えに、除外は認められた。	アメリカ	カナダ	互角
自動車協定問題（1962~73年）[1][3] アメリカは、カナダ国内での生産を増やすことを目的としたカナダの輸出補助金に対して報復を脅かした。自動車貿易を統合する協定により、共同の利益がもたらされたが、当初10年でカナダ側がより多くの利益を得たため、アメリカ側の不平を招いた。	アメリカ	アメリカ	カナダ
北極圏公害問題（1969年）[1][3] アメリカは、1969年のタンカー「マンハッタン号」北西航路航海の後に、カナダが管轄域を100マイルに拡大することに抗議し、取りやめるよう求めたが、カナダは拒否した。	カナダ	アメリカ	カナダ

注(1) 政治過程においてトランスナショナルな組織が重要な役割を果たした事例である。
　(2) 政治過程においてトランスガバメンタルな諸機構が重要な役割を果たした事例である。
　(3) カナダの自律性にとって非常に重要な事例である。

第Ⅲ部 レジームと2国間関係

表7-9 1950～69年の米加関係における第3国が関与した紛争事例

紛 争	最初に国家間要請を行った側	目標により近い結果を得た側
朝鮮戦争の遂行（1950～53年） カナダはアメリカの自制を繰り返し求めたが，あまり効果はなかった。	カナダ	アメリカ
金門島・馬祖島防衛問題（1954～55年） アメリカはカナダの支援を求めたが，カナダはかかわりを拒んだ。	アメリカ	カナダ
中華人民共和国承認問題（1954～70年） 1950年代にカナダは承認の可能性に3度言及したが，承認を行わなかった。部分的にはアメリカの頑なさに影響されていた。	カナダ	アメリカ
第3国への小麦販売問題（1954～64年）[1] カナダは，余剰小麦のダンピングを規制するようアメリカに繰り返し要請した。この問題について協議を行うこととカナダ市場におけるダンピングを避けることで，合意に達した。	カナダ	カナダ
カナダの米州機構加盟問題（1961～63年） アメリカは，米州機構（Organization of American States）のラテンアメリカへの拡大に際して，キューバや共産主義国に対抗してカナダの加盟を求めたが，カナダは加盟しなかった。	アメリカ	カナダ
イギリスのEEC加盟問題（1961～63年） アメリカは，西側陣営の強化のため，イギリスのEEC（欧州経済共同体）加盟へのカナダの支援を求めたが，カナダはこの段階では支援しなかった。	アメリカ	カナダ
途上国援助問題（1961～63年） アメリカはカナダに貧困国を支援する援助の増額を求めたが，カナダの援助は減額された。	アメリカ	カナダ
軍縮・核実験禁止問題（1962年） カナダはアメリカの大気中核実験に反対し，核実験禁止条約にアメリカが速やかに同意することを求めた。しかしアメリカの政策にほとんど影響を及ぼさなかった。	カナダ	アメリカ
キューバ・ミサイル危機（1962年）[1] アメリカはカナダに自国の行動を知らせ，外交的支援および軍の出動を期待した。ディーフェンベーカー首相は全面支援を遅らせたが，首相の承認が遅かったのとは異なり，軍の出動は速やかに行われた。	アメリカ	互角
ヴェトナム戦争の遂行（1964～73年）[2] アメリカは南ヴェトナムへのカナダの援助を求めた。一方，カナダはアメリカに戦争での抑制を求めた。政策への影響はほとんどなかった。	アメリカ	互角

各事例の時期の表記は，当該事例をめぐる米加関係の側面に大統領の関心が向けられた時期を示している。

注(1) 政治過程においてトランスガバメンタルな関係が重要な役割を果たした事例である。
 (2) 我々はこの事例について，*International Organization*（Autumn 1974）においてナイが行った説明とは異なる解釈をした。この事例に関する新たな情報を発見したためである。

表7-10 米加間のハイレベル紛争における結果のパターン

年　代	好ましい結果を得た側			
	アメリカ	カナダ	互　角	合　計
1920～39年	6	2	1	9
1950年代	7	6	2	15
1960年代	3	8	5	16
合　計	16	16	8	40

(注) 年代をまたぐ紛争は，紛争が始まった年を基準にリスト化した。

要約する。[*]

　後にこれら米加間の紛争を米豪間の紛争と比較して分析するが，現時点で結果のパターンに関する発見をまとめておくこともおそらく有益であろう。第1に，紛争の結果のパターンは，単純な構造的説明が予測するよりも，はるかに対称的である。第2に，表7-10が示すように，時間とともにかなりの変化が見られる。紛争の結果がアメリカ政府よりもカナダ政府の目的に近いものとなったのは，戦前の事例では4分の1にすぎなかったが，戦後の事例ではほぼ半数に及んだ。戦前の事例の3分の2，1950年代の事例のほぼ半数ではアメリカ政府の目的に近い結果となったが，1960年代の事例では4分の1に留まった。つまりカナダは，戦前よりも戦後，1950年代よりも1960年代に良い結果を残した。

＊表7-7，7-8，7-9を作成するための手順は，次の通りである。紛争事例を記述した長いリストは，*Public Papers of the Presidents of the United States* におけるカナダについてのすべての言及，*Department of State Bulletin* における大統領の言及，および Council of Foreign Relations の切り抜きファイル（特に，*New York Times*, *New York Herald Tribune*, *Financial Post* [Toronto], *Globe and Mail* [Toronto]）から作成した。これら以外の文献も参考にしたが，重要な紛争に関わっていないやり取りについての資料は，2次資料に基づいてリストから外した。1950年から1963年までの交渉について特に有用な資料は，Canadian Institute of International Affairs 編の *Canada in World Affairs* と，そのうち1960年代に関しては *Canadian Annual Review* がある。このリストはさらに，現職・元職の30人の政府職員や観察者達へのインタヴューを通じてより詳しく修正を加えた。あるイシュー（たとえば，遠距離早期警戒防空レーダー網，ABM，船の燃料積み込み施設，ラオスなどの問題を含む）は，両政府の政策目標が十分に対立していないので除いた。その他のイシュー（たとえば，キューバとの貿易やマーカンタイル銀行をめぐる問題）は，大統領が直接かかわっていないので，これも除いた。

4　米豪関係のイシューと結果

　前節と同じ手順を用いて，米豪関係の紛争イシューのリストを作成する。表7-11から表7-13までは，米加関係に関する表7-6から表7-9に対応しており，またイシューの選定と評価の基準は同じであるため，比較が可能である。また，同じ但し書きが適用される。米豪関係という事例においては，カナダの事例よりも，紛争にならなかった事例が重要であると思われる。オーストラリアは，アメリカとの関係全体のパターンを損ねることを恐れて，首脳レベルで特定のイシューを取り上げることを控えてきたようだ。したがって，我々のデータは，両国関係においてアメリカが優勢である度合いを過小評価している可能性がある。*

　1950年から1969年まで，オーストラリアは保守政権の時代であった。それ以前の労働党政権（1949年まで政権を務めた），および1972年に政権についた労働党政権の下でのアメリカとの関係は，保守政権の時代よりも対立的であった。とりわけ，1960年代の野党労働党は，政府の対米政策に極めて批判的であった。もし労働党政権であれば，ほぼ確実に，ヴェトナムへの派兵を求めるアメリカの要求に対して保守政権ほど従順ではなかったであろう。アメリカが北西ケープ通信施設の使用権を獲得した条件をめぐり争点化していたこともまず間違いない（労働党が政権に復帰した後の1974年に再交渉が行われた）。また，オーストラリアへのアメリカの直接投資についてもより多くの問題を提起しただろう。しかし，これらのイシューを提起したとしても，両国関係の根本的な非対称構

---

*　紛争に至らなかったイシューの多くは文書や報告書，回顧録に一度も表れていない可能性があるので，首脳レベル以外の紛争に関する網羅的な調査結果を入手することが不可能である（このことは，首脳レベルのイシューの一部についても，特に高度な機密扱いの問題について，当てはまるかもしれない。しかし，おそらくは，さほど頻繁に起こらないはずだ）。1950～69年までのアメリカとオーストラリアの間の首脳レベル以外の（記録が示す限りにおいて）重要な紛争事例5件を分析した結果によると，1件はオーストラリアの立場に近い結果となり（羊毛競売問題1950～51年），4件はアメリカの立場に近い結果となった（アメリカ羊毛関税問題：1960年代，アメリカによる乳製品への規制問題：1950年代，金利平衡税問題：1963年，米豪間航空路線問題：1969年）。この分析が示唆するように，アメリカとの関係において，オーストラリアは，首脳レベル以外のイシューでも首脳レベルのイシューと同じく，良い結果を残していないようだ。しかしそのことを包括的な結果と考えるべきではなく，また，決定的な結果と考えるべきでもない。

表7-11 1920〜39年の米豪関係において，大統領アジェンダとなった紛争

紛　争	最初に政府行動を行った側	最初に国家間要請を行った側	目標により近い結果を得た側
小麦協定問題（1933年） オーストラリアはロンドン会議において作付け割り当てに抵抗した。アメリカは，中西部のみに割り当てを課して，西部の小麦にオーストラリアと太平洋地域で競争させると脅した。その後オーストラリアは協定に合意し，アメリカは勝利とみなした。	双　方	アメリカ	アメリカ
2国間貿易協定問題（1934〜43年） オーストラリアは2国間貿易協定を要求したが，失敗した。このイシューは，1943年以降，GATTの多国間交渉に取って代わられた。	オーストラリア	オーストラリア	アメリカ
マトソン・ライン論争（1935〜38年）[(1)] イギリス艦船とマトソン・ライン（アメリカの船会社）の競争のため，オーストラリアはタスマン貿易（ニュージーランドとの貿易）からマトソン・ラインを排除することを検討した。しかし，アメリカの圧力により，オーストラリアは排除を中止した。	オーストラリア	オーストラリア	アメリカ
貿易政策の転換問題（1936〜38年） 米豪貿易の不均衡を改善するため，オーストラリアは，アメリカによるオーストラリアへの輸出に対して差別的な障壁を課した。アメリカは，オーストラリア産品をブラックリストに載せることで報復した。オーストラリアは差別的措置を撤回した。	オーストラリア	アメリカ	アメリカ

注(1)　政治過程においてトランスナショナルな組織が重要な役割を果たした事例である。
（出所）　*Foreign Relations of the United States* (Washington, D.C.: U.S. Government Printing Office, annually).

造は変わらなかっただろう。そして，アジアからの脅威を感じている限りにおいて，労働党政権もアメリカとの強固な関係を維持する必要を感じていただろう。そしてあらゆる事例において，オーストラリアはカナダが持っているようなアメリカに影響力を及ぼす有効な手段をまったく持っていなかったのだ。したがって，仮に1960年代のオーストラリアが労働党政権であったとしても，対米関係の雰囲気は異なるものとなっただろうが，根本の部分では変わらなかっただろう。労働党政権であったならば，食肉や砂糖といったいくつかのイシューについて，保守政権が現実にアメリカから受けたような配慮を受けられなかったことは確かであろう。

表7-12 1950～69年の米豪関係における2国間紛争

紛　争	最初に政府行動を行った側	最初に国家間要請を行った側	目標により近い結果を得た側
羊毛関税問題 1950年代ならびに1960年代を通して，オーストラリアはアメリカが1947年に定めた羊毛関税に抗議していた。アメリカは，議会の圧力を理由に，変更を拒んだ。ケネディ・ラウンド（第6回GATT，1967年）内で何回かの交渉が行われたが，見返りにタバコの関税引き下げを求めるアメリカの要求を，オーストラリアは受け入れなかった。	アメリカ	オーストラリア	アメリカ
鉛・亜鉛割り当て問題（1958～65年） 1958年，オーストラリアはアメリカの割り当てに抗議した。アイゼンハワー大統領は，議論する意向を示したが，アメリカによる実質的な行動は伴わなかった。割り当て制限が1965年に撤廃されたのは，オーストラリアの圧力のためではなかった。	アメリカ	オーストラリア	アメリカ
食肉制限問題（1964年～） アメリカは，オーストラリアに自発的制限を促し，1964年前半に実行された。上院は7月に制限的割り当て法案を通過させた。ロバート・メンジーズ（Robert Menzies）首相はジョンソン大統領に報復を警告する手紙を書き，妥協が行われた。	アメリカ	まずアメリカ，それからオーストラリア	互角
アメリカ国際収支ガイドライン問題（1965年）(1) オーストラリアは例外扱いを求めたが，アメリカは拒絶した。アメリカは一方的な措置を行ったが，オーストラリアがヨーロッパで借り入れを行えるようになったため，ならびにオーストラリアの外貨準備が増加したため，このイシューは消滅した。資本の流入を妨げることはさほどできなかった。	アメリカ	オーストラリア	アメリカ
F-111爆撃機問題（1963年～） オーストラリアのジョン・ゴートン（John Gorton）首相は，1969年，価格と仕様についてニクソン大統領に懸念を表明した。オーストラリアは1970年に再交渉を要請し，重要でない妥協をいくつか得た。結果的に，オーストラリアは24機のF-111を当初の見積りより2億ドル高い金額（160％の見積り超過）で購入し，引き渡しは1968年ではなく1973年に行われた。	アメリカ	オーストラリア	アメリカ
砂糖割り当て問題（1960年代）(2) オーストラリアの指導者は，1960年代前半，このイシューに相当の関心を向けていた。ハロルド・ホルト（Harold Holt）首相は1966年と1967年に，割り当てを拡大するとの説明をジョンソン大統領から受けた。オーストラリアへの割り当ては速やかに拡大された。	アメリカ	オーストラリア	互角

注(1) 政治過程においてトランスナショナルな組織が重要な役割を果たした事例である。
　(2) 大統領レベルの案件であったことを示す文書資料はないが，インタビューによればおそらく大統領レベルの案件であった。
（出所）　章末注(19)に挙げた資料，ならびに1974年8月にオーストラリアおよびアメリカの高官・元高官を対象にワシントンで行ったインタビュー。

表7-13　1950~69年までの米豪関係における第3国が関与した紛争事例

紛　争	最初に国家間要請を行った側	目標により近い結果を得た側
対日講和条約（1950~51年） オーストラリアは対日講和条約への調印に抵抗したが，最終的にANZUS（アンザス条約）合意への署名と引き換えに合意した。	アメリカ	アメリカ
ANZUS（アンザス条約）（1946~51年） オーストラリアはアメリカとの安全保障条約を強く求め，対日講和条約との連動で1951年に公式に達成された。	オーストラリア	オーストラリア
西ニューギニア問題（1950~62年） オーストラリアは，西ニューギニアについて繰り返し懸念を表明し，インドネシアの立場に反対する立場をとった。メンジーズ首相は，1961年にこのイシューをめぐりケネディ大統領と議論した後，オーストラリアの政策を穏健なものとした。報道によると，このイシューをめぐってアメリカとオーストラリアの間で対立があったという。	オーストラリア	アメリカ
SEATO（東南アジア条約機構）問題（1954年） アメリカは自国の関与が「共産主義」の侵略に限定されるべきだと主張した。条約の規定には盛り込まれなかったが，留保として付け加えられた。アメリカは，オーストラリアが同様の留保を加えることに強く反対した。オーストラリアは留保を加えなかった。	アメリカ	アメリカ
マレー半島問題（1955年） オーストラリアはSEATO（東南アジア条約機構）の下で，アメリカにマレー半島へ明示的に関与させようとしたが，失敗した。一般的な声明を得ただけに終わった。	オーストラリア	アメリカ
第3国への小麦販売問題（1954~59年）[1] オーストラリアは，アメリカが余剰小麦の譲許的販売を制限するよう求めた。協議を行うことと，オーストラリアの市場への損害を避けることで合意が結ばれた。	オーストラリア	オーストラリア
EECへのイギリスの申請（1962年） オーストラリアは，イギリスのEECへの加盟が英連邦特恵関税の段階的廃止という結果をもたらすことを懸念し，特恵関税の維持へのアメリカの支援を求めた。アメリカはイギリスのEEC加盟に反対することも，イギリスを英連邦特恵関税に依存させることも拒否した。	オーストラリア	アメリカ
オーストラリア軍ヴェトナム派兵問題（1967年） 7月，クラーク・クリフォード（Clark Clifford）とマクスウェル・テイラー（Maxwell Taylor）はオーストラリアを訪問し，増派を求めた。ホルト首相は抵抗したが，10月，増派に合意した（オーストラリア軍はまず1965年に派兵されたが，1967年まで反対運動は見られなかった）。	アメリカ	アメリカ
国際小麦合意問題（1968~69年） アメリカとカナダは，オーストラリアがヨーロッパで小麦を安く売るために不適切な貨物運送運賃協定を利用していると主張した。オーストラリアは「競争的販売の強度」の削減に合意したが，これは明らかにアメリカとカナダの報復の脅しによるものであった。	アメリカ	アメリカ
NPT（核不拡散条約）問題（1969~73年）[1] アメリカは，すべての同盟国に不拡散条約への署名・批准を求めたが，オーストラリアは保留した。アメリカはオーストラリアに圧力をかけなかった。オーストラリアは1970年に署名だけを行い，労働党政権が誕生する1973年まで批准しなかった。	アメリカ	オーストラリア

注(1)　トランスガバメンタルな関係が重要であった。
（出所）　章末注(19)に挙げた資料，ならびに1974年8月にオーストラリアおよびアメリカの高官・元高官を対象にワシントンで行ったインタビュー。

表7-14 米豪関係のハイレベル紛争における結果のパターン

年代	好ましい結果を得た側			
	アメリカ	オーストラリア	互角	合計
1920〜39年	4	0	0	4
1950年代	6	2	0	8
1960年代	5	1	2	8
合計	15	3	2	20

年代をまたぐ紛争は，紛争が始まった年を基準にリスト化した。

　表7-14は米豪間の紛争事例の結果のパターンを要約している。米加間の紛争について表7-10で見たのとは対照的に，調査対象期間を通じてアメリカが優勢であり続けた。米豪関係においては，リアリズムの諸条件に基づく構造モデルが予測するように，同盟の大国側が優位を占めている。

5　アジェンダ形成をめぐる政治の比較

　政治過程にとってアジェンダ形成は重要である。希少資源である大統領の関心の振り分け——特定のイシューに関心を向けさせ，他のイシューを排除すること——が，意思決定における影響力と同じくらい重要となる時がある。[30] 大統領レベルの紛争の数は，米加関係と米豪関係の両方で，戦前から戦後にかけてほぼ4倍になった。さらに，戦間期のアジェンダはほぼすべてが2国間関係によって構成されたが，戦後の米加間アジェンダの3分の1，ならびに戦後の米豪間アジェンダの60%は，第3国との関係を伴っていた。第3国のかかわる紛争がこのように戦後に増加したのは，3国（米・加・豪）ともに戦前の孤立主義とは対照的に，戦後は関与と同盟関係を持つようになったというグローバルな構造要因への対応のためである。[31]

　しかし，戦後の米加関係と戦後の米豪関係のアジェンダはかなり異なる。とりわけ，米加間のアジェンダには，米豪関係の3倍を超える件数の2国間イシューが存在した。このことは，物理的な距離の違いによって，また近接する関係では管轄をめぐる紛争が重要となるということによって，ある程度は説明できる。戦前の米加関係における紛争9件のうち6件は，近接性ゆえに発生した問題である（セント・ローレンス水路問題，トレイル溶鉱所問題，漁業規制問題，シ

第7章　米加関係と米豪関係

表7-15　問題領域別国家間アジェンダ

紛争セット	政治・軍事[1]	外　交[2]	社会・経済	共通の資源の問題	主権をめぐる主張の競合
戦　前					
米豪(1920〜39年)	0	0	4	0	0
米加(1920〜39年)	0	0	3	6	0
戦　後					
米豪(1950〜69年)	6	3	7	0	0
米加(1950〜69年)	7	6	11	3	4
総　計	13	9	25	9	4

注(1)　軍事力や兵器がかかわるイシュー。
　(2)　軍事力がかかわらないイシュー。

カゴ水利問題，酒類密輸取り締まり問題，アラスカ高速道路建設問題）。しかしこのことは，戦後の事例31件のうち3件しか当てはまらない（セント・ローレンス水路問題，コロンビア川開発問題，シカゴ水利問題）。

　表7-15では，米加と米豪それぞれの関係を戦前と戦後に分割し，政府の目的のタイプに応じてイシューを分類することにより，国家間アジェンダを比較している。

　あるカナダの分析者は，非対称的関係においては小国側がアジェンダを設定するという仮説を立てている*。少なくとも戦後期においては，国家間要請の大部分を小国側が行ってきた——米加・米豪の両事例において，アメリカによる要請の数を50％以上上回る回数の要請が小国側によって行われていた。この意味において，ビーバーのアジェンダ（小国によるアジェンダ設定）であった。しかし，2国間紛争へと至る政府行動を最初に行ったのがどちらの側かと問えば，象のアジェンダ（大国によるアジェンダ設定）であった。すなわち，米加・米豪の両関係において，アメリカの行動に端を発する紛争のほうが多い。しかし，米加間の数値をさらに分析すると，1960年代には異なるパターンが見出

---

*　James Eayrs, "Sharing a Continent : The Hard Issues," in John S. Dickey (ed.), *The United States and Canada* (Englewood Cliffs, N. J. : Prentice-Hall, 1964), p. 60. 文書を利用できない最近のイシューについては，最初の政府間要請を特定することが難しいことが多い。そこで我々は，紛争の基礎をなす基本要求を資料として利用した。これは，最初の要請と同一でないこともある。たとえば，アメリカが自主的な輸出規制を求めたがカナダはアメリカ市場へのアクセス拡大を求めた事例において，イシューを生み出したのはアメリカの行動であるが，基本要求はカナダによるものである。

表7−16 イシューにおけるトランスナショナルな組織の関与

紛争	トランスナショナルな組織が関与	トランスナショナルな組織が関与せず
米豪（1920〜39年）	1	3
米加（1920〜39年）	1	8
米豪（1950〜69年）	1	15
米加（1950〜69年）	10	21

される。10件中6件において，カナダが最初の政府行動を行っていた。このことは，一部にはアメリカ大統領の関心がヴェトナム戦争のような他の問題に向けられていたためであるが，それだけではなく，カナダで現状維持への不平とナショナリズムが高まっていたためでもある。

これらの発見を問題領域ごとに分析した結果，社会・経済イシューにおいて小国側が頻繁に最初の要請を行っていたことが分かった。そしてこれらイシューはまさに，アメリカが頻繁に最初の政府行動を行ったイシューであった。したがって，これらイシューをめぐる典型的な紛争パターンは，アメリカ（議会によることが多かった）が一方的な行動――しばしば「国内的」な行動――を行い，それに対する反応として，小国側が外交チャンネルを通して是正を要求するというものである。他のイシューにおける要請と政府行動のパターンは，社会・経済イシューと比べて対称的であった――アメリカが最初の要請を行ったのは29件中14件，最初の政府行動を行ったのは11件中6件であった。

表7−16は，4組の関係ごとにトランスナショナルな組織がイシューに関与する回数を表にすることにより，国家間アジェンダをめぐるもう1つの観点を検討している。これら4組のアジェンダのうちの3組は，トランスナショナルな組織が政府間紛争の形成において小さな役割しか果たしていないという，非常に似通った結果となった。それに対して，戦後の米加間のアジェンダは，10件の事例でトランスナショナルな組織が関与するという，劇的に異なる結果となった（社会・経済イシューだけを見れば，戦後の米加間のイシューのほぼ半数にトランスナショナルな組織が関与しており，違いはさらに顕著になる）。したがって，我々の複合的相互依存関係モデルに最も近い戦後の米加関係では，他の3組の関係においてよりも，ハイレベルの紛争においてトランスナショナルな組織の果たす役割が明らかに重要である。

トランスナショナルな組織は、アジェンダ形成の政治過程において、政府行動のロビイスト、対象、触媒、道具、受益者といった多様な役割を果たした。3件の事例（民間航空路線問題、石油輸入割り当て問題、木材輸入割り当て問題）では、トランスナショナルな組織は重要度の低いアクターであった。ロビイストとしては、1件の事例においてのみ、トランスナショナルな組織（ボーイング）が政治的活動を計画的に主導した。トランスナショナルな組織が政府行動の対象としての役割を果たしたのは、国内の集団が自国政府にトランスナショナルな組織の活動からの保護を求めて訴えた結果として、イシューが政治化された事例である。「触媒」の事例としては、カナダ市民がタンカー「マンハッタン号」の航海をカナダの主権に対する脅威として認識したために政治化された件がある。2件の「道具」の事例では、アメリカ政府は政策目標を達成するために企業の支社を操作したが、この操作がかえってカナダにおけるナショナリズムを刺激した。たとえば、ディーフェンベーカー首相は1957年の自身の選挙運動において域外規制の事例を政治化した*。また、1965年、アメリカの国際収支ガイドラインがトランスガバメンタルな紛争を通じてカナダ国内で政治化された。これは、エリック・キーランス（Eric Kierans）州大臣がアメリカ商務省に抗議の手紙を送る（そして公開する）ことによって、アメリカの要求を悠長に受け入れることのないよう連邦政府を促したことによるものであった。

　カナダの人々は、多国籍企業が重要な政治的役割——政府行動の対象として、政府行動への触媒として、あるいはアメリカ政府の政策の道具として——を果たした時、強い反応を示した。トランスナショナルな財・サービスなどのフローをめぐる伝統的なイシューは、多国籍企業が関係する場合でさえも、そのような感情を搔き立てることは稀であった。

　要約すると、戦後における同盟網のリーダーとしてのアメリカの地位が、米加・米豪の両関係における戦前と戦後のアジェンダの違いの主要な原因の1つであった。しかし戦後の米加関係では、3分の1の事例において、トランスナ

＊　1957年、ディーフェンベーカー首相は、自由党員がカナダを「経済的に事実上アメリカの49番目の州」にするつもりだと非難した。James Eayrs, *Canada in World Affairs, 1955-57* (Toronto: Oxford University Press, 1959), p. 125. 1958年の選挙において、フォード・カナダが中国へのトラックの販売をしようという計画が拒否されたという疑惑が広く報道された。Trevor Lloyd, *Canada in World Affairs, 1957-59* (Toronto: Oxford University Press, 1968), p. 93.

第Ⅲ部　レジームと2国間関係

ショナルな組織がアジェンダ形成の政治過程に影響した。米加関係は本書の複合的相互依存関係の理念型に近似しているため，驚くべきことでない。

6　結果の違いを説明する

　ハイレベルの紛争全件の結果を比較すると（表7‐10および表7‐14），またしても戦後の米加関係が際立つ。他の3組の関係では，単純な全体構造モデルが予測するのと同じく，アメリカが優位を占めており，カナダやオーストラリアの少なくとも2倍の件数でアメリカが目的に近い結果を得た。しかし，戦後の米加関係では1960年代の交渉における多くの成功を反映して，カナダが僅かに優位となっている。オーストラリアの形勢の改善はさほど顕著でない。戦後のカナダの事例は，単純な全体構造による説明にとって，明らかな逸脱例である。

　戦後の米豪関係と米加関係には，いずれも明示的なリンケージを禁止する規範を伴う同盟レジームが存在するが，カナダはオーストラリアより多くの利益を得ることができた。なぜカナダはより多くの成功を収めたのか。この問いに対する主要な説明は，両関係における相互依存関係のパターンに見られる対称性の違いと，交渉過程に影響を及ぼす諸条件（リアリズム対複合的相互依存関係）の違いの2点に求められる。一部の事例においてカナダは敏感性の相互依存関係に基づいて行動することができた（レジームが維持される場合に限って可能であった）。一方，他の事例におけるカナダの成功は，脆弱性の相互依存関係の対称性に基づいていた。さらに，複合的相互依存関係の諸条件が直接・間接にカナダの成功に貢献した。すでに見たように，トランスナショナルなアクターによるアジェンダ設定は，カナダのナショナリズムを刺激する傾向があった。それにより，交渉におけるカナダの立場が強化された。加えて，少なくとも6件の事例において，カナダの成功はトランスナショナルなアクターやトランスガバメンタルなアクターの交渉過程への直接の関与に大きく依存していた。表7‐17において諸事例をまとめているが，カナダの成功に関する2つの主要な説明のそれぞれについて詳細をここで検討してみたい。

　第1に，いくつかのイシューにおいて，カナダとアメリカの脆弱性の非対称

表7-17 カナダ政府の目的により近い結果となった紛争一覧(1950〜69年)

紛争	管轄権	アメリカ政府の分裂	大統領にとってコストや重要性が低い	特定の報復の恐れ	リンケージの恐れ	事実上のトランスナショナルな協力者	トランスナショナルな組織の役割	トランスガバメンタルな役割
政治・軍事								
ボマーク	アメリカ	あり	あり	―	―	ボーイング	ボーイング	軍
安全保障情報	アメリカ	あり	あり	安全保障情報	―	―	―	国務省
経済								
シカゴ水利	共同	あり	なし	コロンビア川	遠距離早期警戒防空レーダー網	湖岸諸州	―	国務省
カーリング・ブルワリー	アメリカ	あり	あり	アメリカ投資	―	―	―	国務省
石油	アメリカ	なし	なし	パイプライン	防衛	北部石油精錬業者	―	―
木材	アメリカ	なし	なし	―	―	―	IWA(米国際木工労働者組合);クラウン・ゼラバック社	―
自動車協定	共同	なし	なし	自動車関税	―	自動車企業	自動車企業	―
該当数		4	3	5	2	4	3	4

性は,オーストラリアとアメリカの非対称性と比べてはるかに小さい。非対称性が顕著な同盟・防衛イシュにおいて,カナダは地理的な条件のためにオーストラリアよりも強い交渉上の立場を得られる。つまり,オーストラリアは自国を守るアメリカが撤退することを恐れているが,こうした恐れをカナダは有していない。他方で,地理的近接性と資源を共有しているというイシューから生じた3件の紛争に際して,カナダの交渉姿勢は管轄権の法的な対称性によって強化された。そして,いくつかの経済イシューに関して,カナダはアメリカの

行動に対してオーストラリアよりも脆弱であったが、アメリカはカナダの行動に対して、オーストラリアの行動に対するよりも敏感であった。たとえば、1963年の金利平衡税問題において、両国の資本市場の統合が進んでいたためにカナダへの悪影響がアメリカ経済にもフィードバックされうることをカナダの高官がアメリカの交渉相手に示した後、カナダは金利平衡税からの除外を認められた。つまり、アメリカ側が怒ってイシュー別レジームを破り、全体的な脆弱性の低さを用いて圧力をかけない限りにおいて、カナダ側は特定のイシューへのアメリカ側の敏感性に基づく依存関係を用いて行動することができた。

　読者は、友好国間に存在するパワーの源泉構造における不利を巧みな交渉がある程度は埋め合わせることもあるという第1章の議論を想起するかもしれない。カナダはアメリカ以上に相互の貿易に依存していたが（カナダがGNPの11％であるのに対して、アメリカはGNPの1％）、カナダとの貿易はアメリカにとっても重要であり（アメリカの輸出の4分の1がカナダ向け）、カナダは報復の手段を有していた。アメリカに損害を与えるカナダの能力が抑止力としての価値をどの程度持つかは、カナダ自身が大きな損害に耐える意思次第であった。そして、しばしばカナダには損害に耐える用意があった。それは、両国関係がアメリカよりもカナダにとってより重要であるという、重要性の非対称性のためであった。

　実際に、報復の可能性を示唆することにカナダが成功した5件の紛争事例において、カナダ側には損害に耐える意思があった。安全保障情報保護問題において、カナダ側は、保証が受け入れられない限り、安全保障情報における協力を中断すると脅した[33]。また、シカゴ水利問題では、カナダがコロンビア川を迂回させる可能性が決着に影響した。カーリング・ブルワリー問題では、カナダ国内のアメリカ企業に対する報復の可能性が一因となった[34]。石油輸入割り当て除外問題では、カナダ横断石油パイプラインを建設する可能性——カナダ東部からベネズエラ産石油を排除することにつながる——が浮上していた。自動車協定をめぐる交渉において、カナダ側は自動車産業を手厚く保護する可能性をほのめかしていた[*]。

　オーストラリアは、カナダほどアメリカの敏感性に基づく行動をとれなかった。食肉割り当て問題の事例においてのみ、オーストラリアはカナダと同様の

戦術を用いた。しかし通常は，オーストラリアはさほど力強く抗議することも，報復で脅すこともなかった。なぜならば，第1に，米豪関係には経済的な脆弱性に基づく相互依存関係や敏感性に基づく相互依存関係が米加関係ほどには存在しなかったからであり，第2に，オーストラリアがアメリカによる安全保障の保護を維持することを望んだためであった。アメリカの経済的措置に対応する際のオーストラリアの従順さは，1958年のアメリカによる鉛・亜鉛割り当て問題および1963年以降のアメリカの国際収支上の措置の問題の双方において，明らかであった。オーストラリアの鉛と亜鉛の輸出は，アメリカの輸入割り当てにより一時的に減少した後，輸入割り当てが行われた期間中（1957～58年と1964～65年の比較で）に価値にして約80％も増加した。先に述べたように，1963年以降，オーストラリアはアメリカの金利平衡税および資本規制に対して事を荒立てることなく適応したが，それは一部には鉱物輸出の増加によって新たな歳入を得たためであり，また一部にはヨーロッパから借り入れを行ったためであった。オーストラリアが羊毛関税のようなアメリカの行動によって損害を受けた際ですら，オーストラリアの対外政策の最重要目標は保護を継続して受けるためにアメリカとの緊密なつながりを維持することであるという政権――1950年から1969年までの保守政権――の信念のために自制して，とげとげしい非難や報復の脅しを行わなかった。アメリカに対するオーストラリアの従順さは，アメリカの要請への同意と，アメリカの譲歩を引き出すことの失敗との両方に見られる。この従順さは，オーストラリア外務省がほぼ政治・安全保障イシューのみに関心を向けていることと，国内の利益よりも対外政策，ならびに経済的目標よりも安全保障に高い優先順位を維持するというオーストラリアにおける支配的な信念を反映している。米加関係の状況とは対照的に，社会経済的つながりが少なく，接触チャンネルも限定的であったため，このアプローチは少なくとも1970年代までは維持された。その後，安全保障上の懸念がさほど切迫したものでなくなり，経済的相互依存関係とトランスナショナ

---

* ベネズエラ産石油の代替については，以下を参照のこと。Lloyd, *Canada in World Affairs*, p. 86. また，自動車協定をめぐる交渉ではカナダ側が市場をメキシコのように手厚く保護する可能性をほのめかした。ある交渉の参加者はインタビューにおいて，「我々は時折，テーブルの下のソンブレロ（メキシコなどで用いられる，つばが広く中央が高い帽子：訳注）を指摘することができた」と述べている。

ルな接触が増大するにつれて，イシューの階層構造においてハイポリティックスがローポリティックスの上位に常に位置した時代は，オーストラリアの対外関係にとって過去のものとなりつつあるようだ。

　いくつかのイシューにおいて，小国側の交渉姿勢の強硬さと一貫性が，異なる成功のパターンをもたらしてきたように思われる。たとえば，カナダは，アメリカの資本規制にオーストラリアよりも強く抗議した。記録が示す限りでは，オーストラリアは金利平衡税についてすら首脳レベルでの抗議を行わなかった。さらに，1965年の資本規制問題でのオーストラリアの抗議がはねつけられた後，オーストラリア政府は，規制をされていても自国の資本需要を満たせることに気づいた[*]。オーストラリアが要請を行い，アメリカの同意を得た事例における最大の成功例は，食肉輸入割り当て問題であった。この事例において，オーストラリアはアメリカの食肉輸入の最大の供給国であり，1964年にメンジーズ首相がジョンソン大統領に対して，当時上院で審議されていた規制法案が成立して法制化されればオーストラリアはアメリカ製品に対する報復を行うと強く示唆する手紙を書いた[37]。

　交渉姿勢の強さと一貫性は，イシューがそれまでに経た政治化過程のタイプとも関連している。トランスナショナルなプロセスへの自発的な反応であろうと，政府の指導者による操作の結果であろうと，下からの政治化には政府に圧力をかける諸団体の動員を伴う。下からの政治化の圧力を受けた小国側の政府は，強い姿勢で，アメリカに要求を行ったり，アメリカの要求に抵抗したり，あるいは厳密には経済的観点からすると非合理的かもしれない報復（食肉の問題でオーストラリアが，あるいは石油や自動車協定をめぐりカナダが行ったように）の脅しすら行う。対照的に，アメリカにおける下からのイシューの政治化は，狭い基盤を有し，議会への働きかけを主に行う団体によって行われる。アメリカ市民はカナダやオーストラリアがさほど重要であるとは考えていないため，カナダやオーストラリアとの問題では広範な大衆運動を形成できない。結果的に，アメリカにおける下からの政治化により，（木材輸入問題や食肉割り当て問題の事

---

[*] 1960年代後半のオーストラリアの鉱物輸出ブームが助けとなり，1960年代終わりまでにオーストラリアはアメリカ市場からの大規模な借り入れを中止することができた。以下を参照のこと。*Australia in Facts and Figures*, various issues. この推論については，1974年8月8日のワシントンのオーストラリア大使館における高官との議論で確認した。

例のように）しばしば議会——あるいは，議会の声高な一団——と行政府の不一致が生じる。したがって，民主政治の圧力は，通常は交渉過程において小国側に利する。なぜなら，小国側にとって下からの政治化は政府の強硬な交渉態度と一貫した姿勢をもたらす傾向があるが，一方でアメリカにとってはそのような下からの政治化が政策の分裂をもたらすからである。同様に，アメリカとカナダの間においては，アメリカとオーストラリアの間よりも市民の反応を引き起こす助けとなるトランスナショナルな相互作用がはるかに多いため，民主政治の圧力がオーストラリア以上にカナダに有利に働く。

　アメリカとの交渉においてカナダが多くの成功を収めたことをめぐる第2の主要な説明は，複合的相互依存関係の諸条件による交渉過程への影響からの説明である。先に見たように，戦後の米加関係のアジェンダが他の3つの状況とは異なるのは，戦後の米加関係においてトランスナショナルな組織がアジェンダ形成に重要な役割を果たしたことが一因であった。紛争の結果を検討すると，トランスナショナルな組織がかかわるイシューでは，カナダの「勝ち」が6件，「負け」が3件，互角が3件の結果となっており，トランスナショナルな組織がかかわっていないイシューよりもカナダに好ましい結果となっていることが明らかとなる。

　表7-18は，トランスナショナルな組織が政治過程において果たす役割と，そのような役割の重要性を示している。いくつかの事例において，トランスナショナルな組織は，アメリカ政府の利害とは必ずしも一致しない独自の利害を有していることが分かる。こうした利害のズレから分かることは，アメリカとの交渉におけるカナダ政府の立場をトランスナショナルな組織が弱めるとは限らず，逆に強めることもあるということである。あるアメリカ政府高官は自動車協定における企業の役割について，「我々は，企業を脅すというカナダの計画について知っていたが，企業がより強力な交渉者であると予測していた。企業はそれほど譲歩をする必要はなかったのだ。譲歩しないほうが，企業の利益となったはずだ」と語った。自動車協定において，カナダが自動車企業から請願を受けたことを示す手紙が，共同利益の多くをカナダが手にする助けとなった。石油の事例においては，北部の大手精錬業者によるアメリカ国内でのロビー活動が，カナダの助けとなった。そして，北極公害問題の事例では，ハンブ

表7-18 米加関係の政治過程において TNO（トランスナショナルな組織）が関与した事例

結果に対する TNO の重要性	目的により近い結果を得た側	ロビー活動を行った TNO	TNO を利用した政府
必要であった			
雑誌税	アメリカ	『タイム』・『リーダーズ・ダイジェスト』，両国において	—
域外規制	アメリカ	—	アメリカ
ボマーク	カナダ	ボーイング，両国において	—
海員組合	アメリカ	組合，カナダにおいて	—
国際収支ガイドライン	互　角	—	アメリカ
自動車協定	カナダ	—	カナダ
一助となった			
コロンビア川	互　角	カイザー社，ブリティッシュ・コロンビア州において	—
石油輸入割り当て	カナダ	石油企業，アメリカにおいて	—
木材輸入	カナダ	組合および企業，アメリカにおいて	—
北極圏	カナダ	—	カナダ
無視できる程度			
カーリング・ブルワリー	カナダ	—	—
航空路線	互　角	—	—

ル石油（Humble Oil）が2度目の航海を始める前にカナダの承認と支援を必要としたという事実により，カナダの事実上の主張の立場が大いに強められた。[39] 他方，少なくとも2件の事例において（域外管轄問題と核兵器問題），トランスナショナルなアクターやトランスガバメンタルなアクターに影響を及ぼすアメリカ政府の能力が，アメリカ政府の目的に貢献した。そして，他の2件の事例では（雑誌税問題と海員国際組合問題），アメリカを基盤とするトランスナショナルな組織が真の勝者であったと論ずることもできる。それでもなお，カナダは，トランスナショナルな組織がかかわるイシューにおいて全体として良い結果を収め，カナダの自律性に影響する最も重要な事例の一部でも良い結果を収めた。[40]

　カナダは，トランスガバメンタルな関係を含む戦後のイシューにおいて，さらに良い結果を収めた。カナダは，トランスガバメンタルな関係が重要であっ

た紛争8件中5件に有利な結果を得て，一方でアメリカが有利な結果を得たのは僅か1件だけであった。他の関係（戦前の米加，戦前と戦後の米豪）では，トランスガバメンタルな政治が重要な役割を果たしたと考えられる事例は3件のみであった（1936年：カナダの酒税問題，1959年：オーストラリアの小麦販売問題，1969年：オーストラリアの核不拡散条約問題）。これらの事例の最終的な結果は，アメリカの立場よりもカナダやオーストラリアの立場に近いものであった。紛争の結果を決める要因として政府の結束が重要であり，概してアメリカはカナダやオーストラリアほど結束していなかった。アメリカが結束を欠いているのは，一部には単純に規模のため，および（議院内閣制とは対照的な）大統領制のためであるが，関心の非対称性のためでもある。すなわち，カナダがアメリカに注目するのとは異なりアメリカ政府がカナダに注目することはなく，また，カナダほどでないとしても，オーストラリアがアメリカに注目するほどにアメリカ政府がオーストラリアに注目することもない。要するに，強い結束と高い関心が，規模の不利を埋め合わせているのだ。しかし，キューバ・ミサイル危機や核兵器の事例では，共通の脅威に直面した相互依存防衛共同体という観念により，トランスガバメンタルな防衛連合が正当化された。つまりこれらの事例では，結束と関心についての先述の法則には当てはまらない。その意味において示唆的な事例である。

　要約すると，本章で発見した結果のパターンには多くの原因があるが，詳細に調査した結果によると，複合的相互依存関係の政治過程，とりわけトランスナショナルなアクターとトランスガバメンタルなアクターの活動が重要であった。本章が検討した4組の関係のうち，戦後の米加関係が最も複合的相互依存関係に近かった。そして，複合的相互依存関係により予測される政治過程が，戦後の米加関係の（単純な構造的観点からすると）驚くべき結果のパターンを説明する助けとなっている。さらに具体的に言えば，戦前と戦後のカナダの経験の違いから，複合的相互依存関係とは単に協調的政治，すなわち軍事力の不在を意味するだけでなく，複合的相互依存関係の定義における他の条件，とりわけ多様な接触チャンネルの存在が，紛争の結果に対する重要な要因の1つであることが示された。

第Ⅲ部　レジームと2国間関係

7　レジーム変容をめぐる新たな説明

　我々はこれまで，全体政治構造に基づく理論では，戦後の米加関係の結果のパターンをうまく説明できないということを見てきた。複合的相互依存関係の特徴の一部——とりわけ，軍事力の不在と社会間の接触チャンネルの拡大——により，リアリズムの諸条件の下にあるよりも，両国関係においてアメリカが支配的立場を行使することが難しくなっていた。さらにアメリカは，第2次世界大戦の後に両国間に発達したレジーム——イシュー間リンケージの可能性を限定し，反応性と協調を美徳として重視するレジーム——によって制約されていた。

　しかし，国際レジームが圧倒的な基礎的国力（パワー）を有する国家にとって我慢ならないものとなれば，レジームが変更されうることを我々は知っている。では，アメリカはなぜ戦後の米加関係を制約したレジームを破らなかったのか。レジーム変容に関する本書の4つのモデルが，どの程度，これまで検討してきた結果のパターンを説明する助けとなるかを見てみよう。

　まず，本書の単純な経済過程モデルによると，経済におけるアメリカとカナダの間の敏感性に基づく相互依存関係が劇的に増大したことに伴い，政治的統合が徐々に深化する方向にレジームが変容するはずであった。たとえばジョージ・ボール（George Ball）は，北米の経済的統合に続き，高度な政治的統合も起こるだろうと1968年に推測していた。(41)確かに，経済的統合は進行していた。カナダからアメリカへの輸出は，1948年から1970年の間にカナダの総輸出の半分から3分の2以上に増加した。すでに見たように，互いに最大の貿易相手国であり，互いへの輸出高が両国の総輸出に占める割合は1960年代の間に26％から36％に上昇した。このような経済統合の水準は，欧州共同市場（European Common Market）の水準に近いものであり，さらにいくつかの自由貿易圏の水準を上回るものであった。*

---

　*　1966年の欧州共通市場における同数値は43％，欧州自由貿易連合（European Free Trade Association）では25％，ラテンアメリカ自由貿易連合（Latin American Free Trade Association）では10％であった。

しかし，政治的統合は限定的であった。政治的統合は，①共通の制度の創設，②政策の調整（制度の有無は問わない），③共通のアイデンティティと忠誠心の発達の3タイプに分類できる。自発的な統合が起きるためには，3タイプすべてが発達する必要がある。しかし，米加関係を見ると，第1タイプと第3タイプが明らかに欠如している。それどころか，第2タイプの進展はある程度見られたが，第3タイプでは後退していたと論じることさえできた。

　政治的統合とトランスナショナルな相互作用の増大とが一致するとは限らない。それどころか，非対称的な関係の下では，トランスナショナルな相互作用の急増が，ナショナリズムを刺激することもあるだろう。ある論者はさらに議論を進めて，市民の目に触れることの多いトランスナショナルな組織が，この効果を高めるという推測を試みている。世論調査が示すように1970年代にカナダのナショナリズムがますます強まり，カナダ政府はトランスナショナルな組織とコミュニケーションへの管理を強める計画を徐々に進展させたのだが，これらの出来事が1950年代前半の一大好景気の時代に続くものであったということは，非常に興味深い。1950年代前半は，直接投資が証券投資を上回るまでに増加し（1950年），カナダの製造業の外国支配が50％を超えた（1956年）時代であった。

　原因が何であるにせよ，ナショナリスト的世論の高まりが，ハイレベルの紛争に表れるカナダ政府の政策パターンに影響を及ぼした。すでに見たように，1950年代はアメリカ政府の行動が主としてアジェンダを設定していたが，1960年代はアメリカ政府よりもカナダ政府の行動を反映したアジェンダへと変化した。同時期を通じて，紛争の結果がカナダ政府の目的により近いものとなることもまた増加した。おそらく，1950年代後半および1960年代前半のハイレベルな紛争における解決策のいくつか（石油輸入割り当て除外問題，国際収支措置問題，航空路線問題，自動車協定問題）は統合的な効果をもたらすものであったと言えるが，1970年代にはこのような統合的な解決が稀になったという事実は，さらに示唆的である。社会と政策の相互依存関係は深化したが，それら

---

*　統合的な解決策の機会がなかったためではない。たとえば，ミシュランのタイヤ工場へのカナダの地域補助金を，アメリカが輸出補助金とみなし，対抗して税を課した事例がある。10年前であれば，このような政策の相互依存状況に対して，統合的な対応がなされただろう。

は政治的共同体というトランスナショナルな感覚を創出しなかった。複合的相互依存状況における交渉の政治からも，ナショナリズムと国民国家が消え去ることはなかった。それどころか，象（大国の比喩で，ここではアメリカのこと：訳注）が外を歩き回る間に，ビーバー（小国の比喩で，ここではカナダのこと：訳注）はダムを造ったのである。

　しかしながら，単純な経済成長モデルは，戦後の米加関係におけるリンケージを禁じる規範が持続していることを説明できる。両国政府は，経済統合が中断することによって生じる利益の損失を認識しており，また，経済システムを維持するためにいくつかの政策の統合——できれば非公式に——が必要であることを分かっていた。両国政府は，経済統合の進展を反映した新たなレジームを開発することには消極的であったが，利益を生み出す既存のレジームを脅かす行動は差し控えたのだ。

　続いて，全体構造モデルは，米加・米豪の両関係における，戦前のレジームと戦後のレジームの創設を最もよく説明できる。しかしながら，戦後の時期について見ると，全体構造モデルによって説明できるのは，カナダが戦後のレジームから利益を得たことや，アメリカがレジームを変容させられなかったことよりも，オーストラリアがリンケージを妨げるレジームから多くの利益を得られなかったことである。

　我々は，明示的なイシューのリンケージが戦前の時期において非常に重要であったことを発見した。当時は，3国すべてにおいて，孤立主義のため，グローバルな構造よりも2国間のパワー構造が重要性を持っていた。1920年代および1930年代，アメリカは頻繁に，自国のカナダに対する全体的な優位に基づく影響力を行使するため，とりわけ貿易において，無関係のイシューをリンクさせた。オーストラリアに対しては，アメリカは小麦輸出や貿易政策の転換といったイシューにおいて，問題領域内でのリンケージを行った。1930年代，アメリカの在オーストラリア総領事は，オーストラリアを保護することと，貿易イシューにおけるオーストラリア側の妥協をリンクさせることを提案した。しかし，当時の孤立主義的風潮のために，総領事の提案は国務省によって拒絶されたようである。カナダとオーストラリアは，イシューのリンケージを試みたが（カナダは鮭とオヒョウの漁業問題と，トレイル溶鉱所問題およびデトロイト大気

汚染問題をリンクさせ，オーストラリアは貿易政策の転換問題と貿易協定をリンクさせた），アメリカがリンケージを受け入れることを拒んだため，成功しなかった。

　第2次世界大戦以前，安全保障の目的を共有する意識は，米加・米豪の両関係，特に後者の関係には存在していなかった。したがって，関係がしばしば対立的になったことや，とりわけアメリカが経済イシューにおいて貿易相手の小国側に対する妥協を行う必要性をほとんど感じていなかったことは，驚くべきことではない。戦時および冷戦期の緊密な同盟関係の間に発達した共通の利害意識から生じた規範のために，戦後の関係では，はるかに反応性の高いパターンが保たれた。双方ともに，同盟と友好的な関係を維持することに関心を抱いていた。アメリカでは，国務省と国防総省がこれらの目的に最も直接的な関心を有しており，時には，農務省や商務省に対抗して，カナダや（めったにないことであるが）オーストラリアを支持することもあった。

　しかし，全体構造の観点から見ると，米加関係と米豪関係は全く異なるものであった。検討を行った戦後の20年間を通じて，オーストラリア政府は，自国がアジアからの脅威——日本，インドネシア，あるいは中国からの脅威——に立ち向かうため，アメリカによる保護に依存していると信じていた。オーストラリア政府は，アメリカの政策決定者と同様に，オーストラリアがアメリカに対して相手よりも依存しているパートナーであり，交渉上の立場が結果的に不利であると信じていた。アメリカがオーストラリアに対して，オーストラリアがアメリカに向ける関心よりもはるかに低い関心しか向けていなかったにもかかわらず，オーストラリアは安全保障イシューにおける非対称な依存という意識のために，関心の非対称性という優位を生かすことができなかった。この意味において，1950年代および1960年代における米豪関係のイシューの結果は，主として構造によって決定されていた。1950年から1969年までの間のオーストラリア政府には，安全保障イシューへの負のリンケージの結果としてアメリカが保護の傘を弱めることへの恐れが，懸念の源として広まっていた。オーストラリアが経済イシューを安全保障イシューよりも下位に置いたため，アメリカの外交官は他のイシューにおける重大な不一致が安全保障に及ぼす影響を説明する必要がなかった。

　1950年代，カナダは自国の安全保障状況とグローバルな秩序への関心を定

義したが，そのあり方はオーストラリアとさほど変わらなかった。しかし，それにもかかわらず，カナダは自国がグローバルな関係の構造を維持するためにオーストラリアと互角ないしはそれ以上の犠牲を払ってきたように思われる。1960年代中頃から終わりまでに，冷戦対立の緊張緩和，国連平和維持活動への幻滅，爆撃に対する防衛技術の陳腐化，およびヴェトナム戦争により，カナダの安全保障概念は変化した。これらの変化と国内のナショナリズムの高まりにより，グローバルな関係のパターンや対米関係のパターンを乱すことをカナダが恐れる必要はなくなった。そのため，交渉における遠慮が弱まった。米加関係における規範と戦略が変わり始めた。すなわち，カナダの政策への構造的制約が1960年代に弱まったのだ。全体的にはアメリカがカナダよりはるかに強力であることに変わりはなかったが，カナダ政府は，2国間関係においてより大きな利益を得るために，増大するナショナリズムとイシューの政治化とを利用する方法を学んでいたのだ。

　しかし，全体構造による説明では，カナダ側が「静かな外交」の規則から離れ始めた後も，アメリカがレジームを変えなかった理由を解き明かせない。全体構造モデルの説明によれば，安全保障上の脅威が弱まり，グローバルな覇権が侵食されれば，アメリカはリーダーシップに伴うコストを負担することに消極的になり，したがってレジームの変更を始める可能性が高まるはずであった。核の時代においてアメリカが自国をカナダの防衛から完全に切り離すことは不可能であったとはいえ，1960年代に防空態勢におけるカナダの重要性がなくなったことによって，この傾向は強まるはずであった。

　しかし，このような予測は実際の結果のパターンに合致しない。第1に，1950年代の防衛における相互依存関係が対称的であったにもかかわらず，アメリカ以上にカナダが，同盟を損ねないために交渉を控えめにしていた。そして，1960年代に先に手続きを変更し始めたのはカナダであった。第2に，1971年および1972年のコナリー財務長官の行動は，レジームの規範を破り，全体構造モデルによる説明が予測するような方向に向かわせるものであったが，コナリー主義は長続きせず，レジームに当時予測されたような大きな変更は行われずに維持された。

　第3に，イシュー構造主義は，1960年代のカナダの交渉姿勢の変化をうま

く説明できないが，レジームの持続を部分的に説明できる。すでに見たように，戦後初期の交渉と政治化をめぐるカナダの戦術は，「静かな外交」という言葉で要約されるものであった。これは，イシュー構造主義が予測するものである。頻繁に主張されたところによると，公に政治化すればパワー（国力）の非対称性のためにアメリカの要求が強化される可能性が高いが，脱政治化すれば官僚機構によって諸イシューを長期的な共通の利益に結びつけて，同盟を管理することが可能になる。

たとえば，イシュー構造主義によれば，カナダ側が諸イシューの交渉をIJC（International Joint Commission：国際合同委員会）に持ち込もうとすることが予測される。IJCは，主として国境に関する諸イシューを扱うために両国政府によって1909年に設立され，伝統的に国家の政治的立場の観点ではなく，両国の具体的な利益に基づいてイシューに対処してきた。1970年までの80件の案件において，IJCの6名のメンバー（各国3名ずつ）の判断が国籍に応じて（アメリカ側3名対カナダ側3名に）割れたのはたった4回であった。したがって，カナダ政府はアメリカの政治的強さを中和できるIJCにしばしば案件を持ち込もうとしたが，アメリカ政府はイシューをIJCに委ねることに頻繁に抵抗した。しかしながら，1960年代，海事管轄権問題といった，カナダが修正主義的見解を持っていたイシューをめぐり，カナダ政府は2国間制度の利用を避けた。カナダは，国際連合海洋法会議において沿岸国の権利を主導的に主張し，会議では小国が諸イシューをリンクさせ，アメリカは少数派の立場に置かれた。

1954年，ウィリアム・フルブライト（J. William Fulbright）上院議員は，全体構造的な観点から，カナダが「（アメリカと）非友好的になれるほどに強力になっている」とは思えないと述べた。同様の発言は，カナダ側からも頻繁に行われた。しかし，親善は程度の問題である。予想されたシナリオとは異なり，1970年代前半のエネルギー危機の間，カナダは北米エネルギー貿易におけるゲームのルールを変えることが十分にできた。カナダは，OPEC水準の価格をアメリカの消費者に要求しただけでなく，アメリカへの石油販売から完全に手を引くつもりだと知らせることもできた。このような非友好的行動は，アメリカの「最後通牒」（1973年によく売れたカナダの小説の題名であり，アメリカから最後通牒が突きつけられると予測されていた）には至らず，黙認されただけであっ

た。1974年冬，多くのアメリカの議員は，国境貿易分野での関税や税金という手段によって，アメリカの経済力を用いてカナダに圧力をかけることを提案したが，これらの提案は実行されなかった。このような結果は，イシュー構造主義によって，ある程度は説明できる。すなわち，カナダは石油を自給してなおあまりがあったので，この問題領域においてカナダは脆弱でなかったのだ。しかし，これは完全な説明とはならない。

　最後に，国際組織モデルにより，重要な部分を説明できる。このモデルが，国際レジームの変容を説明するにあたり，複合的相互依存関係の政治過程に着目するため，国連（米加関係ではさほど重要でない）のような公的な国際組織には着目していないということを思い返していただきたい。トランスガバメンタルなネットワークのような非公式のパターンは，このように非公式の制度を含むものとして定式化すれば，レジームの維持や変容の重要な決定要因として認められる。

　米加関係におけるイシューの個別化をもたらしているリンケージを禁じる規範は，対外政策が複合的相互依存関係の諸条件に適応したことを表している。複数のイシューやアクターがかかわる時，リンケージはしばしば国内政治の観点から大きな代償を伴う。自らの利益が手放されるのを黙って見過ごす利益集団はない。すなわち，無関係なイシューに対する報復の脅しは，他の国内アクターを巻き込むことになり，国内的な政治化を促進する。国内的に政治問題化して収まりがつかなくなる可能性を，官僚は危惧するのである。

　もちろん，ある程度のリンケージが存在することは確かである。外交官は，関係の全体構造が彼らの意識のなかに常にあることを認める。外交官は，時間的に近いイシュー（たとえば，自動車協定と雑誌税）が相互に影響することや，関係の全体的な雰囲気に対する影響をしばしば懸念した。しかし，明示的なリンケージによる取引は，あまりにも代償が大きいため，用いられなかった。

　さらにここで判明したのは，レジームの過程の一部であるトランスガバメンタルなネットワークが，レジームの安定性の重要な源であることだ。米加関係における集中化と政治化の試みは両国関係のあり方を変えたが，トランスガバメンタルなネットワークを長期に渡って抑え込むことはなかった。アメリカとカナダの高官は，緊密な接触によって保たれる関係を「管理する」ことに携わ

第7章　米加関係と米豪関係

った。関係が悪化した1971年から1972年の間ですら，国務省の高官は委員会や調査要求を用いて財務省による応報的措置を避けることができた[49]。アメリカとカナダの交渉担当者は，政権中枢部による監督を不要とするため，国内問題であると見えるように活動を行うことについて，非公式の相互理解に達していた。たとえば，境界水域における石油の流出はエコロジーの政治において加熱するイシューであったが，両国の沿岸警備隊による活動について以下のことが指摘されている。

　（両国の沿岸警備隊は，）石油流出に対する活動が行われる時，1人の指揮官の下で活動を行う。……しかし，もしここワシントンで我々の活動が統合的アプローチであると見られてしまうと，OMB（Office of Management and Budget：行政管理予算局）から国務省までの政府の全員，さらには他のものたちが関与することを望むかもしれない。オタワにおける反応も同様であろう。したがって，我々の危機管理計画は協調的であるが，統合されてはいない。そして，その方が関係者皆にとって良いことであり，また容易なのだ[50]。

　1974年のエネルギー危機に際してカナダがアメリカに対して行った石油輸出の削減は，世間の注目を集めて感情的なイシューとなり，アメリカ市民がアメリカ全体のパワーを懲罰的に用いることを求める事態を引き起こしかねなかった。しかし，危機の最中および以後，両国の高官によるトランスガバメンタルなネットワークが協調してイシューの政治化を抑えた。非公式なトランスガバメンタルな相互作用によって，アメリカ北部諸州の石油精製業者へのカナダの石油の一時的な供給が維持されたため，アメリカ内で政治化する可能性——とりわけ，議会を通じて政治化する可能性があった——は消滅した[51]。政治化が起これば，エネルギーの価格帯をカナダが変更するのを阻止するよう求める圧力がアメリカ政府に加わっただろう。両国の一部の政府機関における高官の協力には，もしハイレベルの外交を伴って完全に公に行われていれば，やりすぎだと批判を受けたであろう論争的な決定も含まれていた。潜在的な政治化の危機に直面した際は，脅威を回避するため，「静かな外交」というレジームの手続き（そのような言葉は用いられていなかったが）を再び用いることとなっ

た。

　第**3**章にて論じたように，(レジームの転換に関する) いずれかのモデルがあらゆる状況に適合することは望み薄であり，いくつかの説明を組み合わせることが必要な状況もあるだろう。しかしまた，最もシンプルな構造的説明から始め，それから必要な時に限って複合性を加える方法が効果的であると注記した。戦前の米加・米豪関係と戦後の米豪関係はいずれも，複合的相互依存関係の諸条件よりリアリズムの諸条件に近いため，これらの事例には全体構造モデルによって適切で簡潔な説明が行われると予測すべきである。しかしながら，戦後の米加関係は複合的相互依存関係により近いため，総合的な説明を構築するには全体構造モデルを越えることが必要である。全体構造モデルは戦後レジームの創設を説明する助けとなる。レジーム内でリンケージを禁じる規範は，イシュー構造モデルによっていくつかのハイレベル紛争におけるカナダの (他の観点からすると驚くべき) 成功が説明できる理由を解き明かす助けとなる。しかし，米加関係のアジェンダの変化と，少なくとも6件の紛争におけるカナダの成功と，リンケージを禁じるレジームの持続性とを説明するためには，複合的相互依存関係と結びついた政治過程を反映した国際組織モデルの複合性を加える必要がある。最後に，経済成長モデルは，レジームを維持する手段ではなく動機の一部を説明する助けとなる。

　これらの発見は，政策と理論の双方と関連している。第**1**章にて論じたように，政策は (しばしば暗黙の) 理論的前提に基づく。適切な政策を立てるためには，条件の変化を考慮せずに同一の理論的モデルをすべての状況に当てはめることはできない。戦後のカナダの事例は，全世界政治の典型ではないが，少なくとも，複合的相互依存関係に近似することが，潜在的なパワーから結果に対するパワーへと転換される政治的交渉過程に重要な影響を及ぼしていることを示した。したがって，たとえば，オーストラリアの安全保障上の脅威認識が低下し，通信技術が地理的距離による負の影響を減じるにつれて，米豪関係が次第に米加関係に似たものとなると予測できるかもしれない。

　さらに具体的に言えば，定期的な協議を持ち，相互依存関係におけるゼロサム的側面よりも共通の利益に焦点を絞っているこの種の同盟レジームは，外部の安全保障上の脅威にのみに依拠していないことが戦後の米加関係の事例から

第7章　米加関係と米豪関係

示された。1960年代にソ連とアメリカの間のデタント（緊張緩和）が進展するにつれて，カナダの交渉は構造上の制約を受けなくなり，カナダが主張を強めるようになったことは確かである。しかし，1970年代，経済的相互依存関係が阻害されれば共通の政治的損失が生じると認識したこと，ならびに複合的相互依存関係の諸条件の下で関係を管理するために非公式のトランスガバメンタルなネットワークが重要であると受け入れたことを基礎として，米加関係のレジームは再確立された。もちろん，このように再確立されたといえ，レジームが新たな脅威によって壊れないとは限らない。また，関係を制御するレジームの他の側面が変更されないことを示唆するものでもない。トランスナショナルな企業投資や，テレビやニュース雑誌を通じたトランスナショナルなコミュニケーションを管理するための制約的手続きを定めた1970年代のカナダの立法を見れば，そのことを確認できる。しかし，米加関係は，レジームの安定性にグローバルな覇権を必要としないこと，およびレジームを維持するためのリーダーシップが共有されうるということを示したのである。

　著者たちは，本章で分析した米加関係と米豪関係の事例からすべての2国間関係へとそのまま一般化できると言っているのではない。たとえば，日本とアメリカの関係は，地理的にはオーストラリアとアメリカの関係に類似するが，（歴史については言うまでもなく）文化的距離についても考慮しなければならない。そして，メキシコとアメリカの関係は，いくつかの点で米加関係と類似しているとはいえ，メキシコとアメリカでは，文化的にも経済的にも，社会の違いが大きい。したがって本章は，仮説を生成し，示唆的な証拠を提供し，2国間関係の分析のための方法論を検証する試験的な研究とみなされるべきである。複合的相互依存関係が2国間関係に与える影響の論じ方を決定的に示すものではない。(52)

　2国間関係は，多様な要因——文化的装置や，経済発展の水準，やりとりの多さなど——に左右される。しかしながら，①複合的相互依存関係の諸条件が適合する程度と，②関係の非対称性とを軸とする図において，2国間関係をいくぶん単純化して考えてみることは，米加関係と米豪関係の位置づけを検討する助けとなるかもしれない。米加関係は，複合的相互依存関係の諸条件に合致しており，利用可能な資源という観点では非対称性が高い。冷戦期のソ連

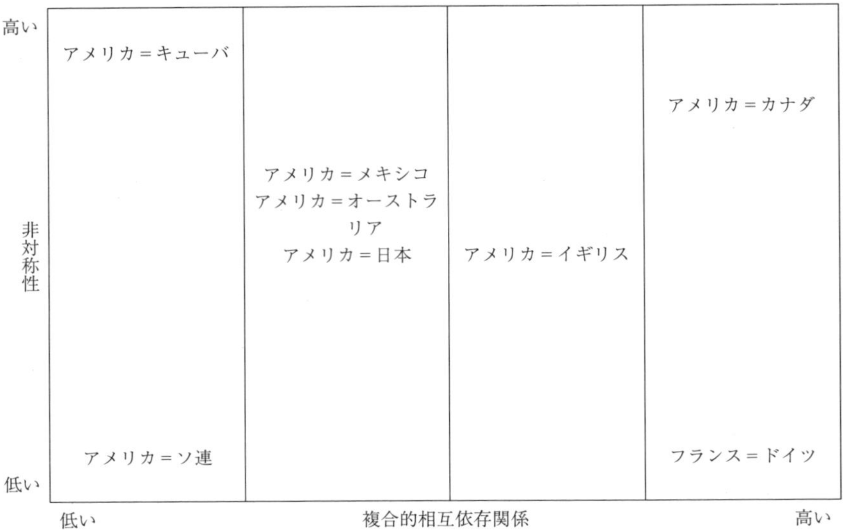

第Ⅲ部　レジームと2国間関係

```
高い
│ アメリカ＝キューバ                                    アメリカ＝カナダ
│
│              アメリカ＝メキシコ
│              アメリカ＝オーストラ
非             リア
対             アメリカ＝日本      アメリカ＝イギリス
称
性
│
│
│
│
│ アメリカ＝ソ連                                        フランス＝ドイツ
低い└──────────────────────────────────────────
  低い                  複合的相互依存関係                    高い
```

図7 - 1　複合的相互依存関係と非対称性を2軸とする2国間関係の分布（1970年代）

とアメリカの関係——複合的相互依存関係の諸条件にほとんど合致しないが，能力の対称性は高い——とは，特に対照的である。図7 - 1は，他のいくつかの2国間関係がこれら2つの軸からなる平面図のどこに当てはまるかを示したものである。明らかに，本章の選んだ2組の事例は，2つの軸の変化の振れ幅を満たすものではない。複合的相互依存関係の諸条件に近似する程度によって差異化された組み合わせとして，この2組の事例を用いた。これらの事例から世界政治のすべてについての一般化を試みることはできない。また，米加関係が将来の必然的な流れを表していると言うこともできない。しかしながら，これら2組の事例を分析することによって，複合的相互依存関係の政治に関するいくつかの見識を獲得したのだ。最終章では，複合的相互依存関係に対処するための諸問題と，アメリカにとっての政策的示唆について検討する。

注

(1) 以下を参照のこと。Harry Eckstein, "Case Study and Theory in Political Science," in Fred I. Greenstein and Nelson W. Polsby (eds.), *The Handbook of Political Science*, vol. 7 (Reading, Mass.: Addison-Wesley, 1975), pp. 78-138.

第7章　米加関係と米豪関係

(2) 優れた全体的な議論については，以下を参照のこと。Henry S. Albinski, *Canadian and Australian Politics in Comparative Perspective* (New York: Oxford University Press, 1973).
(3) Brian Beedham, "Second to None: A Survey of Australia," *The Economist* (London), March 27, 1976, p. 42.
(4) 米加関係への導入については，以下を参照。Gerald M. Craig, *The United States and Canada* (Cambridge, Mass.: Harvard University Press, 1968); the special issue of *International Organization* 28 (Autumn 1974); Donald M. Page, *A Bibliography of Works on Canadian Foreign Relations, 1945-1970* (Toronto: Canadian Institute of International Affairs, 1973).
(5) アメリカに対するカナダ防衛スキーム1号 (Canada's Defense Scheme #1) は1931年に公式に廃止されたが，安全保障共同体としての政治的意識は軍事即応計画が廃止された時に遡る。James Eayrs, *In Defence of Canada*, vol.1 (Toronto: University of Toronto Press, 1964), p. 77.
(6) 以下を参照のこと。R. D. Cuff and J. L. Granatstein, *Canadian-American Relations in Wartime* (Toronto: Hakkert, 1975).
(7) M. C. Urquhart (ed.), *Historical Statistics of Canada* (Toronto: Macmillan, 1965); Statistics Canada, *Canada Year Book* (Ottawa: Information Canada, various years); Statistics Canada, *Canada's International Investment Position, 1926-67* (Ottawa: Information Canada, 1971); *United Nations Statistical Yearbook* (New York: United Nations, 1961, 1971).
(8) "Canada and the United States: Principles for Partnership" (Merchant-Heeney Report), *Department of State Bulletin* 53 (July-September 1965), pp. 193-208.
(9) 総数は1万8000人だが，軍にかかわる1万1500人の訪問者の中には，軍事教練のための多くの訪問者も含まれている。Department of External Affairs, "Canadian Governmental Instruments for Conducting Relations with the United States," Appendix B (Ottawa, 1969).
(10) C. Robert Dickerman, "Transgovernmental Challenge and Response in Scandinavia and North America," *International Organization* 30, no. 2 (Spring 1976): 213-40.
(11) Dickerman, "Transgovernmental Challenge," pp. 232-33.
(12) "Canada and the United States." 批判者でさえも，レジームの存在を認めていた。以下を参照のこと。Steven Clarkson (ed.), *An Independent Foreign Policy for Canada?* (Toronto: McClelland and Stewart, 1968).
(13) 1973年，オタワにおけるインタビュー。
(14) Dickerman, "Transgovernmental Challenge."
(15) Raymond A. Esthus, *From Enmity to Alliance: U.S.-Australian Relations, 1931-1941* (Seattle: University of Washington Press, 1964), p. 13.

⒃　*Foreign Relations of the United States, 1944*, vol. 3 (Washington, D. C.: U. S. Government Printing Office, 1944), pp. 168-201, esp. 191-94.

⒄　オーストラリアの数値に関する議論については、以下を参照のこと。Donald T. Brash, *American Investment in Australian Industry* (Cambridge, Mass.: Harvard University Press, 1966), pp. 28-33.

⒅　International Monetary Fund/International Bank for Reconstruction and Development, *Direction of Trade, 1970-74* (Washington, D. C.: IMF/IBRD, n. d.). 1974 年、オーストラリアの輸出の 9.3％、カナダの輸出の 63.7％がアメリカ向け、オーストラリアの輸入の 20.8％、カナダの輸入の 65.1％がアメリカからであった。

⒆　本研究で使用した主な回顧録および 2 次資料は、以下の通り。

回顧録

Eisenhower, Dwight D., *The White House Years: Mandate for Change 1953-1956* (Garden City, N.Y.: Doubleday, 1963)［仲晃・佐々木謙一共訳『アイゼンハワー回顧録 1 ──転換への付託　1953-1956』新装版、みすず書房、2000 年］。

──, *The White House Years: Waging Peace 1956-1961* (Garden City, N. Y.: Doubleday, 1965)［仲晃・佐々木謙一・渡辺靖共訳『アイゼンハワー回顧録 2 ──平和への闘い　1956-1961』新装版、みすず書房、2000 年］。

Menzies, Robert, *Afternoon Light* (New York: Coward-McCann, 1967).

──, *The Measure of the Years* (London: Cassell, 1970).

Miller, T. B. (ed.), *Australian Foreign Minister: The Diaries of R. G. Casey 1951-60* (London: Collins, 1972).

Spender, Percy, *Exercises in Diplomacy: The ANZUS Treaty and the Colombo Plan* (New York: New York University Press, 1969).

伝　記

Crisp, L. F., *Ben Chifley* (London: Longmans, Green, 1960).

Dalziel, Allan, *Evatt the Enigma* (Melbourne: Lansdowne Press, 1967).

Perkins, Kevin, *Menzies: Last of the Queen's Men* (Adelaide: Rigby, 1968).

Tennant, Kylie, *Evatt: Politics and Justice* (Sydney: Angus and Robertson, 1970).

オーストラリアの対外政策および米豪関係に関する概説的研究

Esthus, Raymond A., *From Enmity to Alliance: U. S.-Australian Relations, 1931-1941* (Seattle: University of Washington Press, 1964).

Grattan, C. Hartley, *The United States and the Southwest Pacific* (Cambridge, Mass.: Harvard University Press, 1961).

Greenwood, Gordon, and Harper, Norman (eds.), *Australia in World Affairs*, vols. 1-3 (Vancouver: University of British Columbia, 1957, 1963, 1968).

Harper, Norman (ed.), *Pacific Orbit: Australian-American Relations Since 1942* (Melbourne: F. W. Cheshire, for the Australian-American Association, 1968).

Miller, T. B., *Australia's Foreign Policy* (Sydney : Angus and Robertson, 1968).

Moore, John H. (ed.), *The American Alliance : Australia, New Zealand and the United States 1940-1970* (North Melbourne : Cassell Australia, 1970).

Reese, Trevor, *Australia, New Zealand and the United States : A Survey of International Relations 1941-1968* (London : Oxford University Press, 1969).

Watt, Alan, *The Evolution of Australian Foreign Policy* (Cambridge, Eng. : Cambridge University Press, 1967).

主としてアメリカとオーストラリアの経済政策に関する研究

Australian Department of the Treasury, *Overseas Investment in Australia* (Canberra : Australian Government Publishing Service, 1972).

Brash, Donald, *American Investment in Australian Industry* (Cambridge, Mass. : Harvard University Press, 1966).

Crawford, J. G., *Australian Trade Policy 1942-1966 : A Documentary History* (Canberra : Australian National University Press, 1968).

Evans, John, *The Kennedy Round in American Trade Policy : The Twilight of the GATT?* (Cambridge, Mass. : Harvard University Press, 1971).

McColl, G. D., *The Australian Balance of Payments : A Study of Post-War Developments* (Carlton, Victoria : Melbourne University Press, 1965).

Malmgren, Harold (ed.), *Pacific Basin Development : The American Interests* (Lexington, Mass. : D. C. Heath, 1972).

Moffatt, G. G., *Import Control and Industrialization* (Carlton, Victoria : Melbourne University Press, 1970).

Patterson, Gardner, *Discrimination in International Trade : The Policy Issues 1945-1965* (Princeton : Princeton University Press, 1966).

Perkins, J. O. N., *Australia in the World Economy*, 2nd ed. (Melbourne : Sun Books, 1971).

Preeg, Ernest, *Traders and Diplomats* (Washington : The Brookings Institution, 1970).

本研究で使用した主な公的資料は以下の通り。

Current Notes on International Affairs (1945-70). オーストラリア外務省が月刊で発行。

Department of State Bulletin (1945-70). アメリカ国務省が週刊で発行。

Public Presidential Papers (1945-70). アメリカ政府印刷局が年刊で発行。

Foreign Relations of the United States (1920-47). アメリカ政府印刷局が年刊で発行。

1950〜70年の『ニューヨーク・タイムズ』におけるオーストラリアへの言及は，体系的にチェックした。また，1965年3月〜66年2月の *Australia*，および1955〜69年の *Australian Journal of Politics and History* も参照した。様々なオーストラリアの定期刊行物および新聞も同様に参照した。

[20] 1970年代初頭以降のオーストラリアの政治と文化に関して情報豊富で利用可能な調査については，以下における「調査（Surveys）」を参照のこと。*The Economist*, June 23,

1973, and March 27, 1976.
(21) Robin Boyd, "Mass Communications," in Harper (ed.), *Pacific Orbit*, p. 145. この見解が誇張されていることを指摘してくれたアンドリュー・ファラン（Andrew Farran）に感謝する。
(22) 公となっている資料には，ANZUS（アンザス条約）と対日講和条約は米豪交渉の一部として結びついていないと主張する試みも多くある。しかし，1951年4月にオーストラリアのパーシー・スペンダー（Percy Spender）外相が明らかにしたところでは，太平洋における実効的な安全保障枠組みなしでアメリカにより暫定的に示された日本との条約の草案を検討することは，非現実的であった（*Current Notes on International Affairs* 22 [1951] : 223.）。
(23) David Baldwin, "The Myths of the Special Relationship," in Stephen Clarkson (ed.), *An Independent Foreign Policy for Canada?* (Toronto : McClelland and Stewart, 1968), p. 5.
(24) Arnold Wolfers, *Discord and Collaboration* (Baltimore : Johns Hopkins University Press, 1962), p. 97.
(25) 一例として，以下を参照のこと。Theo Sommer, "The Community Is Working," *Foreign Affairs* 51 (July 1973) : 753.
(26) 表7-7から表7-9においてカナダの自律性にとって重要な事例を示すのを手助けしてくれた，カールトン大学のペイトン・リヨン（Peyton Lyon）とガース・スティーヴンソン（Garth Stevenson），ならびにオタワ大学のジョン・トレント（John Trent）に感謝する。
(27) David Leyton-Brown, "Governments of Developed Countries as Hosts to Multinational Enterprise," Ph. D. dissertation, Department of Government, Harvard University, 1973.
(28) 以下を参照のこと。General Foulkes, "The Complications of Continental Defense," in Livingston Merchant (ed.), *Neighbors Taken for Granted* (New York : Praeger, 1966), p. 101. 同所にて著者は，「脅威の評価を行う際，カナダは主要なインテリジェンスの判断をほぼすべてアメリカに依存している」と記している。
(29) F. Conrad Raabe, "Canada's Decision to Recognize the Communist Government of China," *Association for Canadian Studies in the U. S. Newsletter* 2 (Spring 1972) : 12-20 ; *Mike : The Memoirs of the Right Honourable Lester B. Pearson*, vol. 2 (Toronto : University of Toronto Press, 1973), p. 195.
(30) Peter Bachrach and Morton Baratz, "Two Faces of Power," *American Political Science Review* 56 (December 1962) : 947-52.
(31) 以下を参照のこと。G. P. de T. Glazebrook, *A History of Canadian External Relations*, vol. 2 (Toronto : McClelland and Stewart, 1966), chaps. 17 and 18 ; John B. Brebner, *North Atlantic Triangle* (Toronto : McClelland and Stewart, 1968), chap. 15.
(32) Walter Stewart, *Trudeau in Power* (New York : Outerbridge and Diestfrey, 1971), p. 153 ; Bruce Thordarson, *Trudeau and Foreign Policy* (Toronto : Oxford University Press,

1972), p. 186.

(33) James Eayrs, *Canada in World Affairs, 1955-57* (Toronto : Oxford University Press, 1959), pp. 153-60; James R. Wagner, "Partnership : American Foreign Policy Toward Canada, 1953-1957," Ph. D. dissertation, University of Denver, 1966, chap. 7.

(34) Eayrs, *Canada in World Affairs*, p. 128.

(35) 以下を参照のこと。*Australia in Facts and Figures*, various issues.

(36) このアプローチをめぐる公の議論については，以下で見ることができる。*Submission by the Department of Foreign Affairs to the Royal Commission on Australian Government Administration* (Canberra : October 1974).

(37) 以下を参照のこと。Trevor R. Reese, *Australia, New Zealand, and the United States : A Survey of International Relations, 1941-1968* (London : Oxford University Press, 1969), p. 231. メンジーズの手紙については，1964年8月の『ニューヨーク・タイムズ』で取り上げられた。このイシューについては，*Australia in Facts and Figures* で頻繁に議論されている。とりわけ第81巻と83巻（1964年）が詳しいが，以降の巻でも取り上げられている。

(38) ロイドは，国際石油企業が「控えめな支援 (mild support)」を提供したと述べている。*Canada in World Affairs*, p. 86. アメリカ北部の製油業者によるロビー活動がより重要であった（ワシントンDCでの複数のインタビューによる）。

(39) Richard B. Bilder, "The Canadian Arctic Waters Pollution Prevention Act : New Stresses on the Law of the Sea," *Michigan Law Review* 69 (November 1970) : 4.

(40) 245頁の脚注にて議論した，表7-7から表7-9の注の付いた事例を参照のこと。

(41) George Ball, *The Discipline of Power* (Boston : Little, Brown, 1968), p. 113.

(42) 以下を参照のこと。Joseph S. Nye, Jr., *Peace in Parts : Integration and Conflict in Regional Organizations* (Boston : Little, Brown, 1971), chaps. 2 and 3.

(43) 以下を参照のこと。John Sigler and Dennis Goresky, "Public Opinion on United States-Canadian Relations," *International Organization* 28, no. 4 (Autumn 1974) : 637-38.

(44) 以下を参照のこと。Isaiah A. Litvak, Christopher Maule, and R. Robinson, *Dual Loyalty : Canadian-U. S. Business Arrangements* (Toronto : McGraw-Hill, 1971), chap. 1.

(45) Nancy Hooker (ed.), *The Moffat Papers* (Cambridge, Mass. : Harvard University Press, 1956), chap. 4.

(46) インタビューに基づく。以下も参照のこと。K. J. Holsti and T. A. Levy, "Bilateral Institutions," in *International Organization* 28, no. 4 (Autumn 1974).

(47) 以下を参照のこと。Ann Hollick, "Canadian-American Relations : Law of the Sea," *International Organization* 28, no. 4 (Autumn 1974).

(48) Wagner, "Partnership."

(49) ワシントンとオタワにおいて1973年と1975年に行ったインタビューに基づく。

(50) Dickerman, "Transgovernmental Challenge." からの引用。

⑸1) ワシントンとオタワにおいて 1975 年に行ったインタビューに基づく。
⑸2) さらなる比較研究が，ハーバード大学の国際問題研究センター（Center for International Affairs）にて行われている。

第Ⅳ部

アメリカと複合的相互依存関係

第8章
相互依存関係への対処

　相互依存関係という用語は人口に膾炙されてきたが，我々が世界政治や外交政策を理解したいと思うならば，その修辞的な使用は混乱の元になりかねない。本書は，相互依存関係の修辞法とその政策に対する意味を検証することからスタートした。しかしながら，この相互依存関係という用語を吟味し，政策判断を行う前に相互依存関係の政治を考察することがまず必要であると，我々はすぐに気づいたのである。この章において，我々は，政策の持つ含意に再度目を向けたいと思う。

　本書での分析は，政策に対する正確な処方箋を提示することを企図していないが，政策に関する2つの主要な問題をまさに指摘している。1つは，国際的リーダーシップであり，もう1つは，組織の問題である。政府の政策が，国際レジームに及ぼす効果に対してさらに関心を注ぐべきであるというのが，本書での分析の意味するところである。たとえ政策の及ぼす効果がすぐに期待でき，明白なものであるとしても，国際レジームから得られる恩恵に対して，悪影響を及ぼしたり，台無しにしてしまう政策は思慮に欠ける。国際レジームの維持と発展に関心を持つことは，世界政治における・リ・ー・ダ・ー・シ・ッ・プの問題により関心を注ぐことにつながる。どのようなタイプの国際的リーダーシップが期待され，十分なリーダーシップはどのように提供されるべきなのか。そして，現代における世界のリーダーシップに焦点を合わせることによって，国際・組・織・の・問題にもより多くの関心を喚起させる。この著作において，我々は，政策を立案する際の一連の詳細な青写真を提示してはこなかった。それよりもむしろ，変動する世界政治の性質を分析することによって，その根底にある政策の問題を取り上げてきたのである。確固とした理論的支柱がないままに，平和や世界秩序に最も適する青写真と一致した政策などをたとえ作ったとしても，たとえでいう砂上の楼閣のようなものである。

1 世界政治の説明モデルと条件

　第**1**章において述べたことは，相互依存関係という用語を数多く用いることによって，世界政治の性質が変化しているという意識は広がるが，その意識は曖昧であるということであった。そうした理由から，我々は概念を明確にすることから始めた。それゆえに，相互依存関係のタイプによって異なってくる費用効果という観点から，相互依存関係を定義した。そして，脆弱性に基づく非対称的な相互依存関係は，国家間の伝統的な政治ゲームにおけるパワーの源泉として用いられるということを示したのである。その上で，こうした混沌とした時期の世界政治の性質を明らかにするために，第**3**章において，経済過程モデルおよび，相互依存関係を支配するルールや手続きがどのように変化するのかという3つの対照的な政治権力モデルを——できる限り仮定を用いることなく——提示した。

　我々は，第Ⅱ部および第Ⅲ部において，過去50年間における4つの事例に，こうしたモデルを当てはめた。そこで分かったことは，経済過程モデルは，我々の関心事であった国際レジームにおける大半の変容を理解するために必要であったが，決して十分な説明を与えなかったということである。全体構造モデルは，明確な予測を生み出すほどに単純なものであったが，とりわけ近年，予測が的を外れることもよくあり，変化する現実の一部を捉えているにすぎなかった。特定の問題領域のパワー構造に基づく第2の政治モデルは，第1モデルの持つ単純な説明をいくらか犠牲にしたが，問題領域内部での2つの異なったレベルでのパワーの軋轢に基づいた明確な予測を生み出したのである。しかしながら，その正確さは限定されており，その理由は，レジームにおける変容を説明できないことに求められた。そのレジームにおける変容とは，全体的パワー構造や，広く定義された国際組織のパターンに起因していた。我々が国際組織モデルと呼んだ第3の政治モデルは，政府間およびトランスガバメンタルなネットワークや制度を考慮に入れた。したがって，戦後の米加関係や，海洋と通貨の問題領域における近年の発展を説明する能力を高めたのである。しかしながら，その結果として，シンプルさと予測能力が著しく損なわれた。なぜ

ならば，国際組織モデルは，経済過程モデルやその基礎をなす政治構造に依拠するモデルよりも不確定であったからである。

こうしたモデル——最も単純な方法や，より複合的で新しい方法に馴染みのあるモデル——を発展させる際に，我々は，理論構築に対するその場限りのアプローチというよりも，体系的なアプローチを試みた。シンプルな前提を緩める前に，国際レジーム変容を単純なモデルでいかにうまく説明することができるのかを理解しようとした。より複合的なモデルは，複合的相互依存関係という我々の理念型に関連のある世界政治の特徴を考慮に入れるように企図されていた。それにもかかわらず，世界政治——リアリズムか複合的相互依存関係のいずれかでより正確に特徴づけられるのかは別としても——の諸条件と，我々の説明モデルを分析的に区別するように試みたのである。

しかしながら，最終的には満足のいく説明とは，1つか2つのモデル（あるいは，双方の組み合わせ）がどのような条件下で適用されるのかを示すことにかかっている。第6章および第7章において，海洋および通貨の問題領域や，米加・米豪関係からいくつかの根拠を提示し，2つの新しい理論（イシュー構造主義および国際組織）と複合的相互依存関係の条件との間にある関連性を示唆した。伝統的な理論によって複合的相互依存関係の条件は，うまく説明されなかったが，リアリズム的な理念に近い条件の方は説明された。こうした発見を，一般化することには注意を要する。より一般的な言及を行うためには，他の問題領域や他国との関係についてのさらなる情報が必要であろう。しかしながら，問題領域と他国との関係を考慮に入れれば，2つの非常に重要な命題を提示する。すなわち，①イシュー構造と国際組織モデルは，複合的相互依存関係の政治を説明するために必要であるということ，②複合的相互依存関係の条件が，いくつかの重要な問題領域や何カ国との関係において，世界政治をますます特徴づけるようになっているということである。さらなる研究では，他の事例を使ってこうした命題を検証し，さらに正確さを追求していくことが必要である。本章の後半部分では，複合的相互依存関係の局面が，世界政治において重要であると想定されるに足る十分な理由があることを，ここで詳しく見てきた事例以外で示していくつもりである。

しかしながら，すでに見てきたように，たとえ個々の事例，あるいは事例の

組み合わせが適用される条件を特定することができたとしても，本書で提示したモデルが，相互依存関係の政治を十分に考察する基礎を与えることにはならないであろう。そもそも，事例は国家の政策に直接的に焦点を合わせているのではなく，国際レジームの発展と衰退に焦点を合わせているのである。個別の国家の政策を説明しようとしている人たちは，こうしたモデルがあまりに抽象的であると感じるだろう。本書での分析レベルは，国家の政策ではなく，世界システムなのである。複合的相互依存関係の条件下での国家の政策を分析するためには，本書がこれまで提起した問いとはかなり異なる2つの問いを立てる必要があるだろう。すなわち，①どの程度選択の幅があれば，相互依存関係から生み出される色々な問題に直面する社会にとって有用であるのか，言い換えれば，外部的制約にどの程度拘束されるのか，②何が，政策決定者のとった対応や，成功ないしは失敗を決定するのかということである。

　第1の問いに答えるためには，相互依存関係の現代的パターンが国家の自律性に対して及ぼす効果を分析しなければならないだろう。独立変数はシステムの属性であり，独立変数がどの程度，当該政府を制約したのかということを問うことであろう。相互依存関係とレジーム変容に関する本書の議論は，こうしたシステム的な独立変数を定義する際には役立つが，どの程度，特定の政府がシステムによって制約を受けているのかを判断することについては，全く有益ではない。第2の問いに答えるためには，特定の国家の国内構造や政治過程に関する綿密な比較研究を要するであろうし，比較政治における研究業績に多くを依拠する必要があるだろう[1]。

　したがって，本書は，複合的相互依存関係の条件下における世界政治の一般理論を発展させてきたと主張しているのではない。本書が提示したシステムモデルは，そうした理論が構築されることに優先して，国際的相互依存関係と国内政治との相互作用に関する分析によって補完される必要があるだろう。第7章において，そうした関係を，カナダやオーストラリアとの関係を用いてある程度考察したが，今後の研究の何らかの方向性を示すこと以上のことはできなかった。

　本書のシステムモデルだけでは，相互依存関係の政治を分析するには十分ではない。しかし，国際システムの伝統的見方では，システムモデル以上に事足

りない。実際のところ、国際政治の伝統的見方では、有意性のある外交政策アジェンダの多く——そうした領域は国家の安全保障や自律性に影響を与えないのであるが——に焦点を合わせることさえできていない。さらには、そうした伝統的な英知から生まれた政策公準は、適切でないことがしばしばあるだろう。しかし、社会的・経済的相互依存関係が完全に世界を変化させたということを信じる近代主義者たちは、継続性という要素を考慮に入れることができていない。結果として、彼らの政策に示された処方箋は、しばしば、ユートピア的であるように思えるのである。本書で取り上げた4つの事例すべては、いくつかの条件下における全体的な軍事パワーによる構造が果たす重要な役割を裏づけることができた。適切な政策は、継続性と変化の両方を考慮しなければならないのである。すなわち伝統的英知の諸要素を相互依存関係に関わる政治現象の知見と結びつけなければならないのである。

2 複合的相互依存関係におけるパワー

複合的相互依存関係の条件下におけるパワーという概念について、とりわけ注意深く考える必要がある。政治家と学者たちは、パワーを、そうでなければしない——自分にとって受け入れられるレベルのコストで——ことを人にさせる能力という意味でよく使う。しかし、これまで見てきたように、そのような類のパワーは、いつも測定するのが困難であったし、ますますそうなってきている。伝統的な（パワーに対する）見方においては、パワーの能力を提供する資源の分配を知ることこそが、世界政治の構造を知ることであったし、もし構造を理解すれば、我々は帰結のパターンを予測することができるのである。しかし、このアプローチには2つの問題がある。1つは、パワーの能力を生み出す資源が変化したということである。優れた歩兵隊が重要なパワーの資源であった18世紀ヨーロッパの古典的な勢力均衡な政治を行う場合、政治家は、征服し割譲された領土にどれだけの人口がいるのかを計ることによって、バランスを測定することができた。産業革命は、そのような測定の仕方を複雑にし、核兵器——極限状態を除けば、あまりに多大な犠牲を払うために使用できない兵器——は、軍事力と、帰結をコントロールするパワーとの関係をさらに

弱体化させた。今日の外交政策アジェンダにおける優先順位の高い項目の多くに関して言えば，軍事力のバランスを測定することによって，諸事象の帰結をうまく予測できることにはならないのである。

　我々が，非対称的な相互依存関係を，複合的相互依存関係の状況におけるパワー資源として考えると，判断と測定はより複雑になる。本書で見てきたことは，相互依存関係の状況において，いかに脆弱でないかを示すことは，パワー資源として用いられるということである。しかし，非対称性を測定すること，そして，その多くの場合に見られるが，非対称性のリンケージを特定することは困難である。たとえもし我々が，パワー構造――非対称性あるいは軍事的資源に基礎を置くかどうかは別として――を評価することにかなりの満足感をおぼえたとしても，帰結までも予測できることにはならないのである。

　全体的な政治・軍事システムであれ，特定の問題領域であれ，パワーへの構造的アプローチには第2の問題がある。測定可能なパワー資源は，帰結に効果的な影響力を及ぼすパワーへとは自動的には変換されない。変換は，政治的な交渉過程という手段によって行われる。その政治的な交渉過程では，カナダや海洋の事例で見たように，(交渉における)スキル，かかわり方，一貫性が，パワー資源の分配に基づく予測を裏切ることになる。こうしたことから，世界政治の構造という知識から得られる伝統的な外交政策の公準は，全体的な軍事レベル，あるいは，経済領域システムにおける非対称性という観点から見て，深刻な誤解を招きかねない。パワー構造に関する知識は，最も単純で，政策分析への最適な出発点なのである。しかし，帰結を予測し理解するためには，パワー資源が帰結に対する効果的な影響力へと変換される交渉過程に，同様の注意を払わなければならない。

　我々がどのようなシステムモデルを用いようとも，交渉が重要である。しかしながら，複合的相互依存関係の状況が交渉過程に影響を及ぼす方法に着目しなければならない。軍事力の最小限の役割が意味することは，政府が，経済的相互依存関係あるいはトランスナショナルなアクターの操作のような他の手段へと目を向けることである。このことは，すでに米加関係のところで見たとおりである。同じように，軍事力が適用できない場面では，全体的な軍事力と，ある問題領域におけるパワー構造との間にはかなりの不一致が生じてきている

ということである。こうしたことから，本書の通貨と海洋の研究から分かったことは以下のことである。すなわち，交渉に関する重要な問題の1つは，イシューが軍事的安全保障との関係において，相互に独立した形で扱えるのか，それともリンクして処理されるのかということである。経済的なイシューのリンケージは，あるイシューを政治化する際のいくつかのやり方の1つであるが，そうすることによって，そのイシューを他国との外交政策アジェンダにおける最優先事項へと強制的に押し上げるのである。

　リンケージと政治化が，政府と社会に堅固な基盤を持つ政治家によってコントロールされるということを仮定するならば，複合的相互依存関係の交渉過程は，すぐに理解されることになるだろう。しかし，以下の事実が交渉過程を著しく複雑にする。すなわち，相互依存関係が異なれば，当然のことながら，団体に及ぼす影響も異なり，こうした団体が政府に対して様々な利害の実現を要求し，国境を越えた多様な接触のチャンネルを有しているという事実である。国家の位置という一貫性が削がれることによって，アクターやイシューの複雑さが，切迫する脅威への対処方法，あるいはその信憑性に強い影響を及ぼす。切迫する脅威とは，カナダや海洋の事例で見たように，パワー資源に単に基礎を置いてなされた予測と矛盾するのである。同じように，アクターやイシューの複雑さは，これもまた海洋とカナダにおける事例で見たことであるが，トランスナショナルな同盟国，人質，操作という手段を提供することによって，交渉過程に影響を与えるのである。

　さらには，海洋と通貨の事例で見たように，リンケージは国内の政治化現象を引き起こし，それを新しい目的へと向かわせることができる。たとえば，アメリカの海洋政策に対する批判者たちは，公海レジームを維持するために必要とされたすべてのことは，アメリカの強力な主導権であったと述べるかもしれないが，こうした言及は，複合的相互依存関係に伴う政策問題を軽視していることになる。第5章で見たように，相互関連する多様なイシューの存在と，国内の政治化現象は，限られた海洋権益を拡張させたい・・・・・アメリカの国内集団の数と要求を増大させた。そうした集団間の国際的な接触，および国境を越えた同盟集団の数も増加した。複合的相互依存関係に伴う最も深刻な政策問題の多くは，国内政治と国際政治の区別を曖昧にすることへと直接的につながる。哲人

王によって導かれたビリヤードの玉のように国家が描かれ，そのような国家から構成される世界はまるで有益ではないものとして政策も考慮される。複合的相互依存関係の状況をうまく統治する国際レジームにとって，国家間の権力構造ばかりではなく，立場的に強力な国内集団の利害と一致しなければならないのである。

3 複合的相互依存の傾向

　複合的相互依存関係は，世界政治のなかにどの程度浸透しているのだろうか。これは，世界政治にとって一時的な例外なのか，それとも，継続的な特徴なのであろうか。本書のなかで取り上げた4つの事例だけで，我々が，こうした問いに答えることができないことは明らかである。この4つの事例における相違から気づかされることは，いかなる回答も，程度の問題として言い表されるにちがいないということである。複合的相互依存関係は，経済や環境のイシューと比べて，軍事的なイシューにはあまり関連性があるとは言えないし，先進工業諸国と比べて，共産主義国家や多くの発展途上国には，さほどの意味を持たないように思えるのである。先進諸国の間でさえ，社会的・経済的相互作用に対する政府のコントロールはまちまちである。アメリカは，フランスや日本とは異なった国家－社会関係を有しているということによって特徴づけられる。

　こうした点を考慮に入れても，世界政治の重要な局面が複合的相互依存関係の条件に近づき続けていると予測されるに足る理由がある。いくつかの問題領域やある国との関係のなかに，複合的相互依存関係は深く根づいているのである。こうした状況を元に戻すことができないわけではないが，そうするためには，主要な変容が必要とされるだろう。複合的相互依存関係はますます世界政治を特徴づけるであろうという主張が強くなされる。なぜならば，複合的相互依存関係の3つの条件のそれぞれが，それ自体簡単にはたどれない原因を持つ長期的な歴史的変容であるからである。

　多くの目標とそれらを階層的に配列する困難さは，福祉国家の長期的発展の帰結である。20世紀の間に，ほぼすべての国の政府は，軍事的安全保障以上のことに次第に責任を有するようになってきた。イスラエルの状況は明らかに

第8章　相互依存関係への対処

フランスのそれとは異なるし，中国との間に高まる緊張状態によって，西欧諸国は軍事的安全保障にますます関心を払うようになったが，政府は経済的厚生に対して引き続き責任を有し続けるだろう。

　目標の数の多さと，その目標間には階層性がないことによって，経済的厚生の多くの次元や定義，そして，対外経済政策に関してとられる矛盾する選択がさらに複雑になるのである。西欧諸国間の対外経済政策に対する姿勢を，以下のように戯画化する人もいるかもしれない。国家権力に関心を持つ古典的な重商主義者たちにとって，輸入するよりも輸出することの方が喜びであった。消費者福祉に焦点を合わせた古典的な自由主義経済学者たちが教えたことは，輸出するよりも輸入することの方に喜びを感じたということである。大恐慌の時に，雇用（生産者の福祉）に焦点を合わせた20世紀の政治的な重商主義者たちは，輸出を再び好ましいものとして捉えた。最近になって，環境破壊に関心を寄せ，自国でよりも海外での露天採鉱を望む環境保護運動家たちの新しい学派は，輸出よりも輸入を（一定程度）好むのである。[3]しかしながら，我々が政治的に発見することは，こうした経済的目標の1つが支配的な状態にあることではなく，強力な集団間での共存と，優先事項に関して変動するパターンである。

　接触を可能にする多様なチャンネルが発展することは，コミュニケーションや輸送手段のテクノロジーにおける長期に渡る歴史的傾向である。ジェット機の出現によって，アジアとアメリカを一日の旅で行き来することができるようになった。同期軌道衛星の出現によって，国際電話が，都市間電話と同じ料金でかけられるようになった。第9章で論じるように，インターネットは，距離が障害となって高くつく料金の多くを，安価にし続けている。安価で向上したコミュニケーションは，トランスナショナルな組織や国境を越えた政府間の接触をもたらす唯一の原因ではないが，それらの発展に対する貢献が著しいことは言うまでもない。第2章で示し，さらには，第9章では2000年の時点から論じるように，権威主義的政府は，犠牲をいくらか払って，トランスナショナルなコミュニケーションや接触を検閲したり，抑制したりすることができる。しかしながら，トランスナショナルなコミュニケーションは，より開かれた社会の間で社会的相互依存関係を生み出し続ける可能性がある。

　軍事力の役割が変化したことは，軍事技術の持つ破壊性や社会的流動化のパ

ターンにおける傾向と関係している。第2章で論じたように，武力行使は，主要な国家に対して，以下の4つの状況によって示される多大な犠牲をもたらしてきた。すなわち，核戦争の高まる危険，貧しく弱体化した国に住む人々からの抵抗，経済的目標を達成することに伴う不確実でおそらくは否定的な効果，そして，武力行使に伴う人的犠牲に対して反対する国内世論である。最後の4つ目の状況によってはさほど影響を受けない国家——たとえば，権威主義的国家もしくは全体主義国家——でさえ，最初の3つの状況からは，何らかの制約を受けると感じるかもしれない。他方で，地域的対立の渦中にある弱小国家や，国家の統制から離れているテロ集団は，以前よりも軍事力を行使することが容易になっているかもしれないのである。軍事力の役割におけるこうした矛盾する傾向が持つ本質的な影響力は，軍事力に基づく階層性を侵食することである。

国際的な階層性が侵食されることは，アメリカのパワーの衰退として描かれることが時としてあるが，これは，イギリスのヘゲモニーの初期における衰退になぞらえられる。1950年代の政策立案者の視点からは，明らかに衰退があったと認めざるをえない。しかし，アメリカの持つパワーの源泉は，よく想定されるように，劇的に衰退したわけではない。アメリカの軍事支出は，1950年における世界の軍事支出全体の約3分の1を占め，1975年においても依然として同じ状態であった。同じ時期を通して，アメリカのGNP（国民総生産）は，世界全体に占める割合において，3分の1を少し上回るところから4分の1を若干上回るところにまで衰退した。しかしながら，1950年の数値は，戦争で破壊されたヨーロッパや日本の異常な状態を反映している。1975年の数値が示しているのは，ソ連経済の2倍，日本の3倍以上，西ドイツの4倍を依然として保持していた。パワーの源泉においては，19世紀後半のイギリスとは違い，アメリカは世界のなかで最も強力な国家のままである*。

歴史的な類推に訴えるよりも，階層性の衰退をシステム変容として考えるべきなのである。他者に対して行使されるパワーと結果に対して行使されるパワーを区別するという見地からすれば，階層性の衰退は，他国の持つパワーの源

---

* ソ連の崩壊に伴い，アメリカが世界のなかで最も強力な国家であると述べることは，我々が1976年にそのことに言及した時よりも，2000年の時点での方がはるかに説得力を増している。

泉と比較すれば，支配的な国家のパワーの源泉が減少するというよりも，国際システムにおける結果をコントロールする支配的な国家のパワーが衰退したと捉える方がよい。主な理由としては，システムそれ自体がより複雑化したということが挙げられる。より多くのイシューやアクターが存在し，弱小国は自己主張をますます強めている。支配的な国家は，いまだに他国に対する支配力を有しているが，全体のシステムからすればはるかにそれは弱まっているのである。

ある視点に立てば，国際システムにおけるこうした階層性の衰退は，世界が民主化し平等な方向へと向かうという望ましい傾向を示している。「非領域的なアクターが活躍する目に見えない大陸」が大きくなることは，「忠誠心や地理的なエントロピーが高くなるために，主要な世界戦争が起こりうる可能性に対して大きな疑問を持つような」世界へと至ることになる。機能主義の立場に立つ理論家たちは，特定利害——民間の集団および官僚集団の双方を含む——が，軍事力と国家主権の漸次的な衰えとともに，国境を越えて1つに結びつくことを通じた世界政治の変容を構想しているのであり，複合的相互依存関係へのトレンドを進歩の証と見なすこともできるだろう。

将来に対する我々の見方は楽観的ではない。複合的相互依存関係が，あらゆる問題領域や，すべての主要な国家との関係を網羅していない限りにおいて，残された軍事力の役割によって，主権国家は軍事力を維持することが必要になるであろう。さらには，世界が国家間の所得格差の途方もない不平等状態——経済成長に関する最も楽観的な想定に基づいてさえ，すぐには変えることのできない状態——によって特徴づけられる限りにおいて，市民は，国家主権の崩壊に抵抗するはずである。国際的な集団的行動を組織する場合，複合性の増大と階層性の衰退は，いかなる効果的なリーダーシップも存在しない状態を容易に引き起こすかも知れない。

4　複合的相互依存関係におけるリーダーシップ

リーダーシップは，支配的な国家がその行動を正当化するために，どのようにでも使われうる言葉である。しかし，リーダーシップにとってしばしば重要

なことは,経済的・環境的な相互依存関係に対処する集合的行動をする組織においては,相互依存関係のゼロサム的な側面よりもむしろ,共通利益に焦点を合わせた行動であると言える。チャールズ・キンドルバーガー (Charles Kindleberger) が論じたように,「リーダーシップが,被支配者の搾取,および名声という私的な善よりもむしろ,責任という公共善の供給として捉えられるならば,それは依然としてポジティブな考えである。……リーダーシップは,代理権が不在の場合に必要なのである」。そして,そのような秩序づけられた代理権というものは,世界政治には存在するはずもない。リーダーシップは,多様な形態をとることができる。通常使われる専門用語では,リーダーシップとは,①命令・指示すること,②最初に行動すること,③誘導することを意味する。こうした大雑把な定義は,国際的リーダーシップの3つのタイプ,すなわち,ヘゲモニー,単独行動主義,多国間主義に対応しているのである。

　第**3**章において,ヘゲモニー的リーダーシップを,ある国家が,「国家間関係を支配する本質的なルールを維持できるほどに強力で,そうするように望んで行う」状態と定義した。ヘゲモニー的リーダーシップは,公共善——すなわち,責任のこと——が供給されうる1つのやり方であることは明らかである。しかし,ヘゲモニー的なリーダーは,そのリーダーとしての立場を,特定の自己利益のために絶えず用いようとするだろう。観測筋や学者たちは,パワーを行使する際には,自制的であることを強く求めるかもしれない。しかし,とりわけ,選挙政治に反映されるような国内の政治圧力が高まると,そうした助言は軽視されることもしばしばであろう。いずれにせよ,他の諸政府は,決定的局面で,無視されることを予期するであろうし,無視されるのを回避できた時でさえ,リーダーの下す決定に対して非対称的なほどに脆弱であり,さらには,かなり敏感な立場に立たされることを避けるように努めるだろう。ヘゲモニー的リーダーシップへの自発的な服従を長く維持することは困難である。なぜならば,そのようなリーダーシップ——パワーではないとしても——の正当性が侵食される傾向があるからである。強者の目から見れば,公共善のための警察活動のように思えるものが,弱者の目から見ると,帝国主義によるいじめと映るようである。そうした認識が異なるにつれて,ヘゲモニー的リーダーシップに伴う強制の必要性が増すのである。すでに見てきたように,複合的

相互依存関係の条件における強制が問題となるのである。

　国際的リーダーシップの第2のタイプは，良い意味でも悪い意味でも，国際的な事例を設定する単独行動主義的なイニシアチブである。大国でも他国の行動を取り締まることもできないかもしれないし，逆にそれを進んで行うこともないかもしれない。なぜならば，大国は，その規模と重要性からそう言われるわけであるが，その直接的な影響力と模倣を通じて，相互依存関係の状況を統治しているレジームを決定づけるかもしれないからである。

　　アメリカが決定した――大半のところは，国内の政治的圧力および国内の経済的・社会的ニーズに対応して下された――ルールは，ほぼいつも国際市場におけるオペレーターに影響を及ぼす最も重要な国内におけるルールである。……FRB（連邦準備制度理事会）によって行われる公定歩合政策，民間航空委員会によって定められる航空輸送規則，証券取引委員会によって課せられる株式市場に対する規制が持つ国際的な影響力を考えてみよう。これらすべて，操作的な交渉過程に対して，他の国民国家によって決められたルールよりも，より大きな影響力を与えている（強調は原文のまま）[7]。

　そのようなリーダーシップは，（1945年のトルーマンのイニシアチブが公海レジームの弱体化へとつながってしまったように）意図せざるシステム的な効果を有しているかもしれないし，あるいは，（アメリカが単独行動主義的に兌換性を停止したことによって，通貨問題におけるブレトンウッズ体制が変容せざるをえなかったように）かなり意図的なものであるかもしれない。

　単独行動主義的なイニシアチブ――最初に行動し，範を示すこと――としての国際的リーダーシップは，複合的相互依存関係のなかでもいまだに見られる。すでに見てきたように，アメリカの経済は，日本，ドイツ，フランスの経済よりも，力があり脆弱ではないために，対外経済政策にはより余裕を持って臨むことができる。複合的相互依存関係を，すべてのアクターが拒否権を持ち，集団的行動が不可能となるような，完全に行き詰まったシステムとして描くことは正確ではない。他方で，主導的な国家によってとられるイニシアチブは，すべての国家が利益を得るレジームを創出し，維持するという観点からすれば，

必ずしもよい例とは言えないかもしれない。たとえば，1973年の夏，国内の食品価格の高騰に対して，アメリカがとった短期とはいえ，不安定な大豆の禁輸措置を見れば分かることである。

リーダーシップの第3のタイプは，他国を国際レジームの安定化のために寄与させるように誘導する行動に基礎を置いている。主導的な国家は，安定した国際レジームに関連する長期的利益を確保するために，交渉における短期的利益を差し控える。大国は，そうした短期的な犠牲を最も払うことになる。なぜならば，大国は，レジームから最も恩恵を受けることになるであろうし，イニシアチブをとることによって，世界政治に大きな影響力を及ぼすことが想定されているからである。しかし，ヘゲモニー不在の状態で維持されるべきリーダーシップに関して言えば，他国は幾分か協調しなければならないのである。もし非常に多くの中規模国家が，フリーライダーになれば，主導的な国家の内部に存在する強力な集団間で憤慨がうごめき，短期的利益を差し控えたいという国家の姿勢を削ぐことになるかもしれない。しかしながら，中規模国家による協調は，次に，レジームの正当性——実際には協調とは，すべての主要な当事国の利害のなかにあるという広範な認識——に依拠するであろう。

階層性を侵食し，複合的相互依存関係を生み出す傾向が，急に方向を変えるようには思えないのである。アメリカは，依然として世界のなかで最も強力な経済大国であるが，アメリカのヘゲモニー——ルールを決定し，維持できる状態——に対する見通しは薄い。他のいかなる国もそうした支配的な力を行使できる可能性はほとんどない。世界政治における劇的な変化——たとえば，西欧や日本の軍事的安全保障に対する強力なソ連の復活——が起こらない限り，ヘゲモニー的リーダーシップなど問題外であろう。本質的には，ヘゲモニーのない状況下でのリーダーシップと，効果的でないリーダーシップとの間での選択になるだろう。[*]

ヘゲモニー不在の状態で効果的にリーダーシップを発揮することは，他に先駆けて行動を示す単独行動主義的なイニシアチブにある程度依存しているが，長期的にレジームを維持する協調を必要としている。こうしたことから，すで

---

[*] 第3版における注釈：我々は，ソ連が崩壊し，その結果として，アメリカが唯一の超大国になったことを予期できなかったことは明らかである。

に論じたように，第2のタイプ（単独行動主義的なリーダーシップ）と第3のタイプ（多国間主義的なリーダーシップ）のリーダーシップの組み合わせを伴うことになるのである。こうした意味でのリーダーシップは，国家間交渉にとってのアジェンダを形成する能力ばかりではなく，高い地位をもたらすかもしれないが，特別な物質的利益を与えることはない。さらに言えることは，もし，ヘゲモニー不在の状態でのリーダーシップが効果的であるならば，すべての主要な国家は，創出され維持されるレジームが，まさにそうした主要な国家の利害のためにあるということを信じなければならないのである。いかなるリーダーシップも正当性を必要とする。なぜならば正当性というのは，積極的に従おうとする意欲を誘発し，リーダーシップを発揮しようとするリーダーの動機を制約することになるレジームにただ乗りしたり，それを不正に利用しようとする選択肢を選択しないという意欲をそそるからである。しかし，リーダーシップや従う意志は，とりわけ，ヘゲモニー不在の状態において重要である。なぜならば，そのような状況下では，強制的要素が減じられるからである。複合的相互依存関係の状況における国際レジームの安定性を確保することは，レジームの正当性を構築する多様なリーダーシップや実践を必要とするだろう。

5　多様なリーダーシップと政策調整

　キンドルバーガーは，効果的な国際的リーダーシップが，集団的ではなく，単一的でなければならないと主張した。「安定した世界経済にとっては，スタビライザー，すなわち，1つのスタビライザーが存在しなければならない」[(8)]。しかしながら，政治的には，単一のリーダーシップが，ヘゲモニー的なパワーが存在しない状態で効果的な力を持つことは極めて困難である。主導的な国家は，ヘゲモニーの時期から引き継いだ慣習を保持しているかもしれないので，効果的な協議なしに，ゲームのルールを変化させたり，維持することができると仮定されている。こうした仮定に立つと，憤慨と正当性の喪失につながる。このことは，過去10年間の欧米関係のなかで，我々がしばしば見てきたことである。他方で，もし，主導的な国家がヘゲモニー的なパワーをもはや行使することができないと認識すれば，リーダーシップは，最初の譲歩を引き出した

上で，最も先を見たアプローチをとることに前向きに関与するであろう。しかしながら，パートナー（あるいはライバル）に対する優位性の範囲が減じる時，このことは困難になるであろう。最終的には，リーダーがいかに融和的であろうとも，単一的なリーダーシップに由来するパトロン－クライアント関係は，他の政府の一部に現れた地位に関する不安を高め，双方からの怒りを助長するであろう。

　それゆえに，複合的相互依存関係の条件下における単一的なリーダーシップは，効果的であるはずもないのである。しかしながら，キンドルバーガーが指摘しているように，集合的なリーダーシップが過去において，一般的に機能したことはない。そうすると，我々は，複合的相互依存関係の下では，どのタイプのリーダーシップも効果的ではないと結論づけるべきなのか。

　政府の行動に見られる一定程度固定化されたパターンは，集団的なリーダーシップが発展する前に，明らかに変化しなければならないだろう。まずはじめに，「集団的経済安全保障」を，国際経済政策を遂行する原理として一般的に受け入れる必要性があるだろう[9]。言い換えれば，他の主要な国家ばかりではなく，支配的な国家も，国内および対外経済政策に関する相互監視，他国政府からこうした政策に寄せられる批判，ある国際市場における調整的な介入をすすんで受け入れなければならないのである。主要なマクロ経済政策が純粋に国内的でありうるという幻想は，自国の経済システムに対する全体的なコントロールを追求することとともに，捨て去らなければならないだろう。このことは，政府が，主権的なパワーを持つ国際組織から受ける自国の経済に対するコントロールを諦めるということではなく，政策決定過程への以前よりも多くの国際的な参加を受け入れる必要があるということを意味している。対外貿易，資本，為替相場に関する政策ばかりではなく，国内の財政・通貨政策も，国際社会による監視を受けなければならないだろう。

　国際的な監視と集団的なリーダーシップは，少なくともマクロ経済政策と同様に，他の領域においても明らかに必要である。もし，核拡散がうわべだけの管理で維持されているならば，核施設と核物質の供給国との間の協調が必要であろう。大規模な飢饉を防ぐための効果的な行動は，将来的には，同様の多国間の協力が必要である。大気や海洋の汚染には境界がない。国内の大気および

水質汚染を管理するプログラムは，国際的に媒介される公害の広がりに大きな影響を与えるだろう。すでに，通信衛星の開発と規制には，国際協調が拡大されている。

しかしながら，リーダーシップが共有されるべきであると推奨するだけでは十分ではない。新しいイシューを国家間交渉のアジェンダにのせ，新しい提案に対して積極的に考慮するように仕向けるためには，ある政府が，主導的な役割を果たす必要があるだろう。しかし，政府は，パワーや，リーダーシップに含蓄されている従属的性質ばかりではなく，地位に関しても敏感であることはしばしばである。世界が抱える多くのイシューは，多かれ少なかれ，相互にリンクしてはいるが，かなり分化しているので，あるイシューでのリーダーは，他のイシューにおける追従者である必要があるだろう。アメリカのような強力な国家は，より多くのイシューに甚大な影響を与えるだろう。しかし，実質的な理由ばかりではなく，象徴的な意味からも，いくつかの国家は，リーダーシップをとる役割を持つ必要があるだろう。このことは，中規模の国家が，フリーライダーになる傾向を減少させるだろう。「多様なリーダーシップ」は，集団的リーダーシップよりも，イニシアチブを必要とし，こうしたイシューが分化した過程において，より適切な用語であるかもしれない。

特定のイシューについてのリーダーは，レジーム内に大国を抱える国であるべきであり，そのイシューに関するリーダーシップを発揮できる自由度を自国政府に許容する国内的な政治・経済状況にある国であるべきである。もし，イニシアチブが，小さな利益しか持たず，戦略性のない政府に任せられるならば，偏狭的で自己防衛的な反応が起こりうるはずである。そういうわけで，リーダーシップは，主として，強力で自信過剰の国家によってとられると想定されなければならない。

こうした国際的な監視と行動の受入れをもってしても，集合的リーダーシップを調整することは，困難であろう。1969年からヨーロッパで行われ，1975年11月のランブイエでの世界の経済大国が一堂に会するサミットは，役に立つであろう。国際的な閣僚レベルでの会議や，OECDのなかで拡大している特定の国際組織の形成も寄与しているはずである。しかしながら，同じ志を持ち，同じような任務を持つ下位レベルの官僚組織の任務上の関係のインフォーマル

なネットワーク——本書でトランスガバメンタルなネットワークと呼ぶもの——もまた同様に重要である。こうした多様な接触が生み出すことのできる考え方や見方の収斂は，効果的に政策を調整する上で重要であろう。

　言い換えれば，対立があり，正式なルールが発展しない時でさえ，非常に複合的な関係や社会間の接触の多様性が，政策の相互調整に大きく寄与するのである。1971年に予測された貿易戦争は起こらなかったのであり，国際通貨の改革が（不確実な時期がかなり続いた後ではあるが）行われた。新重商主義者たちのカサンドラ（ギリシア神話に出てくる予言者。トロイの滅亡を予言したが無視されたという逸話から凶事の予言者を意味する：訳者）のような予言に反して，主要な先進国は，当初は，単独行動主義的な貿易上の対策を押しつけたり，あるいは，通貨価値を操作したりすることによって，石油危機に対応したわけではなかった。それどころか，1974年の6月，そして1975年に再度，OECD諸国は，エネルギー問題を，貿易における近隣化窮乏政策によって解決することを回避すると宣言した。とりわけ，石油生産者にとっての輸出競争が起こり，保護主義の多少の高まりが見受けられた。しかし，全体としての対応は穏健であった。複合的相互依存関係の政治は，整然と行われるものではないが，多くの人々が予想したように，経済危機という脅威に晒されると，複合的相互依存関係の政治は，本来は不安定になるのだが，そうなるとも証明できなかった。

　こうした接触は，政府高官レベルでの会議もそうであるように，国際組織の枠組みのなかで通常起こるだろう。第5章ですでに見たように，世界政治において重要ではあるがあまり注目されない国際組織の機能とは，潜在的あるいは黙認された連合を，直接的なコミュニケーションによって特徴づけられた明確な連合へと変容させるための場を政府の下位組織に提供することである。こうしたことから，国際組織は，相互依存関係を管理するために必要な非公式でトランスガバメンタルなネットワークを促進することができるのである。国際組織は，決してリーダーシップの代替手段ではないが，その発展と養成に寄与するかもしれない。

　本書では，アメリカ，ドイツ，日本からなる三極の寡占体制を支持しているわけでもないし，富裕国からなる閉鎖的な共同体を支持しているわけでもない。政策調整と多様なリーダーシップは，同じ正当性認識を持つ少数のアクターの

間で容易に形成されるが，そうしたレジームへの参加と，そこから得られる利益は他者に対しても，もしそれを選択すれば，有用となりうる。本書で用いているリーダーシップは，特別の利益を与えるものではないが，最初の譲歩を行い，全体構造のために見通しを利かせる社会的責任を意味している。これは，南北関係の分配問題に対する懸念を含んでいる。主要な産業諸国は，実質的な譲歩を提供し，継続的な交渉過程に入ることによって，国際レジームを第三世界のニーズに適応させる際に，主導的な役割を果たす必要があるだろう。

6　国際レジームの正当性の構築

　相互依存関係と技術的変化から起こる諸問題は，1つの国際会議や，まして，そうした一連の短期的な交渉では解決されないだろう。実際には，政策調整とは，まさしく将来に向けて広がりを持つものとして見なされるべきである。それゆえに，責任あるリーダーは，他の主要なアクターの善意を維持する理性と，建設的な問題解決の雰囲気を有していると理解するだろう。そして，責任あるリーダーは，（多数決による解決，あるいは単独行動主義的な行動を通じた）短期的な勝利が，長期的に見て，交渉過程を不安定にするのであれば，そうした勝利を求めることに乗り気ではないであろう。

　多様なリーダーシップは，多元的な政治システムを有する先進工業諸国の間では，困難かもしれない。ましてロシアや中国が関与し，あるいは，発展途上国が登場してくれば，さらに困難になるであろうし，時には実現不可能な場合も出てくる。もし，こうした貧困国を伴う国際レジームが正当性を得ることになれば，工業諸国は，大幅にパワーの実際の源泉をすすんで移譲しなければならないが，他方で，こうした貧困国には，内部の社会的・経済的変化をもたらす自由を与えることになる。次に，工業諸国は，要求のエスカレート化を招き，世界経済を規制する実践的な調整が機能し，かなり効率的であることを納得させる必要があるだろう。交渉過程は，遠い将来が持つ（工業諸国も貧困国も双方が成長の可能性のある競争者となるという）魅力的なビジョンを約束するものでなければならない。そしてまた，交渉過程は，システムが機能する証拠として指摘される特定の利益を，時折，提供しなければならない。双方の側が，こうし

た利益を必要とするだろう。しかしながら，貧困国は主として利益が物質的であるかもしれないのに対して，富裕国にとっての利益は，政治的環境における改善がより重要であろう。

富裕国と貧困国との間の交渉が行き詰まれば，両者とも，大規模に自ら実行していかなければならないだろう。実行してゆく他の形態は，ほとんど有用ではないし，望ましいものではないだろう。効果的な戦略は，自己利益に対するエリートたちの認識に訴える必要があるであろう。すなわち，利他主義や，平等あるいはグローバルな福祉という概念に対する訴えが，効果的であるはずもないのである。政府のリーダーたちは，しばしば，より協調的に彼らの目標を達成する方法を学ぶことができる。時間が経つにつれて，自己利益に対する彼らの認識は，変容するかもしれない。そうした学習過程は，将来に渡り，国際的に極めて重要になるだろう。[11]

多様なリーダーシップや階層性は，地位を拡散させ，主導的な国家の間にフリーライダー的な戦略をとるインセンティブを減じさせることに役立つが，様々な階層性の底辺は，いつも同じように，貧しく弱体化した国家から構成されるだろう。貧しく弱体化した国家に対しても正当性を持つように見える国際レジームに関して，そのような国家が，他国およびトランスナショナルなアクター双方との関係において，共通利益をしっかりと共有しているということを認識しなければならない。そしてまた，そのような国家は，国際システムの持つパワーや地位の階層性が，相対的に開かれたものであると認識しなければならないのである。国家が能力を高めていくにつれて，地位を共有することを許容すると同時に，集団的リーダーシップの負担を分かち合うように努めなければならない。

最終的には，貧困国が，相互依存関係を規制する国際レジームを，帝国主義の一形態であると認識することがなければ，どれだけ国際レジームに参入したいのかを自らで自由に決定できるかにかかっている。そして，以下のことを認識することが共通認識になったのである。すなわち，19世紀の自由貿易のイデオロギーは，世界の最先進国であるイギリスのために役立ち，経済的な新植民地主義，あるいは，自由貿易（および投資）の帝国主義がありうるのだということである。それと同時に，政治的に自立した小国は，開放型の経済システ

ムというオプションを持つことから恩恵を受けることができるが，その場合，強力な国家がそうした小国に対して開放型経済システムを押しつけるために軍事力を用いることはできないのである。

7　国際組織と国内組織

　国際的な集団的行動を組織することによって，アメリカは，特殊な問題に直面することになる。アメリカ人は，世界で支配的な地位を占めることに慣れているために，国内政治における重要な集団が強く認識する問題が生じる時に，すぐに単独行動主義的な行動を重視する。超音速航空機が持つ負の環境効果を考えれば，アメリカはコンコルドが着陸する権利を拒否することによって処理できる。核拡散についても，アメリカからの関連物質の輸出を単独行動主義的に禁止することによって処理することができる。小麦の供給に関して，世界はアメリカからの輸出によって成り立っている。効果的な人口のコントロールは，アメリカの対外援助政策における変化によって促進されている。そうした個々の事例において，環境の質，核拡散のコントロール，飢饉の緩和，人口成長への歯止めという目標は，達成すべき価値あるものである。しかし，アメリカのパワーがもはや支配的でない世界において，このようなアメリカの単独行動主義的なアプローチは，長期的には，追求すべき目標にとってでさえ，害を及ぼすかもしれない。もしアメリカの単独行動主義的なアプローチが，協調的な国際関係を混乱させ，アメリカの動機に疑いを投げかけるのであれば（あるいは，アメリカの独善性に否定的な反応を生むのであれば），そのようなアプローチは，国際レジームの正当性の基礎を壊すことになるかもしれない。超音速航空機は，アメリカの命令が及ばないところをいまだに飛行することができる。アメリカ以外の他の供給国が，核物質の輸出を増やすこともできる。アメリカは，長期的に見れば，世界に穀物を供給できる見込みもない。アメリカが対外的に人口成長をコントロールしようとする試みは，ナショナリスト的なリーダーによって，「ジェノサイド」的な試みだと見なされるかもしれない。アメリカは，こうした行動のすべてを起こすべきなのかもしれないが，単独行動主義的にというよりも，交渉や（可能であれば）合意という国際的な議論の文脈の枠内で行

うべきなのである。

　すでに見たように，複合的相互依存関係の状況においてとられた意味ある政策決定の多くは，伝統的な政治認識からすれば，対外的というよりも，国内的であるように思えるだろう。我々は，市場関係，あるいはモノや人の流れかどうかは別としても，敏感性に基づく相互依存性関係を，国境を越えたトランスナショナルなシステムとしてみなすことができる。そのようなシステムに影響を与えるために，政府は，政策が行われる異なった地点で介入することができる。すなわち，異なった地点とは，国内的には，自国の国境であり，国際組織を介すれば，他国の国境であり，もしくは，他国の領土管轄が及ぶ範囲で政策が行われることもある。介入が行われる地点が異なると，それに応じて異なる費用・便益を課される。政治的闘争は，誰がその変化に伴う費用を負担するかをめぐって生じるであろう。大統領や国務長官といったリーダーは，国際的なリーダーシップを維持する代価として，費用のシェアを国際的に平等にし，もしくは，アメリカに過度に偏ったシェアを提示する政策を望むこともしばしばであろう。しかし，国内での介入の地点に及ぼす影響力は，官僚や連邦議会議員によって担われるであろうし，彼らの有する責任は，より狭められ，直接的な利害に向けられるのである。

　こうした理由から，新しいイシューを取り扱う外交政策担当のリーダーたちは，通常よりも国内政治に対してより注意を払う必要があるだろう。外交政策の戦略は，アメリカにその長期的なシステム的利益に焦点をあてる国内の政治戦略を含むだろう。たとえば，貿易や通貨という異なったイシューは，異なる政治的特徴を持つ。すなわち，貿易や通貨は，雇用に関しては同じ影響力を持つかもしれない。貿易のイシューは，普通，多くの政治集団を伴うことになるが，通貨のイシューに関しては，そのようなことは稀である。外交政策のリーダーは，政治化という起こりうるパターンの観点から，戦略を形成しなければならないだろう。

　また，外交政策のリーダーは，国際交渉のリンケージ，報復の脅威，国際フォーラムという選択肢が，トランスナショナルな同盟の創出ばかりではなく，国内政治に影響を与えるという点にもより注意を払う必要があるだろう。彼らは，緊張が生じる地点を予期しなければならないだろう。国内では，変化に対

する調整の最大費用を負担する集団を補償することに対しても，より注意を払う必要があるだろう。ケネディ大統領が1960年代初頭に，安全保障のグランド・デザインの一部として議会を通過させた貿易拡大法の狭く限られた調整援助規定と比較すると，制限的な代替策であったバーク＝ハートケ法案の通過回避を目指した1974年の貿易法にみられる調整援助の相対的な寛容さは，その好例である。

　国益を定義することは，通常困難であるが，経済・環境に関する相互依存関係のイシューに関しては，それがさらに困難を極める。こうしたイシューは，直接的に，特定の集団に影響を与え，ほぼすべての市民の生活に影響を及ぼす。もし，国内の利益集団が大統領の支持した政策——たとえば，1975年の9月に，ソ連へ大量の穀物を売る政策——をブロックするほど強力であるならば，政府高官が政策を決定することはもはやできなくなるかもしれない。AFL-CIO議長のジョージ・ミーニー（George Meany）が，その当時，「外交政策は，あまりに重要なので，国務長官に任せるわけにはいかない」と述べた。そうした状況においては，政府高官の判断が権限を持つとは，もはや言えないかもしれないのである。

　冷戦期において，こうした問題は，外交政策の優先順位のなかで，経済的なイシューが軍事的安全保障よりも下位に位置づけられたことによって見てとれたのである。我々は以下のことを理解することができた。すなわち，アメリカの捕獲量の4分の1以下である遠洋漁業者が，海軍との便宜上の同盟関係を通じて，アメリカの漁業政策を狭い沿岸範囲という観点から定義することができたのである。同じように，通貨政策においても，アメリカはその利害を，同盟関係におけるリーダーシップとの考慮のなかで調整した。1960年代半ば以降，ソ連の脅威は，さほど切迫したものではないように見えた。海洋法をめぐる交渉によって強化された海洋の問題領域において，（小さな経済的利益を代表する）アメリカの沿岸漁業者は，海軍の反対を押し切って，沿岸管轄権を200マイル拡張することを議会に主張した。通貨政策において，その同盟自体が，経済的な挑戦をもたらしたように思えるのであり，アメリカの利害は，戦後の通貨レジームを維持することや，ヨーロッパが考えていることにはさほどの関心がないという点から定義された。国家安全保障が象徴的に意味することが弱まるに

つれて，優先順位に関する政治的合意を確立することがより困難になっているのである。

　しかしながら，相互依存関係のレトリックと，経済的・環境的安全保障のシンボルは，伝統的な軍事安全保障のイメージに取って代わる不完全な代替物になりうる。経済的相互依存関係は，様々な集団に非常に異なった影響を及ぼす。たとえば，ソ連に対する穀物販売は，1970年代のデタントに寄与したかもしれないし，そうしたことは，農業従事者（および穀物販売業者）の所得を押し上げた。しかしながら，穀物販売は，アメリカの食物価格のインフレ的効果を持っていたと言うこともできる。穀物販売が，ソ連との関係において，脆弱性に基づく依存性を生み出すことによって，アメリカに有用な外交政策のツールを提供したかどうかは，1970年代には明らかではなかった。もし短期的に見て，そうでないならば，遠い将来についてはどう言えるのか。採算のとれる取引に利害を持つ国内集団が関係を維持するためのロビー活動を行うことが理由となって，アメリカがこうした潜在的なツールを用いることはできないのだろうか。複合的相互依存関係の条件が不平等であり，ある社会が他の社会よりもその痕跡がより多く見られる場合には，脆弱性のパターンは，単純な統計から決定することはできないのである。国内の負担と便益が不平等な時に，リーダーは，そうした微妙な計算をし，うまくバランスのとれた判断を行うことが困難になると気づくだろう。それとは対照的に，環境上の危険は，かなり平等に，万人に影響を及ぼすことがしばしばだろう。しかし，環境上の危険は，長期的な脅威であり，それらから保護する短期的なコストは，不平等に分配されるために，「環境的安全保障」は，リーダーが新しい外交政策上のコンセンサスを構築することが可能な十分なシンボルにはなりそうもないのである。

　経済的・環境的イシューに関する懸念は，独立した政策や国際的な政策調整への大幅な関与の双方に結び付く。実際に，関与と撤退の一貫性のない，ちぐはぐなパターンを予期することは，かなりもっともなことであるといえる。孤立主義的政策は，ヘゲモニー的な支配がもはや存在しない世界を相手にする際に，フラストレーションに対する対応として誘発されるだろう。アメリカが世界経済にますます関与しようとすることと，経済に対するアメリカの統制力が落ちているということとの間には緊張関係が存在するだろう。環境政策を国際

第8章 相互依存関係への対処

的に調整しようとする必要性の意識の増大は，個々の政府が非常に異なった優先順位を持ち，影響力を及ぼすことが極端に困難であるかもしれないという意識と不安のうちに共存しているのである。

　アメリカがその経済的な脆弱性を外部で生じる出来事に還元してしまうことによって，独立した経済戦略を立てることは可能である。たとえば，よく論じられる原材料に関する問題を考えてみよう。もし，ある国が，エネルギーや原料の購入を他国から拒否される（あるいは，積立金の減少から購入できなくなる）ことを心配するのであれば，全体の輸入量を制限し，供給源を多様化し，備蓄を行い，突然の枯渇に陥った時のための割当供給量に関する非常事態計画を策定することができるだろう。長期的に見れば，アメリカは，新しい源泉と代替手段を生み出すテクノロジーに投資することができるのである。時間があれば，テクノロジーは，見かけ上，容赦ないように見える従属的関係を変化させることができる。そうした従属的関係は，積立金がどれぐらいあるのかを示す数字によって暗示されていると言える。

　しかし，重要問題は，独立した安全保障戦略が技術的に実行可能かどうかではなく，どの程度従うべきか，そして，どの程度利用できるのかということである。（自国の）脆弱性を国際的事象のせいにしてしまうことは，新孤立主義的な戦略の一部になりえる。しかし，政策調整をとりつつ国際的リーダーシップを握るという戦略においても，そのことは，1つの要素になりうる。もし，第1章において，パワーの源泉としての非対称な脆弱性を論じたことを想起すれば，なぜ，このことがそうであるのか（脆弱性が外部の出来事に還元されてしまうこと：訳者）を理解できるのである。政策調整に関して，国家は，他国に妥協させ，犠牲を払うように説得するために，様々な問題領域におけるパワーを必要とする。ある国家がその脆弱性を他国による行動に限定する限りにおいて，集団的な経済的・環境的安全保障に関する国際交渉に影響を及ぼす能力を高めることができるだろう。

　それゆえに，低レベルのコストで自己充足性を高めようとする努力は，新孤立主義的アプローチにとってばかりではなく，政策調整・リーダーシップ戦略にとっても望ましい。2つの政策志向の間の主要問題は，相互依存関係がどの程度進み，どのぐらいのコストがかかるのかに関心が向かう。両者を切り離し

て考えてみると（アメリカが海外原油を輸入しなければならないという：訳者）脆弱性による依存関係を減らしていくべきであると新孤立主義者達が提起している「プロジェクト・インディペンデンス」（輸入原油への依存度を減らしていくための計画：訳者）は，かなりよいものかもしれない。とりわけ，もし，こうしたコストの多くが，世界情勢においてより効果的なアメリカのリーダーシップによって回避される場合には，それらを一緒にまとめると，かなりの負担をアメリカ人に押しつけることになる。さらには，環境問題に関する悲観主義者が部分的にでさえ正しいのであれば，負担はさらに重くなるだろう。アメリカが，独立した行動を起こす能力を持つ時でさえ，国際的な政策調整における関心を持ち続けるのである。もちろんのことながら，そのような状況において，アメリカはかなりの影響力を持つだろう。

いくつかの環境上のイシューに関して，国際行動を支持する議論はより強くなる。大気や海洋といった集合財が，多くの国からの汚染物質によって悪化するという脅威に晒されると，1つの国家だけでの行動で，そうした問題を解決できるはずもないのである。しかしながら，繰り返しになるが，ここでの要点は，単に，環境上の危険や有限な資源が相互依存関係を増大させるということではない。重要なイシューは，世界の多くの国が，時に応じた社会や政府の対応能力を持てるかどうかということである。正しいテクノロジーが時に応じて有用であるように，あるいは，不可逆的なダメージが及ぼされる前に，保護する対策を実行できるように，多くの国が計画するであろうか。我々が，テクノロジーの負の効果を十分に知り，テクノロジーという怪獣を生み出さないようにその発展を十分にコントロールすることができるだろうか。国際組織は，そのような問題に関する政府間の効率的な共同作業を促すであろうか。

もし我々が，国際組織を，効率性がその自律性に依存した正式な制度と見なすのであれば，楽観的であることは難しいであろう。1945年から1975年の歴史を見れば分かるように，国連のような政府間組織や，欧州共同体のようなうまく成功した統合的な調整が，世界政治においてますます自律的で力強くなるということを示すことはほぼありえない。それどころか，こうした組織は，論争によって分断されることもしばしばであり，財政的にも政治的にも，政府からの支持が得られないことによって弱体化する[*]。

しかしながら，こうしたアプローチは，国際組織を世界政府の萌芽として捉える初期の考え方を反映している。我々は，国際組織を，公的な制度と結びついた政府間・トランスガバメンタルなネットワークからなる束として捉えるべきであって公的制度そのものと捉えるべきではない。政府は，こうした組織におけるビジネスのフローを処理するために構成されなければならない。政府が組織に対応しようとすれば，定期的かつ直接的に官僚を1つにまとめあげるネットワークが発展する。それゆえに，ある一定のエリート間のコミュニケーションを促進することによって，国際組織は，世界政治における「潜在的な同盟」を活性化するのに役立つかもしれない。組織の事務局は，こうした過程を，それら自身の連合形成活動を通じて加速化させるかもしれない。リーダーシップは，国際組織に由来するものでもないだろうし，効果的なパワーも同じである。しかし，そうした組織は，効果的で多様なリーダーシップが依拠する日々の政策調整のための基礎を提供するのである。

こうした視点から見れば，「特筆される政府（governments writ large）」としての弱点にもかかわらず，政府間組織の数は，1945年と1965年の間に3倍以上に増えたということは驚くべきことではない。表8-1が示しているように，アメリカが参加した国際会議は，1975年は1950年に比べると，ほぼ3倍に増えたのである。1964～74年にかけての国際会議や国際組織に派遣された政府認可の代表団の数は，150％以上増えたが，国務省からの派遣は1968年と1974年においてアメリカの代表団の半数以下であった

国際組織および国際会議は，インフォーマルネットワークの中心として非常に重要であるために，明らかに国内組織による国際活動の拡散は，自然な発展でもある。国務省の職員は，海外で外交的任務にあたっている全人員の5分の1以下にすぎない。残りは，23の政府機関から来ているのである。関与する問題の多くが技術的に複雑なために，特別な国内の団体を持ち，技術上優れた知見を持つ機関は，そうした過程に密接に組み込まれなければならない。そして，そうした機関は，海外で同じ位置にある組織と緊密な関係を維持しなければならない。それゆえに，アメリカの多くの国内組織のなかで発展してきた小

＊　第3版への注釈：広く言えば，我々は国連に関しては正しかったが，欧州共同体（現在の欧州連合）に関してあまりに悲観的すぎた。

第Ⅳ部　アメリカと複合的相互依存関係

表8-1　アメリカによるトランスガバメンタルな接触

年	アメリカが公的に参加した国際会議	会議と機関に派遣された公的な政府代表	
		参加した代表総数 (46機関)	国務省代表が全体に占める割合
1946	141	—	—
1950	291	—	—
1960	394	—	—
1964	547	2,378	52
1968	588	2,137	48
1974	—	3,656[2]	44
1975	817[1]	—	—

注(1)　1975 as percentage of 1960：207％
　(2)　1974 as percentage of 1964：154％
(出所)　アメリカ国務省国際機関局提供のデータ。

規模な海外事務所は，単なる官僚の厄介者ではなく，相互依存関係を管理する積極的役割を持っている。そうした組織は，正式な政府の政策を妨害する他国の組織と連合を形成する官僚的基盤を確立していないために，うまくコントロールされる必要がある。しかし，そうした機関が関与するトランスガバメンタルな政策調整こそが本質的に重要である。

　トランスガバメンタルな政策調整がとりわけ有益であるのは，異なる政府の技術関連組織からの官僚が共通の問題を解決するために共同作業を行い，相互交流が学習効果を促進する時である。時には，同僚であるという意識が，特に効果的な問題解決行動に結びつく。国際協調に向けた磨かれた姿勢や，問題が持つ国際的な側面に対するさらなる敏感さは，政府を通じてますます広がりを見せるかもしれないのである。国際組織は政策調整の場を提供することもしばしばあるために，機関を作動させている官僚は，事務局ばかりではなく，国際組織との間に，密接で互恵的な関係を発展させるだろう。国務省のような中心的に外交政策を担う機関の機能は，このようなタイプの建設的でトランスガバメンタルな接触を促し，狭く限定された問題よりも，世界秩序に関するより広い知見に目を向けるように方向づけるべきである。そのような接触を切断するような試みはあってはならないし，そうするようなことがあれば，無益であろう。そうしたネットワークの破壊は，国際組織を弱体化させるだろう。

8 結 論

　経済・環境に関する相互依存関係の進展は，外交政策に対する明確で決定論的なガイドラインを提供しない。いまだに，「選択の必要性」が存在している。複合的相互依存関係の状況は，選択を困難にする。相互依存関係の「対内的」および「対外的」側面の双方が関心を共有するように，どのように組織化されるのかということについての選択が求められるだろう。アメリカにとって，中心的な問題は，ヘゲモニーに関する能力を持つことなく，国際的リーダーシップをどのように行使するのかということである。20世紀におけるイギリスの海洋および通貨のレジームに対するヘゲモニーは，国内の利害を抑制し，海外への（軍事力の行使を時折含む）支配的なパワーを適用するという2つの柱によっていた。アメリカのリーダーシップは，国内の好例を設定する同じ必要性に遭遇するだろうが，パワーの適用はより困難になるだろう。我々は，相互依存関係とともに生き，それをリーダーシップのために用いるという2つのことを学ばなければならないだろう。システム的な観点から見れば，アメリカは短期的にほとんど自由がないというよりもむしろ，非常に多くの自由を有しているというアメリカが抱える逆説があり，ますます重要になってくる経済・環境に関する問題で主導権を発揮することができないかもしれないのである。

　いずれにせよ，最も強力な国家にとっての適切な外交政策は，変容する世界政治に対する明確な分析に依拠しなければならない。世界についての旧来型のモデル，あるいは，過度に単純化したモデルは，不適切な政策へと向かってしまう。世界政治に関する伝統的見方は間違っているということを，我々は，この著作のなかで論じているのではない。いくつかのアプローチが必要とされるが，様々な状況下ではその程度に応じたアプローチが必要であると信じている。我々は，伝統的な賢明さと新しい洞察の双方を必要とする。我々は，この2つをいつどのように結びつけるのかを知る必要もある。世界政治を理解する際に生じる主要な問題の1つは，諸次元と，フィールドの領域を区別することによく失敗することである。こうした失敗がよく起こるのは，同様の単純化を，主題のあらゆる側面に適用する傾向が非常に多いからである。現実政治を理解す

る手引きとして更に一層純化を推し進めるためにではなく,世界政治を分析する明確で精緻化された方法論の確立に貢献するために,相互依存関係が持つ政策的意味合いを我々は研究してきたのである。注意深い分析は,単なるアカデミックなゲームではない。注意深い分析は,現代の混沌とした世界に適切に対処するのに不可欠なのである。闘争において,剣はペンよりも強いが,長期的に見れば,ペンは剣を導くのである。

注
(1) こうした3つの問題領域におけるアメリカとフランスの興味深い示唆的な事例検証については,以下を参照のこと。Peter J. Katzenstein, "International Relations and Domestic Structure: Foreign Economic Policies of Advanced Industrial States," *International Organization* 30, no. 1 (Winter 1976): 1-46.
(2) 以下を参照のこと。Edward V. Gulick, *Europe's Classical Balance of Power* (New York: Norton, 1967).
(3) こうした考えは,以下のペーパーから示唆を受けた。Alfred. E. Kahn, "The Implications of an Electrification Strategy for Canada and the United States," delivered at Carleton University, Ottawa, October 1975.
(4) Johan Galtung, "Nonterritorial Actors and the Problem of Peace," in Saul Mendlovitz (ed.), *On the Creation of a Just World Order* (New York: Free Press, 1975).
(5) 以下を参照のこと。David Mitrany, *A Working Peace System* (Chicago: Quadrangle, 1966) および Robert Angell, *Peace on the March: Transnational Participation*, (New York: Van Nostrand, 1969).
(6) Charles Kindleberger, *The World in Depression, 1929-39* (Berkeley: University of California Press, 1974), p. 307.
(7) スーザン・ストレンジが以下で指摘している。Susan Strange, "What Is Economic Power and Who Has It ?" *International Journal* 30 (Spring 1975): 220.
(8) Kindleberger, *World in Depression*, p. 305.
(9) 集団的経済安全保障という概念の詳細については,以下を参照のこと。Lawrence Krause and Joseph S. Nye, Jr., "Reflections on the Economics and Politics of International Economic Organizations," *International Organization* 29, no. 1 (Winter 1975): 323-42.
(10) こうした問題については以下を参照のこと。Appendix B, "The Management of Global Issues," to the report of the Commission on the Organization of the Government for the Conduct of Foreign Policy (Washington, D.C.: U.S. Government Printing Office, 1975).
(11) 欧州統合に関する新機能主義的な戦略が,こうした議論を支持している。こうした点については,以下が詳しい。Robert O. Keohane and Joseph S. Nye, Jr., "International

Interdependence and Integration, " in Fred I. Greenstein and Nelson W. Polsby (eds.), *Handbook of Political Science*, vol. 8 (Reading, Mass. : Addison-Wesley, 1975), pp. 363–414.

(12) 以下からの引用。*The Economist* (London), August 30, 1975, p. 46.

(13) 詳細については以下を参照のこと。Robert O. Keohane and Joseph S. Nye, Jr., "Transgovernmental Relations and International Organizations," *World Politics* 27, no. 1 (October 1974) : 39–62.

(14) J. David Singer and Michael Wallace, "Intergovernmental Organization in the Global System, 1815–1964," *International Organization* 24 (Spring 1970) : 239–87 および Robert Angell, *Peace on the March*.

第Ⅴ部

グローバリズムと情報の時代

第9章
パワー・相互依存関係・情報の時代[*]

　20世紀における近代主義者たちの一貫した主張は，技術革新が世界政治を劇的に変化させるだろうというものであった。1910年にノーマン・エンジェル（Norman Angell）は，経済分野における相互依存関係の結果，戦争は非合理的な行為となるだろうと宣言し，最終的に戦争が過去の遺物となる日が来るのを切望した[1]。また，1970年代の近代主義者たちは電信通話技術とジャンボジェット機による旅行を「地球村」（グローバル・ヴィレッジ）を創り出す技術とみなし，多国籍企業，トランスナショナルな社会運動，国際組織といった脱領域アクターが，領域主権国家の力を弱めるだろうと考えた。このように，ピーター・ドラッカー（Peter Drucker），トフラー夫妻（アルビン・トフラー（Alvin Toffler），ハイジ・トフラー（Heidi Toffler）），エスター・ダイソン（Esther Dyson）といった現代情報革命を予見した人々は，情報革命が階層的な官僚支配に代わる，多様な市民アイデンティティと忠誠心が重複する政治共同体と領土管轄権を特徴とした，新たな封建主義を創り出したと主張している[2]。

　過去の近代主義者たちの主張は，ある程度的を射ていた。エンジェルによる相互依存関係への戦争の衝撃に関する理解は，洞察力に富むものであった。第1次世界大戦は戦場のみならず，1815年からの比較的平和な時代のなかで繁栄してきた社会経済システムと，経済分野における相互依存ネットワークにも未曾有の破壊をもたらした。1970年代の近代主義者たちが予想したように，ここ25年でNGOやグローバルな金融市場は，国際政治においてより一層重要になった。しかし，一方で主権国家は近代主義者たちが予想したよりもはるかに強固なまま存在し続けている。主権国家は依然として世界の人々の忠誠心を集めており，物質資源を支配し続けている。とりわけその市場が重要となっ

---

[*] 本章の初出は，*Foreign Affair* (Sept.-Oct. 1998) p.81-94.

ている裕福なOECD加盟諸国は，世界のGDPの3分の1から半分を占めている[3]。

　1910年代と1970年代に近代主義者たちが主張した変化の方向性は的を射ていたが，変化の帰結に関する認識は単純すぎた。情報革命を信奉する現代の数人のコメンテーターたちと同様に過去の近代主義者たちは，信条体系の持続性，制度の耐久性，国家首脳が利用できる戦略的な選択肢といった点を十分に考慮せずに，あまりにも短絡的に技術革新を政治的な影響力へと結びつけた。つまり，過去の近代主義者たちは，権力者たちがどのように権力を行使して，社会的な相互依存関係のパターンを形成したり歪めたりすることができたのかに関する分析を怠ったのである。

　領域性の形成を考えるうえで，原材料，商品，越境的な資本のフローに関する分析と，諸国家がどのように公海上で国境を画定するかを理解するだけではもはや不十分となった。サイバースペースそれ自体が「特定の領域（空間）」であり，この「領域」はどこにでも存在すると考えられるし，どこにも存在しないとも考えられる。しかし，かつての近代主義者と同様，新たなサイバースペースの預言者たちがしばしば見落としていた事実は，サイバースペースを統治するためのルールが必要となるということであった。このルールには，合法的な利用者を犯罪から守るというものだけではなく，知的財産権を保障するものも含まれる。公的な政府による統治，民間や自治体による統治のいずれの場合であっても，ルールには権威が必要である。誰が統治するのか，どのような条件で統治するのか，誰が利益を得るのか，といった政治に関する古典的な諸問題が伝統的な物理的空間と同様，サイバースペースにも関連するのである。

　伝統的に，政治活動はまず地方レベルに焦点が当てられ，司法管轄権からの逸脱行為が規制される範囲は，せいぜい国家レベルと国家間レベルまでであった。しかし，現在の情報革命は，本質的にグローバルな現象である。なぜなら，「サイバースペース」は地理的な要因によって分割されないからである。ウェブページの語尾につく，edu，org，comは地理的区分を意味していないし，アドレスの末尾が国籍を表している場合であっても，それは，ウェブサイトの利用者がその国の管轄内にいることを保証するものではない。

　フランシス・ベーコン（Francis Bacon）が400年前にいみじくも書き記した

ように，情報はパワーである。疑いもなく，情報革命は根本的に政治的な意味合いを含んでいる。そのため，複合的相互依存関係を研究する際に発展させた分析手法を，情報革命に含まれる政治的な意味合いを分析する上で用いることは道理にかなっている。伝統主義者たちとほぼ同じ見解になるが，現在の国際政治の状況には次のような特徴がある。①国家は引き続き国際政治上で重要な役割を果たす，②脆弱性は交渉において弱点となり，パワーを衰退させる，③国際政治における諸アクターは自己のパワーを強めるために，国境を越える情報のフローを操作し，サイバースペースのコントロールを試みる。しかし，近代主義者たちが主張するように，情報革命は単に「これまでと同じことが繰り返される」現象ではない。サイバースペースは真にグローバルな領域であり，①情報を伝達する電子の流れを制御したり監視したりすることは，原材料や商品の流れを制御したり監視したりすること以上に難しい，②情報伝達にかかるコストの画期的な削減は，他の資源を相対的に希少なものとさせる。

　1977年に著者たちは「相互依存関係，とりわけ経済分野における相互依存関係が拡大した時，国際政治において何が主要な特徴となるのか？」という質問を提起した。第1章における本書の分析では，国家間システムを所与であると捉え，国家間の力関係が経済的相互依存関係，とりわけ相互依存関係から生じた脆弱性によって，どのような影響を受けるのだろうかということを問題とした。第2章では，さらに一歩進んで，新たに出現したもはや既存の国際関係論が適用できない領域での政治的諸特徴を問題とした。これらの考えに基づき，我々は3つの条件を伴った「複合的相互依存関係」と呼ばれる1つの理念型を導きだした。3つの条件とは，①軍事力の役割低下，②イシュー群の非階層性，③社会における多様なチャンネルの接触，である。

　本書は第3章以降で，富裕な民主主義国の間では，1970年代中頃にはすでに複合的相互依存関係に近い状態が現れてきたことを示した。複合的相互依存関係は国家間システムと，生成されつつあった国家以外のアクターが主要な役割を果たす脱国家領域の両方に影響を与えた。それにもかかわらず，複合的相互依存関係は地域と問題領域により，多くのバリエーションがあった。たとえば，アメリカとカナダの関係において軍事力は大して重要ではなく，もはや両国関係において上位に位置づけられる問題ではなかった。しかし，アメリカと

ソ連の関係や，中東，アフリカ，アジアの多くの国々において軍事力は依然として，極めて重要であった。

この章において，我々は1970年代に使用した複合的相互依存関係という分析概念を，現代の情報革命にも適用する。まず，異なった種類の情報について分析し，情報革命がどのように複合的相互依存関係のパターンを変化させたのかについて検証する。それから情報革命が国力に与えた影響について考察し，最後に政治における情報革命の新奇性を検証する。特に，情報革命が情報伝達にかかるコストを大幅に低下させることで生じた，透明性が権力の資源となりつつある新たな信頼の政治について議論したい。

1　情報革命と複合的相互依存関係

「情報革命」とは，コンピューター，コミュニケーション，ソフトウェアの急激な技術進歩により，情報処理と情報伝達にかかるコストが大幅に低下したことを意味する。新しいコンピューターの価格は，1954年から毎年19％安くなっており，情報技術に関する新たな投資も7％から50％へと上昇している[4]。ここ30年続いている「ムーアの法則」とは，18カ月ごとに半導体の容量が2倍になるという法則である[5]。同様に，インターネットとワールド・ワイド・ウェブも急速に普及している。インターネットが公開されたのは1990年であるが，その後，通信速度は高速化し，コミュニケーションにかかるコストも低下し続けている。18世紀末の蒸気機関，19世紀末の電気の場合と同様に，社会が新たな技術を用いて生産性が高まるまでには間隔がある[6]。多くの産業と企業が1980年代から急速な構造的変化を経験しているが，これらは完全な経済の変容からは程遠いものである。そのため，人類はまだ情報革命の初期段階にいるという主張には基本的に同意できる[7]。

本書の目的にとって，情報伝達コストの大幅な低下が情報革命の重要な分岐点となる。実際に，情報伝達コストは取るに足らないものとなった。その一方で，インターネット上での「迷惑メール」の増加が示すように，送信される情報量も事実上，無限大となったし，メッセージの伝達にかかるコストと時間も距離とはほとんど関係がなくなっている。たとえば，ほんの数マイル離れた同

僚に送るインターネットでのメッセージは，コンピューターネットワークを何千マイルも通して届けられるのだが，送信者も受信者もこのことを全く気にかけていないのである。

　このように，情報革命は私たちの生活を大きく変容させつつあるのは確かだが，世界政治を完全な複合的相互依存関係による新たな政治に変容させるまでには至っていない。その理由の1つは，情報はすでに多くの情報で満たされている政治領域には容易に流れ込むが，情報の空白地には流れないためである。ここ400年の間に，諸国家は国境を越えた情報の流れや他の交流をその範疇に収める政治的な構造を創り出してきた。

　情報革命それ自体は，次の第**10**章で分析する世界経済におけるグローバリゼーションの文脈の中で理解されよう。第2次世界大戦後の50年間，グローバリゼーションはアメリカとアメリカを中心に構築された国際制度によって意図的に助長されてきた。1940年代後半にアメリカは新たな恐慌を未然に防ぐ，共産主義を封じ込める，という2つの目的のために開放的な国際経済体制を創り出そうとした。その結果として構築された多国間主義を基礎とする国際制度は，情報に重きを置き，その制度自体も輸送技術とコミュニケーション技術の発展によって影響を受けるという環境を創り上げた。これにより諸国家は，創出された相互依存関係のパターンに背を向けることがますます困難になった。

　情報革命は単に既存の政治的文脈のなかだけではなく，長引く軍事的な緊張と紛争に特徴づけられる領域にも影響を与えた。冷戦の終了は一連の軍事的な緊張を取り除いたが，中東などいくつかの地域にはいまだにその残滓が残っている。また，国家の崩壊や国家の建設という状況が生じ，そのような状況のなか，特にアフリカ，コーカサス地方，中央アジア，南東ヨーロッパでは政治的な目的のために容赦なく暴力が用いられた。最近まで急速な経済成長が見られた東アジアでさえ，政治的・軍事的な敵対関係は続いている。同時にアメリカの軍事的なプレゼンスは明らかに東アジア，中央ヨーロッパ，薄弱だがバルカン半島を安定化させる上で大きな役割を果たした。冷戦終結直後の予想とは異なり，NATOは西ヨーロッパと中央ヨーロッパで有効であり続けた。結果として，軍事安全保障を必要とする政治的枠組みが保障した財産権だけが，市場を繁栄させた。

民主的な平和が保たれている領域の外側で諸国家が形成する世界は，複合的相互依存の世界ではない。こうした地域の多くではリアリストが前提とする，軍事力の役割と問題領域の階層化が明確に残っている。しかし，そのような世界においても，情報革命は社会における多様なチャンネルの接触という複合的相互依存の第3の特徴に顕著な影響を及ぼす。ここでは，すさまじい変化が起こっており，我々は情報革命の結果として起こる秩序の大変動を目の当たりにしている。現在，デスクトップのコンピューターを使用する誰もが情報発信者であり，インターネットを使用する誰もが僅かなコストで遠隔地とコミュニケーションを行うことができる。世界の「情報市場」に参入するための障壁は劇的に低くなった。

　初期のトランスナショナルな流れは，コミュニケーションの基盤を確立することのできる多国籍企業や，カトリック教会といった大規模な官僚的組織によって厳重に管理されていた。もちろん，こうした組織は現在でも重要であるが，極めて安価な情報伝達は，緩やかなネットワークから構成される組織や個人にさえ情報に容易にアクセスする機会を提供した。国境に囚われず，政策決定のために国内有権者を説得する必要のない緩やかなネットワーク組織やNGOは，特に効果的に諸国家間に浸透する。社会の中で多くのチャンネルと接触する機会を大幅に増やすことによって，情報革命は政治を我々の複合的相互依存モデルに近づけた。

　情報は，商品や汚染物質のように国境を越えて流れる量が重要な意味を持つものとは異なる。サイバースペースに流れ込む情報量それ自体はほとんど意味を持たない。哲学者は今まで誰も見たことがないウェブサイトが本当に存在するかどうかを議論できるだろうが，政治学者にとってそうした議論は意味を持たない。多くの観察者たちが指摘しているように，情報革命は関心を引くことを希少資源とした[8]。我々はかつてよく，誰が情報を送信する能力を有しているかを問題にしたが，現在ではこの質問は陳腐なものとなった。なぜなら，その答えは，「インターネットに接続しているすべての人々」になったからである。我々は今，誰が他人の関心を引く情報を伝達する能力を有しているかを問わなければならない。他人の関心を引く能力は，情報を政治資源として活用するための必要条件である。

情報の量や関心だけに焦点をあてることは，問題に関する情報の質や情報の種類の区別といった問題を軽視することになるだろう。情報はただ存在するものではなく，創られるものである。そのため，経済学者がそうするように情報が創り出される動機に注意を払う必要がある。これによって，我々はそれぞれに異なるタイプの政治活動を創出する傾向にある，3種類の情報を発見した。

① 無料の情報

　これは経済的な対価なしにアクターが入手，発信したいと考える情報である。送信者は，受信者が情報を信用することで利益を得ており，これが情報を提供しようとする動機となる。たとえば，科学的な情報はこのカテゴリーに分類される。無料の情報の中には，政治家たちが専門に扱うような説得力を持つメッセージもある。

② 商業的な情報

　これはアクターがコストを払って取得したり，発信したりしたいと考える情報である。無料の情報とは異なり，アクターは報酬として得た情報以外では利益を獲得したり失ったりしない。商業的な情報をインターネット上で入手するため，情報提供者が使用者から報酬を受け取れるよう，財産権の問題が解決されなければならない。もし知的財産権を守るための効果的なシステムが存在するなら，他の競争者たちより早く商業的な情報を創り出すことで，先発優位とそれによる莫大な利益を獲得することができる。マイクロソフト社の歴史がまさにそのことを実証している。

③ 戦略的な情報

　これは競争者が同じ情報を有していない場合のみ，アクターに最も利益を与える情報である。戦略的情報に関する1つの考え方は，戦略に関する情報によって非対称的な知識を競争者間に生み出し，それによって勝敗が左右されるというものである。戦略的情報は諜報活動の歴史と同じくらい古く，特に目新しい要素は何もない。たとえば，第2次世界大戦におけるアメリカの大きな強みは，アメリカが日本の暗号を解読しており，しかも日本はこの事実に気づいていなかったことであった。また，戦略的情報を大量に伝達する能力はそれほど重要ではない。たとえば，アメリカが入手

できる北朝鮮，パキスタン，イラクの武器プログラムに関する戦略的情報は，インターネットによる情報よりも信頼できるスパイ（たとえ彼らのメッセージが旅行者の靴に隠されて伝えられなければならないような場合であっても）に頼っているかもしれない。

　無料の情報に関して，情報発信者は彼らが所有する情報を他の人たちが信用することで利益を得る。商業的な情報に関しては，もし報酬を得ることができれば，情報発信者は利益を得ることができる。しかし，戦略的な情報に関しては，情報提供者はその情報を保有していることが相手に知られていない場合にだけ，利益を得ることができる。

　情報革命は，世界政治において官僚のような一部のエリートだけではなく，ネットワークのなかの一般市民を取り込むことで，コミュニケーション・チャンネルを急増させ，複合的相互依存関係のパターンを変化させた。とはいえ，情報革命は，すでに存在している政治構造のなかに表れており，異なったタイプの情報のフローに与える影響は極めて可変的である。無料の情報は規制のない空間で自由に流れる。一方で戦略的情報は可能な限り外部に流出しないよう保護される。たとえば，暗号化の技術などがこれにあたる。商業的情報は，財産権を保護する効果的なルールを政府・企業・NGOがサイバースペースで確立できるかどうかに左右される。逆に政治も同じ程度に情報革命の方向性に影響を与えることになろう。

2　情報とパワー

　知識はパワーである。しかし，パワーとは何であろうか。基本的な分類として，パワーを行動パワーと資源パワーとに区別することができるだろう。行動パワーとは，自己が欲する結果を手に入れるための能力であり，資源パワーとは，通常，自己が欲する結果を手に入れるための能力に関連する資源を保有することである。行動パワーはさらに，ハードパワーとソフトパワーに区分することができる[9]。ハードパワーとは，処罰の恐怖や報酬の約束を通じて，そうでなければしなかったであろうことを他人にさせる能力である。経済的なアメや

第9章 パワー・相互依存関係・情報の時代

　軍事的なムチによって，また，うまく他人を説得して丸めこんだり，力ずくで強制させたりする能力は，長い間パワーという概念の中核であった。第1章で指摘したように，非対称の相互依存関係はハードパワーの重要な源泉である。つまりそれは，僅かなコストで相互依存関係の束縛を巧みに操作したり，その束縛を回避したりするより脆弱性の少ない能力である。ハードパワーの文脈において，非対称の情報は強いアクターをより強固なものとすることができる。

　一方，ソフトパワーは自己が欲することを他人にもやりたいと思わせることで望ましい結果を得る能力である。つまり，この能力は力ずくの強制ではなく，魅力を通して望ましい結果を達成する能力である。ソフトパワーは，他人を自分の後に従うように説得することや，望ましい行動を提供する規範や制度に同意させることで機能する。ソフトパワーとはアイディアや文化をアピールすることのできる能力であったり，人の選好を形式化する基準と制度を通じて，アジェンダを設定する能力のことである。ソフトパワーは，アクターが伝達しようとする無料の情報が持つ説得力に大きく依存している。もしある国家が他国にパワーの正当性を認識させ，競争原理によって利益を決定することを他国に働きかける国際制度を設立することができれば，その国家はコストのかかる伝統的な経済資源・軍事資源を増加させる必要がなくなるかもしれない。

　ハードパワーとソフトパワーは関連しているが，同じものではない。サミュエル・ハンチントン（Samuel P. Huntington）が，物質的な成功は文化的・イデオロギー的な魅力を創り出し，経済的・軍事的衰退が自信を喪失させたり，アイデンティティ・クライシスをもたらすと述べたことは正しい。一方で，ハンチントンがソフトパワーはハードパワーの基盤の上にだけ成立すると議論しているのは間違いである。たとえば，バチカン市国のソフトパワーは，国家権威としてのローマ法王に基づいているため，国家の規模が縮小したとしてもその権威は衰えるものではない。カナダ，スウェーデン，オランダは経済力や軍事力が同等な他の国々よりも影響力を行使しやすい。ソ連は第2次世界大戦後，かなりのソフトパワーをヨーロッパにおいて有していたが，経済力と軍事力が成長し続けていたにもかかわらず，ハンガリーとチェコスロバキアへ侵攻したことにより，ソフトパワーを浪費してしまった。ソフトパワーは時間や分野によって変化する。リベラリズムと平等主義に基づくアメリカのポップカルチャ

ーは今日,世界の映画,テレビ,インターネットを席巻している。しかし,他のすべての人々（たとえば保守的なムスリムなど）にとって,アメリカ産のポップカルチャーのすべての側面が魅力的なわけではなく,その影響力も限定的である。とはいえ,情報技術とアメリカのポップカルチャーの広がりは,根本的にアメリカのアイディアと価値を世界に認識させ,拡大させることに貢献している。ソフトパワーはある程度,意図的な政策の結果であるが,意図的ではない政策や行動の副産物である場合の方が多い。たとえば,全世界の企業が自発的にアメリカの証券取引委員会の金融情報開示基準に従っているのは,世界の多くの企業にとってアメリカの金融市場が重要だからである。

情報革命は行動パワーではなく,むしろ資源パワーに影響を及ぼしている。18世紀のヨーロッパにおいて,重要なパワーの源泉であった歩兵の基盤は,勢力均衡システム,領域,人口,農業によって創り出され,フランスがその最大の受益者であった。19世紀においては,産業能力がイギリス,その後のドイツの支配力を確立する上で重要なパワーの源泉となった。20世紀半ばまでは,原子物理学を中心とした科学技術がアメリカとソ連の支配に貢献した。21世紀においては,幅広い定義だが,情報能力が最も重要なパワーの源泉になりそうである。田中明彦が指摘しているように,今日では「ワード・ポリティクス」が国際政治においてより重要となっている。[11]

情報革命による脱中央集権化と水平化の促進は,新たな社会通念である。情報革命がコスト,経済規模,市場参入の障壁を低下させるにつれ,大国のパワーは減少し,一方で小国や非国家アクターのパワーは強くなるはずである。しかし,実際の国際政治は,新たな社会通念である情報革命による技術決定論よりも複雑である。情報革命のある側面は小国や非国家アクターに有利に働くが,別の側面は大国や強国の助けともなる。これにはいくつかの理由が挙げられる。第1に,情報に関係するパワーの諸側面において,市場参入の障壁と経済規模の重要性は,依然として残ったままである。たとえば,ソフトパワーは映画やテレビで視聴されたりする文化的内容によって大きく左右される。大規模な既存の娯楽産業は,しばしばかなり大きな経済規模の生産と配分を享受する。支配的なアメリカ市場が世界市場の映画とテレビ番組を占有していることは,その典型である。

第2に，現在，既存の情報を広めることは安価だが，新たな情報を収集し提供するにはしばしば多くのコストを伴う投資が必要となる。多くの競合状態において，販売利益の上がる新たな情報を獲得するには，既存の情報を獲得するよりも多くのコストが必要となる。たとえば，インテリジェンスによる収集がよい例である。アメリカ，イギリス，フランスといった国々は，他国の情報収集を妨げる収集・提供能力を持つ。ある商業的状況においては，新興国の方が先進国よりも有利となるかもしれない。しかし，諸国家間のパワーという観点では，通常，先進国の方が新興国よりも有利である。

第3に，先進国はしばしば情報システムの基準や骨格を創り出す。他国がこうしたシステムの発展に依存していることは，先進国の有利を反映している。英語の使用と，インターネットにおける最上位ドメイン名のパターンも，これと関連した例である。ある程度は1980年代における経済の変容（衰退という予想によって見逃されたり誤解されたりしたが）により，またある程度は冷戦期の軍備競争に端を発する多額の投資といった要因により，アメリカは情報技術の幅広い分野への活用に関して，先進国としての地位を保っている。

第4に，国際政治のいくつかの重要な領域で，軍事力は依然として重要性を保っている。情報技術は小国の軍事力使用に恩恵をもたらすと同時に，一方ではすでに大国と言われる国家が欲する軍事力の使用にも一定の影響を及ぼしている。かつては高価な軍事技術だった情報技術が商業利用され，容易に入手可能となったことは，小国と非国家主体にとって利益となる一方，大国に脆弱性をもたらした。情報システムはテロリスト・グループにとっても格好の利益対象である（これには国家が支援するグループも含まれる）。しかし，軍事情報技術の他の側面は，既存の大国を強化するものとなる。多くの軍事アナリストは，情報技術を活用することによって生み出された「RMA（Revolution in Military Affairs：軍事革命）」に言及する。宇宙に設置されたセンサー，直接衛星放送，高速コンピューター，複合ソフトウェアなどは，広範囲で起こる，非常に複雑な事象に関する情報を収集，仕分け，処理，伝達，普及する能力を提供する。この戦場における支配的な認識と精緻な軍事力の結び付きは，非常に大きな優位を提供することになる。1991年の湾岸戦争が示したように，情報と兵器を統合する能力を持たない限り，戦車や飛行機といった武器のバランスによる，

表9-1 情報技術のパワーに対する影響

	ハードパワー	ソフトパワー
大規模アクターにとっての利益	・軍事革命 ・先発者による基本構造の設定 ・技術に関する知識の蓄積	・コンテンツ産業における経済規模 ・関心という希少資源と市場におけるパワー
小規模アクターにとっての利益	・商業的有効性 ・インフラ設備の脆弱性 ・市場と経済に関する知識	・NGOと安価な相互伝達 ・特定の人々への情報提供と新たな仮想共同体

 伝統的な軍事力の評価はもはや不適切である。軍事関連技術の多くは商業市場で利用されており，多くの小国はこうした技術の使用を欲している。しかし，鍵となるのは，高性能の武器や高度なシステムの所有ではなく，システム同士を統合できるシステムを持つ能力である。この点では，アメリカが依然として有利な位置を保っているようである。情報をめぐる争いに関しては，小差がすべての違いを生み出す。たとえば，ポール・ディーブ（Paul Dibb）による将来の東アジアの勢力均衡に関する評価では，「軍事革命はアメリカの優位を消し去るものではなく，なかにはむしろその優位を高める局面もあるだろう」と述べられている。[13]

 一部の理論家たちの予想とは異なり，情報革命はパワーに関してそれほど脱中央化や諸国家間での平等化を促してはいない。どちらかと言えば，今までのところ中央化や不平等化といった反対の影響からは遠く離れているといった程度である。表9-1にパワーに関する情報革命の影響を要約する。しかし，情報革命は政府の役割とすべての国家のパワーの何を減少させているのだろうか？　ここでは，変化はより近代主義者の予想に沿っているように思える。情報革命による変化を理解するためにはまず，前に記した課題を手短かに検証する必要がある。それは，情報伝達のコストを最小限に抑えることによって，情報革命は関心という希少資源の相対的な重要性をどのように高めたのか，また，情報革命のもたらす変化によって，本書が信頼の政治と呼ぶものがどのように影響を受けるのかに関するものである。

3　豊富さの逆説と信頼に関する政治的問題

　豊富な情報は，関心の欠如をもたらす。現在，関心を引くことは希少資源となり，価値のある情報と価値のない情報とを区別できる人がパワーを獲得するようになっている。情報を編集する人，情報をふるいにかける人，情報の手がかりを与える人の需要はますます増えており，これがパワーの源泉となる。不安定な市場を正確に評価できる人もここに加えることができるだろう。ブランド名と国際的な承認を与える能力はより重要となる。

　しかし，パワーは情報を制御できる人たちに必ずしも流れるわけではない。ジョージ・アケルロフ（George Akerlof）が議論しているように，ある状況下では，特定の情報がその情報を持つ人たちの信頼性を失わせることもある。(14)たとえば，中古車販売者は中古車の欠陥に関する知識を顧客と比べてより多く持っている。しかし，この状況に気づいていることと，状態のよくない中古車の所有者の方がより良い状態の中古車の所有者よりも顧客に車を売りたいという現実が，未知の欠陥に応じて価格を顧客が望むような値段に引き下げることにつながる。このように，販売者に有利な情報は，販売者が受け取る平均価格を良くするとは限らず，その代わりに，販売者たちに良質の中古車をその価値に従って売ることをできなくさせる場合もある。貿易協定を保留したり破棄したりできる人々にパワーが集まる貿易に関する非対称の相互依存関係とは異なり，情報パワーは正確かつ重要な情報を整理することができ，情報の正当性をしっかりと確認することができる人々に流れ込む。

　そのため，編集者や情報の価値を計る人々のなかでは，信頼性が極めて重要な資源であり，非対称の信頼性はパワーの源泉の鍵となる。世界政治では常に諸国家の評判，つまり信頼性が問題となってきたが，最近の「豊富さの逆説」によって，この信頼という要素はより重要性を増している。これは，低コストでデータ送信が可能となったことにより，データ送信能力はパワーの資源として以前ほど重要ではなくなったが，情報をふるいにかける能力はより重要になったことを意味している。権力闘争は情報を伝達する能力を支配することよりも，信頼を築いたり失ったりすることで起こるようになっている。

豊富な情報源と信頼の役割が示唆するのは，ソフトパワーの単純な物質資源としての機能が以前よりも低下している，ということである。情報を提供したり普及したりする能力が希少資源であった時代には，出版社，ラジオ局，新聞社を支配することが情報を制限する要因となっていた。たとえば，ラジオ局を軍事力によって支配下に治めるといったように，ハードパワーはソフトパワーを創り出すことができたし，全世界規模でのテレビ番組のように，富がソフトパワーをもたらす要因でもあった。たとえば，CNNはアンマンやカイロではなく，アトランタを本部としているが，これはテレビ産業でアメリカが世界の先導者の地位にあるからである。1990年にイラクがクウェートに侵攻した際，CNNは基本的にアメリカの会社としてイシューの枠組みを形作り，インドが1961年にポルトガルからゴアを奪い取り，植民地支配の屈辱を晴らしたアナロジーではなく，1930年代のアドルフ・ヒトラー（Adolf Hitler）のアナロジーを使うなどして，イラクの行動を世界規模で批判するのに一役買った。

　このハードパワーとソフトパワーの密接な関係は，情報化時代における複合的相互依存関係の状況下では，いくぶん弱くなっているようである。プロパガンダは新しいものではなく，1930年代にヒトラーもヨセフ・スターリン（Joseph Stalin）もプロパガンダを有効に使用した。1990年代にはスロボダン・ミロシェヴィチ（Slobodan Milosevic）がテレビ局を支配することによってセルビアで強大な権力を確立し，モスクワでは1993年にテレビ局で権力闘争が行われた。また，ルワンダでは，フツ族のラジオ局支配が1994年に起こったジェノサイドの原因の1つとなった。このように放送は依然として影響力を持ち続けているが，現在はコミュニケーション・チャンネルの多様化によってその役割は補完されている。これらのチャンネルは軍事力を持たない多様なアクターによって管理されている。コミュニケーション・チャンネルの増加は，多様なテレビ局，ラジオ局，ウェブサイトが発信する情報が氾濫しているというだけでなく，誰が情報と誤報の源泉を注視しているかということが問題となっている。

　今日のソフトパワーは，過去のハードパワーとソフトパワーの遺産と言っても差し支えないだろう。半世紀以上前に遡るが，BBCを設立したことがイギリスの情報資源を豊富にするとともに，イギリス社会とイギリス政治の特徴が

BBCを世界規模で相対的に信頼でき，バイアスのない情報源という，今日の姿に形作った。冷戦期に，BBCはイギリスにとって東ヨーロッパ地域に対する重要なソフトパワーの源泉となったが，これは高い信頼性を早期に確立した結果であった。今日，BBCにはより多くの競争相手が存在するが，依然として一定程度の信頼性を維持しており，実際にパワーの源泉としての価値は高まっている。

　放送は長い間，世論に影響を与え続けている。放送番組のキャスターは特定の紛争や人権問題を手厚く扱うことで，政治家たちに圧力をかける。たとえば，ソマリア紛争は南スーダンの紛争よりも注目された。当然のことながら，政府もテレビ局とラジオ局に影響を与えて巧みにコントロールしようとしており，それはかなり成功を収めてきた。これは少数の慣れ親しんだ放送局が多くの人々に使用され，彼らに対して同じメッセージを発信することができたからである。そのため，現在，放送番組が多くの人々に向けたものから特定の少数者に向けたものにシフトしていることは大きな政治的意義を持つ。ケーブルとインターネットにより，放送の発信者は視聴者を細分化し，特定の視聴者に照準を合わせることが可能になった。さらに政治にとってより重要な要素は，人々の関心を引くだけではなく，人々の国境を越えた協調行動を促進するという，インターネットの双方向性の役割である。低コストでの双方向性は，新たな仮想共同体の発達を促した。この仮想共同体において，人々は物理的に離れた場所にいるにもかかわらず，単一グループの一員という考えを共有している。[15]

　こうした新たな技術は，非政府アクターたちのために好機を作りだした。アドボカシーネットワークは，情報革命によって自分たちの潜在的影響力が飛躍的に拡大したことを悟った。ファックスやインターネットは世界から最も隔絶した場所，たとえば，北海油田の石油プラットホームからはるか遠くのチアパス州の森林に対してメッセージを送信することを可能にした。1997年に開催されたオタワ会議では，ネットワーク組織連合がカナダのようなミドルパワー，数名の政治家や著名人と連繋し，地雷に対する注意を喚起して議題を設定するのに一役買った。[16] NGOは地球温暖化の議論においても，各国の派遣団を横断するコミュニケーション・チャンネルとして重要な役割を果たした。1997年の京都会議でNGOの科学者が示した結論の一部をめぐって，環境団体と産業

界が対立したことは，主要国メディアの関心を引いた。そのため多くの参加者が情報革命の結果，NGOの新たな時代が到来を告げたと考えた。疑うまでもなく，全盛期を迎えたアドボカシーネットワークと仮想共同体には明るい未来が待っているように思えた。

しかし，こうしたネットワークの信頼性は依然として脆弱なままである。たとえば，グリーンピースはロイヤル・ダッチ・シェル社の計画したブレンツパール採掘機の廃棄を批判し，多くの制裁金を課したが，その後，その批判が不正確な事実に基づくと認めたため，その信頼性と地位を失った。京都会議でNGOの科学者が提示した気候変動に関する結果は信頼を得たが，これは単に科学の権威に基づくものではなく，IPCC（Intergovernmental Panel on Climate Change：気候変動に関する政府間パネル）の活動が発展したことによる。IPCCは科学的な論文から政府間の意見の要旨まで，気候に関する多くの問題を扱っている。IPCCは政府間の情報正当性に関する制度であり，主要な機能は気候変動に関する多くの科学情報に首尾一貫した説明を行い，信頼性を付与することである。

IPCCの例が示すように，信頼性が重要となったことにより，ピーター・ハース（Peter Haas）が「知識共同体」と呼んだ，同じ考えを持った専門家による脱国家ネットワークの重要性が高まっている。[17] 知識が重要な要素となる問題群を形成することによって，知識共同体は提携を行ったり，交渉過程の場において重要なアクターとなったりする。また，知識を創り出すことによって，有効な協調の基盤を提供することができる。しかし，有効な協調のためには，情報提供の手順が公平に見えなければならない。科学的な情報が社会的に構成されるということは次第に理解されてきている。つまり，信頼を得るために情報は専門的な規範によって特徴づけられ，透明かつ公平な手順に沿った過程を通じて提供されなければならない。[18] たとえ提供する情報が信頼できるものであっても，知識共同体は多くのコスト配分を伴う論争的な諸問題を解決しないだろう。しかし，知識共同体は政策決定において，より重要なアクターとなりつつある。

ソフトパワーの政治力学は，他人を説得して自分たちの慣習と価値を導入しようとする「情報形成者」だけに依存するものではなく，「情報の受け手」や

情報の流れの対象の特徴にも依存している。もちろん，異なった立場において，時々情報の形成者と受け手が同じ人々，組織，国家という場合がある。我々が見てきたように，情報形成者には信頼性が求められる。一方，情報の受け手はそのアクターの特徴やアクターの国内的な権威により，情報に関して受容の仕方が異なる。パワーのある受け手は国内における権威により，国内的権威や信頼のないアクターに比べて，情報の流れを大した障害もなく簡単に取り入れることができる。

　すべての民主主義国が情報革命の先導者とは言えないが，国家に関する限り，すべての情報形成者は民主主義国家である。これは偶然ではない。民主主義国家の社会は情報の自由な行き来に慣れ親しんでおり，国家機構も情報の自由な行き来を脅威とは考えていない。民主主義国は情報を容易に受け取ることができるので情報を形成することもできる。後進国において典型的な権威主義国家では，情報の形成がより困難である。これまでのところ，中国のような権威主義国家の政府は，インターネット・プロバイダーをコントロールすることによって，国民のインターネットの利用を制限することができた。多くのコストを伴うが，国民がこうした制限を迂回することは可能であり，政府も政治的目的のために完璧な支配を行う必要はない。しかし，知識階級の労働者たちはインターネットの自由な利用を欲している。先進国に近づきつつあるシンガポールのような社会では，インターネットのコントロールは情報経済における競争に必要な希少資源を失うリスクをともなう。そのため，シンガポールにおいて情報へのアクセスを制限することは，情報経済に必要な個人の創造力を促進する教育システムの再建と，既存の社会を維持するために情報の流れをコントロールすることの間でジレンマを生み出す。シンガポールのリーダーたちは，長期に渡ってインターネットをコントロールできないことを自覚している。[19]このように閉鎖的なシステムはより多くのコストがかかるのである。

　閉鎖的なシステムがより多くのコストを伴う理由の1つは，外国人投資家が，重要な決定が不透明なシステムのなかで下される国家に投資をするのは危険が伴うと判断するためである。透明性は投資を欲する国々にとって重要な資質となりつつある。かつて，他国に対して情報の流出を防ぐ能力は権威主義国家において価値があるとされた。しかし，グローバルな競争の時代において，この

能力は魅力的な投資に必要な信頼性と透明性を低下させる。このことは1997年のアジア通貨危機によって説明できる。透明性のない政府は，発信する情報が偏っていて，都合の良い選択をしているように見えるため信頼性がない。さらに，経済と中産階級社会が発展することによって，抑圧的な政策が単に国内だけでなく，国際的な評判にまで広がることになる。1980年代後半に台湾と韓国は高まる民主主義の要求を抑圧することによって，国際的な評価とソフトパワーまでもが支障をきたすことを理解した。そして早い段階で民主化に取り組み始めたため，台湾と韓国はたとえば，インドネシアと比べて，経済危機に対処するための能力を強化できた。

　相互作用と仮想共同体の将来における影響が何であれ，多様なチャンネルを通して増加する自由な情報の流れに関する政治的な影響の1つはすでに現時点でも明白である。それは諸国家が自国の社会において，情報をコントロールすることが難しくなってきているということである。いくつかのエネルギー供給国家を例外とし，発展を志向する国々は発展を促す外資，技術，組織が必要となる。地理的な共同体は依然として最も重要だが，早急な発展を欲する政府は，外部の情報の流れから国家機能を保護するために設けた障壁を放棄しなければならないだろう。高度な発展を模索する政府はもはや，慰めとして保っていた，ブラックボックスと揶揄される国家内部の財政と政治情勢に関する情報を開放する必要があるだろう。グローバルな情報社会におけるモットーは，「もし情報を受け取ることができないのなら，情報を形成することもできないだろう」となるのではないだろうか。

　ビジネスの観点からすると，情報革命は通信コストと情報使用者が支払う取引コストを削減することにより，市場性と商業情報の価値を大きく高めた。政治的に最も重要な変化は，無料の情報に関するものである。信頼性が獲得され維持される限りにおいて，無料の情報を普及させる能力は世界政治において説得力を高める。NGOや国家は容易に，他の管轄下にある人々の信用に影響を及ぼすことができる。もしあるアクターが類似した価値と政策を採用するように他のアクターを説得できれば，ハードパワーや戦略的情報を有していることの重要性は相対的に低下する。もし十分に説得力があれば，ソフトパワーと無料の情報は，自己利益の認識，ハードパワー，そして戦略的情報をどのように

使用するかに関する認識を変化させることができる。もし政府やNGOが情報革命で優位な立場に立ちたければ，情報革命を構成している多様な情報の世界において，信頼性を高めなければならない。

　結論として，国家間の力の配分において，新たな社会通念としての情報とコミュニケーション革命の影響が均一に作用するという予想は誤りである。戦略的情報に関して，この理由はある程度，経済規模と参入障壁が依然として有効であることによる。また，無料の情報に関してはある程度，より大きな国家が信頼性に関する競争のなかで有利な位置を占めることによっている。一方，情報革命は今日の世界において，すべての諸国家が影響を及ぼすことができるという状況をある程度作り出している。安価な情報の流れは，情報チャンネルの数を飛躍的に増大させた。トランスナショナルなNGOは，組織化と彼らの主張を広めるより大きな機会を手にしている。諸国家はその管轄権をいとも簡単に他のアクターによって侵害されるため，国内政治はもはやブラックボックスではなくなる。集団とエリートが対外政策の問題について階層的に命令を下すことも少なくなってきている。

　情報革命がもたらした確かな影響は，政治過程において以前よりもソフトパワーがハードパワーとの関係でより重要になっているという変化を示している。信頼性は，無料の情報に関してより開放的で透明性を備えた組織に優位をもたらすため，政府とNGOの双方にとって重要なパワーの資源となっている。より多元的で浸透性の高い国家においては，政府の政策の一貫性は損なわれるかもしれないが，そのような国は信頼性とソフトパワーの観点において優位に立つだろう。そして，多くの国家において，政治過程は第**2**章で概説した複合的相互依存関係の理念型により近づいていくことだろう。地理的な分布を基礎とした国家は情報化の時代においても政治構造を維持するだろうが，過去のように物質資源を頼りにすることが少なくなり，情報が氾濫する世界において，信頼性を維持する能力の比重が増すだろう。次章では，この情報革命がグローバリゼーションと統治に与える影響を考察することにする。

注

(1) Norman Angell, *The Great Illusion : A Study of the Relation of Military Power in Nations*

to Their Economic and Social Advantage（New York：Putnam, 1910）．
(2) 情報革命がもたらす変化に関しては，たとえば以下を参照のこと．Peter Drucker, "The Next Information Revolution," *Forbes*（August 24, 1998）: 46-58 ; Alvin and Heidi Toffler, *The Politics of the Third Wave*（Kansas City, Mo.：Andrews and McMeel, 1995）［徳山二郎訳『第3の波の政治——新しい文明を目指して』中央公論社，1995年］; Esther Dyson, *Release 2.0 : A Design for Living in the Digital Age*（New York：Broadway Books, 1997）［吉岡正晴訳『未来地球からのメール——21世紀のデジタル社会を生き抜く新常識』集英社，1998年］; Morley Winograd and Dudley Buffa, *Taking Control : Politics in the Information Age*（New York：Henry Holt, 1996）, Don Tapscott, *The Digital Economy : Promise and Peril in the Age of Networked Intelligence*（New York：McGraw-Hill, 1996）［野村総合研究所訳『デジタル・エコノミー——ネットワーク化された新しい経済の幕開け』野村総合研究所情報リソース部，1996年］．
(3) Clive Crook, "The Future of State," *The Economist*（Sept. 20, 1997）: S5-7.
(4) Jeremy Greenwood, *The Third Industrial Revolution : Technology, Productivity, and Income Inequality*（Washington, D. C.：AEI Press, 1997）, pp. 20-23.
(5) インテルの共同創設者であるゴードン・ムーア（Gordon Moore）はマイクロプロセッサとその費用に関する有名な「ムーアの法則」を1965年に定式化した．インテルのウェブサイトにおけるムーアの法則の説明によると，「トランジスタの平均価格はマイクロプロセッサの発展によって6桁分減少する．これは世界の歴史のなかでも前例がない．他の製造物はこれほど極端に，これほど早く価格が低下していない」（http://developer.intel.com/solutions/archive/issue2/focus.htm#OVER）．
(6) Douglass North, *Structure and Change in Economic History*（New York：W. W. Norton）, pp. 163-64.
(7) 情報革命の初期段階における多様な側面の研究に関しては，以下を参照のこと．Elaine C. Kamarck and Joseph S. Nye, Jr.（eds.）, *Democracy.com ? Governance in a Networked World*（Hollis, N. H.：Hollis, 1999）.
(8) Herbert Simon, quoted in Hal R. Varian, "The Information Economy," *Scientific American*（Sept. 1995）: 200.
(9) Joseph S. Nye. Jr., *Bound to Lead : The Changing Nature of American Power*（New York：Basic Books, 1990）, pp. 31-32［久保伸太郎訳『不滅の大国アメリカ』読売新聞社，1990年］．
(10) Samuel P. Huntington, *The Clash of Civilizations and the Remaking of World Order*（New York：Simon and Schuster, 1996）［鈴木主税訳『文明の衝突』集英社，1998年］．
(11) Akihiko Tanaka, "Issues for Japan's East Asian Diplomacy," *Japan Review of International Affairs*（Spring 1999）: 11.
(12) Joseph S. Nye, Jr., and William A. Owens, "America's Information Edge," *Foreign Affairs*（March/ April 1996）: 20-36［「情報革命と新安全保障秩序——情報面で圧倒的に優位な

アメリカは『核に代わる情報の傘』で協調基盤を」中央公論，111(6)，1996年5月号].

(13) Paul Dibb, "The Revolution in Military Affairs and Asian Security," *Survival* (Winter 1997/1998) : 93-116.

(14) George A. Akerlof, "The Market for Lemons," *Quarterly Journal of Economics* (August 1970) : 488-500.

(15) Arjun Appadurai, *Modernity at Large* (Minneapolis : University of Minnesota Press, 1996) [門田健一訳『さまよえる近代——グローバル化の文化研究』平凡社，2004年].

(16) Margaret E. Keck and Kathryn Sikkink, *Activists Beyond Borders : Advocacy Networks in International Politics* (Ithaca, N. Y. : Cornell University Press, 1998).

(17) Peter M. Hass, "Epistemic Communities and International Policy Coordination," *International Organization* (Winter 1992) : 1-36.

(18) Sheila Jasanoff, "Is Science Socially Constructed——And Can It Still Inform Public Policy ?," *Science and Engineering Ethics* 2 : 263-76.

(19) Joseph S. Nye, Jr., "Can Singapore Fix Its Schools ?," *Newsweek* International Edition (Aug. 23, 1999) : 2.

第10章
パワー・相互依存関係・グローバリズム

　アメリカの発見と，喜望峰回りのインド航路の発見は，人類の歴史のなかでもとりわけ偉大で重要な出来事であった。……それはある方法によって，世界の中で最も遠い地域を結びつけるという意味においてである。(Adam Smith, *The Wealth of Nations*, 1776 [アダム・スミス，山岡洋一訳『国富論——国の豊かさの本質と原因についての研究』下巻，日本経済新聞出版社，2007年，213頁の訳を一部参照])

　全ての古い国家産業は破壊されたかまたは，現在破壊されている。以前は地方または国家単位で自給自足の生活をしていたが，今日ではそれに代わって，全ての方面において交換が成り立つ，国家間の全世界的相互依存関係と言えるような状態が現れている。(Marx and Engels, *The Communist Manifesto*, 1848 [マルクス・エンゲルス，大内兵衛・向坂逸郎訳『共産党宣言』岩波文庫，1951年，47頁の訳を一部参照])

　1914年の8月に終わりを告げたこの時代は，人間の経済的進歩のなかでも，なんという素晴らしいエピソードであったことか！……ロンドンの住民は，ベッドで朝の紅茶を啜りながら，電話で，全世界のさまざまな産物を彼が欲する量だけ注文することができた。それらの品々がほどなく戸口に配達されるものと当然期待してよかった。彼は，同じ時に同じ方法で，自分の富を世界の好きな場所の天然資源や新事業に投資し，いくばくかの労働や心労すら払わずに，その将来の果実や利益の分け前にあずかることができた。……鋳造された貨幣という富をもっているだけで，宗教も言語も習慣も知ることなしに海外の見知らぬ地域に行くことができ，ごく僅かな障害に出あっても大変不満に思ったり，非常に驚かされたりしていたのである。しかし，

何よりも重要なことは，彼がこのような事態を，正常で，確実な，いっそうの改善という方向以外には変化しないものとみなし，それからの乖離は，すべて，常軌を逸した，怪しからぬ，回避可能なものとみなしていたことである。(John Maynard Keynes, *The Economic Conferences of the Peace*, 1919〔ジョン・メイナード・ケインズ，早坂忠訳『ケインズ全集2——平和の経済的帰結』東洋経済新報社，1977年，7-8頁の訳を一部参照〕)

グローバルな時代にはグローバルな関与が必要である。(コフィ・アナン〔Kofi Annan〕，1999年9月の国連総会におけるスピーチ)

グローバリゼーションは1970年代の「相互依存関係」と同じように，1990年代における専門的な流行語となった。しかし，グローバリゼーションが意味する現象は全く新しいわけではない。我々が1970年代当時，相互依存関係という言葉に関して言えたことが(本書の第1章，第2パラグラフを参照)，世紀の変わり目においてはグローバリゼーションという言葉にも当てはまる。「この曖昧な表現は不十分な理解しか表していないが，世界政治の本質が変化しているという考えを広く一般に浸透させている」。グローバリゼーションの懐疑主義者たちによると，グローバリゼーションという言葉は分析的に使用できるようなものではないと考えている。しかし，一般市民は「地球」のイメージを理解しており，グローバリゼーションという新たな言葉は，距離的に遠くの要因に対する脆弱性が高まっていることを伝えている。たとえば，1999年にニューヨークで，新型の殺人ウィルスを撲滅するために数台のヘリコプターの消毒が行われた際，報道陣は，旅行者の血液，税関を通過してこっそりと持ち込まれた鳥類，飛行機の中を飛び回る蚊の腸内などを通して殺人ウィルスがニューヨークにたどり着いた可能性があると発表した。ある環境団体は，「外来生物による侵略」の恐怖のために地球規模での貿易と渡航を制限するよう要求した。[1][2]

様々な現象を表現するすべての馴染み深い諸概念と同じように，「相互依存関係」と「グローバリゼーション」は両方とも多義的な意味を持つ。人々がこれらの言葉を使用する時，何について話しているのかを理解するために，またこれらの言葉を分析にとって有効なものとするために，まずはじめにこれらの

概念を整理することから始めなければならない。相互依存関係とグローバリゼーションはただ単に同じ意味を持つ2つの言葉なのだろうか？ また，相互依存関係とグローバリゼーションは何か新しいことを表現する言葉なのだろうか？ もしそうだとしたら，2つの概念は何が違っているのだろうか？

1　グローバリゼーションと相互依存関係

　グローバリゼーションと相互依存関係は，正確には同じ概念ではない。相互依存関係とは，世界における諸問題の状態を表す言葉である。相互依存関係は，第2次世界大戦終結後にほとんどの側面においてそうであったように，増大するものだが，1930年代の大恐慌の時期に少なくとも経済面ではそうであったように，時として衰退することもありうる。グローバリゼーションは何かが増大していること，もしくはそれ以上のことを暗示しているのだが，それでも分析者は株式市場をはじめとするグローバリゼーションが注意を向ける対象すべてが，単に物事を増大させるものと仮定すべきではない。そのため，我々は議論をグローバリゼーションではなく「グローバリズム」の定義から始める。グローバリズムとは，増大したり衰退したりする世界の状態を表現する言葉である。

　我々はグローバリズムを，資本と商品，情報とアイディア，人々と軍事力，環境と生物学的要因（酸性雨や病原体）に関するフローや影響力を通して結びついた相互依存関係のネットワークがいくつもの大陸にまたがった世界の状態であると定義する。グローバリゼーションと脱グローバリゼーションはグローバリズムの盛衰を意味する。

　グローバリズムは空間的に広がる相互依存関係のネットワークに関連している。第1章で定義したように，「相互依存関係は諸国家間，または異なった国家内部のアクター間の互恵的影響によって特徴づけられる状況と関係している[3]」。そのため，グローバリズムは一種の相互依存関係であると言えるが，次のような2つの特徴を持っている。

　① グローバリズムは単に1つの連結ではなく，多様な連結のネットワーク

である。アメリカと日本の間には，経済や軍事に関する相互依存関係が成り立つとは言えるが，両国間にグローバリズムが成り立つとは言えない。日本とアメリカの相互依存関係は，現代のグローバリズムの一部分だが，この関係そのものがグローバリズムではない。

② 「グローバル」と考えられるネットワークの連結にとって，ネットワークの範囲は単なる地域ネットワークではなく，多様な大陸間のネットワークでなくてはならない。もちろん，距離とは絶え間なく変化する概念であり，その範囲はたとえばアメリカとカナダのように隣接したものから，イギリスとオーストラリアのように地球の反対側に至るものまで様々である。すべての「長距離」の相互依存関係と「地域」間の相互依存関係との区別は恣意的なものであり，日本とインドの関係やエジプトと南アフリカの関係などをそれらの中間に位置する関係とみなすかどうかの決定をしても意味がない。けれども，「グローバリズム」は隣接した地域関係にとっては奇妙な言葉だろう。なぜならグローバリゼーションは広範囲における距離の圧縮を意味し，ローカリゼーション，ナショナライゼーション，リージョナリゼーションなどと対照的な概念となるはずだからである。

いくつかの例が理解の助けとなるかもしれない。アラビア半島から東南アジアの，今日ではインドネシアにあたる地域に至るまでのイスラーム教の急速な広がりは，グローバリゼーションの明らかな例であった。しかし，初期のヒンドゥー教の運動はインド亜大陸に限定されるものであり，我々の定義に従うとグローバリゼーションの例とはならない。APEC（Asian-Pacific Forum：アジア太平洋経済協力会議）加盟諸国間のつながりは多様な大陸間の相互依存関係という条件を満たしている。なぜなら，APEC加盟国にはアメリカ大陸の諸国家，アジア諸国，オーストラリアが含まれるからである。一方でアジア諸国に限定されるASEAN（Association of Southeast Asian Nations：東南アジア諸国連合）は地域的な相互依存関係である。

「グローバリズム」は普遍性を意味しない。世紀の変わり目において，アメリカの人口の4分の1はインターネットを使用していたが，同じ時期に南アジアにおいてインターネットを使用していた人々は，人口の100分の1であった。

現在，世界のほとんどの人々は電話を持っていないし，世界の数億もの人々は，世界市場やグローバルな知識のフローとはほとんど関係がない，辺鄙な村で農民として暮らしている。つまり，グローバリゼーションは多くの点で，貧富の差を広げている。グローバリゼーションは，同質化や公平さを意味しないのである。ダニー・ロドリック（Dani Rodrik）が考察しているように，富裕国においても，「グローバリゼーションの影響は見た目よりもずっと小さい」。統合された世界市場は，商品・人・資本の自由な流れと利率の収束を意味するだろうが，現実とは程遠い。20世紀後半の生産高において，世界貿易は2倍の速さで，海外直接投資は3倍の速さで成長したが，一方でイギリスとフランスは現在，1913年と比べて僅かに貿易（生産高における貿易の割合）が開放されているにすぎず，日本ではむしろ減少している。見方によっては，20世紀初めの方が資本市場はより統合されており，6000万人もの人々がヨーロッパから新世界へと渡った19世紀後半と比べて現在の労働人口の移動は少ないとされる。社会的観点から見ると，異なった宗教を信じる人々や狂信者の間の相互接触は，頻繁に紛争を引き起こしている。イランのイスラーム原理主義がアメリカを「サタン」と呼ぶ発想や，1989年に中国で学生たちが抗議した天安門事件で自由の女神のレプリカが作られたことは，こうした紛争のシンボルであった。明らかに，社会的観点からも経済的観点と同様，同質化は必ずしもグローバリゼーションに付随するものではない。

グローバリズムの諸局面

相互依存関係とグローバリズムは共に多面的な現象である。相互依存関係とグローバリズムはいずれもかなり頻繁に経済用語からのみ定義される。それはあたかも，グローバリズムが世界経済によって規定されているかのようだ。しかし，経済的側面以外のグローバリズムも同じくらい重要である。グローバリゼーションの最も古い形態は，環境におけるものである。気候変動は数百年間の人口の減少と流入に影響を与えてきたし，移民は長く続くグローバルな現象である。

人類は125万年前，生まれ故郷であるアフリカから移動し始め，3万年前から1万3000年前の時期には，時にアメリカ大陸にたどり着く者も現れた。ま

た，グローバリゼーションの形態で最も重要なものの1つは，生物学的側面である。最初の天然痘の流行は紀元前1350年のエジプトで起こったと記録されており，その後中国に紀元49年，749年にヨーロッパ，アメリカには1520年，そしてオーストラリアには1789年に到達した。ペスト，つまり黒死病の起源はアジアだが，1346年から1352年の間にヨーロッパで流行し，人口の4分の1から3分の1を死に至らしめた。ヨーロッパの人々が15世紀から16世紀にかけて当時新世界と呼ばれたアメリカ大陸を探検した際，彼らが運んだ病原菌により，現地人の95％が病死した。現在，人類がグローバルな気候変動に与えるインパクトは全世界に影響を及ぼすだろう。一方で，環境グローバリズムの影響すべてが全世界に不利益をもたらすわけではない。たとえば，新世界から持ち込まれたジャガイモ，とうもろこし，トマトといった作物は，ヨーロッパの人々の栄養と食卓に恩恵を与えた。

軍事的グローバリゼーションは少なくとも2300年前のアレキサンダー大王の大遠征から始まっている。この大遠征の結果，マケドニアはアテネからエジプトを通り，インダス川に至って3大陸にまたがる帝国を築いた。ある意味では最もグローバリズムを普及しやすい方法だが，同時に最も抑制することが難しいのが，情報とアイディアの流れである。アレキサンダー大王の征服は，東方世界にヘレニズム形態の西洋思想と西洋社会を紹介する上でおそらく最も重要な出来事であった。世界の主要な4つの宗教である仏教，ユダヤ教，キリスト教，イスラーム教はこの2000年の間に遠距離を横断して広がっている。そして，以前は地理的に制限されていたが，インターネットの時代である現在では，ヒンドゥー教のような他の宗教も同様に広がりを見せている。

分析するにあたり，我々は空間的に広範なネットワークで生じる，フローと認識的な結びつきのタイプに基づき，グローバリズムを異なった諸側面に分類することができる。

① 経済的グローバリズムは商品・サービス・資本の長距離移動と，市場取引を伴う情報と認識に関係している。また，長距離移動によって結びついたフローの一連のプロセスに関連する組織も経済的グローバリズムに含まれる。たとえば，アジアにおけるアメリカ市場やヨーロッパ市場向けの低

賃金の工場がそれにあたる。実際に経済学者のうち何人かは，グローバリゼーションを狭義の経済用語で，「賃金の高い国から賃金の低い国への技術と資本の移動であり，結果として労働集約型の第3世界の輸出が成長すること」と定義している(13)。経済の流れ（移動），市場，組織は多国籍企業の活動としてすべて一緒くたにされる。

② 軍事的グローバリズムとは，使用された軍事力，軍事力の脅威または保障に関する相互依存関係の長距離ネットワークのことである。軍事的グローバリズムのよい例は冷戦期における米ソの「恐怖の均衡」である。米ソの戦略的相互依存関係は深刻であり，よく認識されていた。米ソの「恐怖の均衡」は世界中を巻き込んだ同盟を生み出しただけでなく，両国は30分以内に目標に到達し，相手を破壊する大陸間弾道ミサイルを使用することができた。軍事的グローバリズムは全く新しい概念ではないが，以前と比べて，潜在的な紛争の規模と拡大のスピードが相互依存関係によって非常に莫大で速くなったという特徴を持つ。

③ 環境グローバリズムは，大気中と海洋に含まれる物質や，人間の健康や衛生状態に影響を与える病原菌や遺伝子といった生物学的物質の長距離移動と関係している。例としては，化学物質の被害によるオゾン層の成層圏の減少，人為的な地球温暖化，1970年代末に中央アフリカから世界中へ広まり始めたエイズウィルスなどが挙げられる。また，環境グローバリズムの別の形態として，直接的に遺伝子の活動を通してのものであれ，物質の流れを基礎とした推論の結果による間接的なものであれ，情報の伝達が重要である。いくつかの環境グローバリズムは，地球上で人間の活動が重要となる以前に，温暖な時期や氷河期を経由してきたことから生じている。これらは完全な自然現象だが，最近の多くの変化は人為的な結果によるものである。

④ 社会と文化に関するグローバリズムは宗教運動や科学知識の広がりといったアイディア，情報，イメージの動きと，当然のことながらそれらの伝達に伴う人々の動きを対象とする。社会的なグローバリズムの重要な側面は，一部の社会学者が「イソモロフィズム」（同型）と呼ぶところの，ある社会の慣例や制度が他の社会によって模倣されることである(14)。しかし，

社会的グローバリズムはしばしば軍事と経済に関するグローバリズムに伴って生じる。アイディア，情報，人々は軍隊や経済のフローをたどって他の社会に入り込む際，社会や市場を変容させる。最も基礎的なレベルにおいて，社会的グローバリズムは，個人の意識や個人の文化，政治，アイデンティティに対する態度に影響を与える。実際に，社会と文化に関するグローバリズムは他の種類のグローバリズムと相互に影響し合っている。なぜなら，軍事・環境・経済の諸活動は，地理的・政治的な境界を越えて情報を運び，アイディアを創り出すためである。現代では，コストの低下によるインターネット普及率の増加とコミュニケーションのグローバル化によって，アイディアのフローは劇的に増加している。

　ある人はグローバリズムの他の諸側面をイメージするかもしれない。たとえば，政治的グローバリズムは，パワーと統治に関するアイディアと情報の社会的グローバリズムの部分集合と言えるだろう。政治的グローバリズムは模倣効果（憲法に基づく手続きや民主主義国家の数），政府の政策や国際レジームの広がりによって測定されるはずである。法的グローバリズムとは，国際貿易や国家首脳が犯した戦争犯罪を刑事罰化することを含む様々なイシューに，法的実務と法的制度を拡大していくことである。グローバリゼーションはたとえば，科学，娯楽，ファッション，言語といった他の分野でも生じており，「グローバリゼーション」という言葉自体もこの10年以内にグローバル化した。

　本書が言及した4つの側面を含む，グローバリズムのすべての諸側面を考える上で明らかな問題の1つは，カテゴリーが増えすぎるとカテゴリー自体の有用性が失われることである。こうしたカテゴリーの増加を避けるために，我々は前段落で述べた他のグローバリズムの様々な諸側面を社会と文化に関するグローバリズムの一部として扱う。政治的グローバリズムは上記した4つの側面と比べて，非常に分類しにくい。グローバリゼーションのほとんどすべての形態は，国際政治の学徒として我々が最も興味を持つ，政治的な意味合いを含んでいる。たとえば，WTO（World Trade Organization：世界貿易機関），NPT（Non-Proliferation Treaty：核不拡散防止条約），オゾン層破壊物質に関するモントリオール条約，UNESCO（United Nations Educational, Scientific, and Cultural

Organization：国連教育科学文化機関）は，それぞれ経済，軍事，環境，社会に関するグローバリゼーションへの対応である。

　コソボ危機や東ティモールでの動乱後，人道的介入と古典的な国家主権の枠組みとの間で対立が見られる人権についての考えは，1999年の国連総会の中心的な議題となった。当時国連事務総長であったコフィ・アナン（Kofi Annan）は，グローバルな時代において「集団的利益が国家利益でもある」と述べ，南アフリカのタボ・ムベキ（Thabo Mbeki）大統領は，「グローバリゼーションのプロセスは必然的に国家主権の概念と実践を再定義する」と述べた。一方，アフリカ連合の議長であった，アルジェリアのアブデラズィズ・ブーテフリカ（Abdelaziz Bouteflika）大統領は，先進諸国の世論が人権侵害を非難する権利を否定しなかったが，アナンに対して「主権は不平等な世界のルールにおける我々の最後の砦である」と返答した。そして，「アフリカ諸国は国連の政策決定過程に関与していない」と不満を述べた。(15) これらの議論は，社会と軍事の側面とは別個の政治的グローバリゼーションというよりは，社会と軍事に関するグローバリゼーションにおける政治的含蓄に関する議論である。

　このように，グローバリズムの諸側面への分類は，必然的に恣意的なものとなる。とはいえ，諸側面の変化は必ずしも同時に起こるものではないため，グローバリズムの分類は分析にとって有効である。たとえば，ある人ははっきりと次のように述べるかもしれない。「経済的グローバリゼーション」はおよそ1850年から1914年の時期に，帝国主義と政治的独立国への貿易や資本移動の増進として起こったが，このグローバリゼーションは1914年から1945年の間に大部分が逆方向へと転じた。よって，経済的グローバリズムは1850年から1914年の間に勃興し，1914年から1945年の間に衰退したと言えよう。ところが，軍事的グローバリズムは，社会に関するグローバリズムの多くの側面と同じように，2つの大戦期に新たな絶頂期を迎えた。1919年には2000万人の生命を奪った世界規模のインフルエンザが蔓延したが，これは第1次世界大戦で兵士が世界中に移動したことで広まった。(16) ではグローバリズムは1914年から1945年の間に盛衰したのだろうか？　この質問に対する答えは，注意を向けるグローバリズムの側面による。形容詞のないグローバリズムに関する一般的な記述は，しばしば意味をなさなかったり誤解を招いたりする。

第**10**章　パワー・相互依存関係・グローバリズム

濃密なグローバリズム——アメリカ製か？

　人々がグローバリゼーションという言葉を日常会話において口にする時，彼らは主に近年増大しているグローバリズムに基づく諸現象のことを指している。「グローバリゼーションは本質的に新しい」といったようなコメントは，こうした文脈だけで理解されているが，これはしばしば誤解を生じさせる。本書では，グローバリズムは古代に起源を持つ現象として説明できるが，他方でグローバリゼーションは現在または過去におけるグローバリズムの拡大過程と説明している。

　問題となるのは，グローバリズムがどれくらい古いかではなく，むしろある時期にグローバリズムがどれくらい「希薄」か，または「濃密」かである(17)。「希薄なグローバリゼーション」の例として，シルクロードが挙げられる。シルクロードは古代のヨーロッパとアジアを経済的，文化的に結びつけたが，シルクロードの使用者のほとんどは屈強な商人からなる小数のグループであり，行き来した商品もシルクロード沿いの僅かな消費者層（比較的エリートたち）に直接的な影響を及ぼしただけであった。対照的に，グローバリゼーションの「濃密な」関係は，強度で広範囲の関係性を意味し，多くの人々の生活に影響を及ぼす広く継続的な長距離移動を視野に入れる。たとえば，現在のグローバルな金融市場の活動は，アメリカのイリノイ州ピオリアからマレーシアのペナンに至るまで影響を与える。「グローバリゼーション」はグローバリズムが次第に濃密になる過程なのである。

　現代グローバリゼーションは，しばしばアメリカナイゼーションと同一視されるが，こうした見方は，とりわけグローバリゼーションに付随するアメリカのポップカルチャーや資本主義を蔑視するアメリカ人以外の人たちによってなされている。たとえば，1999年に数人のフランスの農民が「食料主権」を保護するとして，マクドナルドを襲撃した(18)。また，グローバリズムのいくつかの諸側面は，今日，確かにアメリカに基盤を置く，ウォールストリート，国防総省，ケンブリッジ，シリコンバレー，ハリウッドにおける活動のどれかによって支配されている。もし我々がグローバリゼーションの中身をインターネットにおいて「アップロード」されていると考えると，他の場所では「ダウンロード」が起こるはずだが，アメリカでアップロードされた内容は，他のどこかで

アップロードされた内容よりも多いはずだ。しかし，グローバリゼーションはハリウッドやブレトンウッズ体制よりもずっと以前から存在する。香辛料貿易と仏教，キリスト教，イスラーム教の大陸間の広がりは，アメリカの建国はもちろんのこと，アメリカが発見される何世紀も前から起きている。また，アメリカが建国される 1 万年以上前から，移民が北アメリカにやってきていた。事実，アメリカという国家自体が，17 世紀から 18 世紀のグローバリゼーションによる産物である。また，今から 1 世紀前に日本がドイツの法律を継受し，今日の日本とラテンアメリカ諸国との関係を成り立たせる上で重要な日本からの移民が発生し，東アジアでヨーロッパの銀行からの貸付によって市場が形成されたことなどは，グローバリゼーションがアメリカだけを対象とする現象ではないことを示している。よって，現代グローバリズムがアメリカから多大な影響を受けているとしても，グローバリズムは本質的にアメリカのものではない。

それにもかかわらず，その際立った性格のためにアメリカは，グローバリゼーションの中心として比類なき適応を示した。アメリカ文化は移民によって常に人口構成が変化する多民族社会から生み出されており，またそのような多民族社会に適合している。アメリカ文化は常に様々な要素の混ぜ合わせであり，様々な伝統を自由に借用し，他の世界に対して門戸を開き続けてきた。たとえば，ヨーロッパの人々がアメリカの影響に関心を抱くのは新しいことではなく，アメリカに関するたくさんの本が 1 世紀前から出版されている。この傾向は現在まで続いている。アメリカはまた，ある映画や音楽が国家より下位にある特定の集団の共感を得るか，または他の集団から得るのか，そして国民一般から得るのかを検証する文化実験のための大きな実験室であり，最大市場でもある。アメリカとそれ以外の地域を自由に行き来するアイディアはしばしば商業化された形態をとるが，規模の大きい資本や人々の才能を利用しようとする起業家たちがこれを支えている。ピザはもちろん，もともとイタリアの料理だが，アジアに進出しているピザハットはアメリカの会社のようである。グローバリゼーションは単なるアメリカナイゼーションでないが，一方にグローバリズムに

---

* アン・マリー・スローター教授（ハーバード大学ロースクール，当時）は J・F・ケネディ行政大学院主催の Vision Project Conference on Globalization（1999 年 7 月：Breton Woods, N. H.）で "uploading" と "downloading" のコンテンツという用語を使用した。

よって開かれた機会，他方にアメリカの社会と市場の特徴を並べてみると，確かに両者の間には密接な関係があるように見ることができるかもしれない[19]。

グローバルなネットワークに参入したアイディアや情報は，選択フィルターとして機能し，選択されたアイディアや情報を改良する国内政治と地方（地域）文化を通して，「ダウンロード」される。たとえば，中国のマクドナルドは中国式に編成され，アメリカ映画は配信されるメッセージを中国人の認識や特徴に基づいて編集される[20]。ポップカルチャーと比較して，政治制度はしばしば，トランスナショナルな浸透に抵抗する。中国の学生たちは1989年に天安門広場で自由の女神のレプリカを作ったが，中国政府は断固としてアメリカの政治制度を採用しなかった。これは新しい傾向ではない。明治時代の日本の改革論者たちは，アングロ・アメリカの理念や制度の重要性に気づいていたが，故意にドイツ型の理念や制度へと焦点を移した。なぜなら，ドイツ型の理念や制度は，当時の日本にとって，より適合していると思われたからである[21]。現在でも多くの国々にとって，個人の義務をより強調するカナダの憲法や，人種差別発言を制限するドイツの法律の方が，アメリカの法律よりも親しみやすくなっている[22]。

情報革命において最も大きな役割を果たしたのがアメリカであるという点と，グローバルな情報ネットワークの中身の大部分がアメリカで創り出されたという点で，現代のグローバリズムはアメリカ中心である。情報ネットワークにおけるこうしたアメリカの中心的な地位は，「ソフトパワー」を創り出す。これは第**9**章で定義したように，アメリカが欲するものを他国も欲するようにさせるという能力である[23]。しかし，多くの点でグローバリズムのプロセスは一方通行ではなく，互恵的である。麻薬に対する公正な取り締まり，食品医薬品局，私的金融取引が制限され，証券取引委員会の監査による透明性の高い証券法とその履行といったアメリカの業務は，他国にとって大変魅力的である。インターネットの統治に関するルールのように，アメリカが創り上げた基準から抜け出すのが難しいものもあるが，ポンドやフィートといった単位から死刑，武器を所有する権利，言論の自由に対する絶対的な保護など，アメリカが創り出した他の基準や行動実践は，抵抗や無理解に直面している。「ソフトパワー」は現実に存在しているが，生活に関するすべての側面でアメリカの国益を高める

ものではないし，アメリカが「ソフトパワー」を有する唯一の国でもない。

連結性・敏感性・脆弱性

　交換による経済利益は，アダム・スミス（Adam Smith）とデーヴィッド・リカード（David Ricardo）が古典経済学における分業と比較優位論を発展させた200年前からよく理解されている。スミスとリカードが指摘したように，貿易により，特性の異なる諸地域がそれぞれ得意とする分野に特化することが可能となる。人々の移動と高い限界収益の領域に向かう資本の動きもまた，生産性を増進するかもしれない。自由主義者が常に強調するように，経済的相互依存関係は集合利益を創り出すことができる。そして，我々の多くを引きつけるコスモポリタニズムは，文化を横断する情報交換という特徴を持つ，社会的グローバリズムの理念を基礎としている。

　しかし，相互依存関係とグローバリズムは同時にコストと制約も創り出す。経済の相互依存関係は，しばしば，痛みを伴う調整が必要となるし，環境グローバリズムにおいては病原菌や有害な化学物質の排出を指摘できるかもしれない。軍事的グローバリズムは，緊密な同盟国の間では協力をもたらしうるが，互いを脅威と感じる敵対関係では逆に被害やコストをもたらしうる。移民やサイバースペースを通したアイディアと情報の伝達は，文化的な脅威となったり，混乱を引き起こしたりするかもしれない。その結果，相互依存関係とグローバリズムは政治的な問題を提起する。個人と集団は，優位を保つために闘争し，それぞれの望むようにグローバリズムの潮流を変化させ続ける。

　相互依存関係の政治的重要性は，我々に相互依存関係は単に相互連結と同じものではないということを再認識させる。1977年に，我々は相互依存関係を相互費用効果として定義し，「相互作用関係は重要な費用効果ではない。ただ相互連結性があるだけであり，相互依存ではない」と定義した[24]。同様に，我々はグローバリズムの概念を，費用効果を伴う，脱国境的な空間的広がりを持つネットワークかつ国際的な相互連携と仮に定義した。

　すなわち，「費用対効果」を用いて，我々が指摘する効果は重要である。費用効果はコストを減らしたり，利益を生み出したり，コストを引き上げたりする。こうしたコストは必ずしも経済的な要素ではなく，倫理基準，美的趣向，

個人的な身の安全,生態系の保存といった他の要素においても重要な意味を持つ。費用効果の核心は,人々が注意を払う効果であり,こうした効果は関心や政治を生み出すことにつながる。

たとえば,アメリカと中国の発電所から排出される二酸化炭素（CO_2）は,グローバルなレベルで気候に影響を与える。中国は,衣類や玩具を輸出するのとは違って,アメリカに対して直接,CO_2を排出しないし,アメリカも直接相互貿易によってCO_2を中国とやり取りするわけではない。ところが,それぞれの諸国家のCO_2排出はそれ以外の国々の気候の費用効果に負担をかける。さらに,社会と政治に関するネットワークの相互依存関係は,こうした各国のCO_2排出に際し,気候変動の話し合いや交渉を立ち上げる。このように気候変動の問題によって発達したグローバリズムは多面的であり,相互依存関係に関連するネットワークや,多様な反応によって特徴づけられる複合的なグローバルシステムを取り込む。

相互連結性はこの150年間で疑いなく増大している。1866年に大西洋横断海底ケーブルはロンドンとニューヨーク間の情報伝達にかかる時間を1週間から数分に減らしたが,この減少率は99.9％以上であった。蒸気機関,飛行機,電話,ジェット機は革新的に相互連結性を高め,1980年代半ばからはファックスやインターネットといった新たな遠隔通信技術によって,長距離間の情報伝達のコストは飛躍的に減少した。現在,ある人が電話を購入すると,その電話は同じ電話番号で事実上世界のどこでも使えるようになる。さらに,情報を記憶したり送信したりするコストは,マイクロチップ・プロセッサーの性能とコストに関するムーアの法則に従い,18カ月ごとで半減し続けた。結果として,この本の第3版が出された2000年において,情報処理にかかるコストは,この本の初版が出された1976年のおよそ100万分の1となった！ 連結性が高まることと情報伝達のコストが大きく減少することは,グローバリゼーションの中心的な議題である。事実,グローバリゼーションの現代的側面を情報革命から切り離すことは不可能である。

グローバリズムは相互連結性を含むが,それ以上のものである。「それ以上」とは何を意味するのだろうか？ この質問に答える上で,我々が1977年に創り上げた,敏感性と脆弱性の区別が今日においても有効である。敏感性とは,

基本的な政策に関する不変的な枠組みのなかでの，社会と政府を対象とした国境を横断するフローの費用効果のことである。敏感性は相互連結性より一歩進んだものであり，すなわち費用効果を伴う相互連結性のことである。これは実在するフローや潜在的なフローの認識によって引き起こされるだろう。経済に関する敏感性は，主要な金融センターにおける利率の共変動，ニューヨークの株がアジアの株価に与える反応，1997年のアジア通貨危機の引き金となったタイの金融危機の悪影響などによって特徴づけられる。軍事に関する敏感性は，諸国家の自国の安全保障に対する脅威認識に反映される。冷戦期において，米ソ間のパワーの双極構造と相互確証破壊の可能性は，高いレベルの敏感性を作り出した。今日，軍事に関する敏感性は，世界中どこでも正確に爆撃できるアメリカの高い技術の非核攻撃に対する，アメリカから遠く離れている国々の対抗措置や，アメリカの脱国境的テロリズムに対する高度の警戒に見られる。中央アフリカの温度変化やモルジブの海水位は，気候に影響を与える先進国の二酸化炭素排出という環境に関する敏感性を反映している。最後に，社会に関する敏感性は，世界的なファッションの傾向から相互依存関係に関する議論の脱国境的な拡散まで，アイディア，情報，イメージの拡散に関するすべての種類の影響を含む。たとえば，伝統的な生活様式を保護したいと願う保守的なイスラーム政権は，西洋の音楽やイメージに対して高度に敏感である。

　脆弱性はコストに関して敏感性のさらにもう一歩先をいく。脆弱性はある国自身が政策を変化させることにより生じる，敏感性で示された変化に対応するためのコストである。第1章で取り上げたように，「脆弱性とは，政策を変更した後でも外部の出来事によって強いられるコストのことである」。もし外部からの誘因による金利の増加が経済活動に悪影響を及ぼすとすると，それに対する効果的な対応は可能なのか？　もし可能だとすると，どれくらいコストがかかるのだろうか？　もしアメリカのポップカルチャーが中国やシンガポール，イランのリーダーに忌み嫌われているのであれば，アメリカのポップカルチャーを除去したり，影響力を弱めたりすることができるだろうか？　もしできるとするなら，コストはどうなるのだろうか？　アメリカの軍事力や地球温暖化に効果的な対応策はあるだろうか？　もしこれらの対応のためにコストが多くかかるとすると，これらの関係性は敏感性を越えて脆弱性に達する。「脆弱性

に基づく相互依存」と本書が呼ぶものは,「時代を越えて変化する状況への効果的な対応のためにかかるコストによってのみ計測されるだろう[25]」。

　敏感性と脆弱性の相互依存関係は両方ともグローバリズムの重要な側面である。敏感性と脆弱性の相互依存関係は相互連結性を基盤とするが,単なる相互連結性ではない。たとえば,バングラデシュのダッカで,無教養な露店商人がアメリカの大学のTシャツを着ているのを目撃しても,それは敏感性や脆弱性を伴う世界の連結ではない。我々は特に生活に必要ではなく,地元で代替できるような贅沢な輸入品を消費するかもしれない。無料で使用することができるため,潜在的に我々とつながっているが,実質的にはほとんど関係がない何百万というインターネットサイトが存在する。認識しているが,距離的に隔たった社会の多くの側面は,我々の考え方,行動,幸せに影響を及ぼさない。その一方で,倫理観は社会に関する敏感性を作り出す。イランの聖職者が女性の口紅に苦言を呈したり,西洋社会がアフガニスタンにおけるタリバンの女性の扱いに反応したりするのは,その例である。

　政治的観点からすると,脆弱性の相互依存関係は人為的作用を考慮に入れるため,特に重要である。脆弱性は一連のフローに反応するアクターや仲介者が存在するのかしないのかという点だけで,敏感性と区別される。さらに,脆弱性という語は,仲介者が相互依存によって選択肢を制限されることを意味する。すなわち,ある仲介者が他の仲介者との関連性において,相互依存関係による制限を操作することで力を強め,望んだものを結果として得る能力である。非対称的な脆弱性の相互依存関係は,第1章で議論したように,重要なパワーの源泉である。同様に,広範囲に広がる相互依存関係,すなわち脆弱性を伴うグローバリズムの形成は,敏感性だけを含むグローバリズムの形成よりもグローバル・パワーの不均等配分と自律性という点でより含蓄がある。グローバリズムの重要性は,大部分が代替案の相対的費用に依存する仲介者の行動によって決まる[26]。

相互依存関係とグローバリズムの説明

　ここでの議論は,相互依存関係とグローバリズムの概念の観点から世界政治におけるいくつかの現実の関係性を手短かに説明するため,やや具体的なもの

となるかもしれない。例として，この200年における日本とアメリカの関係について考えてみよう。1800年の段階では，両国の相互連結性は微細だったので相互依存関係は大変小さかった。両国はお互いの存在にほとんど気づかず，公式の交流もなかった。18世紀中頃，ペリー提督（Commodore Perry）率いる軍艦の軍事的脅威によって日本の「開国」が行われた。日本は西洋諸国の圧力に対抗する富とパワーを得るため，僅か数十年で西洋諸国から技術と法制度を借用した。このように，1900年までには，日本とアメリカの間で社会と経済に関する敏感性は重要性を持つようになったが，この段階ではまだその関係は非対称であった。たしかに，西洋は日本から美的感覚の領域，特に美術，デザイン，建築などの分野で影響を受けたという証拠が残ってはいるが，それに比べて，日本はずっと積極的に西洋に対して反応した。その反応は日本がアメリカの典型的なスポーツである野球を取り入れるというレベルにまで達した。軍事的相互依存関係はまだ小さかったが，重要となり始めていた。セオドア・ルーズベルト（Theodore Roosevelt）大統領は，中国（中国人はアメリカから排斥された）以上の特権を日本の移民に与えたが，これは1905年の日露戦争における勝利に見られるように，日本が軍事大国となったことを背景としていた。環境の相互依存関係は最小限に留まっており，実際，1911年の北太平洋オットセイ保護協定（これはカナダとロシアも遵守した）を除いて，ほとんど認識されていなかった。

第1次世界大戦まで，日米関係の相互依存関係はほとんど2国間関係で描かれ，他国との関係に影響を及ぼさなかった。つまり，両国関係への連結性を持つネットワークは僅かであった。しかし，これは軍事的グローバリズムを特徴づけた第1次世界大戦によって変化し始めた。この戦争において日本は西洋諸国の同盟国として，軍事的グローバリズムの周辺地域に参入することを認められた。第1次世界大戦後，日本は西洋諸国と対等な地位を目指し，ヴェルサイユ条約に人種的平等に関する条項を盛り込むことを推進したが，これはアメリカの反感を買った。1924年にアメリカが日本の移民を禁止したことで，両国の社会的相互依存関係は低下した。1921年のワシントン海軍軍縮条約は，日本が西太平洋におけるアメリカの支配に挑戦するため，強力な海軍を建設したことで高まった軍事的相互依存関係の新たなパターンを規制しようとするもの

だった(日本はこの規制から逃れようとしていたが)。一方,両国の経済的相互依存関係は調和していた。そのため,アメリカは自国の市場に参入しようとする日本製品に対して障壁を設けたが,これは互いの経済に関する敏感性と脆弱性を低下させた。しかし,日本人はアメリカが供給する石油とくず鉄に依存しており,これが経済において日本のアメリカに対する敏感性と脆弱性となった。アメリカはこの脆弱性を利用しようとした。言い換えると,相互依存関係は敏感性と脆弱性に関して諸側面を横断するものと諸側面の内部にあるもの両方を変化させた。

日本の真珠湾への奇襲と東南アジアの占領は,アメリカのくず鉄と石油の輸出禁止措置という1つの反応を招いた。こうした反応は同様に,中国へ侵略した日本を懲罰し,東南アジアにおける日本の進行を抑制する狙いがあった。言い換えれば,ここにおいて軍事と経済の相互依存関係が連結したのである。この段階での日米関係は,日本が攻撃した地域を支配していたイギリスやフランスと密接な関係性を持つに至った。また,日本の真珠湾での奇襲の翌日,日本と枢軸国同盟を結ぶドイツがアメリカに対して宣戦布告した。この時点で,日本のグローバリズムへの関与は濃密になり,連繋する様々な西洋諸国とのネットワークがすべて意味を持つようになった。皮肉なことに,日本とドイツの同盟によって促されたアメリカに対するドイツの宣戦布告は,ルーズベルト政権の戦争を日本だけでなく,世界規模で展開することを可能にした。

第2次世界大戦後,アメリカは日本を占領し,日本にアメリカと密接な同盟を結ぶ議会制度を確立させた。2国間の経済的相互依存関係は,飛躍的に高まったが,この関係の大部分は非対称なままであった。日本はアメリカに対して,アメリカが日本から被る以上の敏感性と脆弱性を抱いていた。これは1971年のアメリカの中華人民共和国の承認,事実上ドルの価値を下げて輸入課徴金を強いるといった一連の行動を,日本が「ニクソン・ショック」と呼んだことが示している。しかし,1980年代後半までに経済的相互依存関係はやや対称的なものへと変化した。日本の銀行は膨大なアメリカの短期国債を所有し,アメリカの利率に影響を及ぼすことができるようになった。アメリカのハイテク技術工場は,日本からの部品に依存しており,アメリカ政府がこれに反対するための貿易制裁を発動した。軍事的相互依存関係は高いままであったが,1941

年以前とは異なった非常に協調的な関係であり，両国は緊密な関係を維持した。社会的相互依存関係は，両国の大きな文化的差異のために他の側面と比べて，やや遅れをとっていた。しかし，日本が様々な方法でアメリカを模倣したり，少なくともアメリカの慣行を日本の状況に適用しようとし，一方でアメリカもビジネスの組織に日本の「ジャスト・イン・タイム」方式を管理のために取り入れたりした。

　おそらく，第2次世界大戦後の両国関係で最も重要な点は，日米関係が他の様々なネットワークや国際組織と密接に結びついており，非常に濃密なグローバリズムを形成している点であろう。日本のアメリカとの貿易は，GATTによって規制されていた。アメリカは1955年に日本のGATT加盟を後押しし，ヨーロッパ諸国に日本の製品のために市場を開くよう圧力をかけた。日本は，IMF，世界銀行（World Bank），ADB（Asian Development Bank：アジア開発銀行）を含む国際金融機構の主要な貢献国となった。

　軍事的に，日米同盟はアメリカのグローバルな軍事計画において不可欠なものとなり，軍事的相互依存関係は1990年代において，貿易摩擦が生じた両国の関係を和らげるのに役立った。さらに広い意味で，日本はアメリカを中心としたセキュリティ・コミュニティの一員となり，複合的相互依存関係のグローバルな関係は，アメリカと西欧との関係によって特徴づけられるようになった。相互依存関係はいくつかの側面に沿って発展した。たとえば，ドルを準備通貨として管理することは，円とユーロの両方に関連した。日米関係は単なる1つの2国間相互依存関係として理解されるべきではなく，多くの関係性・多くの側面・連結性を伴うグローバリズムのパターンとして理解されるべきである。

2　現代グローバリズム——何が新しいのか？

　今までのところ，我々は相互依存関係とグローバリズムの間の継続性を強調してきた。敏感性と脆弱性との区別のように，1977年に著者たちが構築した概念の多くが今日でも有用である。「グローバリゼーション」は人目を引く言葉であり，増大する集約的で広範囲に及ぶ相互依存関係，つまり「濃密な」相互依存関係という状況に確実に対応する言葉である。今日のグローバリズムは，

第10章　パワー・相互依存関係・グローバリズム

ヨーロッパの帝国主義が多くの政治構造を提供し，コストの高い輸送とコミュニケーションが少数の人たちしか直接の対象としえなかった19世紀のグローバリズムとは異なっている。しかし，現代グローバリズムと1977年のグローバリズムとは，根本的に違いがあるのだろうか？　何かの「根本的な」違いについて述べることは，常に問題を含んでいる。なぜなら，絶対的な断絶は人類史において存在しないからである。すべての時代は他の時代に負っているのであり，歴史家は常に今日の現象に関して，過去の先行事例を発見する。19世紀のグローバリズム，1977年のグローバリズム，現代グローバリズムはすべて情報革命と密接に関係している。トーマス・フリードマン（Thomas Friedman）は現代グローバリゼーションを「より遠くへ，より速く，より安く，より深く」なったものと議論している。我々は濃密なグローバリズムが単にその度合いだけでなく，種類に関する3つの変化によって引き起こされたと考える。それらは①ネットワーク密度の高まり，②制度的速度の高まり，③脱国境的認識の高まり，という3つである。

ネットワークの密度

エコノミストたちは，一時多くの人々が使用した製品の価値がその時以上に重要となる状況を説明する際，「ネットワーク効果」という言葉を使うが，これこそインターネットが急速な変化の要因となった理由である。世界銀行のチーフ・エコノミスト（当時）であるジョセフ・スティグリッツ（Joseph Stiglitz）が，知識を基盤とした経済は「しばしば燎原の火の如くに広がり，さらなる革新の引き金となったり，新たな革新の連鎖反応を引き起こしたりする強力なスピルオーバー効果を生み出す。しかし，商品は知識とは異なり，火のようには広がらない」と述べている。さらに，相互依存関係とグローバリズムが濃密になるに（密度が濃くなるに）つれ，異なったネットワーク間の構造的な関係がますます重要となる。ネットワーク間の連結性がより強まった結果として，「システム効果」がより重要となる。集約型の経済的相互依存関係は社会と環境の相互依存関係に影響を与え，こうした連結への認識が逆に経済関係にも影響を及ぼす。たとえば，貿易の拡大は国内で産業活動を生み出すが，当初の環境基準は低いものである。この環境基準の低さが環境運動家たちを動かし，新興の

発展途上国だが環境に配慮しない国という彼らのメッセージを伝える動きが活性化する。この結果として生じた活動は、たとえば、越境汚染を減らすための活動のように、環境の相互依存関係に影響を与えるかもしれない。一方で、この運動が社会と経済関係に影響を与え、新興の発展途上国の内部で反発を引き起こすかもしれない。

　グローバリズムの広がりは、時には予期しない結果を伴う、世界規模での潜在的な連結が起こることを意味する。たとえ2つの社会間におけるそれぞれ個別の相互依存関係を十分に考察した場合でも、2つの社会が連結することによって生じる相乗効果を見逃してしまうかもしれない。

　環境グローバリズムがこの点をよく示している。アメリカの科学者たちが1920年代にフロンガス（CFCs）を発見した時、フロンガスは「素晴らしい近代の化学物質」の好例とみなされた。フロンガスは効果的な保冷剤というだけでなく、科学的に不活発な物質であるため、爆発や火事とも無縁であった。ようやく1970年代になって、フロンガスの性質が疑われはじめ、1980年代にフロンガスが、人間を有害な紫外線から保護するオゾン層を破壊する物質であることが明らかになった。「すべてのものは他のすべてのものとつながっている」という環境の標語は、気候の変化をもたらす炭素燃料の焼却から遺伝子組み換え穀物に至るまで、多くの人為的な活動が予期せぬ結果を招くことを我々に警告している。

　環境グローバリズムは政治的、経済的、社会的な帰結を伴う。フロンガスがオゾン層を破壊する性質を持つという発見は、この問題を国際的な議題とし、国内、国家間、トランスナショナルなレベルで論争を巻き起こした。その結果、1987年のモントリオール条約を皮切りに、フロンガスの製造と販売の規制に関する一連の国際協定が締結された。これらの協定は有害物質に対する貿易制裁を可能としたので、経済的グローバリズムに影響を及ぼした。この問題はまた、人々に環境破壊の恐ろしさを認識させ、社会的グローバリズムと言えるトランスナショナルなレベルで人間に影響を及ぼす生態学的過程に関する知識と情報の伝達を促した。

　ネットワークの連結性に関するもう1つの例は、1997年7月にタイで始まった世界規模の金融危機のインパクトである。タイという世界的には小規模な

新興成長市場で勃発した銀行と通貨に関する危機は，グローバルな規模で予期しなかったような深刻な影響を及ぼした。タイの経済危機はアジアの他の地域で金融パニックを引き起こすことになり，特に韓国とインドネシアが深刻な被害にあった。そして，金融危機は，世界金融のトップたちによる緊急会談とIMF主導の大規模な「救済」措置を引き起こし，結果として，タイをはじめとする新興成長企業の信用と国際金融機関の有効性を損ねた。大規模な信用損失が始まる前の1998年8月には，ロシアが債務不履行となり，アメリカ資本の大規模ヘッジファンドの長期間資本管理（Long-Term Capital Management）がアメリカの連邦準備制度に沿って練られた計画によって，緊急援助を行わなければならなかった。世界経済が回復し始めてからも，ブラジルが1999年1月に経済破綻を避けるため，通貨の切り下げを伴う大規模なIMFの援助を必要とした。

　1997年の経済における外国投資の占める割合は，前例のないほど高い水準ではなかった。ある基準によると，資本市場は，20世紀末よりも20世紀初頭の方がより統合していたと言われる。1914年までの40年間，イギリスからの資本の流出量は，現在先進国が平均でGDPの2～3％なのに対し，平均でGDPの5％であった。1997年の金融危機はグローバルな規模であったが，この危機にも前例があった。1929年ウォールストリートで起こった「ブラック・マンデー」と1931年のオーストリア信用銀行の破産は世界規模での金融危機と恐慌の引き金となった（もう一度言うが，グローバリズムは新しい現象ではない）。ある地域での銀行からの引き落としが他の場所での引き落としを助長し，ある司法管轄区での銀行の破綻が遠隔の信用者の破産を招くなど，主要な金融中心地の財政的な結びつきは常に危機拡大の影響を受けやすい。

　1997～99年の危機でさえ前例があったけれども，危機が影響を及ぼした領域は注目に値する。タイ，インドネシア，ロシア，ブラジルはどこも深刻な被害を受けたのだが，こうした明らかな拡張的マクロ経済政策をとる国だけではなく，香港や台湾のように一貫して固定為替相場を採用する国々も「市場予想の突然かつ予想外の変動によって引き起こされた投機攻撃」の犠牲者となった。この過程は「感染」と名づけられ，その結果はエコノミスト，政府，国際金融機関が全く予期せぬものとなった。実際に世界銀行は1993年に，『アジアの奇

跡(*The Asian Miracle*)』というタイトルのレポートを出版したが，このレポートが出版された後もアジアへの投資流入は1996年をピークに急速に増え続け，危機が起こるまで高い水準を維持したのであった。突然かつ予想していなかった危機を反省し，アメリカ連邦準備理事会のアラン・グリーンスパン(Alan Greenspan)議長(当時)は「我々は，ここ20年よりもこの12カ月の間に新しい国際金融システムをどのように機能させるのかに関して，より多くのことを学んだ」と述べた。デイヴィッド・ヘルド(David Held)たちが指摘するように，現代グローバリゼーションは共有する規模・複雑性・速度といった点でそれ以前のグローバリゼーションとは異なっている。

　グローバリズムの拡大は軍事的グローバリズムとも連結している。冷戦期の米ソ双極構造の文脈では，冷戦の終結は軍事的な脱グローバリゼーションを意味する。勢力均衡に関する時代遅れの論争は今日的意義を失っているが，社会的グローバリゼーションの高まりは，逆の効果を生み出している。グローバルなコミュニケーションの相互作用によって高まった人道的な関心は，ソマリア，ボスニア，コソボのようないくつかの紛争と軍事的な介入をドラマ化させた。反対に，南スーダンのような遠隔地で起こった，とっつきにくい紛争はほとんど関心が持たれなかった。戦術的なレベルでは，非対称のグローバルな軍事力とネットワークの連結性は戦争行為の新たなオプションとなった。たとえば，アメリカに対して効果的な戦術を考案する場合，ある中国人将校たちはテロリズム，麻薬取引，環境破壊，そしてコンピューターウィルスの拡散などを提案する。彼らはより複雑な組み合わせ，たとえばテロリズムとメディア戦争，金融戦争の組み合わせといった計画を練り，より良い結果をもたらそうと議論する。「近代の軍事技術と経済的グローバリゼーションに関連する『超限戦』(訳者注：1999年に発表された中国軍大佐による戦略研究書)が，中国の古典である孫子の『兵法』と結合されるのである」。

　ますます濃密となってきたグローバリズム，つまり密度の濃い相互依存関係のネットワークは，その密度の度合いだけが1970年代のグローバリゼーションと異なるのではない，というのが一般的な指摘である。「濃密」というのは，様々な相互依存関係がより異なった部分でより深く交差するという意味である。そのため，ある地域でのある側面に関する出来事の影響が，他の地域の他の側

面に根本的な影響を与えることができる。科学理論における「無秩序」や天気システムのように，ある場所での小さな出来事が他の地域に対する触媒効果を持ち，その結果は後に他の場所で甚大なものとなる。そのようなシステムは，理解するのが大変困難であり，その効果はしばしば予期せぬものとなる。さらに，そのシステムが人為的な制度であった場合，人間は的確に経済的，社会的，軍事的な優位を得るため，しばしば意表を突いた行動で頻繁に他人を出し抜こうと努力する。そのため，我々はグローバリズムが，不確実性が蔓延した状態で生じることを予想すべきである。一方では増加する複雑性と不確実性との間で対立が続いており，他方では増加する複合的な連結システムを政府や市場参加者の尽力で包摂し，管理しようとしている。

このようにグローバリゼーションは単に統治に対して影響を与えるだけでなく，統治からも影響を受ける。頻繁に起こる金融危機のなかでも，とりわけ1997〜99年危機が重要なのは，相互依存を制限する民衆運動と経済的グローバリゼーションの逆戻りを引き起こしたためである。カオス的な不確実性は多くの人々にとってあまりにリスクが高く，より高いレベルでの繁栄を享受できない。効果的に統治できるいくつかの分野を除き，現在の統治形態ではグローバリゼーションの諸側面の統治を継続できない。

コミュニケーション・コストの低下と制度的速度
我々はグローバリゼーションを濃密になった（密度の濃くなった）グローバリズムと定義したが，近年このグローバリゼーションの形態はますますネットワーク間の連結が高まっており，この点で過去の濃密なグローバリズムとは一線を画している。

我々が第9章で強調したように，情報処理と通信技術の劇的な発展が現代のグローバリゼーションの基盤を構築した。「情報革命」は経済的・社会的グローバリゼーションの核である。情報革命はトランスナショナルな組織の仕事と市場の拡大を可能にし，新たな国際分業を促進した。アダム・スミスが『国富論（The Wealth of Nations）』で述べた非常に有名な言葉は「分業は市場の拡大によって制限される」というものであった（これはもはや時代遅れとなった）。軍事的グローバリズムは情報革命以前から存在し，第2次世界大戦期と冷戦期が

最盛期であった。しかし，軍事的相互依存関係の本質は，情報革命によって変容させられている。環境グローバリズムの原因となる公害は，19世紀中頃から20世紀の間に始まった石炭，石油，鉄鋼，自動車，化学に基づく経済活動がその主要な源であったが，近年それらがグローバル化した。一方で，情報革命は環境のグローバリズムによる悪影響を指摘し，それに対抗するための一助になるかもしれない。

時にこれらの変化は，情報のフローの速度という点から考えられるが，この特徴づけは不正確である。速度における最も大きな変化は，蒸気船と特に電信技術によってもたらされた。我々が指摘したように，1866年に造られた大西洋横断海底ケーブルはロンドンとニューヨークの情報伝達をそれまでのおよそ1000分の1の比率にし，1週間以上縮めた。それと比較して，電信技術はメッセージを伝える速度をおそらく数分速めただけである（なぜなら電話のメッセージは復号を必要としない）。インターネットに限っては電話のそれよりも劣っている。

真の違いは，個人間のコミュニケーション速度の短縮ではなく，コミュニケーション・コストが低下したことに基づく。そして，その影響はグローバリズムの広がりよりもグローバリズムの強度の高まりにおいて認識される。1877年において，大西洋を横断する電報は高価であった。1927年，さらに1977年でさえも大陸の東西をつなぐ電話代は高価であった。会社や富裕層は大陸を横断する電話を使用することができたが，一般人は緊急でない限りは手紙を書いていた。しかし，1999年において，一般人にとってもインターネットにかかるコストは事実上無料で，太平洋横断の電話にかかるコストは1分間で僅か数セントだろう。そのため，コミュニケーションの量は桁違いに増加し，グローバリズムの強度は幾何学的に拡大されている。

市場は以前よりも迅速に反応する。なぜなら，情報が以前よりもずっと早く広がることで，大規模資本も即座に反応することができるからである。多国籍企業は，組織構造や製造品をよりトランスナショナルな原則に近づくように変容し，より多くのネットワークや同盟に参加するようになってきている。これはグローバル資本主義がより競争的になり，より急速な変化の影響を受けやすくなっているためである。こうした状況下においてNGOが活動の幅を大いに

広げている。

　グローバリズムと速度に関して，既定の「メッセージが届く速度」と我々が「制度的速度」と呼ぶものとを区別することは価値があるように思われる。比較的裕福な国家の人々にとって，メッセージが届く速度は，それほど大きく変化していない。これは上述したように19世紀末の電信通信によって，コミュニケーションがある程度一般的な行為になったためである。しかし，どのようにシステムを迅速にし，システムが変化するなかでユニットの反応を迅速にするかという制度的速度は，人々の接触が高まるグローバリズムの「濃密さ」において，メッセージが届く速度と同様に，重要な機能を持つ。たとえば，個人の新聞記事はサラエボからニューヨークまで，1914年と比較してそれほど速く伝わらない。しかし，ケーブルテレビの制度と経済，そしてインターネットはニュースサイクルをより短縮しており，速度においてちょっとした優位が大きな価値を持つようにしている。1914年には，ある新聞は通常，1時間早く最新の情報を受け，処理したところで他の新聞を出し抜くようなことはなかった。その情報は日刊紙が眠りに着くまで，つまり次の日までに処理されればタイムリーなものであった。しかし，1999年では，ケーブルテレビで「トップを飾る」か，「遅れた記事」として処理されるかは，1時間，いや数分でさえ重要な違いをもたらす。制度的速度はメッセージを届ける速度よりも加速化される。制度的速度は個人のつながりだけではなく，ネットワークとネットワーク間の相互連結性にも反映される。前ページで強調したように，この部分が濃密なグローバリゼーションの真の変化である。

トランスナショナルな参加と複合的相互依存関係

　手段としてのコミュニケーションにかかるコストが低下したことによる3つ目の新しい局面は，アクターの数と参加が増大し，「複合的相互依存関係」の妥当性が高まった点である。第**2**章で説明したように，複合的相互依存関係は，3つの特徴を伴った仮定の世界における理念型である。その3つの特徴とは，①社会において国家だけではない多様なアクターによる，多様なチャンネルが存在，②明確に優先順位をつけられない多様なイシュー領域の存在，③複合的相互依存関係によって諸国家が結びつくことで，脅威認識や武器使用が不合理

なものとなる，というものである。1970年代に複合的相互依存関係の概念を精緻化した時，我々は複合的相互依存関係が世界政治のほんの一部分だけを特徴づけていると議論した。複合的相互依存関係は，アメリカとソ連の関係や，中東，東アジア，アフリカ，一部のラテンアメリカの政治状況には当てはまらないとはっきりと述べた。しかし，国際通貨や国際海洋に関しては，1970年代の時点で複合的相互依存関係のいくつかの側面に近いものだと議論した。そして，フランスとドイツ，アメリカとカナダなどの2国間関係も複合的相互依存関係の3つの特徴に近い状況にあるとした。複合的相互依存関係の世界では政治は異なったものとなり，国際組織の重要性が増すことによって，国家政策の目的と手段，課題設定や問題結合の過程も異なったものとなるだろうと当時我々は議論した。

　グローバリズムという用語で説明するならば，複合的相互依存関係の政治とは，一方で経済，環境，社会的グローバリズムが強まり，他方で軍事的グローバリズムが弱くなった状態における政治のことである。冷戦期にはほぼ間違いなく，大陸間の複合的相互依存関係は制限されていた。なぜなら大西洋の「セキュリティ・コミュニティ」のような組織によって，アメリカが西側地域を保護していたためである。(39) 事実，第2次世界大戦後，アメリカのパワーと政策はNATOやIMF，GATTといった複合的相互依存関係を保護したり支援したりする国際組織を構築したことで決定的なものとなった。1989年から軍事的グローバリズムが衰退し，社会的・経済的グローバリズムが旧ソ連圏まで及んだことは，複合的相互依存関係の範囲が拡大したことを意味した。少なくとも新たに独立した意欲的な旧ソ連圏の国々がNATOの一員となった。経済と社会に関するグローバリズムは，ラテンアメリカの指導者たちの経済，社会的な発展から取り残されることや，必要な投資資本を遠ざけられることに対する恐怖のために起こった領土をめぐる争いを安定させるための誘因を作り出している。

　今日でさえ，複合的相互依存関係は全世界的な現象とは程遠い。軍事力は1990年代においても諸国家によって使用され，他国に対する威嚇手段となっている。そうした例は台湾海峡からイラク，クウェートから旧ユーゴスラビア，カシュミール地方からコンゴまで多数存在している。アフリカのサブ・サハラ地域では内戦が蔓延し，ルワンダ内戦がコンゴへ飛び火したように，こうした

内戦は時として国際紛争へと発展する。情報革命と，劇的な視覚映像の放映を目指すテレビの飽くなき欲求は，いくつかの内戦の国際的関心を高め，ボスニアやコソボのように，内戦に対してより緊急に人道的介入を行うよう圧力をかけることに成功した。グローバリゼーションの様々な側面——この場合は社会，軍事的側面であるが——は横断的であるが，その結果が必ずしもより調和をもたらすとは限らない。とはいえ，国家間での軍事力の使用と脅威認識は，世界の特定の地域，特に先進的で情報時代の民主主義を有する大西洋・太平洋地域，さらにはラテンアメリカにおけるあまり裕福ではない多くの国々，ますます多くの中央ヨーロッパや東ヨーロッパにおいては，事実上価値を失ってきている。

　第**9**章で指摘したように，1977年から大きく変容している複合的相互依存関係の側面は，社会において接触チャンネルへの参加が増加したことである。長距離間のコミュニケーション・コストが劇的に低下した直接の結果として，そうしたチャンネルが大きく拡大している。もはや，リアルタイムで世界中の人々とコミュニケーションを行うために富裕な組織は必要ではない。フリードマンはこの変化を技術，金融，情報の「民主化」と呼んだ。なぜなら，コストの低下は，以前は贅沢であったことをより多くの社会に広げることを可能にしたからである。1919年にジョン・メイナード・ケインズ（John Maynard Keynes）は「ロンドンの住民は，ベッドで朝の紅茶を啜りながら，電話で，全世界の様々な産物を彼らが欲っするままに注文することができた……」と述べたが，そうした住民は金持ちでなければならなかった。現在，ほとんどの先進国では一般的な市民でさえ，地域のスーパーマーケットやインターネットを通じてそれ以上に豪華なことすら可能である。ただ，「民主化」という表現は多分こうした状況を表す言葉としてはそぐわないだろう。なぜなら市場における資金や人々は不均衡な状況から投資が行われるからである。たとえば，より多くの人々が参加できるようになった，資本市場における新たな金融制度も不平等である。グローバルなネットワークの様々な側面への人々の参加の大幅な増加を表すには，「多元化」という表現がより適切であろう。グリーンピースやアムネスティ・インターナショナルのような大規模なものから，地方の「3人の変わり者とファックス」といった小さなものまで含め，現在NGOは，これ

までのどの時代よりも彼らの声を世界中に届けることができる。第**9**章で観察したように，NGO が人々の信用を得たり，人々の関心を持続させたりすることができるかどうかは，彼らにとって鍵となる政治的命題である。

　メディアと多くの NGO によって創り出された，多数の大陸間をまたがるトランスナショナルな接触チャンネルの拡大は，複合的相互依存関係の第3の特徴——多様な問題領域が社会と結びつくこと——を拡大するのに役立っている。公的に国家の特権とみなされてきた医薬品のテストから，会計と製品基準のための銀行規則に至るまで，ますます多くの問題領域が国際的な議題となっている。1980 年代後半から 1990 年代前半にかけての貿易に関するウルグアイラウンド交渉は，以前は国際レジームによってほとんど手がつけられていなかったサービス産業に焦点をあてた。そして 1997 年 7 月から 1999 年 1 月にかけての金融危機は，先進国で普及している透明性のある財務報告書を公的にも私的にもグローバル化するよう促した。

　長距離を問題としない参加の増加と複合的相互依存関係への大きな接近は，政治の終わりを意味するものではなく，パワーは依然として重要なままである。複合的相互依存関係によって特徴づけられている領域においてさえ，政治は非対称な経済・社会・環境の相互依存関係を反映している。これは国家間の関係だけではなく，NGO や多国間の場合でも同様である。複合的相互依存関係は世界の状況を描写したものではなく，現実を抽象化した「理念型」であることを思い出さなければならない。だが，理念型はますます世界の多くの部分で，たとえ大陸を横断するような距離であっても現実に対応するようになってきている。そして，軍事と安全保障をめぐる単純な国家間関係という世界政治の陳腐なイメージよりも現実により近いものとなっているのである。

距離は意味がなくなってきているのか？

　時として，根本的な変化を認識することは，根本的な変化の限界や種類を理解するよりも容易である。1977 年の著作で，我々は継続ではなく，短期的な変化を理解した人々を「近代主義者」と呼び，伝統的なリアリストと対比させた。今日ではおそらく変化を理解する人々を「ポスト近代主義者」と呼ぶべきだろう。いずれにしても，近代主義者やポスト近代主義者は，コミュニケーシ

ョン・コストの低下が距離の重要性を消し去ると信じる傾向にある。いくつかの諸領域ではこれは正しいのだが，包括的に見れば半分しか正しくない。第1に，グローバルな相互依存関係への参加者は増大しているが，世界の多くの人々はいまだにほぼすべての国境を越えるコミュニケーション・ネットワーク，あるいは地域のコミュニケーション・ネットワークに関してさえつながりが希薄である。我々が指摘したように，世界のほとんどの人々は自分の電話機を所有していないし，アジア，アフリカ，ラテンアメリカの村に住む多くの農民は，速度のおそい，そしてしばしば希薄な経済的・社会的・政治的なつながりを通してだけ世界と結びついている。さらに，グローバルなコミュニケーション・ネットワークと密接に結びついている人々でさえ，距離の重要性は，我々が提示した4つの主要な領域のそれぞれにおいても関連する特定のタイプの流れに従って，問題領域によって大きく変化すると言った方がより的確である。そのため，もしグローバリゼーションが距離の縮小を意味するなら，これらの距離は異なった問題領域で，異なった人々の集団にとって，異なった比率で縮小している。[42]

　たとえば，経済的グローバリゼーションは金融市場において最も特色を持つ。もし株式が（コートジボアールの）アビジャンの投資家によってニューヨークや香港の市場で即時にモスクワの投資家に売られたなら，時差を除いて，距離は事実上，無関係である。確かに，もし株式がオンライン上というサイバースペースで売られたら，「ニューヨークの証券取引所で売られた」というのは全くのフィクションであろう。しかし，物理的な商品は資本よりもゆっくりと移動する。なぜなら，自動車や切り花はコンピューター上で数字の桁に変換できないからである。自動車や切り花の注文は距離に関係なく行われるが，それらは物理的に日本やコロンビアからジャカルタやカルガリーへ移動しなくてはならない。たとえば，花は現在，何千マイルの距離をジェット機によって輸送されるため，移動がかつてよりは迅速である。しかし，こうした移動は決して瞬間的であったり，無料であったりするわけではない。個人のサービスはなおさら，距離によって制限される。たとえば，髪を切りたかったり美容整形をしたかったりする人々はオンライン上でそれらを行うことはできない。

　距離の重要性はグローバリズムの他の諸側面にも同様に適用される。アイデ

ィアや情報の実際の動きは，事実上瞬間的である。しかし，アイディアや情報の理解と承認は，異なった人々の集団で条件，態度，期待がどれくらい違っているかに依存している。我々はこれらの違いを移民とアイディアの導入過程によって形作られ，同様に地理的に制限された「文化的距離」と呼ぶ。アメリカ大統領はベルリン，ベオグラード，ブエノスアイレス，北京，ベイルート，ボンベイ，ブジュンブラ（ブルンジの首都）の人々に同じように話をするだろうが，同じ言葉でも7つの都市では人々の解釈の仕方が大変異なる。同様にアメリカのポップカルチャーはいくつかの文化圏の若者たちには根本的に新しい価値と生活様式を正当化するものとして解釈されるかもしれない。しかし，他の文化圏ではアメリカのポップカルチャーは本質的にベースボールキャップ，Tシャツ，音楽などによってのみ表現される，くだらないシンボルとしてしかみなされないだろう。同じ都市に住む若者たちにおいても，たとえばテヘランなどでは，こうしたシンボルは悪魔の象徴にもなるし，自由の象徴にもなる。文化的距離は同質化に抵抗する。最後に，移民に依存する社会的グローバリズムの諸要素は，距離と司法権によって大きく制約されている。このことは，旅行が依然として世界の多くの人々にとってコストのかかるものであることや，各国政府が移民をコントロールまたは制限しようと努めていることからも明らかである。

環境分野でも，距離によって同様の可変性が生じる。我々は「かけがえのない地球」に住んでいるかもしれないが，たとえば河川の汚染は，直接的にはその河川の下流だけに影響を与える。また，以前東側陣営だった国々や発展途上国の多くの都市に蔓延する大気汚染は，ある地方や地域の中だけで致死的である。最も致死的な汚染はある地方に限定される。一方で，オゾン層の破壊や地球温暖化は，確かに一様ではなく，緯度や気候条件によって変化するが，真にグローバルな現象である。

軍事的グローバリズムも距離による可変性が生じる。ほんの数カ国だけが大陸間弾道ミサイルを有しており，アメリカだけが通常戦力とともに，グローバルな規模の兵站，軍隊，制御能力を有している。ほとんどの国家の軍事力はローカルな規模であり，大規模でもせいぜいリージョナルなものである。ホロコースト以来最悪のジェノサイドと言われる，1994年にルワンダで起こったジ

ェノサイドで使用された致死能力の高い武器は「なた」であった。また，脆弱な地方のアクターは，損害を与えるためにグローバリズムの他のネットワークを使用することができる。我々が目撃したように，脱国境的テロリスト集団のような非国家アクターでさえ，ニューヨークのワールドトレードセンターを攻撃できたのである。

では，現代グローバリズムは実際に何が新しいのだろうか？　システムに影響を及ぼす——それはしばしば予期されないのだが——強度の高い，すなわち濃密なネットワーク化された相互連結性こそが新しいものである。しかし，こうした「濃密なグローバリズム」は均一ではない。これは地域や地方によって，そして問題領域によっても変化する。コミュニケーションのメッセージを伝える速度は，我々がシステム速度，または制度的速度と呼ぶ迅速化に関するコストほど重要ではない。グローバリゼーションは距離を縮めたが，依然として距離は無関係というわけではない。そして，国内政治と政治制度によって設けられたフィルターは，グローバリゼーションが実際，何に影響を及ぼすかという点と，諸国家がその影響をどのように効果的に取り入れるかを決定する上で主要な役割を果たす。最後にコストの削減は，より広い範囲でより多くのアクターを世界政治に参加させることを可能にする。そしてこのことが世界政治の広い範囲で，理念型である複合的相互依存関係に近い状態を創り出すことにつながる。

3　グローバリゼーションと冷戦の終結

情報革命はグローバリゼーションにこれまで論じてきたような新たな諸側面を付け加えたが，それだけが現代的なグローバリゼーションの原因ではない。グローバリゼーションを形作り，拡大させた政治的な出来事もまた重要である。それらは，1945年以後のアメリカの政策，1989年におけるソ連帝国の分裂，1991年のソ連自身の崩壊である。冷戦の終結がどのように相互依存関係とグローバリゼーションに影響を与えたかを理解するために，フローの種類，あるいは潜在的なフローの認識によって，以前の章で確認されたグローバリズムの4つの側面に対し，冷戦の終結がどのように影響を与えたかを見ていく。

第Ⅴ部　グローバリズムと情報の時代

冷戦の終結とグローバリズムの諸局面

　経済的側面に関する冷戦終結の最も根本的な影響は，経済システムとして資本主義の正当性が増したことである。市場を活用することの復活，つまり自由主義経済への移行は，ソ連の中央指令型経済の弱さと遅延が十分に理解される以前から，イギリスのマーガレット・サッチャー（Margaret Thatcher）首相とアメリカのロナルド・レーガン（Ronald Reagan）大統領によって始められた。社会主義は規範的な基盤（特に不平等の発生に関して）と生産システムの両方から資本主義に挑戦した。実際に，1959年にニキータ・フルシチョフ（Nikita Khrushchev）がリチャード・ニクソン（Richard Nixon）と会談した時，フルシチョフは「我々はあなた方（の経済システム）を葬り去る」と述べ，軍事的な脅威ではなく，ソ連の社会主義が資本主義に対して大勝利を収めることを経済的な予測とした。フルシチョフは当時，ソ連とその周辺国における社会主義が崩壊すること，1999年7月に彼の息子がアメリカの市民権を宣誓することなど夢にも思わなかっただろう！

　ソ連の崩壊はそれ自体もマルクス主義者の信条にとっては痛手であったが，おそらくより一層彼らにショックを与えたのは，ソ連の経済が，西側陣営が考えていた以上に脆弱で腐敗が進み，不平等だった事実が明らかになったことであった。ソ連はどうしようもないほど情報革命で遅れをとっており，この事実は情報分野でのアメリカとの距離をどんどん広げた。1985年にミハイル・ゴルバチョフ（Mikhail Gorbachev）が権力を握った時，ソ連はたった5万台のパソコンしか所有していなかったが，アメリカにはこの時すでに3000万台のパソコンが存在した。4年後，ゴルバチョフの改革によってコンピューターの台数は4倍に増えたが，同時期にアメリカの台数は4000万台に増えていた。(43) ソ連のGNPの約4分の1を消費していた軍部でさえ，この分野でアメリカに追いつくことを諦め始めていた。

　より具体的には，冷戦期において主にソ連と多くの東ヨーロッパ諸国から排除されていた（1970年代後半までは中国も同様であった）資本主義の地理的領域は，冷戦終結により拡大した。グローバル資本主義の地理的拡大の過程は，1945年以後の自由経済体制創設と，1980年代前半までのブラジルやインドのように実質的な国家の介入を伴った国家資本主義の一形態である。輸入代替産業の

失敗の結果としてすでに進行中であった。輸入代替産業の失敗，一国社会主義への失望，社会主義者の考えを促進する強力なブロックの不在といった諸要因の結びつきは，公式には保護されているはずの地域を急速にグローバル資本主義への統合へと押し進めることに貢献した。

冷戦終結によるこれらの経済的影響は，社会変化も伴っていた。単に資本主義だけでなく，民主主義と法の支配も含めて，西洋，特にアメリカに代表される自由主義は大勝利を収めたように見えた。フランシス・フクヤマ（Francis Fukuyama）がこの結果を極めて単純化して，「歴史の終わり」と呼んだが，この認識は 1989 年以後，自由資本主義に対抗する単一の考えは存在しなかったという意味で正しかった。(44) 代わりに，多くの地域で独自の連鎖反応が見られた。経済的グローバリゼーションは，こうした反応のいくつかを強めたかもしれないが，産業革命がファシズムや共産主義を生み出したような，それらを包括する共通のイデオロギーは生まれなかった。グローバリゼーションへの反応としてのアンチ・アメリカニズムは，一致団結したものとは程遠いレベルにある。

上述したように，グローバリズムはアメリカ建国以前から存在する現象だが，現代グローバリズムはかなりの程度アメリカ化されている。世界中でアメリカのポップカルチャーよりもインパクトを与える文化が存在しないのは事実だろう。また，世界の多くの国々が，大学，証券取引委員会のような規制機関・市場に好意的な政府の政策といったアメリカの制度を模倣していることに気づく。これは部分的には流行やマーケティングの結果であり，部分的には多くの諸制度が効果的であると証明されたためである。しかし，上述したように，すべての社会的ネットワークがアメリカから生じたわけではない。フランス語圏のアフリカはいまだにパリに視線を向けたままであり，ベルリンは東ヨーロッパに強力な影響を与えている。アメリカはよく他国が制度の模倣を検討する際の第1のモデル，または第1の地域とされるが，唯一のモデルではない。しかし，もはや一見したところではアメリカは他国に対して，同等の規模と成功のためのパワーをめぐって競争する必要はない。

繰り返しになるが，アメリカの影響力の増加は冷戦の終結よりもむしろ他の力が作用していたのである。偶然にも，ソ連の崩壊は 1991～92 年以降の日本のバブル崩壊による急速な景気後退と時期が重なっていた。1980 年代に日本

が「ナンバーワン」であるという概念が何冊かの著作で主張されたが、現在では廃れたものとなった。ヨーロッパは統合されつつあったが、社会や経済のダイナミズムはまだ不完全であった。このようにほとんど試合放棄と呼べるほど、アメリカには冷戦後の社会をどうするかということに関して、傑出したライバルが存在しなかった。そのため、社会的グローバリズムの特徴は高度にアメリカ化されたものとなった。

冷戦の終結は環境グローバリズムを増大させなかった。確かに、高度のエネルギー集約と環境汚染の原因となっていた、ロシアと東ヨーロッパの産業生産が急激に減少したことによって、ソ連が公式に管轄していた地域における生態系へのダメージは幾分緩和された。冷戦終結が環境グローバリズムに与えた主な影響は、環境よりも社会とより接点を持つものであり、国家社会主義の信用をさらに落とすことになった。ソ連の崩壊は故意であろうとなかろうと、一連の環境破壊の実態（生物兵器の実験・核物質の海洋投棄・酸性雨データの改ざん）が明らかになったことに続いて起こった。

冷戦の終結は軍事的グローバリズムを加速しなかったが、それ自体を変容させた。アメリカとソ連の対立を基礎とする古い軍事的グローバリズムは消滅した。ロシアはニカラグアやアンゴラのような遠隔地に介入するための能力を持っていなかった。そのため、アメリカはもはやアンゴラやアフガニスタンといった遠隔地に関心を向けなくなったが、冷戦後の早い段階で議論された人道的な考えと非対称的な軍事力は、軍事的グローバリズムが継続していることを意味する。冷戦の終結は、アメリカが主導するもう１つの新たな形態の軍事的グローバリズムを作り出すために、技術の変化と結びついた。冷戦期に多大な努力をしたにもかかわらず、ソ連は軍事技術の分野で遅れをとった。これはレーガン政権が主導したスターウォーズ計画への対応が失敗したことによる。実際に1994年までに核兵器を除いて、提案された軍事的インフラが衰退したことでロシア軍は「張子の虎」となった。これによってロシアはアメリカの軍事行為に対する有効な抵抗手段を失った。そのため、アメリカとその同盟国はイラクやボスニア、セルビアにおいて軍事力を人道的またはその他の理由で容易に使用することができた。

結びつきの政治とグローバリズムのアメリカ化

　歴史は単線的な経路で展開していくものではなく、全く原因に結びつかないような出来事が繰り返し絡み合うことによって形成される。16世紀のダイナミズムは、船舶と羅針盤の技術変化で可能になった航路発見の影響と、宗教、社会、経済に影響を与えた宗教改革に反映されたものであった。産業革命は、文明社会に住む人々を破壊的な戦争に駆り立てる多くの高度な爆発物、毒ガス、ジェット機の製造を可能にした。さらに、これらの発展と人種主義との結びつきは、第2次世界大戦とホロコーストを生み出した。

　現代グローバリゼーションは、心から望まれていることだが、より慈悲深い結びつきを反映したものとなっている。経済的側面では、冷戦終結は上述した影響を受けつつ、輸入代替貿易と国家主導の産業モデルの衰退と同時期に起こった。より根本的には、バイオテクノロジーの発展と同じように、情報革命は技術に関する知識と新しい状況への迅速な適応を重視した、新たな企業家精神を掻き立てる機会を創り出した。研究機関と市場に基づく企業家の密接な関係と、危険を冒すことをいとわない多くのエージェントが活動する大規模な市場という、2組の制度的取り決めが1990年代に突如としてより重要さを増した。アメリカは両方の取り決めでヨーロッパと日本に勝っていた。

　科学と市場の結びつきはすでに、大学と革新的な企業の間では互いに相乗的関係を及ぼすものとして存在していた。カリフォルニア州のシリコンバレー（スタンフォード大学）、ケンブリッジ、マサチューセッツ（ハーバードとMIT）、ノースカロライナ州のリサーチ・トライアングル・パーク（デューク大学、ノースカロライナ大学、ノースカロライナ州立大学）などがそれである。成功した企業は、企業の実験場を市場志向型の製品とより密接に関係させたり、また、もしそうした関係が希薄になったりマーケティングの発見と製品開発の間隔があまりにも長くなったりしたら、関係を再構成したりした。

　1980年代のアメリカの資本市場はすでに大規模であり、銀行の支配から抜け出していた。ベンチャーの資本投資家たちはこの頃から存在し、その後の10年間で規模を広げてはいないように見えたが、成功を収めていた。そのため、企業家たち（多くは外国生まれだがアメリカに住んでいた）が資金を探していた段階で、制度的なインフラは整っていた。アメリカの資本市場が反応したよ

うに，投資家たちは企業家たちにとってより重要になっており，アメリカは事業の立ち上げ場所としてますます約束されたものとなった。

社会的また軍事的な結びつきもまた重要であった。情報革命はハリウッドの影響力を世界中のますます多くのテレビや映画に持ち込んだが，ちょうどそれはアメリカのポップカルチャーがイデオロギー的な抵抗に遭い，落ち込んでいた時であった。精密誘導兵器と情報戦争の手段は，アメリカの兵器庫に納入されたが，それはちょうどソ連の崩壊によって，兵器に関する強力なライバルが不在となった時であった。

結論として，冷戦の終結はグローバリゼーションに根本的影響を及ぼしたが，それは不均等なものであった。これらの影響はソ連の崩壊からだけではなく，様々な他の力の結びつきが崩れた結果でもあった。冷戦終結の1つの帰結がグローバリズムのアメリカ化であった。我々が見てきたように，アメリカはグローバリズムを作り出したわけではないが，新世紀の初頭に現代グローバリズムを形作ったのはアメリカなのだ。

4 政治・公平さ・パワー・統治

グローバリゼーションは諸国家の国内政治へのインパクトを通して，各国の統治に影響を与える。その方法は，経済活動からの利益——国内からの収益と国家間で得た収益——を配分することと，国家間の力関係へ影響を及ぼすというものである。そして，グローバリゼーションは統治に関して密接なかかわり合いを持つ。本書は次にそれぞれの諸問題について考えていくことにしたい。

グローバリズムと国内政治

グローバリズムに厚みをもたらすトランスナショナルなフローは，異なった方法で様々な社会の政治と統治に影響を与える。たとえば，経済的グローバリズムは政治的連携と諸国家の政策選好に影響力を行使できる[47]。例として，アメリカにおける貿易保護主義の衰退を挙げることができる。これは増加する輸出が輸出を支持する利益を強め，増加する輸入は輸入製品と競合する企業や産業

を弱めることが原因で起こる。我々が1997〜98年に起きた世界金融危機に関する議論で記したように，グローバリズムはマクロ経済政策の有効性を弱体化させることもできるし，政治に影響を与える危機を誘発することもできる。この危機において，香港のようにしっかりと統制された経済であっても被害を受け，アメリカの長期国債に関する市場のように，金融危機から遠く離れているように見える市場も根本的な影響を受けた（大規模ヘッジファンドであるLTCMの破産に導いたことがまさにそれである）。アメリカの政策に原因を持たないこの危機への対応として，アメリカ連邦制度準備理事会は1998年の秋に3回も利率を引き下げた。

環境グローバリズムも，様々な国家の市民がグローバルな環境危機に対応することで，政治的連携とネットワークに顕著な効果を与えることができる[48]。地球の北側に位置する先進国において，ブラジルの熱帯雨林を救うためのキャンペーンやインドにおけるダム建設に反対するキャンペーンが実施されることがこれに該当する。

軍事的グローバリズムは全く異なった方法で国内政治に根本的な影響を与える。軍事力を広範な地域に展開することで，アメリカとその同盟国はコソボをセルビアの支配下から苦労して奪還し，まだ正式にその領土を主権国家へと導いてはいないものの，国境も変更した。アメリカの軍事行動は確実にイラク，ソマリア，セルビアの国内政治に影響を与えた。しかし，こうした影響が常にアメリカの政策起草者の考えどおりになるかは定かではない。これらのケースによって明白となったことは，軍事力を行使し，国内政治において望んだような結果を勝ちとることは困難だということである。軍事的グローバリズムは確かに影響を及ぼすが，国内政治に予期せぬ結果をもたらすことの方が期待した結果をもたらす場合よりも頻繁に起こる。

社会的グローバリズムは，その結果を明確に示すことが最も難しいが，最も根本的な影響を与えるかもしれない。第9章で述べたように，ほとんどの社会において民主主義，資本主義，個人主義または自己中心主義といった考えの流入を制御することは難しい。暴力シーンを受信できなくする「Vチップ」のような，世界中のインターネットや電話からこれらの考えを遠ざけ続けられる魔法のような技術革新は存在しない。誰を同一視し，誰を異なった存在と見なす

かという政治共同体の影響は根本的なものだろう。多様な方法でアイデンティティと政治共同体の関係を変化させるグローバリゼーションの影響は非常に不均等である。旧ユーゴスラビアにおける地方グループと都市グループの対立や，イランにおける超保守主義陣営と自由主義的な近代主義者の間の論争に目を向ければ，不均等な影響は明らかである。1979年にアメリカ大使館人質事件を組織したイラン人の学生の1人が最近語ったところによると，「アメリカ人にとって，自由は毎日の日用品であるが，シャーの独裁下に置かれていた我々にとってはそれは知らない何かであった。そして，自分たちが知っていたこと，つまり独裁を基に行動し，大使館を乗っ取った。今日では，我々はこの20年間で習ったことを基に異なった方法を選択する(49)」。

　政府機関におけるグローバリズムの実質的な影響は，状況に応じて変化する可能性が高い。グローバリズムは時として明らかに政府機関の機能を弱体化させる。たとえば，企業による生産拠点の海外の移転は，税金を設定し，徴収するという政府の能力を弱めるだろうし，リベラルな思想が広まることは神権政治がその国の政治を支配する能力を弱めるだろう。しかし，グローバリズムは時には政府の能力を強めているように見える。経済的グローバリズムは東アジアに繁栄をもたらすのに寄与したし，シンガポール政府を強固にしている。社会的グローバリズムは，アメリカのような「世界のリーダー」たる国々が模倣されることでその存在意義を高めたり，同時にそれらの政府への支持を強めたりすることに貢献する。一方で，1999年5月に起きたベオグラードの中国大使館への誤爆のように，グローバルな規模で展開するアメリカの軍事力は，中国政府支持を強める中国の急進的なナショナリズムを高揚させる場合もある。

　グローバルな影響は力強いが，その影響は直接社会に浸透するわけではない。反対に，グローバルな影響は文化的な差異と国内政治の両方によってフィルターにかけられる。異なった国々でグローバルな情報をどのようにダウンロードするかということは国内政治の1つの職務である。そうした意味では，グローバリズムの時代でさえ，すべての国々の政治はローカルなままである。異なった政治体制は異なった能力によって，各国の体制に影響を与える経済，社会，環境，軍事的な力を形成する。各国民は経済，社会，環境，軍事に関する諸力に応じた異なった価値観を持つ。そして各政治制度は，それぞれの価値に応じ

た政策のために,異なった反応を示す。

　国内政治は様々な方法でグローバリズムの影響力を及ぼすことができる。たとえば,国内制度は,市場価格が国内社会に入り込むシグナルを遮断することができるかもしれない。旧ソ連のような社会主義システムは,市場に入り込む価格についてのシグナルを制御してきた。貿易障壁,資本コントロール,歪められた交換利率の調整なども同様の影響を与えることができる。政府もまた,広範な社会的思想が自国に流入するのを防ぐように見えるかもしれないが,もしその政府が近代化を模索し,教育を促進しているような場合にはそれを実行することは大変困難である。第9章で手短かに,シンガポール政府や中国政府がどのように自国の人々またはある特定の人々に対して,社会的グローバリズムの影響を減らしたり,操作したりするために,インターネットへの完全な接続から遠ざけようとしているかについて検証した。

　国内制度もまた変化のための反応を引き起こす。韓国から東ヨーロッパに至る資本主義社会の民主化において実証されるように,いくつかの国々は模倣に成功しており,独創的で巧妙な方法によって状況に適応している。たとえば,ヨーロッパの小国は,相対的に大きな政府を維持すること,不利な部門への補償を積極的に投じることで経済の開放に対応している。一方で通常,アングロサクソン系の先進工業国は,市場,競争,規制緩和を強める。他の国々は支配的な社会が押しつける価値を受容せずに,状況に適応している。1978年以後の中国,そしてインドや日本に至るまで,多くの国々がこの広いカテゴリーに分類される。こうした適応は,シンガポールや社会主義体制を崩壊に導いたゴルバチョフのソ連のように成功する場合もある。しかし,他の社会では依然として頑なに,時には暴力を伴って,グローバリズムに抵抗している。イスラーム法治下のイラン,アフガニスタンやスーダンのようにイスラーム原理主義に支配されている諸国は抵抗の道をたどっている。

　それぞれの価値観で模倣や適応から利益を得ている社会においてさえも,国内制度が各国の政策を硬化させることがある。連立や政策に関する制度的な硬直化の例は,日本において見られる。日本は情報化時代の要請に適切に対応する上で必要な政策,銀行システム,部門の統合などの再構成を行わなかった。その結果が,10年間で年間の経済成長率が4%から0%への落ち込み,予想だ

にしなかった失業，その社会的帰結としての自殺の増加といった，1990年代の経済不振を招いた。

　最後に国内制度と国内の分裂は——経済的なものであれ民族的なものであれ——根本的に，そしてしばしば予期しない方法で，民族と政治のアイデンティティを再公式化する国内紛争を招きかねない。ボスニアでは，政治的起業家たちが都市部で発展し始めたコスモポリタン的なアイディアを打ち負かし，それを排除するために地方の伝統的なアイデンティティに訴えた。イランでは，イスラーム原理主義者と彼らに反対する，ムスリムだが西洋の考えに同情的でより自由主義を望む人々との間で闘争が見られる。

公平さと増加する不平等が政治に与える影響

　産業革命はグローバルな規模で不平等を大幅に増加させた。1800年において，豊かな国々の1人当たりの国民所得は貧しい国々のそれの4倍であったが，現在では30倍以上になっている。1960年までは明らかに不平等が増加する傾向だったが，1960年から「偉大な安定期」へと突入した。人口による負担が大きい国々でも不平等は拡散したり集中したりしなかったし，国家間の不平等な格差は同じままであった。パワーの追求に関して比較した場合，貧しい国々の中で急速に経済成長した国々は，人口増加も早くなることでバランスが保たれており，1人当たりの国民所得が大きく変化することはなかった。[51]

　しかし，こうした全体的な数字は，国家によって大きな違いがあることを隠す結果となった。成功した国々の経験は，貧困から抜け出すことが可能であるということを実証するものだが，多くの国々は，政治的要因と資源の制約によってしばしば発展が妨害される。アフリカでもアジアでも世界で最も貧しい国々は失政，汚職，無能なマクロ経済政策の被害を被っている。そうした国々の政治システムの脆弱性は，部分的には植民地主義と19世紀のグローバリゼーションの被害によるものだろうが，近年における貧困の根源は，より複雑である。1950年代に深刻な貧困にあえいでいた東アジアの数カ国は，自国の富と世界経済における地位を飛躍的に高めるために，グローバリゼーションのネットワークを活用した。1957年におけるガーナの1人当たりのGNPは韓国のそれよりも9％高かった。[52]しかし，今日では，韓国の1人当たりの収入はガー

ナの30倍にあたる。1975年から95年における韓国の1人当たりの収入は，毎年7％成長したが，ガーナは対照的に成長率が年平均0.4％と停滞した。他の多くのアジア諸国がガーナとかなり似たような軌道をたどったことから，問題は単に地理的なものではない。たとえば，ラオス，ミャンマー，ネパールはすべて経済発展のレベルが低く，停滞している。

同様に特筆すべきことは，グローバリゼーションの利益が，個人，国内，国家間で不均等に配分されることである。経済的グローバリゼーションから利益を得ている国々が，市場の動向から利益も得るし，制約もされるという「黄金の拘束衣」を着ているとフリードマンは述べたが，問題は，多くの国々で一部の市民がより多くの「黄金」を享受し，他の人々がより多くの「拘束」を受けているという点である。たとえば，1995年にブラジルでは人口のなかで最も富裕な10分の1の層が，国民所得のほぼ半分を受け取り，5分の1の層が64％を得ていた。一方，最貧困の5分の1の人々はたったの2.5％しか享受しておらず，最下層の10分の1の層は1％以下しか利益に与れていない。アメリカでは，最も富裕な10分の1の層が国民所得の28％，5分の1の層が45％を得ていた。一方，最貧困層の5分の1の人々は約5％，最下層の10分の1の層はたった1.5％しか享受していなかった。全世界間での不均等はより顕著である。1998年における世界で最も富裕な3人の億万長者の資産合計は，世界で最も発展が遅れている国々の6億人の合計収入よりも多い。

諸国家内部の所得不均等を分析してみると，少なくとも諸国家間の不均等分析と同じくらい複雑である。アメリカにおける賃金の不均等の増加は，グローバリゼーションが高揚したこの30年と重なる。大衆主義（ポピュリスト）の政治家たちはグローバリゼーションの不均衡と，それによる産業の再構成に伴う不安定状態を非難している。しかし，繰り返しになるが，同時に複数の変化が生じるため，因果関係を特定するのは困難である。原因の一部は，ヨーゼフ・シュンペーター（Joseph Schumpeter）の「創造的破壊」という概念のように，情報革命の一環として技術が労働に代替されるようになったことである。また，他の要因として，労働人口の構成（女性の役割が増加）の変化と，経済団体の地位の変化（労働組合の弱体化）が挙げられる。経済と社会に関するグローバリゼーションによる貿易と移民の増加も原因の1つである。多くのエコノミストた

ちは，国内要因がグローバルな要因に勝ると考えているが，この主張さえも正確に判断することが難しい。なぜならグローバルな競争は新たな技術の取り込みの比率にも影響を与えるからである。確かなことは，全体として移民が国家に利益をもたらすようなグローバルな過程においても，衣料品工場で働く人から召使いを探しているような裕福な人々に至るまでのすべての雇用者たちは，能力の高い安価な労働者の増加から利益を受けるかもしれないが，同時に未熟練の労働者の賃金は競争の高まりによって低下しているということである。

中国を例に考えてみよう。中国は貧しい国家だったが，国家指導者が経済市場の開放を決定してから急速に成長し，グローバリゼーションの影響に支配されるようになった。1976年から1997年にかけて，中国の1人当たりのGDPは年間で約8％成長し，全体ではこの時期に450％増加したと予測される。同時に，平均寿命・学歴・1人当たりのGDPなどをもとに国連が計算している「人間開発指数」でも急激な進歩を示している。

現金収入が必ずしも不均衡を助長する最大の要因ではないという結果が統計によって示された。寿命の長さと生活の質も重要な問題として想起される。ここ数年で先進国における平均寿命は徐々に長くなって78歳であるのに対し，最貧国の平均寿命は依然として52歳を下回っている。基本的な生活手段としての成人の識字率は，先進国が98％であるのに対し，最貧国では50％を下回っている。

上述したように，第1次世界大戦の40年前から50年前に生じた経済的グローバリゼーションの波は，結局，第1次世界大戦と戦間期における社会と経済の崩壊によって終わりを告げた。19世紀後半，豊かな国々において不均衡は高まり，貧しい国では低下した。不均衡が3分の1から2分の1に高まった原因は，グローバリゼーションの影響によるものと考えられる。これらの変容の多くは，19世紀後半に実質賃金の格差を70％収縮させた移民によって説明できる。不均衡による変化の政治的帰結は複雑である。しかし，カール・ポランニー（Karl Polanyi）が古典的研究である『大転換（*The Great Transformation*）』で鋭く論じているように，19世紀における産業革命とグローバリゼーションによって解放された市場取引は，多くの経済利益を提供しただけでなく，ファシズムや共産主義という政治的反応を引き起こす大規模な社会崩壊と不均衡を

作り出した。問題となるのは，不均衡と政治的反応の意識的な関係ではなく，むしろそうした不均衡が，最終的に経済的グローバリゼーションを制約するような政治的反応を生じさせる可能性があるということである。

政治的安定の問題に関して，経済的グローバリゼーションは，1940年代から西洋民主主義国で貧困と不安感を取り除こうと努力してきた福祉国家と両立しないという議論をよく耳にする。確かに，グローバルな経済競争は福祉国家を制約するが，政治的文脈で見る時，両立不可能というのは誇張した表現だろう。民主主義国において，福祉と安全に関する適切な基準は，グローバルな市場取り引きにおいて市場を開放するために支払わなければならない代償と言える。最も寛大な福祉国家と表現されるヨーロッパの小国は，最も開かれた経済を兼備している。完全な自由放任経済は，経済的グローバリズムへの短期的な反応を長期的なものへと変化させるだろう。

パワーとネットワーク

冷戦後の時代，すなわちグローバリゼーションと情報革命の時代において，アメリカはグローバルな基準で歴史上類を見ない強大なパワーを持つ国家となった。アメリカのミサイルは有効な反撃を恐れることなく，コソボやイラクの目標を攻撃することができ，最も強大な競争国に対してさえもアメリカの軍事力は圧倒的な優位を誇っている。

現代グローバリゼーションの4つの側面すべてにおいて，アメリカが中心的な役割を担っていることは否定できない。このことを理解するための1つの方法は，大陸間の相互依存ネットワークと我々が定義づけたグローバリズムに関して，さらに深く考えてみることである。ネットワークはシステムにおける点が連結したものであり，中央集権化の程度と複雑化する連結を分散させるハブとスポーク，くもの巣，配電網，インターネットといったような構造を持つ。ネットワークにおける，こうした中央集権的な構造下のほとんどでパワーを伝達することができるとネットワーク論者たちは主張する。当初の漠然とした予想のように，ある人はグローバリズムをアメリカをハブ，その影響力が及ぶそれ以外の世界をスポークとするネットワークとして理解するだろう。確かに，この構図は一理ある。アメリカは経済，軍事，社会，環境（一方で環境問題への

効果的な活動のためにはその政治的支持が必要であり，他方では世界最大の汚染国として）というグローバリゼーションの4つの形態において中心的な役割を果たしているからである。上述したように，アメリカは融合的な文化・市場の規模・いくつかの有効な制度・軍事力を含む様々な理由のために，現代グローバリゼーションにおいて中心的な役割を担っている。そして，この中心性はアメリカのハードパワーとソフトパワーの利益に転じる。ハードパワーとは，他人がやりたくないことを彼らに強いる能力であり，ソフトパワーとは，アメリカが欲することを他国も欲するように説得する能力である。

しかし，3つの理由により，単純に現代グローバリズムのネットワークがアメリカより脆弱な国々の依存性を作り出す，アメリカ帝国のハブ・スポークとするのは誤りだろうと考えられる。このメタファーは，グローバリゼーションの1つの視点として役立つが，それだけではすべての構図が説明できない。

第1に相互依存関係のネットワークにおける建造物は，グローバリズムの異なった側面に応じて変容する。ハブ・スポークのメタファーは，経済・環境・社会のグローバリズムよりも軍事的グローバリズムに適応しているが，軍事の分野においてさえ，ほとんどの国々はアメリカからの脅威よりも隣接国家の脅威についてより深く考慮している。実際に，多くの国々がアメリカのグローバルな軍事力をローカルなバランスへと置き換えようとする。つまり，軍事的領域においてハブとスポークのメタファーは，脅威の関係よりもパワーの関係を描く際によりよく適合する。

第2に，ハブ・スポークの依存モデルは，敏感性と脆弱性に基づく明らかな相互作用の欠如に関して，我々を間違った方向に導くかもしれない。パワーが最も非対称な軍事的側面においてさえ，世界のすべての地域を攻撃できるアメリカの能力は脆弱性をも作り出す。他の国家や運動は，テロリストのような非正規の軍事力を雇用するだろうし，長期的にはアメリカに脅威を与えることが可能な運搬システムを伴った大量破壊兵器を発展させるだろう。そして，アメリカは最大の経済規模を誇っているものの，グローバル資本市場における悪影響の広がりに対しては潜在的に敏感で脆弱である。社会的な諸側面においては，アメリカは他のどんな国々よりもポップカルチャーを輸出しているかもしれないが，一方で他の多くの国々よりもアイディアや移民の取り込みに熱心である。

第10章　パワー・相互依存関係・グローバリズム

　移民の受け入れ管理は，グローバリズムへの反応として非常に過敏で重要な側面となる。最後に，アメリカは環境に関して行動することに敏感で脆弱である。アメリカは，グローバルな気候変動を加速する中国の石炭焚き発電所からの排出ガスといった海外の公害をコントロールすることができない。

　単純なアメリカ依存型ハブ・スポーク・モデルの第3の問題点は，ネットワークの他の重要な連結や交差点を明らかにすることに失敗している点である。上記したように，ガボンから見ると，ワシントンよりもパリの方が重要であるし，中央アジア諸国にとってはモスクワの方が重要である。インド洋の海水位よりもほんの数フィート上にあるだけのモルディブ諸島は，他国の二酸化炭素排出の潜在的影響力に関して非常に敏感である。モルディブ諸島は，海洋水位問題の敏感性から逃れられるための政策変容が困難なため，非常に脆弱である。同時に，中国はどれくらい石炭を燃焼するかという点でアメリカよりも選択権を持っており，将来的にモルディブ諸島に対してより影響力を持つ。最後に，前に例示したように，ハブ・スポーク・モデルは，グローバルネットワークの構造で起こっている変化を我々に見えにくくさせる欠点をもつ。ネットワーク論者たちは，コミュニケーションギャップによって他の参加者たちの間で構造的な欠点が存在する時，ネットワークの中心に位置する国々が最も利益を得ると論じている。インターネットの普及はこの構図に変化をもたらすだろう[63]。たとえば，21世紀の初頭にインターネット利用者の半分以上がアメリカ人であることは事実である。しかし，これからの20年では決してそうはならないだろう。技術能力の確実な普及とともに，ネットワークの構造が他の地域で発展する可能性が高い。

　重要な点は，グローバリズムのネットワークは複雑で変化の影響を受けやすいということである。アメリカは現在,「世界にまたがる超大国」であるように見える。より厳密に見ると，アメリカの支配が問題領域によって変化することと，多くの相互依存関係が同時に進んでいることが理解できる。アメリカや，やや力は劣るが中国のような大国は，しばしば小国よりも自由の程度が高いが，彼らはめったにその影響から免れることはない。よりおおげさに言えば，我々はグローバリゼーションそれ自体が能力を拡大することでアメリカの支配領域が減退することを期待できるのである。

グローバリズムを統治する

　もし長期的に見て，自由放任主義が不安定になる可能性があり，相互依存関係のネットワークが国民国家の領域を超えて拡大しているなら，グローバリズムはどのように統治されるだろうか？　何人かの著者たちはアメリカの歴史からアナロジーを引き出す。ちょうど19世紀後半の国民経済の発展がワシントンにおける連邦政府の権力を拡大させたように，グローバル経済の発展はグローバルな水準での連邦政府の権力拡大に必要だろうと論じている。ある人たちは，国連をグローバル統治の初期段階における中心と理解している。しかし，アメリカ史からのアナロジーは読み違えられている。アメリカの13の植民地は英語や文化など，現在世界に存在する約200の国々よりもずっと共有している部分が多かった。そして，そのように共有部分が多いアメリカ人でさえも血みどろの内戦を回避することができなかったのである。また，大陸の経済が発展する時期までに，アメリカにおける連邦制度の枠組みはしっかりと整っていた。もし単純に「マディソンの時期」（民意が集う瞬間）を待つのであれば，我々は諸事情によってその考えが揺さぶられることを理解するだろう。

　新たな「世界憲法」は，我々が生きている時代や我々の子ども，孫の時代には享受できそうもない。世界の政治的・文化的多様性やそれが占める規模は「世界憲法」という期待を遠のかせる。しかし，グローバリゼーションが続く限りは，諸国家や他の諸アクターは彼らの所有する価値が他の国家やアクターの行動によってますます影響を受けることを理解し，相互依存関係の影響を規制することを模索するだろう。つまり，これはグローバリゼーションを統治することである。こうした統治の形態は5つに識別することができる。①脆弱性を減じるため，または競争力を強化するために外部の基準へと適応しようとする国境内での国家の単独行動，②領域外の国家，企業，NGOといったアクターに影響を及ぼすための強大な国家やブロックによる単独行動，③政策の効率性を高めるための地域協力，④グローバリゼーションを統治するために国際レジームを構築しようとするグローバルなレベルでの多国間協調，⑤「市民社会」という概念を含むが明らかな国家の関与は含まない，グローバリゼーションを統治するためのトランスナショナル，トランスガバメンタルによる協調である。グローバリゼーションに対するこれらの反応はそれぞれ，統治の試みを

生起させる。しかし，こうした試みの結果，現在グローバル・ガバナンスとして構築されたものは，分裂しており雑然としている。

　国家と企業は越境的な影響力，つまり敏感性を高める外部からのショックに対して，脆弱性を減じるための国内行動をとることによって抵抗することが典型的パターンである。国家と企業は越境的な交換を防ぐための障壁を作り出したり，外部変化のコストを削減するために国内経済政策の調整を行ったりする。たとえば，1974年の石油ショックの後，先進国は効果的かどうかはともかくとして，3倍になった石油の輸入価格に対応するため，様々な手段を講じた。1980年代にアメリカ企業は，効率と競争を高めるという内部変化によってドルの高騰に対応した。最後に，1990年代の情報革命は大陸ヨーロッパ様式（大きな福祉国家と硬直的な労働市場）の中で生起した政治経済に関して，特有の問題を作り出した。そして，東アジア様式（政府，銀行，産業団体が密接なつながりを持つ）のなかにも問題を生じさせた。これらの国々の政府，そしてEUでもある程度とられている多くの方法は，グローバリゼーションの外圧に対する国内的な反応として理解することができる。ロドリックの言葉を借りれば，「真の政策的挑戦とは，様々なタイプの国家資本主義がそれぞれ繁栄するために，我々はどうしたら世界を安全にすることができるか」ということである。彼の答えには，多国間の手続き，低いがゼロではない障壁，国家目標の正当性が危機に陥っていない場合に諸国家が規制を再施行するためのゲームのルールなどが含まれている[66]。

　しばしば，グローバリゼーションに抵抗するためにはコストがかかり，「黄金の拘束衣」はいくつかの国々に対して，他の国々よりもきついものとなる。パワーは結果を決定するために重要である。弱小国のいくつかは，少なくともある特定の分野では変化に適応するために少しの選択肢（特に統合された金融市場と環境システムへの反応において）しか持っていないだろう。ところが，強大な国家は，2つ目の選択肢をも有している。強大な諸国家とEUのような強力な地域機構は単独で行動することができ，また1つか2つの友好国とともに他国による政策変化を強制する。1980年代後半から90年代前半におけるアメリカの行動のリストは，単独での貿易報復，単独行動を通してイルカ保護や他の親しみやすい対象に対する環境保護を勝ちとること，自己資本基準を銀行に強

要するために圧力をかける（この場合はイギリスと協力して）といった行為を含む，長大なものである。

　これらの，第1と第2の統治の実践は，比較的自明な点を補強する。つまり，適切な未来のために鍵となるグローバル・ガバナンスの機構は，国民国家となるだろう，ということである。国民国家の死亡届けは時期尚早である[67]。しかし，グローバリゼーションの局面において，国家の単独行動はしばしば不十分であったり，失敗したり反撃を生み出したりする。そのため，増大するグローバリゼーションに直面する諸国家は，自国の法的に承認された行動の自由を犠牲にし，意外性に欠けることだが，ますます他国の行動制約に従うようになる。こうした協調行動のうちのいくつかは，地域レベルで生起する。事実，すでに1960年代から増大していた世界における経済のリージョナリズムが，1980年代初めから復活してきている。EU（European Union：欧州連合）は単一市場と通貨統合を創り出している。南アメリカにおいては，NAFTA（North American Free Trade Area：北米自由貿易協定）とメルコスール（南米南部共同市場）が形成されたし，強力なリージョナリズムは環太平洋地域においてさえも生起した[68]。

　リージョナリズムは国内政治への反応としてだけではなく，グローバリゼーションへの反応と理解されるだろう。リージョナリゼーションはグローバルな企業や他の可動的な主体に対して効果的な規制を作り出すために，諸国家のグループを「批判的な大衆」へと変化させられるかもしれない。たとえば，EUは諸国家が別々にアメリカの単独主義に対応するよりもグループとしてより良い対応を行うことができる。

　4つ目の協調の形態は，第**4**～**6**章で議論した通貨と海洋に関するレジームのような，グローバルなレベルでの国際レジーム形成をもたらす多国間主義の連携である。多くの国家が，欲する利益を得るために協調する必要があることを理解するだろう。協調は調和を意味するものではないと記しておくことが重要である。逆に，相互調整が必要であるという考えを共有することによって，協調政策はしばしば痛みを伴いつつも政策不一致の中から生まれるものなのである[69]。協調政策は2国間条約と多国間条約，官僚間の非公式な取り決め，公的なインターガバメンタルな機関への代表団の派遣という形をとりうる。グロー

バルなフローの規制は，しばしば単一の条約ではなく，増加する条約の層によって強まり，長い間不完全なままである。しかし，不完全な規制は，規制がないという状況とは異なる。国内社会での交通法がよい例であろう。いくつかのケースは他のケースよりも規制が容易である。たとえば，インターネット上での児童ポルノに関する告発は，嫌がらせメールの規制よりも容易である。前者の場合は，後者に比べてより規範が共有されているからである[70]。

　国際レジームは様々なルール，紛争処理手続き，抜け穴を伴った，多様な形態を持つ。時間を経るにつれ，レジームのうちいくつかは，より強制力のある細かい規定を持つルールと，紛争解決処理を伴って強靭になったり合法的にさえなったりする。たとえば，貿易に関する政治において，1995年からWTOのルールが貿易紛争を解決するための第3者の仲介を正当化した。しかし同時に，国際レジームには外部からの統治の影響を和らげる条項も盛り込まれている。たとえば，WTOは自由貿易義務の遵守に失敗した諸国家に対して，それらを遵守するように強制しない。その代わりに諸国家がWTOの判断に従わなかった時，WTOは，自由貿易義務を遵守しなかった国家が選択できる分野における他国の抵抗を正当化し，主権を侵害することなしに補償を得ることを許可する。このような取り決めは，民主政治における国内の圧力団体の活動と一体となり，調停のための原則全般を支えるので，電気システムのヒューズボックスと同じように役に立つと証明されよう。

　最後に，統治におけるいくつかの試みは，まとまりのあるユニット（アクター）としての諸国家を含まないが，一方で構成要素としての国家が他の国家と連携するトランスガバメンタルなアクターやNGOをはじめとしたトランスナショナルなアクターを含むだろう。つまり，必要に沿って不完全だが国家間の制度的枠組みは，諸国家間の公式の協調関係を補完する非公式な政治プロセスとして発展し続けている。公共部門においては，政府の異なった構成要素の非公式な接触というトランスガバメンタルな相互作用は増加している[71]。法律家や法廷でさえ，トランスガバメンタルなアクターに接触している。一方，海外に駐在している外交官によって構成される先進民主主義国家の大使館があるところでは，トランスガバメンタルなアクターやNGOの役割は少ない。個人取引の部門においては，トランスナショナルな連携とオフショア・ファンドの経営

者たちがかつてなく大きな役割を果たすようになっている。個人取引分野での実践と基準は，しばしば（実際には存在しないが）事実上の統治を創り出す。サスキア・サッセン（Saskia Sassen）が指摘しているように，「国際商事仲裁は基本的に個人の司法制度であり，信用格づけ会社は個人の門番として機能する。トランスナショナルな連携とオフショア・ファンドの管理人たちは，他のこうした制度とともに権威の中心を国家に置かない，重要な統治システムとして浮上してきた」。多くの民間の NPO セクターはいまだにヨーロッパが中心だが，ますますトランスナショナルになり急速に拡大している。第 **9** 章で議論した理由によると，こうした諸組織と国境を越える多様なチャンネルへのアクセスは，ますます国家・トランスガバメンタルな組織・トランスナショナルな企業の影響力が増大する状況を生じさせている。民間アクター，トランスガバメンタルなアクター，トランスナショナルなアクターの連結は，不完全だが，グローバルな規模での原初的な市民社会を創り出している。

これは民主主義の理論と実践にとって，興味深い意味合いを持つ。グローバリズムと民主主義理論の調和に関する問題の1つは，適切な（関連する）人々とは何かを決定することである。もし公共空間がお互いに関連する問題領域のセットと同一視されるなら，人々はお互いに理解し合い，共有する空間でつながっている一連の集団または個人のセットと定義される。これらの空間のいくつかは国家のなかにあるが，いくつかはトランスナショナルなものである。もし多数決の原理が民主主義の条件の1つとして含まれるなら，適切な多数とは何であろうか？　誰が投票し，何を境界の内側とするのだろうか？　原則として，政府間協調が民主的な説明責任に関する問題を解決する。協調的な諸政府は民主主義的である限り，自国の有権者に答えを提供する。しかし，政府間協調に基づく国際組織の行動はしばしば不透明であり，市民の日常生活からかけ離れている。連結の長い連鎖は，説明責任を弱体化させる。そのため，もし原初的な市民社会が，説明責任によって国際組織を補完するなら，それは民主主義の助けになるかもしれない。民間企業は市民よりも市場に対して説明責任を持ち，NGO は通常選挙によって選ばれないエリートたちに対して説明責任を持つ。それにもかかわらず，市民社会は政府，企業，国際組織の活動についての公表と社会運動によって，説明責任の透明性を高め，選ばれた政府がもし民

主化されていないならば,グローバル・ガバナンスへの門戸を開き,チャンネルの多元化を促すように圧力を強める。市民社会はもしグローバルな統治が民主化されていないのであれば,その公開と多元化を助ける役割を果たす。

我々が議論する統治形態のなかの,第1形態における諸側面の1つである国内調整は,国境の障壁を高める限りにおいて,脱グローバリゼーションを引き起こすことができるだろう。第1次世界大戦の開始から第2次世界大戦の終焉までの時期に見られるように,国境の障壁を高くするという反応は除外することができない。グローバリゼーションはしばらくの間継続しそうだが,グローバリゼーションに反対する国内運動は,周期的に様々な国家で現れてきている。グローバル化した世界で民主的な説明責任を達成することが困難であるという事実は,グローバリゼーションの脆弱化を促進する政策を正当化する。

我々はグローバリゼーションが必ず継続するだろうとも,グローバリゼーションの正味の影響が規範的な位置を占めるだろうとも仮定しない。ある人のグローバリゼーションに関する規範的判断は,その人の不十分な因果関係の理解とその人の価値観という両方が考慮されるべきである。不確実性,変化,リスクを伴うグローバリゼーションは,楽観主義とそれに対立する悲観主義,そしてリスク回避が異なった度合いで反映されているように見える。しかしながら,非常に多くの諸側面を持つグローバリゼーションは,個人がそのすべての側面を「良い」とか「悪い」とかみなすのに理由がないことを意味する。そのため,ある人のグローバリゼーションに対する態度の選択は敏感なものとなろう。グローバリゼーションの異なった形態は,それらの諸形態に対する競合的な反応と同様,議論の対象のままである。

社会空間という考えは,市場,政府,市民社会という3つの頂点を持つ三角形によって取り囲まれている。三角形のすべての頂点は,それらの関係性と同様,情報革命とグローバリゼーションの現代的側面に影響を受けている。市場は拡大しており,企業構造はよりネットワーク化している。市民社会においては,新たな諸組織とチャンネルの交流が国境を横断している。同時に,政府の形態と機能が経済と社会の関係において変化を余儀なくされている。最終的に,変化は人々の心も発達させる可能性がある。多様なレベルの忠誠心は,すでに多くの国々で存在しており,新しいタイプの共同体が発達するかもしれない。

主権国家システムは世界において，支配的な形態として継続しそうであるが，一方で世界政治の中身は変化してきている。すべてではないが，これまでにないより多くの諸側面が，著者たちの考える複合的相互依存関係の理念型に近づき始めている。このような傾向は，以前のグローバリゼーションで起きたように，大きな事件によってたぶん停滞したり後退したりするだろう。歴史は常に驚きを含むものである。しかし，歴史の驚きは常に以前に過ぎ去ったことを背景に起こる。21世紀初頭の驚きは疑いもなく，ここで分析を試みた，現代グローバリゼーションの過程によって深刻な影響を受けるだろう。

注
(1) *New York Times* (Oct. 4, 1999) : A1.
(2) たとえば以下を参照のこと。"Warning――Bioinvasion"(full-page advertisement), *New York Times* (Sept. 20, 1999) : A11.
(3) Keohane and Nye, *Power and Interdependence*, p. 8.
(4) United Nations Development Program [UNDP], *Human Development Report* (New York : Oxford University Press, 1999).
(5) Dani Rodrik, "Sense and Nonsense in the Globalization Debate," *Foreign Policy* (Summer 1997) : 19-37.
(6) Keith Griffin, "Globalization and the Shape of Things to Come," in *Macalester International : Globalization and Economic Space* 7 (Spring 1999) : 3 ; "One World ?" *The Economist* (Oct. 18, 1997) : 79-80.
(7) Samuel P. Huntington, *The Clash of Civilizations and the Remaking of World Order* (New York : Simon and Schuster, 1996) [鈴木主税訳『文明の衝突』集英社，1998年].
(8) *New York Times* (June 15, 1999) : D4.
(9) Jared Diamond, *Guns, Germs and Steel : The Fates of Human Societies* (New York : W. W. Norton, 1998) : 202, 210 [倉骨彰訳『銃・病原菌・鉄――1万3000年にわたる人類史の謎』(上・下)，草思社，2000年] ; William H. McNeill, *Plagues and Peoples* (London : Scientific Book Club, 1979) : 168 [佐々木昭夫訳『疫病と世界史』新潮社，1985年] また，次も参照のこと。Alfred W. Crosby, *Ecological Imperialism : The Biological Expansion of Europe, 900-1900* (Cambridge : Cambridge University Press, 1986) [佐々木昭夫訳『ヨーロッパ帝国主義の謎――エコロジーから見た10-20世紀』岩波書店，1998年].
(10) Alfred Crosby, *The Columbian Exchange : Biological and Cultural Consequences of 1492* (Westport, Conn. : Greenwood Press, 1972).
(11) John P. Mckay, et.al., *A History of Western Society*, 4th ed. (Boston : Houghton Mifflin, 1991) : 106-107.

⑿　Arjun Appuradai, *Modernity at Large* (Minneapolis: University of Minnesota Press, 1996) [門田健一訳『さまよえる近代——グローバル化の文化研究』平凡社，2004年].
⒀　Paul Krugman, *The Return of Depression Economics* (New York: Norton, 1999): 16 [三上義一訳『世界大不況への警告』早川書房，1999年].
⒁　John W. Meyer, et al., "World Society and the Nation-State," *American Journal of Sociology* 103, (1997): 144-81.
⒂　*New York Times* (Sept. 21, 1999): A12; *Financial Times*, London (Sept. 21, 1999): 1.
⒃　Diamond, p. 202.
⒄　David Held, et al., *Global Transformations: Politics, Economics and Culture* (Stanford: Stanford University Press, 1999): 21-22 [古城利明・臼井久和・滝田賢治・星野智訳『グローバル・トランスフォーメーションズ——政治・経済・文化』中央大学出版部，2006年].
⒅　*New York Times* (Aug. 29, 1999): section 4, p. 1.
⒆　Neal M. Rosendorf, "The Global Power of American Pop Culture," paper presented at John F. Kennedy School of Government Visions Project Conference on Globalization, Bretton Woods. N. H., July 1999.
⒇　Rosendorf, p. 10, fn. 28.
(21)　Richard Storry, *A History of Modern Japan* (Harmondsworth, U. K.: Penguin, 1960): 115-116; Hiroaki Sato, "The Meiji Government's Remarkable Mission to Learn from Europe and Japan," *Japan Times* (Oct. 14, 1999).
(22)　Frederick Schauer, "The Politics and Incentives of Legal Transplantation," paper presented at John F. Kennedy School of Government Visions Project Conference on Globalization, Bretton Woods, N. H., July 1999.
(23)　Joseph S. Nye, Jr., *Bound to Lead: The Changing Nature of American Power* (New York: Basic Books, 1990): 31-32 [久保申太郎訳『不滅の大国アメリカ』読売新聞社，1990年].
(24)　Keohane and Nye, *Power and Interdependence*, p. 9.
(25)　Keohane and Nye, *Power and Interdependence*, p. 13.
(26)　脆弱性の議論が，概念として持続可能な発展の分析に使用されたことに関しては以下の論文を参照のこと。Jesse C. Ribot, "The Causal Structure of Vulnerability: Its Application to Climate Impact Analysis," *Geo Journal* 35, no. 2 (1982): 119-122.
(27)　Alvin C. Gluek, Jr., "Canada's Splendid Bargain: The North Pacific Fur Seal Convention of 1911," *Canadian Historical Review* 63, no. 2 (1982): 179-201.
(28)　Thomas Friedman, *The Lexus and the Olive Tree: Understanding Globalization* (New York: Farrar Straus Giroux, 1999):7-8 [東江一紀訳『レクサスとオリーブの木——グローバリゼーションの正体』(上・下) 草思社，2000年].
(29)　"A Semi-Integrated World," *The Economist* (Sept. 11, 1999): 42.

第V部　グローバリズムと情報の時代

⑶ Joseph Stiglitz, "Weightless Concerns," *Financial Times*, London (Feb.3, 1999): op-ed page.

⑶ Robert Jervis, *System Effects : Complexity in Political and Social Life* (Princeton : Princeton University Press, 1997) ［荒木義修・泉川泰博・井手弘子・柿崎正樹・佐伯康子訳『複雑性と国際政治——相互連関と意図されざる結果』ブレーン出版，2008 年］．

⑶ "One World ?" *The Economist* (Oct. 18 1997): 80.

⑶ *World Economic Outlook 1999* (Washington : International Monetary Fund): 67.

⑶ Greenspan quoted in Friedman, p. 368.

⑶ Held, et al., p. 235.

⑶ "China Ponders New Rules of 'Unrestricted War'," *Washington Post* (Aug. 8, 1999): 1.

⑶ M. Mitchell Waldrop, *Complexity : The Emerging Science at the Edge of Order and Chaos* (New York : Touchstone Books, 1992) ［田中三彦・遠山峻征訳『複雑系』新潮社，1996 年］．

⑶ Adam Smith, *The Wealth of Nations*, reprint, George Stigler, (ed.) (Chicago : University of Chicago Press, 1976), chapter 3 heading ［山岡洋一訳『国富論——国の豊かさの本質と原因についての研究』（上・下），日本経済新聞出版社，2007 年］．

⑶ Karl W. Deutsch, et al., *Political Community in the North Atlantic Area : International Organization in the Light of Historical Experience* (Princeton : Princeton University Press, 1957).

⑷ Friedman, pp. 41-58.

⑷ John Maynard Keynes, *The Economic Consequences of the Peace* (first published, 1920 ; reprinted, Penguin Books, 1988): p. 11 ［早坂忠訳『ケインズ全集 2：平和の経済的帰結』東洋経済新報社，1977 年］．

⑷ Frances Cairncross, *The Death of Distance : How the Communications Revolution Will Change Our Lives* (Boston : Harvard Business School Press, 1997).

⑷ Nye, *Bound to Lead*, pp. 121-122.

⑷ Francis Fukuyama, *The End of History and the Last Man* (New York : Free Press, 1992) ［渡辺昇一訳『歴史の終わり』（上・下）三笠書房，1992 年］．

⑷ Bill Emmott, *Japanophobia : The Myth of the Invincible Japanese* (New York : Times Books, 1993).

⑷ Max Weber, *The Protestant Ethic and the Spirit of Capitalism*, 2nd Roxbury (ed.) translated by Talcott Parsons ; revised introduction by Randall Collins (Los Angeles : Roxbury, 1998) ［大塚久雄訳『プロテスタンティズムの倫理と資本主義の精神』（改訳）岩波書店，1989 年］．

⑷ Peter Gourvitch, *Politics in Hard Times : Comparative Responses to International Economic Crises* (Ithaca : Cornell University Press, 1986) ; Ronald Rogowski, *Commerce and Coalitions : How Trade Affects Domestic Political Alignments* (Princeton : Princeton

第10章　パワー・相互依存関係・グローバリズム

University Press, 1989).
(48) Margaret Keck and Kathryn Sikkink, *Activists Beyond Borders : Advocacy Networks in International Politics* (Ithaca : Cornell University Press, 1998).
(49) *New York Times* (October 13, 1999) : A3.
(50) Helen V. Milner and Robert O. Keohane, "Internationalization and Domestic Politics : A Conclusion," in Keohane and Milner (eds.) *Internationalization and Domestic Politics* (Cambridge : Cambridge University Press, 1996) : 242-55.
(51) Glen Firebaugh, "Empirics of World Income Inequality," *The American Journal of Sociology*, v. 104 (May 1999), p. 1597ff.
(52) Bruce M. Russett, et al., *World Handbook of Political and Social Indicators* (New Haven, Conn. : Yale University Press, 1964 [repr. Greenwood Press, 1977]) : 156.
(53) United Nations Development Program (UNDP), *Human Development Report 1999* (New York : Oxford Press, 1999) : table 11, pp. 180-83.
(54) World Bank, *Knowledge for Development : World Development Report 1998-99* (New York : Oxford University Press, 1999), table 5, pp. 198-99.
(55) UNDP, p. 3.
(56) Robert Lawrence, *Single World, Divided Nations* (Washington, D. C. : Brookings Institution Press, 1996) ; George J. Borjas, *Heaven's Door : Immigration Policy and the American Economy* (Princeton : Princeton University Press, 1999) : chap. 1.
(57) アメリカへの移民がもたらす経済的なインパクトの楽観的な評価に関しては，たとえば以下を参照のこと。Susan B. Carter and Richard Sutch, "Historical Background to Current Immigration Issues," in James P. Smith and Barry Edmonston (eds.) *The Immigration Debate : Studies on the Economic, Demographic, and Fiscal Effects of Immigration* (Washington, D. C. : National Academy Press, 1998). 裕福な生粋のアメリカ人たちの偏った利益に関しては，たとえば以下を参照のこと。George J. Borjas, "The New Economics of Immigration : Affluent Americans Gain, Poor Americans Lose," *Atlantic Monthly* (May 1996) : 72-80.
(58) UNDP, p. 156.
(59) Jeffery G. Williamson, "Globalization and the Labor Market : Using History to Inform Policy," in Philippe Aghion and Jeffery G. Williamson, *Growth, Inequality and Globalization : Theory, History and Policy* (Cambridge : Cambridge University Press, 1998), pp. 105-200.
(60) Karl Polanyi, *The Great Transformation* (New York : Rinehart, 1944) [野口建彦・栖原学訳『［新訳］大転換——市場社会の形成と崩壊』東洋経済新報社，2009年].
(61) Peter J. Katzenstein, *Small States in World Markets : Industrial Policy in Europe* (Ithaca, N. Y. : Cornell University Press, 1985) ; Geoffrey Garrett, "Global Markets and National Politics : Collision Course or Virtuous Circle ?" *Internal Organization* 52, no. 4 (Fall 1998) :

147-184 ; Dani Rodrik, *Has Globalization Gone Too Far ?* (Washington, D. C. : Institute for International Economics, 1997), chap. 5.

⑥2 Daniel Brass and Marlene Burckhardt, "Centrality and Power in Organizations, " in Nitin Nohria and Robert Eccles (eds.) *Networks and Organizations* (Boston : Harvard Business School Press, 1992), pp. 191-215 ; John Padgett and Christopher Ansell, "Robust Actors and the Rise of the Medici, 1400-1434," *American Journal of Sociology* 98, n.6, (May 1993) : 1259-1319. この点に関して，ディヴィット・レイザー (David Lazer) とジェイン・ファウンテン (Jane Fountain) の助けを受けた。

⑥3 Ronald Burt, *Structural Holes : The Social Structure of Competition* (Cambridge, Mass : Harvard University Press, 1992) : chap. 1. ［安田雪訳『競争の社会的構造——構造的空隙の理論』新曜社，2006 年］

⑥4 Michael J. Sandel, *Democracy's Discontents* (Cambridge, Mass. : Harvard University Press, 1996) : 338ff.

⑥5 特に上記した UNDP の報告書，chap. 5 を参照のこと。

⑥6 Dani Rodrik, "The Global Fix," *New Republic* (Nov. 2, 1998) : 17.

⑥7 これに対する反論は，たとえば以下を参照のこと。Susan Strange, *The Retreat of the State : The Diffusion of Power in the World Economy* (New York : Cambridge University Press, 1996) ［桜井公人訳『国家の退場——グローバル経済の新しい主役たち』岩波書店，1998 年］および Linda Weiss, *The Myth of the Powerless State* (Ithaca : Cornell University Press, 1998).

⑥8 Edward D. Mansfield and Helen V. Milner (eds.) *The Political Economy of Regionalism* (New York : Columbia University Press, 1997).

⑥9 Robert O. Keohane, *After Hegemony : Cooperation and Discord in the World Political Economy* (Princeton : Princeton Uniiversity Press, 1984) : 54-55. ［石黒馨・小林誠訳『覇権後の国際政治経済学』晃洋書房，1998 年］

⑦0 Cary Coglianese, "Transforming Global Governance : From Nation-States to International Institutions" ; Elizabeth Hurley, "A Whole World in One Glance : Privacy as a Key Enabler of Individual Participation in Democratic Governance" ; Viktor Mayer-Schoenberger, "Globality and Content Regulations," Papers presented at John F. Kennedy School of Government Visions Project Conference on Globalization, Bretton Woods, N. H., July 1999.

⑦1 Robert O. Keohane and Joseph S. Nye, Jr., "Transgovernmental Relations and International Organizations," *World Politics* (October 1974) ; Anne-Marie Slaughter, "The Real New World Order," *Foreign Affairs* (Sept.-Oct. 1997).

⑦2 Saskia Sassen, "Embedding the Global in the National : Implications for the Role of the State," in *Macalester International* 7 (Spring 1999) ; "Globalization and Economic Space," p. 39, Sassen, *Losing Control ? Sovereignty in an Age of Globalization* (New York : Columbia

University Press, 1996）[伊豫谷登士翁訳『グローバリゼーションの時代――国家主権のゆくえ』平凡社，1999年].
(73) Dennis Thompson, "Democratic Theory and Global Society," *Journal of Political Philosophy* 7, n. 2, 1999.

第VI部

理論と政策についての再考（1989年）

あとがき*

　我々がすでに指摘したように，『パワーと相互依存 (Power and Interdependence)』は国際関係論の世界で数多くの評論がなされた。ここでの我々の目的は，主として我々の立場を防御することではない。実際，我々は本著に向けられた注目を喜んでいる。そうではなくて，知性あふれる評論家たちによる誤った解釈は通常，我々著者の側の混乱や乏しい説明を反映しているために，我々はここで我々の立ち位置を明確にし，将来の研究に向けての方向性を示したいのある。

　我々はまず1で『パワーと相互依存』の最も重要な3つのテーマを分析する。その3つのテーマとはすなわち第1にパワーと相互依存との関係，第2に複合的相互依存関係に関する理念型，第3に国際レジームの変化についての説明である。次に2において我々の諸概念および諸理論について批評を加え，我々の議論のどの要素が最もその後の研究にとって有益であったのかを考察する。3および4においては「システムの政治過程」や「学習」といった諸概念に対する疑問を喚起する。我々は『パワーと相互依存』においてはこれら諸概念について詳説していなかったが，これら諸概念は将来の研究のために有益な方向性を示すだろうと我々は考える。

1　『パワーと相互依存』の主要なテーマ

　『パワーと相互依存』において我々は，国家の行動は「軍事的対立の絶え間なき危険によって支配されている」という考えを受容することを「政治的リア

＊　このあとがきは Robert O. Keohane and Joseph S. Nye, "*Power and Interdependence* Revisited", *International Organization* 41, no. 4 (Autumn 1987): 725-753 に加筆修正を施したものである。*Power and Interdependence* の第2版 (1989) より一語一句そのままに転載したものである。

リズム」であると規定した。また「1960年代の間，リアリズム的アプローチを受容した他の多くの熱心な評者たちは，軍事安全保障問題を中心的要素としない新しい諸イシューの台頭に気づくのが遅かった」とも我々は論じた。共編著の『トランスナショナルな関係と世界政治（*Transnational Relations and World Politics*）[1]』において行ったのと同じように，我々は「今日の多次元的な経済的，社会的，生態的な相互依存関係」の重要性を指摘した。しかし『パワーと相互依存』は，経済的相互依存関係についての初期の諸著作やこれを普及させた諸業績とは違ったトーンを持っている。我々の生きている時代を「中世終焉以後の4世紀間において支配的であった領域国家が，多国籍企業やトランスナショナルな社会運動，国際組織といった非領域アクターによって侵食されている時代と見る」近代主義者的な著者たちに対して，我々は批判を加えた。リアリズムの代りに，「同様に単純な見解，たとえば軍事力は無意味なものとなり，経済的相互依存関係こそがよいものであるという見解を採用するとするならば，それは質が異なっているとはいえ，同様に深刻な誤りであると批判することになる」というのが我々の立場である。

　我々が論じたことは，以下の4つの条件により，大国にとっての軍事力行使が急激にコストのかかるものになってきたということである。その4条件とはすなわち，①核エスカレーションのリスク，②貧困国・弱小国の国民による反抗，③経済的目標を達成させることに及ぼす不確かな，そしておそらく否定的な影響，④軍隊の人的コストに反対する国内世論のことである。ただ上記の④の条件が全体主義的および権威主義的な政府の政策に対してはほとんど影響を与えないことについても我々は言及したし，また「地域紛争にかかわる小規模な国家や非国家テロ集団は以前よりも軍事力を行使することをたやすく感じているかもしれない」という警告も行った。「この軍事力の役割に関する相反する2つの傾向がもたらす最終的な効果とはすなわち，軍事力を基礎とする階層構造の崩壊である」。

　『パワーと相互依存』を再読して気づくことは，全体的な議論はかなりよく持ちこたえてきたということである。ヴェトナムによるカンボジアへの侵攻，イスラエルによるレバノンへの侵攻，イラン－イラク戦争。これらすべては，小規模ないし中規模国家間の地域紛争においては依然として軍事力が選択肢の

あとがき

1つである，ということを示している。しかしシステム上の諸制約は超大国の軍事力の行使を制限し続けている。核戦力は依然として，主として攻撃に対する抑止力として有用である。またナショナリズムは，超大国に対する制約として機能している。このことはアフガニスタンへのソ連の介入が失敗に終わったことと，イラン人質事件に対するアメリカの反応の弱さによって示された。中米においてさえ，レーガン政権はそのイデオロギー的なコミットメントにもかかわらずアメリカ地上軍の投入に関しては慎重である。アイゼンハワー (Dwight Eisenhower) 政権によるイラン (1953年)，グァテマラ (1954年)，レバノン (1958年) への介入の際の相対的に低いコストおよび効率性と，1980年代のアメリカがイラン，ニカラグア，レバノンにおいて直面した大変な困難とを比べてみるといい。グレナダという狭小国家の狭い基地を拠点とした体制に対する軍事力行使と，リビアに対する限定的な空爆は，ルールを立証する上での明らかな例外事項である。グレナダはほぼ無力であり，またリビアに対してアメリカは地上軍によるコミットメントを避けた。

軍事力の行使に関する諸制約についての我々の議論は，経済的相互依存関係の政治についての我々の分析に基礎を提供してくれる。我々の分析は，以下の3つの主要なテーマを含む。ちなみにこれら3つのテーマは相互にはっきり区別できるものではない。

① バーゲニング理論を利用した，相互依存の政治に関するパワー志向の分析。
② 我々が「複合的相互依存」と呼ぶ理念型についての分析と，それが包含する過程の影響についての分析。
③ 「相互依存の諸関係に影響を与える支配的な取り決めの組み合せ」と我々が定義する国際レジームにおける変容を説明しようという試み。

相互依存関係に関する分析は第1章において展開されたが，そこでは相互依存関係を，パワーの源泉としての非対称的相互依存関係という概念を通したパワーと結びつけている。「お互いに交渉するアクターに影響力の源泉を最も提供する可能性のあるのが相互依存関係における非対称性である」と我々は書い

た(傍点は原文)。非対称的相互依存関係がパワーの源であるというこの概念はアルバート・ハーシュマン(Albert Hirschman)の『国力と対外貿易の構造(*National Power and the Structure of Foreign Trade*)』[2]やケネス・ウォルツ(Kenneth Waltz)の論文「国家間の相互依存という神話(The Myth of National Interdependence)」[3]においてもはっきりと確認できる。

　我々の分析はリアリストおよびネオリアリストの分析と,リベラリストによる相互依存関係への関心をリンクさせるものである。リアリズムとネオリアリズムは,ともに諸国家によるパワーおよび安全保障の要求と国家の生存にとっての危険性を強調する。リアリズムとネオリアリズムの主な相違点は,ウォルツの業績に見られるようにネオリアリズムが科学の地位を渇望したという点である[4](リアリズムとネオリアリズムが類似した主張を展開する場合,我々は専ら厄介な言葉の混乱を避けるために「リアリズム」という用語を用いることにする。またケネス・ウォルツの科学的に定式化された諸理論を特定して指す場合,我々は「ネオリアリズム」という用語を用いる)。いずれのリアリズムにとっても,軍事力は世界政治における最も重要なパワーの源泉である。諸国家は究極的には自らの源泉に依存しなくてはならないし,またいかに高い経済的コストを払っても,システムにおける自身の相対的地位を維持するよう努めなくてはならない。リベラリズムも国家の行動を分析するが,同様に他の諸集団についても注目する。リベラリズムの思想家たちにとって,経済的インセンティブは安全保障への関心と同じ程度に重要なものである。いずれにしても,諸共和国間では協調のための潜在的領域が拡大され,また軍事力の役割が縮小され,加えて国際システムにおける相対的パワーの地位を強調する議論が弱められることで,軍事的脅威は取るに足らないものとなるかもしれないのだ。

　政治分析におけるリベラリズムの伝統に対する我々の敬意は,1950～60年代に行われた地域統合の研究の影響にも表れている。カール・ドイッチュ(Karl Deutsch)は多元的安全保障共同体(pluralistic security communities)の発展に焦点をあてた。この多元的安全保障共同体とは,友好的関係のなかで信頼できる期待を発展させ,それゆえにリアリストが国際政治の特徴とみなす安全保障のジレンマを克服するような諸国家グループのことを指し示す。またエルンスト・ハース(Ernst Haas)はヨーロッパ統合に焦点をあてたし,また仏独

あとがき

対立が戦後に経済的・政治的協調へと変化したことにも着目した。その後の研究者たちは経済的・社会的・政治的相互依存と統合についてのこのような見解を他の分野にまで拡大させた。(5) これらの研究に共通していることは，交渉・交流の増加がどのように諸国家の態度や国境を越えた連合の機会を変化させたのかに着目していることであり，また諸制度がこのような過程を助長する様子にも焦点をあてていることである。彼らは学習の政治過程と国益の再定義とに直接着目したのだ。

西ヨーロッパが多元的安全保障共同体へと変容したことは大きな成果であるものの，地域統合理論の発展は実際の地域共同体の発展を追い越してしまった。しかし我々は統合理論を国際的な経済的相互依存関係の局面の拡大に援用できるのではないかと感じた。国境を越えた諸関係および相互依存関係に関する我々の最初の研究は，国益がどう学習され，どう変容させられたのかについての概念を広げた。しかしながらどのような状況においてリアリズムが十分で，どのような状況においてより複雑な変化のモデルによって補足されるべきであるかについて明確なことを主張したのは『パワーと相互依存』においてだけである。我々の目的はリアリストの理論を捨て去ることではなく，国際システムの過程における変化を説明しながら，パワーの構造に対するリアリストの関心を包含することのできるより広い理論的枠組みを構築することである。我々はリアリストが相互依存関係の問題に取り組もうとする際に生じる変則性を説明しようとし，また新たな情報や研究のための方向性に対する注意を喚起しようとしたのである。我々はより広い理論的枠組みでリアリズムを包含することによってリアリズムを補足することに関心を持っていたのであり，リアリズムを破壊しようとすることに関心を持っていたわけではない。

『パワーと相互依存』におけるリアリズムについての議論は意図的に不完全なものにした。というのも我々はリアリズムの伝統を描き出すことよりも，我々の中心的な仮定を考察することや相互依存関係の政治に関する我々の分析の妥当性について評価することに関心を持っていたからである。ホルスティ（K. J. Holsti）の言葉を借りれば，何人かの批評家たちは「古いアプローチかモデルを，それらが（本来）適用される意図が全くなかった領域に適用し」，そのために「身代わりを立てる」よう我々を仕向けているのである。またスタン

第Ⅵ部　理論と政策についての再考（1989年）

　リー・ミチャラック（Stanley J. Michalak）は，我々の「案山子（論拠の薄弱な仮説：訳者）は安上りで出来，（本物かどうか）試すのが簡単であるというのはもっともであり，それはリアリズムとはほとんど関係がない」と述べている。伝統的な理論としてのリベラリズムについての言及は完全に避けられている。すなわち我々の分析は明らかにいくつかの重要な諸仮定をリベラリズムと共有する相互依存理論に基づいているが，我々は自身をリベラリズムの伝統に位置づけようとはしなかったのである。我々は目的論的な議論を回避する地域統合理論を提示し，軍事力の配分，経済力，国家の役割といったものも考察対象に含めた。もし我々がリアリズムおよびリベラリズムの伝統との関係における我々自身の考えの位置づけをより明確に示すことができていたならば，その後のいくつかの混乱・誤解を回避することができたかもしれない。

　相互依存関係は政治戦略についての古典的な問題を喚起している。というのも国家の行動および重要な非国家アクターの行動が，システムにおける他のメンバーにコストを課すであろうことを相互依存関係が暗示しているからである。こうした影響を受けるアクターは，もし可能であれば，自身に課せられた調整するという重荷を担うのを回避しようという政治的反応をするであろう。外交政策の観点からすると，個々の政府が直面している問題とは，可能な限り自律性を維持しながら，いかに国際交流から多くの利潤を得るかということになる。国際システムの視点からすると，各国の利益のためにシステムを操作しようという競合的諸政府（および非政府アクター）を前にして，いかに協調に関する相互利益的なパターンを生み出し，また維持するかということが問題となる。

　相互依存の政治を分析するにあたり，相互依存関係が必ずしも協調につながるわけではないことを我々は強調した。また我々はその他の点において相互依存関係の結末が自動的に有益なものになると推測したわけでもない。重要なのは相互依存関係がパワーを時代遅れなものにしたということではない。それどころか，ある特定分野における相互依存関係の諸パターンと潜在的なパワーの源泉の諸パターンとが，相互に密接にかかわり合っているということが重要なのである。実際に両者は一枚のコインの表裏のような関係にある。このように，我々はただ単にリアリストの見解とリベラリストの見解を並置すべきなのでなく，両者を統合された分析のなかでつなぎ合わせるべきなのである。デイヴィ

ッド・ボールドウィン（David Baldwin）が後に述べたごとく，「国際交流関係における各問題領域をそれぞれカバーするような別個の理論を発展させる必要はないのである」。

第2章で紹介した「複合的相互依存関係」の概念は，相互依存関係だけを用いたバーゲニング分析に対する我々の不満を表したものであり，また地域統合理論から得られる洞察を簡素なリアリズムに付け加えようという我々の試みを表したものでもある。第2章で用いられる「複合的相互依存関係」という用語が第1章で用いられる「相互依存関係」と大きく異なるものであることを認識するのは重要である。「相互依存関係」とは極めて広義の用語であり，「諸国家間もしくは異なった国の諸アクター間の相互作用に特徴づけられた諸状況」のことを指す。この「相互依存関係」は米ソ間の政治的・軍事的相互依存関係にも適用可能であるし，また独伊間の政治的・経済的相互依存関係にも適用可能である。対照的に「複合的相互依存関係」は国際システムにおける理念型であり，我々が国際政治の性質に関するリアリストの諸仮定に基づいて描き出した「リアリスト」という理念型と対照させるために意図的に作り上げたものである。また複合的相互依存関係は接触に関する多様なチャンネルが社会と社会をつないでいるような諸国家間の状況のことを指す（すなわち国家がこれらの接触を独占していない）。そこにはイシューの優先順位なるものがなく，またそこでは政府がお互いに軍事力を行使することがない。「我々は複合的相互依存関係が忠実に世界の政治的現実を反映しているとは主張しない。むしろ全くもってその反対である。複合的相互依存関係もリアリストの描く世界もともに理念型なのである。大方の状況はこれら2つの両極端の間のどこかに落ち着くものである」と述べて，我々は第2章の議論を開始している。

往々にして気づかれることのない煙草のパッケージのラベルのように，第2章冒頭部における我々の注意書きは，多くの読者に見落とされてしまった。注意書きを見落としたこうした読者は，我々の複合的相互依存関係の議論を仮定の世界の構築物としてではなく，あたかも本物の世界の描写として扱っている。たとえば「自国の経済的利益が他国のそれと密接に絡み合った国家は，軍事力を行使することができない……利益が絡み合っていると軍事力は使用不可能となる」と主張するロバート・アート（Robert Art）の相互依存論者としての見

解は，リベラリズムの伝統を受け継いでいる理論家のことを描写しているとしても，我々のことを描写してはいない。それとは反対に，我々は第1章において「軍事力は経済力に優越する……しかしその優越するパワーの形態が高いコストをもたらすということを我々は常に頭の中に入れておかなくてはならない」と論じた。このように，コストとの関連からみて，特定の目的を達成するために軍事的手段が経済的手段よりも効果的であるという保証は何らないのだということなのである。またマーティン・ロチェスター（J. Martin Rochester）は，我々が『パワーと相互依存』の冒頭部で「近代主義者も伝統主義者もグローバルな相互依存関係の政治を適切に理解するための枠組みを持ち合わせていない」と述べているにもかかわらず，我々を「グローバリスト」ないし「近代主義者」の考えと結びつけている。近代主義者の立場とは対照的に，我々は複合的相互依存関係が必然的な将来の潮流であるという考えを否認する。実際，我々は『トランスナショナルな関係と世界政治』において議論したのと同じように，主に国境を越えた関係の重要性を裏づけるために『パワーと相互依存』の研究を開始したが，我々の調査はより質の高い判断を生み出すことになったのだ。

『パワーと相互依存』の第2章は世界政治におけるすべての現実の状況を，リアリズムと複合的相互依存関係という2つの理念型の間のどこかしらに落ち着くものであるとして扱っている。このように，第2章における我々の強調点は第1章における強調点とだいぶ異なる。非対称的相互依存関係の観点からバーゲニングの結果を構造的に説明するのではなく，第2章においてはリアリズムと複合的相互依存関係を両極におく連続体上の位置づけというものが，我々の観察する政治過程の説明に役立つのか否かについて我々は問うているのである。理論的起源についても，これら2つの章の間には大きな違いがある。修正されたネオリアリストの分析に依拠している第1章より，第2章は，全体的に見るとリベラリズムの影響を，また個別的に見ると地域統合理論の影響を強く受けている。地域統合理論と同じように，我々の複合的相互依存関係の議論は国家間関係だけでなく，トランスナショナル，トランスガバメンタルな諸関係についても焦点をあてるし，また行動についての構造的説明を展開するというよりも，ある政治過程のパターンがどのようにアクターの行動に影響を与える

かを分析する。

　『パワーと相互依存』における3つ目の大きなテーマは第**1**章において我々が「相互依存関係の諸関係に影響を及ぼす統治のための諸合意」と定義した国際レジームに関することである。我々の国際レジームの概念はジョン・ラギー（John Ruggie）の業績に大きく影響を受けている。ラギーは1975年，レジームを「組織的エネルギーと財政的コミットメントの割り当ての基礎となる，相互の期待，広く合意されたルール，規制，計画のセット(12)」と定義している。スーザン・ストレンジ（Susan Strange）が主張したにもかかわらず，社会科学者らは国際レジームの概念を開発しなかった。国際レジームの概念は国際法において長い歴史を持つものである(13)。

　『パワーと相互依存』の第**3**章は我々の国際レジームの概念を精緻化すると同時に，レジームにおける諸変化の説明を目的とする素描された4つのモデルを提示する。第1のモデルは経済的・技術的な変化に基づくものである。第2・第3のモデルは構造的なものである。すなわち第2のモデルは結果を予測するために全体的なパワーの構造を用いるものであり，第3のモデルは問題領域におけるパワー配分に基づいたものである。第4のモデルは「国際組織モデル」なるもので，そこでは諸関係のネットワーク，規範，制度が重要であり，それらは国際レジームの変容を説明するのを手伝う重要な独立した諸要素となる。

　『パワーと相互依存』の3つのテーマはある程度区別できるものである。相互依存関係については，複合的相互依存関係や国際レジームの概念を認識することなくしても，政治的に分析することが可能である。また現実を有益に単純化したものとしての複合的相互依存関係を受け入れなくても，国際レジームの概念は妥当性を持つことができる。しかし我々はこれらのテーマを相互に関連づけようと試みる。とりわけ，レジーム変容に関して全体的な構造から説明しようという諸理論，即ち，全体構造モデルの説明能力が，リアリストが設定した条件の下に置かれた場合よりも複合的相互依存関係の下に置かれた時の方が低くなることを論じた。しかしながら，我々の議論はある程度いくつかのパートに分解可能なものでもあるため，後の学術的な議論においてある部分が他の部分よりも高い評価を受けたとしても驚くに値しない。

第Ⅵ部　理論と政策についての再考（1989年）

2　『パワーと相互依存』の研究プログラム——批　評

　『パワーと相互依存』において，我々はバーゲニングに焦点をあてた相互依存の概念を用いることによって，リアリズムとリベラリズムを統合しようと試みた。我々はパワーの実体を認識していたが，軍事力を最高のパワーの源泉としては見なかったし，また安全保障や（世界政治における）相対的地位を諸国家にとっての最重要な目的ともみなさなかった。皮肉にも，トランスナショナルな関係に関する我々の初期の業績の見方からすると，『パワーと相互依存』の総合的な分析の結果とそれに続くコヘインの『覇権後の国際政治経済学』は，世界政治研究のための理論的枠組みとしてのネオリアリズムに対し，確固たる代案を提示するというよりも，ネオリアリズムの幅を広いものにし，またネオリアリズムに新たな諸概念を付け加えることになった。1において議論された諸テーマのなかでは，国際レジームとかかわりのあるテーマと戦略的相互依存関係とがネオリアリズムと最も高い親和性を持つし，また『パワーと相互依存』および後の業績において最も発展させられたものでもある。複合的相互依存は依然として相対的に見れば（理論として）未発達なもので過小評価される概念なのである。

相互依存関係とバーゲニング

　我々の相互依存関係の分析において，我々は軍事的脆弱性に関する非対称性が依然として世界政治において重要なものであることを強調した。我々は「軍事力の本格的な行使を前にした場合に，経済的手段だけで効果的な対応をとることのできる可能性が低いという意味で，軍事力は経済力に優越する」と述べた。しかしにもかかわらず，我々の見方では軍事力行使のコストは高くなってきており，また「ある目的を達成するにあたって，軍事的手段が経済的手段よりも効果的であるという保証は何らない」。

　実際，我々は軍事力の役割を過小評価することについて極めて慎重で，リアリズムを徹底的に批判していないとしてデイヴィッド・ボールドウィン（David Baldwin）から以下のような批判を受けたくらいである。その批判とは

あとがき

「コヘインとナイは明らかにパワーの源泉の代替性について懐疑的であるが，パワーの源泉は大いに代替可能であると主張する者に対して証拠を積み上げることについては気がすすまないようである……スプラウト（Sprouts）とダール（Dahl）が，領域を明確に指し示さない影響力についての言説を実際上，意味のないものとして拒否する一方，コヘインとナイは『我々はパワーの均質的概念の有用性について再検討する必要があるかもしれない』という提案に自らを限定させている」というものである。ボールドウィンの批判はさらに続き，我々が「パワーの源泉としての軍事力の有効性を誇張しているように見える[14]」とも述べている。

『パワーと相互依存』を「近代主義者」のマニフェストでないと指摘した点においてボールドウィンは正しいが，我々の友人の何人かは『パワーと相互依存』が「近代主義者」のマニフェストであって欲しいと望んでいる。しかし実際は反対であり，『パワーと相互依存』は独断的な諸前提を抱くことなく，いかなる状況下においてリベラリストないしリアリストの諸理論が世界政治の現実に対するより正確な説明を提供するのかを常に問うものなのである。特定の状況において軍事力がどの程度重要であるかというのは我々にとって経験的な問題なのであり，独善的なリアリストないし近代主義者の専断に基づいて決せられるべきものではないのだ。

バーゲニング理論はその後いくつかの諸概念を明確にし，ハーシュマンに続いて我々が行った分析の質を高めた。ボールドウィンの業績は明白な源泉をうまく用いて態度を「説明する」ことの難しさを強調した。またボールドウィンの業績は不適切な説明を補完するため事後的に「強度」，「スキル」，「リーダーシップ」といった諸要素を導入することの理論的危険性についても強調した。またハリソン・ワグナー（Harrison Wagner）[15]は，自国の同盟国に対する依存度が同盟国の自国に対する依存度よりも非対称的に小さいことが，2国間関係において影響力を行使するための必要条件にも十分条件にもならないことを明らかにした。なぜ必要条件でないかというと，あるイシューに強い関心を持つ弱いアクターは，目的を達成するために他のイシューにおいて大きな譲歩を行うかもしれないからである。またなぜ十分条件でないかというと，バーゲニング・パワーを完全に反映した諸合意に基づくと，均衡状態においては，いくら

大国であっても特定のイシューに関して影響力を行使しようとはしないからである。というのも大国であっても、もしそのようなことをしたら、より利得の大きい他の諸イシューにおいて、譲歩を迫られることになるからである。しかしにもかかわらず、我々は非対称的な相互依存関係が2国間関係におけるパワーの源となりうると信じている。ワグナー自身が指摘することに慎重であったように、依存度の低いアクターは依存度の高いアクターよりも低いコストでバーゲニング上の譲歩を行うことのできる可能性が高いのだ。その上、強国と弱小国との間の2国間関係はしばしば2国間のバーゲニングではなく、多国間のルールや慣習によって決せられることがある。このような状況下において、ルールを破り慣習を改変することを望む強国は、利用されていないバーゲニング・パワーを用いるかもしれない。[16]

相互依存関係に対するバーゲニング・アプローチは、必然的に諸イシュー間のリンケージの問題を喚起する。というのも利用されないバーゲニング・パワーが存在しない限り、あるイシューにおいて影響力を行使することは他イシューにおいて譲歩することを意味するからである。『パワーと相互依存』はこの問題を第**1**章ではなく、（複合的相互依存関係を分析する）第**2**章で議論したため誤りを犯したかもしれない。結局のところ、ハイレベルのイシュー間のリンケージの多くは米ソ関係に見られるように、経済問題と安全保障問題の間で生じるのである。すなわち、リンケージとは複合的相互依存関係の現象であると同時に、リアリズム的国際政治の現象でもあるのだ。実際、第**2**章において我々は、複合的相互依存関係の条件下においてよりもリアリズムの条件下においての方が、よりリンケージが有効であることを示唆している。

『パワーと相互依存』においてリンケージに関する豊富な分析が欠けていることは、本書において最も奇妙なことの1つと敏感な読者には感じられるに違いない。レジーム変容についての我々の分析は、イシュー特定のパワーの源泉に焦点をあてたもので、「イシュー構造理論（issue-structure theory）」を発展させたものである。しかしながらアーサー・スタイン（Arthur Stein）が指摘するように、「リンケージは国際政治を理解するためのイシュー・アプローチにとっての中心的な分析上の問題なのである。イシューの棲み分けは行きすぎている……リンケージ政治にかなう状況が数多くあるがゆえに、国際政治研究にお

ける問題領域アプローチの妥当性は状況次第のものとなる[17]」のである。対象の重要性にもかかわらず，我々はいかなる状況下においてリンケージが生じうるのかということについてのリンケージ理論を発展し損ねたのである。我々は複合的相互依存関係の状況下において，とりわけ弱小国によって様々なリンケージがなされるだろうと論じたが，我々は話をそこで終わりにしてしまった。これは努力不足によるものではない。実際，我々はこの点についてのもう1章を準備していたが，具体的な逸話と曖昧な一般化についての話になってしまうだろうと分かり，破棄することを決めたのだ。

この点に関しては1977年以降，大きな進歩がなされてきている。スタインに加え，ケネス・オイエ（Kenneth Oye）とエルンスト・ハースは分析のためのより洗練されたカテゴリーを提供するリンケージの類型論を発展させた。なかでも興味深いのはハースによる戦術的イシュー間リンケージ，分裂したイシュー間リンケージ，実質的なイシュー間リンケージという3類型，ならびにオイエによる「脅し」（ある者が実行されることを望まない脅しを発する）と「もたれ合い」（報酬のバーゲンを提供する）の区別である。オイエの区別はスタインによる抑圧的リンケージと脅し促進リンケージの区別とパラレルなものである。両者ともに「約束はそれが成功した際にコストがかかるが，脅しはそれが失敗した際にコストがかかる[18]」というトーマス・シェリング（Thomas Schelling）の約束と脅しの定義を想起させる。

イシュー間リンケージについての他の研究は，確固たる経済アプローチないし公共選択アプローチを適用することで，類型論を越えたものとなっている。こうした議論の基本的な視点は，イシュー間リンケージは経済交流のようなものであるというものである。すなわちある程度まで，1国は豊富に持つ物品と不足している物品とを他国と交換することで効用を上げることができるのである。ロバート・トリソン（Robert E. Tollison）とトーマス・ウィレット（Thomas E. Willett）はこの効果についての先駆的な論文を1979年に執筆し，またジェームズ・セベニウス（James Sebenius）はゲーム理論と国連海洋法に関する諸交渉の分析を用いて，いかなる状況下においてならばイシュー間のリンクが相互利益のバーゲニングへ向けた新たな可能性を創出するのかを特定しようとした[19]。

こうした進展が単純な2アクター・モデル（two-actor model）の使用を犠牲

にしてなされたと言うべきではない。しかし国際政治におけるイシュー間リンケージの主たる特徴は，それが政府間抗争だけでなく，政府内抗争にも必然的にかかわってくるという点なのである。もしある政府がイシューXにおいて利益を得るためにイシューXとイシューYをリンクさせようとすると，イシューYにおける物品とイシューXにおける物品を交換することは効果を持つことになる。たとえば，ある潜在的な核保有国が原子力発電所のための装置を受け入れるのを阻止することによって，他国の政府が核拡散を防ごうとした場合，その政府は核拡散阻止の目的のために輸出の拡大という目的を犠牲にしたことになる。こうした政策は輸出促進事業を管轄する政府機関からは歓迎されない可能性が高い。実際，政策を巡り政府内抗争が生じるであろうし，またいくつかの状況においてはトランスガバメンタルな連合の問題ともなるかもしれない。リンケージに関する将来の研究は分析上の厳密さおよび合理的選択アプローチを，世界政治のイシュー間リンケージに通常伴う複雑なマルチレベル・ゲームの洞察へとつなぎ合わせるものである必要がある[20]。

相互依存関係およびバーゲニングの研究に対する『パワーと相互依存』の大きな貢献は，相互依存関係の政治に関するいかなる分析も洗練されたバーゲニングの概念を必要とすることを強く主張したこと，ならびに経済的相互依存関係の諸パターンがパワーに関するインプリケーションを持ち，またその逆のことも言えると強調したことである。我々はリンケージの理論を成功裏に発展させることはできなかった。これができていたら世界政治についての我々の理解はさらなるものとなっていたかもしれない。その代わりに，我々はネオリアリストの研究プログラムを，政治的・経済的な交流と軍事的・政治的な対立の間の関係を考慮に入れるものへと，少しだけ前進させたのである。しかし我々2人ともこのことに満足しているわけではなく，またネオリアリズムによる国益およびパワーの強調やその静的な志向に満足しているわけでもない。たとえば相互依存関係や国際レジームといった，我々の研究の他の諸側面はより鋭くネオリアリストのパラダイムに切り込んでいく。

複合的相互依存

複合的相互依存の概念は明らかにリアリストのものというよりもリベラリス

トのものである。複合的相互依存関係をパワーおよび構造に関するリアリストの概念と統合しようという意図など我々は全く持っていなかった。それどころかむしろ正反対であり，我々の複合的相互依存関係についての見方は世界政治に関する典型的なリアリストの見方と真っ向から対立するものであった。しかし複合的相互依存関係が世界政治を正確に描写したものや世界政治の傾向を予測したものであるというよりも，理念型なのであると我々がまさに主張したがゆえに，現在の世界政治における複合的相互依存関係の妥当性は曖昧なものとなっている[21]。

我々は複合的相互依存関係を理論として追求したのではなく，リアリズムの基本的な仮定が逆になった場合に政治はどのようなものになるかを知るための思考的実験として，複合的相互依存関係を追求したのである。それゆえに我々は，全面的にリベラリストの理論に依拠したというわけではない。もしそうしていたとしたら，この概念はより発展していただろうし，またより容易に理解されていただろう。しかしながら我々は，複合的相互依存関係の政治過程を探求するための非常に広範な経験的調査を実行したのであり，とりわけ2つの問題領域（海洋と国際金融，第**5**章にて）と2つの2国間関係（米加関係と米豪関係，1920〜70年まで，第**7**章にて）を綿密に分析したのである。これらの諸事例はペアをなす比較として役立った。すなわち海洋と米加関係においては複合的相互依存関係の多くの兆候が見られるが，金融（政府への政治的・経済的集権性のため）と米豪関係（地理的な距離と安全保障問題の重要性のため）においては複合的相互依存関係の兆候はそれほど顕著でない。

我々が恐れていることは，複合的相互依存関係の扱いに関する我々の不完全さが一因となり，複合的相互依存関係についての理論的インプリケーションが大いに無視されてしまったということである。既述したように，第**2**章における我々の議論は，リアリズムと複合的相互依存関係の連続体のどこかで展開されたということになるのである。実際，ある状況がこの連続体のどこに位置するのかというのが，我々の分析にとっての独立変数を構成している。しかしこの独立変数と我々が説明しようとしたものの関係はいくらか混乱したものとなっている。『パワーと相互依存』において，複合的相互依存関係は以下の3つの主な特徴を持っている。すなわち，①国家の政策目標は安定した階層構造の

なかに配置されるのではなく，掛け引きに左右される，②社会と社会の間の多様な接触チャンネルの存在は政策の手段を拡大し，外交政策に関する政府の統制を限定させることになる，③軍事力は極めて妥当性のないものだ，というものである。『パワーと相互依存』のなかの表2-1は，複合的相互依存関係の条件下においてとリアリストの条件下においてとでは違うものになるであろうと我々が予測した政治過程の5つのセットをリスト化したものである。これらはアクターの目的，国家の政策の手段，アジェンダ形成，諸イシュー間のリンケージ，国際組織の役割といったものを含んでいる。

そこで方法論的な問題が浮上してくる。つまり我々が複合的相互依存関係を国家の政策の目標および手段という観点から「定義した」がゆえに，ある状況が複合的相互依存関係ないしリアリズムにどの程度近いものかによって，目標と手段がどのような影響を受けるのかということについての一般的な議論は，同語反復になってしまうであろう。このように我々の政治過程に関する提案はイシュー間リンケージ，アジェンダ形成，国際組織の役割に限定されなければならないのである。すでに見たように，リンケージをめぐる議論が複合的相互依存関係の世界にもリアリズムの世界にも妥当であるがゆえ，必然的に我々は2つの従属変数の処理を任されたのである。すなわち1つはアジェンダの変化であり，もう1つは国際組織の役割の変化である。理想を言えば，我々はどのような状況下でアジェンダの変化と国際組織の変化が重要になるのかを特定するような質の高い発言を提供できたかもしれない。果たしてこれらの問題に関していかほどの進歩が実際になされたのだろうか。

第5章において我々は両過程について議論した。「固く，機能的に結びついた問題領域におけるレジームの乏しい活動」によってアジェンダの変化が生じるのだと，我々は論じた。しかし変化がいつ生じ，どのような方向に変化するかを観察者が予測できるようにするアジェンダ変化のモデルを明確にすることに関しては，我々は何1つとして行わなかった。リチャード・マンズバッハ（Richard W. Mansbach）とジョン・ヴァスケス（John A. Vasques）は後に，「発生，危機，儀式化，休止，政策決定，権威的配分を含むイシュー・サイクル」[22]の考えを紹介することによって，アジェンダ変化の理解に興味深い貢献を行った。確かにほとんどの場面のモデルにおいて，作用する因果過程はマンズバッ

ハとヴァスケスによって明確に示されておらず，イシュー・サイクルが理論というよりも分析のための枠組みであるということについては彼ら自身も指摘している。それにもかかわらず，『パワーと相互依存』におけるアジェンダ変化についてのごく短い説明と比べるならば，彼らの研究ははるかに先を行っている。

　国際組織については，もっと言及せねばならぬことが我々にはあった。これは一部には我々の「国際組織モデル」に原因があり，また一部には我々の初期の研究に原因がある。我々は国際組織を定式的な法律の源泉としてではなく，制度化された政策ネットワークとして捉えたのであり，またその国際組織のなかでは国境を越えた政策協調や連合構築が生じうるとした。国際金融関係においてよりも海洋政治においての方が，国際組織の諸国家のアジェンダに対する効果や諸結果への影響力が大きかったと我々は述べた。国際組織を立法者としてよりも促進者として捉えるこうした見方はこの10年間，よく持ちこたえている。国際組織の数は増加したし，またこれら国際組織のうちの多くは大きくもなった。IMFはその一例である。しかしこれら国際組織が真の意味でのトランスナショナルな能力を発展させたという傾向はほとんど見られない。コヘインの『覇権後の国際政治経済学』は国際組織に関するこうした見方を国際レジームについてのより広い理論へとまとめていったのである。

　簡潔さという関心から，我々は『パワーと相互依存』における分析を国際システムのレベルに限定した。これは我々の考えでは，「国際システムの情報にだけ基づいてどの程度説明することが可能なのかを知ることは」不可欠なことだった。我々は国内レベルにおける諸要素の重要性を認めるが，まず何よりも機能しているシステムの諸力を選別しようとしたのだ。この決定の結果として，我々は国益を主に外因的に，我々の理論では説明しえない方法で形成されるものとして見なくてはいけなくなったのである。このように，国内政治と——後にピーター・グールヴィッチ（Peter Gourevitch）が「逆第2イメージ（the second image reversed）」と呼んだものであるが——，国際関係が国内政治に及ぼす影響は無視されたのである。しかしアメリカおよびその他の国による国益の定義の変化は，十分な説明こそないものの，海洋政治と金融関係を扱った我々の事例研究のなかにも登場した。

第Ⅵ部 理論と政策についての再考（1989年）

　こうした困難の事例は第**5**章に登場する。第**5**章は複合的相互依存という理念型が，金融問題の領域と海洋問題の領域においてどの程度の妥当性を持っているかについて描写し，そして金融問題の領域においてよりも海洋問題の領域においての方が，複合的相互依存の概念の適用性は高いと結論づけた。リアリストの視点からすると以上の兆候は，国家にとって重要なイシュー（金融政策など）において複合的相互依存の過程が妥当性を持たないということを示すことになるのかもしれない。しかも海洋問題の領域においても，複合的相互依存の過程は1977年以降，拡大しているというよりも縮小していると，多くの観察者には映るようになってきている（アメリカによる国連海洋法条約の調印拒否はこの認識を強めた）。しかしそのように複合的相互依存を取るに足らないものとして即座にはねつけることはあまりにも単純すぎるだろう。アメリカの当初の立場は，狭い沿岸の管轄権および海底資源の共有を好むというものであったが，これは安全保障上の利益に基づいて，アメリカ海軍によって決せられたものであった。しかしながら国連海洋法会議の文脈において，こうしたアメリカ海軍の立場はトランスナショナルなおよびトランスガバメンタルな諸連合によって打ち破られた。アメリカは同条約を調印拒否する前に優先事項を変えたのである。「国益」ゆえにアメリカが調印拒否をしたと言うリアリストにとっては，国益がどのように定義され，また再定義されたのかということが重要な問題点となってくるのだ。

　我々が利益形成の国内政治を理論化し損ねたことは，政府にとって利用可能な目的と手段という観点から定義された複合的相互依存の政治を分析することに，深刻な影響をもたらした。複合的相互依存関係の変容を理解するには，国家の諸目的の間の優先順位を理解することが必然的にかかわってくるし，また国家の優先順位を理解するには国内政治と国際政治の関係の諸パターンについての分析が必要不可欠となる。その上，「接触に関する多様なチャンネル」は，国家が唯一のアクターではないことを意味している。すなわち「国内的」なものと「システム的」なものとの間の明確な境界が崩れ去るのである。我々がシステム－ユニット間の区別をするという研究目的を受容したことが，複合的相互依存についてのより奥行きのある分析を行う展望の可能性を弱めたことは理解するに難くない。複合的相互依存の概念は曖昧にされたままとなったのであ

るが，それでも非常に興味をそそられた者もいるし，誤解した者も多々いたのである。そして理論的簡潔さが国際関係論の学生・研究者らから高く評価されるシステム論的な視点を緩めることなしに，複合的相互依存は発展できないものとなってしまった。

国際レジームの変容

国際レジームの概念が国際関係論の世界へ速やかに受け入れられたことは，複合的相互依存関係が相対的に無視されていることと非常に好対照である。国際レジームの概念は諸現象を説明できるように識別し，寄せ集めることで，自身の価値を証明してきた。国際レジームは様々なテーマについての「制度化された集団的行動」とジョン・ラギー（John Ruggie）が呼んだ諸パターンを識別するためのラベルとして役立った。そしてこれは国際安全保障のイシューについての分析をも含むまでに拡大された。実際，「レジーム」なるものは，今では至るところに見られる。

『パワーと相互依存』は国際レジームの概念を紹介しなかったが，どのようにこの概念をシステム的な経験分析において利用しうるかを明らかにしたし，またそれゆえにこの概念がルール・制度・慣習の束を表現するものとして広く用いられることを促進したのである。その上，『パワーと相互依存』はレジーム変容を理解するための4つのモデルを提示した。ここ10年の間，レジームについての大多数の研究は，ラギーが開発し，我々が押し広げようとしたこの系譜に沿うものとなっている。この研究の大部分は，ここ四半世紀のアメリカの覇権の衰退と国際レジームの衰退とを結びつけようとする覇権安定論を検証しようとするものであった。この研究の結果は結局のところ，覇権安定論の妥当性についての懐疑論を高めることとなった。しかし国際レジームについての研究は覇権安定論を検証することだけに限定されるものではない。国際制度の特徴，国内政治，エリートによる学習といったものは，相対的パワーにおける変化と同様，国際レジームの性質とその変容を説明しうるものである。

ここ10年間で国際レジームに関する研究は長足の進歩を遂げた。国際関係のある分野において期待が収斂するような原理，ルール，規範，手続きとして国際レジームを定義することについては幅広いコンセンサスが得られた。問題

はこの定義を運用する際に生じる。国際レジームという概念が，国家間の公的合意が制度化された状態以上のものを指す時には特に，レジームのある状態と非レジーム的状態との間の境界が幾分曖昧となってしまう。しかしながらレジームについての経験的研究のほとんどは国家間の公的合意の結果を扱っており，またそれゆえに時折概念一般に向けられる操作上の曖昧さの告発に対して免疫のあるものなのである。

　国際レジームという言葉の定義と運用の問題はさておいて，この経験的研究からどのように国際レジームが変容するのか，どうして国際レジームが変容するのかについて，多くのことを学ぶことができた。とりわけどのような状況下において協調が促進されるのかという問題と，なぜ諸政府がレジームの諸ルールを構築しようとし，また自らそれを遵守しようとするのかという問題に関して多くのことを学ぶことができた。その上，ヨーロッパ諸国の政策決定者に限らず，ソ連の政策決定者も国際レジームという観点から国際協調について考え，語るようになり始めた。

　にもかかわらず，我々の国際レジームに対する理解は依然として初歩的なものである。どのように国際レジームが変容するのか，ならびになぜ国際レジームが変容するのかについて，今現在我々は1977年時よりも明確な考えを持ってはいるが，よく精査された経験的な一般化はなされていないし，ましてやこの変容の過程を説明する説得力のある理論などは持ち合わせていない。国内政治を我々の分析にうまく組み込まない限り，我々がこうした理論を手にすることはないであろう。国際レジームの性質が国内政治の構造に影響を与えるということは予測しうることであるし，またその逆も然りである。影響力は，一方において国際制度と交渉，他方において国際制度と国内政治の間で双方向に流れるものである。社会科学者はマクロ経済学の影響を受けた，型にはまったシステム理論に基づく国際レジームの運用のいくつかの側面を理解できるが，我々にとっては国内政治を精査することなしに国家の選好がどう変化するかを理解するというのは考えがたいことである。しかし国家の選好を外因的なものと考え続ける限り，我々の理論は国家の戦略や国際交流の諸パターンにおける変化を促す多くの諸力を見落とすことになるであろう。

　我々は国家の行動に対する国際レジームの影響についてほんの僅かなことし

か知らない。実際，国際レジームについて研究している研究者は，国際レジームは，アクターが自分たちの利益を計算する仕方を変更させたりアクター自身の能力を変化させたりすることができるがゆえに，国際レジームは違いを生み出すのだとしばしば単純に推測する。こうした主張はこれまで精緻化されてきているが，厳密に検証されてはいない。『パワーと相互依存』は「組織に依存する能力」という概念を用いることで，レジームがどのように能力を変えるのかについてのいくつかの分析を行った。また後の研究は政府の自己利益と国家戦略に与えるレジームの影響に焦点をあてた。こうした議論によると，レジームの原理・ルール・制度は各国の戦略に２つの影響を及ぼしている。第１にレジームは不確かさを減退させ，正統な行動に関する指針を官僚に提供し，実現可能な合意への指針を政策決定者に提供することで，期待が収斂する焦点を創出することができる。長期的には，政府の自己利益の定義の仕方がレジームのルールと一致する方向に変わっていくのを目にすることができるかもしれない。第２にレジームは政策決定へのアクセスを制限することによって，またある行動を禁じることによって，国家の行動を制約することができる。それでもレジームは強制力をほとんど持ち合わせていないので，強力な国家は禁じられた手段を用いることができるかもしれない。しかしこうした国家は自身の名声に傷がつくというコストを払うことになるのであり，またそれゆえに将来的に合意を形成する自身の能力についてのコストを払うことにもなるのだ。

　このような議論は，自己利益を重視する分析枠組みのなかでもレジームが理解しうるものであるということを強調する。国家は自身の名声を守るためにレジームのルールや規範を遵守するかもしれないのである。しかしながらレジームに関するこれらの研究も，どの程度，いかなる状況下において国家間関係に対するレジームの影響が世界政治に違いを生み出せるほど大きくなるのか，ということを立証していない。レジームの影響についての我々の理解が比較的乏しいことは将来の研究に機会を提供している。とりわけ各国の政策がどれほどレジームの原理・ルール・制度に沿ったものとなっているかを見るために，我々には諸国家の行動を追跡するさらに注意深い経験的な研究が必要とされている。しかしこれは第一歩にすぎない。というのも，もし我々の注目がシステム・レベルに留まれば，諸国家の行動を説明する上でのレジームの因果関係が

417

第Ⅵ部　理論と政策についての再考（1989年）

分析者にとってどれほどのものであるかを解明するのが大変困難なものとなりうるからである。すなわちレジームが存在しなくても，国家は類似した政策を採用していたかもしれない。またレジームは自身の影響力を行使することなく，ただ単に各国の国益を反映しただけなのかもしれない。

　レジームの影響を立証しようとするならば，我々はレジームが不在だった場合にいかなる政策が採用されていたかを知るために，国内の政策決定過程を追究しなくてはいけない。コヘインが「近視眼的な自己利益」[34]と呼んだ政府による自己利益の認知とレジームのルールが対立するイシューを識別しようとすることは，我々にとって可能なことであった。もしもそうしていたならば我々は，レジームのルールを遵守する名声上のインセンティブおよびその他のインセンティブが，ルールを破ろうとするインセンティブを上回るか否かについて問うていたであろう。レジームのルールはどれほどの影響力を持っていたのか。イシューについての国内論議を分析することによってのみ，分析者は政府の自己正当化のレトリック（ともするとレジームへの敬意を誇張する）を乗り越え，決定に影響を与える要素に到達することが可能となるのだ。調査対象であるいくつかの政府がレジームのルールを破ることに一定ないしかなりのインセンティブを持っているような，かなり確立したレジームのかかわるイシューについて，このような研究が数多く行われれば，我々は国際レジームの効果についてだいぶ多くのことを学ぶことができるかもしれない。また特定の問題領域に関して，レジームのルールの範囲を強化・拡大する決定がどのようになされているのかを分析する研究が，もし多くの時間を割いて行われれば，レジームは自分で自分の成長を促進しているという考えを検証することができるかもしれない。それはまた，レジームは時間をかけて政府による自己利益の定義の変化を助長するのか否か，ということについての洞察さえもいくらかもたらしてくれるかもしれない。

　正直なところ，この研究は国家の決定と国際レジームについてなされたものである（我々が示唆したほど明白にではないが）。またこの研究は，各国がルールを破ろうとする高いインセンティブを伴う状況においてレジームが持ち合わす相対的な脆弱性も示唆した[35]。しかし政府がほとんどのレジームにほとんどいつも適合しているという事実は，レジームがまさに協調を促す機能を展開してい

ることを示している。しかしながらそのことは政府の名声に対する影響やその他の方法を通じた，政府のインセンティブの変更の効果についてはほとんど何も示していない。様々な緊張を孕んだ状況下でのレジームの効果についての適切な考えについて議論する前に，より広い範囲のインセンティブを分析する研究が我々には必要とされる。このような研究はまだほとんどなされていないが，このラインに沿った先駆的な研究の影響はかなりのものであろう(36)。

　国際レジームの変容を研究するにあたって，構造理論は依然として有用である。その高度な簡潔性は，どのように自己利益が国際制度の形成・維持とつじつまの合うものとなるかを示してくれる。しかしながら構造理論をシステム理論と同一視すべきではない。というのもシステムはパワーの構造だけでなく，我々が制度と呼んだ，慣習の公式化されたパターンを含む政治過程をも包含するからである。しかしこうした過程は国内政治と密接にかかわっている。一度これらの過程の重要性に気がついた者にとっては，長きに渡る国際レジームの変容を説明するにしても，この変容の政策への影響を説明するにしても，システム理論だけでは不十分であるということが明らかとなる。それゆえに構造理論も，我々が『パワーと相互依存』で発展させようとした幅広い過程志向のシステム理論も，ともにそれ自身では不十分なのである。研究者が今しなくてはならないことは，システム理論の唱道者らが常に恐れる理論としての一貫性の喪失を避けつつ，過程志向のシステム理論と国内政治の分析とを密接につなぎ合わせることなのである。

3　構造理論の限界——システムとしての政治過程

　国内政治の重要性を認めたものの，国際システムについてのより鋭くより洗練された理解をもたらすことで，世界政治の多くを学ぶことが可能であるのだと，我々は『パワーと相互依存』のなかで想定した。我々はシステムには2つの側面があると主張した。すなわち構造と過程である。我々は「構造」という用語を，主にユニット間の能力の配分を指すという，ネオリアリズムの意味合いで用いた(37)。他方，「過程」はユニットが相互に関係し合う相互作用のパターンを指すものとして用いた。ポーカー・ゲームの比喩を用いると，構造はプレ

第Ⅵ部　理論と政策についての再考（1989年）

ーヤーのカードやチップを指し，過程は公式のルールと非公式な慣習との間の関係やプレーヤー間の相互作用のパターンを指す。オッズを計算する能力，対戦者の手持ちの強さを推測する能力，そして脅迫を行う能力における多様性などはユニットないしアクターのレベルにおけるものである。

　システムに生じる過程はその構造の影響を受けるし，またシステムにおける最も重要なユニットの特徴の影響を受ける。国家の選好は国家を特定の戦略へと向かわせることになる。またシステムの構造は機会と束縛とを提供する。国家の行動を説明する構造についての情報とともに，国家の選好に関する情報も必要となる。例を挙げると，1886年，1914年，1936年のドイツが置かれた地政学的構造を知るだけでは不十分であり，ドイツの戦略はビスマルク（Otto von Bismarck）による保守的なものであるのか，それともカイザー（Wilhelm Ⅱ）によるあまりよく考慮されていないものなのか，あるいはヒトラー（Adolf Hitler）による革命的なものなのか，ということについても知る必要があるのである。しかしたとえ我々が国家の選好と構造との両方を理解したとしても，国際交流と国境を越えた交流の性格や国際制度の性質といったシステムに関するその他の属性を理解しなければ，国家の行動を適切に説明することはしばしばできなくなってしまうであろう。こうしたシステムの過程を分析することは，ユニットの特徴とシステムの間の相互作用を注意深く見るよう分析者に促すことになる。アクターの選好がどのように環境の制約と機会に影響されるのか（ないしその逆）について分析することはその一例である。すなわち，システムの過程に着目することは，我々の注意を国内政治と国際構造の相互関係および両者をつなぐ伝動ベルトへと向かわせるのである。

　国際政治の行動にかなりの多様性があることは明らかであり，すべての行動が国家間のパワーの配分によって説明されるわけではない。ネオリアリストもこのことは否定しておらず，その他の決定要因のすべてをユニット・レベルに割り当てている。しかしこの対応は満足のいくものではない。国際的相互依存関係の強度や国際ルールの制度化の程度といった要素は，各国家それぞれの国内の特徴によって異なるというものではない（これは国内で民主的な手続きが踏まれている度合いや国内の政治経済が資本主義的か社会主義的かといった問題とは異なる）。それゆえにこれらは，ウォルツの初期の定義によればユニット・レベル

の要素ではないということになる。加えて，食い違いを何ら説明できないために，ユニット・レベルを無意味なものにしてしまうことは，理論の発展の障害となってしまう。それはユニット・レベルの諸要素（国内における政治的・経済的枠組みなど）と国際レベルの諸要素とを混同することによって，分析作業を複雑化してしまう。そればかりでなく国家行動を決定する非構造的要因をシステム・レベルで理論化する機会をネオリアリストらに提供することにもつながる。

　国家の戦略に影響を与えるこれら非構造的決定要因は，概して2つの種類に分けることができる。すなわち①国家の行動に対する非構造的インセンティブと，②コミュニケーションおよび協調する国家の能力である。非構造的インセンティブはアクター間のパワー配分に影響を与えることなしに，コスト－リスクと便益との間の予想される比率に影響を与え，これによって機会を提供し，また国益の計算に変化を与える。たとえば武器の破壊力の高まりは，たとえ当該国間の軍事力の源泉の配分が技術革新によって変わらなくても，諸国家を戦争に従事させないよう促すインセンティブを生み出す。あるいは交通コストの減少は，諸アクターの相対的なバーゲニング・パワーやユニット・レベルにおけるアクター間の相違を変えることなく，貿易の便益を増大させるかもしれないし，またそれゆえにより開放的な経済政策を促進するかもしれない。

　コミュニケーションや協調する能力は国益の再定義に機会を提供することができるし，また国家にとって入手可能な情報が他国の選好や利用可能なパワーの源泉だけであったら実現不可能であろう戦略の追求にも機会を提供することができる。囚人のジレンマの各プレーヤーにコミュニケーション能力を与えることがゲームの性格を変えるように，国家のコミュニケーション能力と相互利益の合意を実現させる能力を高める制度は外交戦略に共通の文法をもたらし，それゆえに結果を変容させるのである。(40)話をポーカー・ゲームの比喩に戻すと，各プレーヤーの前にあるチップの山の大きさが重要であるのと同時に，各プレーヤーがゲームの性格やルールについて合意しているか否かも重要なのである。

　リベラリストは伝統的にシステムの過程の2つの側面を強調してきた。すなわち非構造的インセンティブとコミュニケーションおよび協調する能力の変化である。たとえば，リベラリズムの理論家は（洗練の度合いに違いはあるものの）貿易から得られる利益と経済的インセンティブが国家の行動に変化をもたらす

かもしれないことを強調する。同様にリベラリズムの理論家は国境を越える（即ち，政府を超える）交流の増加が国家の態度やコミュニケーションに与える影響をしばしば強調する。そして当然ながら，制度と規範の役割はリベラリズム理論において常に中核的な地位を占めてきたものである。これらすべてのテーマは1950年代末から1970年代初頭にかけての統合理論において，際立ったものであった。またこれらは，国際関係のシステム概念の必要不可欠な構成要素であり，そうでなければ「システム」はシステムの持つ諸側面のうちのたった1つの側面であるシステム構造と同一視されるものとなるであろう。これはまさにウォルツが犯した過ちである。

　このことは，システムの過程についての思考をリベラリストが独占しているということを意味しない。たとえば技術の変化は，たとえそれがパワーの配分に変化をもたらさない時であっても，リアリズム的思想にとって中心的なものである。我々はリアリズム的理論によって強調されるすべての要素がシステム・レベルに適合すると言っているのでもない。しかし，国際システムを定義する際に，過程のレベルを構造の概念に付け加えることが我々の理論化の能力を高めてくれるということを我々は主張しているのである。構造を重視すると同時に（その代わりにではなく）過程を重視することは，リアリズムとリベラリズムの徹底的な分離ではなく，リアリズムとリベラリズムの統合へと我々を向かわせるのだ。ネオリアリズムはシステム理論の構造レベルにおいて妥当なものであり，リベラリズムは過程レベルにおいて最も有益なものなのである。我々は両者を統合して，構造とともに過程を包含するシステム・レベルの理論に発展させることを強く期待している。

　ネオリアリストとリベラリストの統合へ向けたこのアプローチは，同義反復な論法の危険を引き起こす。もし従属変数が「どのように国家は行動するか」によって曖昧に定義され，システム・レベルの過程とは即ち国家の行動の仕方ということになれば，過程に着目して行動を「説明する」と，それは同義反復であることは明らかである。そうなるのを防ぐために，従属変数は特定の行動に関して注意深く定義されなくてはならない。それに加えて，プロセス・レベル——これは構造に基づかないインセンティブを変化させ，コミュニケーションしたり協調する能力に影響を与えるという要素からみた場合であるが

——での因果関係に関して明確に表現された類型論も必要とされる。技術的な変化，経済的相互依存関係，イシューの深度といったものは，非構造的なインセンティブに影響を与える要素の一部である。[41] 国際ルール，国際規範，国際制度といった「国際レジーム」の数々は，コミュニケーションおよび協調する能力に影響を与えるという点で非常に重要なものである。最後に，一方においてインセンティブとコミュニケーションおよび協調する能力に影響を与え，他方において行動に影響を与える要素をつなぎ合わせる因果関係の過程もまた追究されなければならないものなのである。すなわち我々は相関関係だけでは満足できないのだ。[42]

いかなるシステム・レベルの分析も，必然的に不完全なものとなるだろう。我々が強調したように，複合的相互依存関係といったシステムの過程を理解するためには，相互依存関係のパターンおよびレジームの形成に国内政治がどのような影響を及ぼしているのかについて知る必要がある。これはまた，経済的相互依存関係と国際レジームのような制度がいかなる影響を国内政治に及ぼすのかという逆のことも理解しなければならない。構造理論も我々が『パワーと相互依存』で発展させようとした幅広い過程を重視したシステム理論も，ともにそれ自身では不十分なのである。

たとえば国家のコミュニケーションおよび協調する能力について考えてみるといい。こうした能力は，国家が相互交流を統治するルールに関して合意するか否かに左右される部分があるが，国家の追求する目標に影響される部分もある。そしてこれらの目標は同様に国内政治の影響も受ける。現状維持の目的と革命的な目的とに分ける古典的な区別は，協調する能力について理解するのに妥当なものである。[43] 安定した行動パターンと激動の行動パターンのいずれが存在しているかについて判断する際，我々は国家の目標形成が，システムの過程にどう影響を与えているのかについて分析しなくてはいけない。目標の変化は一国家の国内過程から生じるかもしれない。フランス革命が18世紀の古典的な勢力均衡に与えた影響を見てみるといい。目標の変化はまた，何カ国かの国内政治と外交政策上の目的へと同時に影響を与える国境を越えた過程から生じるかもしれない。この点に関しては民主化およびナショナリズムの普及が19世紀の勢力均衡に与えた影響を見てみるといい。19世紀ヨーロッパのシステ

ムが構造的にみると多極的なものであり続けたということは，もし構造が厳密に定義されるならば正しい。しかし多極構造概念が変化を説明できないことは，システム概念を利用する場合，過程を構造に付け加えることが必要であることを示している。加えて，コミュニケーションおよび協調のシステム－過程の局面に焦点をあてることは，システム・レベルの変化とユニット・レベルの変化との間の相互作用に対する注目を高め，それにより研究プログラムを豊かなものとする。

　国家目標がどのようにシステム過程に影響を与えるのか，逆にシステム過程がどのように国家目標に影響を与えるのかについての関心は，我々の目を新たに認識と学習という問題に向かわせる。これらはとりたてて新しい問題というわけではないのだが，リアリストの議論に対する顕著な例外として，理論的に曖昧な地位を占めてきた。構造と過程の両方にかかわる，より豊かなシステム概念を採用することは，学問領域の中核に認識と学習を近づけることになるし，政治組織がどのように「学習する」かについて賢明に理解することの持つ重要性を示してもくれる。

4　認識と学習[45]

　国家の選択というものはエリートの国益認識を反映しており，その国益認識はいくつかの理由で変化しうる。最も顕著なのは政治的な変化である。選挙，クーデターないし世代交代といったものはリーダーの交代をもたらしうるし，また国益に関してかなり異なる見方をもたらしうる。「国益」の変化が社会全体の新たな感情的および認識的な見方を反映していない可能性もある。むしろリーダーシップの変化は国内イシューや外交政策と関係のないその他の要素を反映したものかもしれない。

　国益はまた規範の変化を通して再定義されるかもしれない。ある時期に受け入れられていた慣習や利益が，規範の変化によって後の時代では過小評価されることもあるし，また時として非合法なものになってしまうことすらある。奴隷制や植民地主義に対する見方の変化などはそのよい例である。

　国益はまた学習を通して変化することもある。最も基本的な意味合いにおい

て，学習することとは，新たな情報を得た結果として自身の考えを変えることであり，また勉強や経験を通して知識と技能を伸ばすことである。これはまさに簡潔な定義であり，新たな考えがより効果的な政策につながるということは暗示していない。ましてや新たな考えがより道徳に優越した政策につながるなどとはまず暗示していない。この定義のよい点は，発想に関する特定の変化が「より効果的な」ものになるか否か，すなわちそれが何を意味するのかを分析することなしに，学習というものを確認することができる点である。

しかしこれが唯一可能な「学習」の定義であるというわけではない。実際，多くの意味を持つがゆえに，学習という概念は掴みどころのないものである。「学習」がある者の行動の道徳的質の改善を暗示する，という考えからは混乱が生じるかもしれない。しかし通常の使い方において，我々は善き行いを「学習する」ことができるのと同じように，悪しき行いを「学習する」こともできるのである。電撃作戦を考案すること，攻撃用の核兵器を製造・使用すること，ジェノサイドを行うことなどはそのよい例である。学習について議論する社会科学者は学習を道徳的により改善された行いと同一視する必要がないのである。

ただ社会科学においては，我々が示した学習の簡素な定義とはなかなか相容れない，幅の広い学習の定義も共存しているため，より深刻な混乱も生じる。より幅の広い使い方によると，学習というものは，ある環境に効果的に対処するための高められた能力というものも含蓄することとなる。この違いは，非常に簡潔な一般化から「細い点に現実的に注意を払うことによって，複合的かつ統合的な理解」への転換という点で際立っている。国際関係理論における学習の重要性を強調する論者のリーダー格であるエルンスト・ハースは，自国が戦略的相互依存関係の状況に巻き込まれていると国家が認識した時に，学習過程が国際的に生じるのだと見ている。学習過程が生じる時には「新たな知識が国益の中身を再定義するために用いられるのであり，また望ましくない諸効果の原因を新たに認識することは通常，目的達成のための，今までとは異なる，より効果的な手段の採用へとつながる」のである。

もし我々が学習をより効果的な目的達成という意味合いを含むものとして定義するならば，研究に関して新たな困難が生じることになる。国際政治のような複雑な学問領域においては，時として事後においてですら「学習」が生じた

か否かを判断するのは不可能になることがある。「歴史の教訓」の読み誤りや不適切な類推はしばしばリーダーたちの目的達成を失敗に終わらせてしまう。[49]「どこで起きたかに関係なく，侵略行為は阻止されねばならない」というミュンヘンの教訓をトルーマン（Harry Truman）大統領が学んでいたことは，1950年6月に韓国が北朝鮮の攻撃を受けた際のトルーマン大統領の決断を，果たして多少なりとも賢明なものとしたのか。アメリカの政策決定者らが朝鮮戦争の際に中国の介入の危険について学んだことは，1960年代中葉にアメリカ軍をヴェトナムへ派遣した時の彼らを，果たしてより効率的な政策決定者としたのか。1970年代の軍備管理に対する批判者らが，アメリカの戦略軍構造をソ連が単純には模倣しないであろうことを学んだことは，レーガン政権期の彼らがアメリカの安全保障および世界の平和を守ることに多かれ少なかれ貢献したのか。いずれの事例においても思考は経験によって変化し，政策決定者は自身が巻き込まれている戦略的相互依存関係のネットワークについての意識を急激に高めた。政策決定者をより効果的に行動させる価値のある知識ないし技能が体得されたか否かは，依然として論争的な問題なのである。

　国際関係論における学習について研究を行う際，我々は学習に関していかなる定義を用いているかを特定しなくてはならない。ここで我々は「新たな情報を通した思考の変化」という簡潔な定義から考え始めると明確にすべきだと考えている。というのもこのように定義された学習は比較的識別しやすいものだからである。ハースが示唆するように，このような学習形態は戦略的相互依存関係の意識が高めている。いかなる状況下においてより効果的な目的達成につながるかという問題は，定義上の問題であるというよりも経験的・理論的な問題となるし，またそうなるべきでもあるのだ。

　政府の学習について分析する際，我々は組織的・政治的・心理的プロセスの複雑さを考慮しなくてはいけない。政策関連の学習は心理的な現象であると同時に，組織的な現象でもある。社会構造の変化や政治権力の変化は，誰の学習が重要であるのかを決する。その上，ある集団によって学習されたことが他の集団に普及することになれば，諸組織は制度的な記憶および社会化の手続きを持つことになる。重要な問題は，異なるエリートの諸集団がどのように国際システムの制約・機会および国家にとっての適切な目的・手段を認識し，再定義

しているかということである。オットー・フォン・ビスマルクと皇帝ウィルヘルムⅡ世とアドルフ・ヒトラーとは，何故，それぞれに異なるドイツにとっての国益と機会を定義したのか。またウィルソン（Woodrow Wilson）大統領とクーリッジ（Calvin Coolidge）大統領は，何故，ヨーロッパにおけるアメリカの国益について異なった定義をしたのか。加えて，ヨーロッパにおけるアメリカの国益についてのフランクリン・ルーズヴェルト（Franklin Roosevelt）の見方に関して，何故，1940年時と1933年時との間で違いが見られ，また1936年時と1933年時との間でさえ違いが見られるのか。国益はどの程度，リーダーやその支持連合の変化によって再定義され，またどの程度，権力の座に留まった者の考えの変化によって再定義されるのか。またもし後者であるならば，リベラル理論において強調される国境を越えた接触や連合はどの程度，我々が観察した学習に貢献しているのか。

　将来の研究にとって主たる問題点となるのは，国際政治過程の学習への影響である。いくつかの学習は漸進的で継続的なものである。漸進的な学習は，あるアプローチが他のアプローチよりも自身の目的にとってよく機能するはずだと，官僚やエリートが信じた時に生じる。国際レジームは漸進的な学習に関して，以下の理由からおそらく大きな役割を演じることができる。①国家の官僚制のために機能している標準の手続きに変化をもたらすことができる，②サブナショナルなアクターに新たな連合の機会を提供し，また第3者に改善されたアクセスを提供することができる，③制度内の接触を通じて参加者たちの態度を変化させることができる，④他者の態度に関する学習を促進させるルールの遵守に関して情報を提供することができる，⑤イシューとイシューとを切り離すことを助長し，交渉にかかわる特殊集団内の学習を促進させることができる。対照的にいくつかの学習はミュンヘン，世界恐慌，アフガニスタン侵攻といった大きく断続的な出来事ないし危機から生じる。ただ危機によって誘発された学習でさえも，制度によって促進される可能性はある。こうした制度は国際レジーム，国内の政党，官僚制などを含むかもしれない。国際レジーム（政府間，ならびに政府-国際機関間）によって促進される接触は，大きな出来事に関する共通の解釈の普及を助長するかもしれない。それゆえ，学習が斬新的なものであっても断続的なものであっても，レジームは制度的な記憶を創出・改変・強

化することにより，一定の役割を演じるのである。レジームの原理や規範はいくつかの重要な集団によって内部化されるかもしれないし，またそれゆえに情報を濾過する信条体系の一部となるかもしれない。そしてレジームそれ自体が，国内の主たる参加者が因果関係をどう認識するかという態度を変更させるような情報を提供するかもしれない。

　レジームや公式の交渉がなくても協調は起こりうる。アクセルロッド（Axelrod）はアクターが自己利益を定義した上で，互恵主義という他のアクターの戦略に対応して新たな戦略を選択するにつれ協調が進展することを論証した[50]。加えて，ルールと制度が学習効果を促進するという保証はないし，またルールと制度がアクター間関係のある部分における学習を促進したとしても，その学習が意味ある形で他の部分にまで波及するという保証もない。しかしそれでもレジームという観点から国際政治を見ることは探究のための実りある手段を示すし，また通常のアプローチでは常には捉えられなかった重要な問題を示してくれる。何ゆえに学習はある分野では早く，他の分野では遅々としたものなのか。いかなる時に学習は国際レジームのような制度の発展につながり，またいかなる時にそうならないのか。こういった国際レジームはどのような違いを作り出すのか。学習を促進したり阻害したりする国内の諸要素はどの程度国際レジームの影響を受けるのか。学習を制度化するなど，危機の際に社会はその危機を新たなレジームの創出のために利用できるのか[51]。我々はこれらの疑問に対する解答を知らないが，こういった解答は重要なものなのである。

5　結　論

　『パワーと相互依存』によって提示された研究プログラムは実りあるものであったと我々は考えている。他の研究者と同様，我々もまた誇張，反対意見に対するステレオタイプ，我々自身が示した理論や証拠についての曖昧さといった過ちを免れていないが，我々が発展させたプログラムはさらに有益な研究を促進させた。相互依存関係を経済的現象であると同様に政治的現象であると分析することも今となっては標準的なこととなっているし，相互依存の諸パターンを問題領域ごとに分析することも標準となっている。政治学者によって用い

られるバーゲニングやリンケージの概念もより洗練されたものとなったし，状況の変化やパワーの源泉の限定的な交換性といったことにも敏感になった。国際レジームの概念は世界政治におけるルールと制度の発展に関する研究を助長したし，またこうしたルールや制度が国家に与える影響についての研究も助長した。構造的現実主義ないし狭義のネオリアリズムが現在の世界政治を説明する枠組みとして不適切であるという指摘は，研究者の間で（普遍的ではないにしても）広く行き渡った認識である。

　しかしこの研究プログラムにはいくつかの成功とともにいくつかの欠陥もある。学習理論を用いずにレジームないし国家の政策における変化を理解するのは難しいように思われる。しかしまさにその学習概念が依然として曖昧なものなのであり，また誰もまだ国際政治の領域において首尾一貫した学習理論を発展させていないのである。その上，我々が試みたリベラリズム理論とリアリズム理論の統合については，リアリズム理論についてよりもリベラリズム理論についての方が十分でない。制度，相互依存，規則化されたトランスナショナルな接触を強調するリベラリズム理論を，世界政治における過程と構造についてのシステム分析に組み込むという作業を，我々は部分的にのみ行った。複合的相互依存の概念は迂回され，またあるいは誤って理解された。とりわけ我々は国内過程と国際過程の組み合わせが，どのように国家の選好を形作るのかについてほとんど注意を払わなかった。国内政治へ一層注目する必要性，ならびに国内政治と国際政治とのつながりへ一層注目する必要性があるため，我々はシステム・レベルに着目する研究だけでは収穫逓減の点に達しないであろうと判断している。

　今，我々が注目する必要に迫られているのは国際システムの制約－機会の相互作用であり，そのなかには構造と過程も含まれ，また国家内の影響力あるアクターによって抱かれる利益認識も含まれる。発展する国際制度，個人および集団の学習，国内政治上の変化の結果，自己利益の概念がどのように変化するかについても我々は分析する必要がある。この取り組みには，詳細な経験的研究によって強化されたダイナミックな分析が求められる。これによって国際関係論の領域と比較政治学の領域との間の境界はより曖昧になるであろう。こうした課題を取り上げようと望む者にとって，これからの10年は研究の上でと

ても刺激的なものとなるかもしれない。

注
(1) Robert O. Keohane and Joseph S. Nye, Jr. (eds.), *Transnational Relations and World Politics* (Cambridge : Harvard University Press, 1972).
(2) Albert O. Hirschman, *National Power and the Structure of Foreign Trade* (Berkeley : University of California Press, 1945).
(3) In Charles Kindleberger (ed.), *The International Cooperation* (Cambridge, Mass. : MIT Press, 1970).
(4) Kenneth N. Waltz, *Theory of International Politics* (Reading, Mass. : Addison-Wesley, 1979) ; また Robert O. Keohane (ed.), *Neorealism and Its Critics* (New York : Columbia University Press, 1986) も参照のこと。
(5) Karl Deutsch, et al., *Political Community and the North Atlantic Area* (Princeton : Princeton University Press, 1957) ; Ernst Hass, *The Uniting of Europe* (Stanford : Stanford University Press, 1958) ; Joseph S. Nye, Jr., *Peace in Parts* (Boston : Little, Brown, 1971).
(6) K. J. Holsti, "A New International Politics ?" *International Organization* 32 (Spring 1978), p. 525 ; Stanley J. Michalak, "Theoretical Perspectives for Understanding International Interdependence," *World Politics* 32 (October 1979), p. 148. 誤り (mea culpa) について、ならびにリアリストとネオリアリストの諸仮定を明確にする試みについては Robert O. Keohane, "Theory of World Politics : Structural Realism and Beyond," in Ada Finifter (ed.), *Political Science : The State of the Discipline* (Washington : American Political Science Association, 1983), reprinted in Robert O. Keohane, *Neorealism and Its Critics* (New York : Columbia University Press, 1986), pp. 158-203. を参照。またコヘインの最近の本である *After Hegemony : Cooperation and Discord in the World Political Economy* (Princeton : Princeton University Press, 1984) ［石黒馨・小林誠訳『覇権後の国際政治経済学』、晃洋書房、1998 年］は、政治的リアリズムが含意するものと一致しているという前提に基づいてリベラリズムの含意するものと考えられる制度論を明確に構築しようとしている。
(7) 統合理論と相互依存理論の関係についての我々の説明としては我々の論文 "International Interdependence and Integration," in Fred I. Greenstein and Nelson W. Polsby (eds.), *Handbook of Political Science*, vol. 8 (Reading, Mass. : Addison-Wesley, 1975), pp. 363-414. またカール・ドイッチュの地域統合についての業績は、ハースによるものと同じくらいに、この分野では重要なものである。我々はこれら両方について、1975 年の我々の論文の中で議論したが、我々の諸分析はハースの新機能主義 (neofunctionalism) に負うところが大変大きい。
(8) この立場とは対照的に、ホルスティは相互依存関係は焦点をあてる問題を持たないと主張している。彼曰く、「戦争、平和、秩序、パワーへの関心が数世紀前に我々の分野へと到ったのと同じように、相互依存関係の事実はそれが注目を保証する前に問題関心とな

あとがき

る」のである。K. J. Holsti, *The Dividing Discipline : Hegemony and Diversity in International Theory* (Winchester, Mass. : Allen and Unwin, 1985), p. 47.

(9) David A. Baldwin, "Interdependence and Power : A Conceptual Analysis," *International Organization* 34 (Fall 1980), pp. 471-596.

(10) Robert J. Art, "To What Ends Military Power ?" *International Security* 4 (Spring 1980), pp. 16-17. しかしアートは，彼が我々の見解を誤って理解した出版物のなかで，率直に誤りを認めるべきである。*International Security* 4 (Fall 1980), p. 189.

(11) J. Martin Rochester, "The Rise and Fall of International Organization as a Field of Study," *International Organization* 40 (Autumn 1986), note 52, p. 792. 似たような誤りは Ray Maghroori and Bennett Ramberg (eds.), *Globalism Versus Realism : International Relations' Third Debate* (Boulder : Westview Press, 1982). においても見られる。

(12) John Gerard Ruggie, "International Response to Technology : Concepts and Trends," *International Organization* 29 (Summer 1975), p. 569. また Richard N. Cooper, "Prolegomena to the Choice of an International Monetary System," *International Organization* 29 (Winter 1975), p. 64. も参照。加えて本書の注 (21) も参照のこと。

(13) Susan Strange, "Cave ! Hic Dragones : A Critique of Regime Analysis," *International Organization* 36 (Spring 1982), reprinted in Stephen D. Krasner (ed.), *International Regimes* (Ithaca : Cornell University Press, 1983) この主張がなされているのは p. 344。レジームという専門用語 (regime terminology) の初期の使用に関しては Fernand de Visscher, *Le Regime Nouveau des Détroits* (Brussels, 1924), in *Extrait de la Revue de Droit Internationale et de Legislation Comparée (1924)*, nos. 1-2 ; L. Oppenheim, *International Law*, 5th ed. (New York, 1937 ; edited by H. Lauterpacht), vol. 1, pp. 207, 366, on regimes for Luxembourg and the Elbe River ; David M. Leive, *International Regulatory Regimes* (Lexington : D. C. Heath, Lexington Books, 1976), 2 vols. などを参照。その他のものとしては *American Journal of International Law* に含まれる以下の各種論文を参照。① William L. Butler, "The Legal Regime of Russian Territorial Waters," 62 (1968), pp. 51-77, ② Richard Young, "The Legal Regime of the Deep-Sea Floor," 62 (1968), pp. 641-53, ③ Leo J. Harris, "Diplomatic Privileges and Immunities : A New Regime Is Soon to Be Adopted by the United States," 62 (1968), pp. 98-113, ④ W. Michael Riesman, "The Regime of Straits and National Security," 74 (1980), pp. 48-76, ⑤ John Norton Moore, "The Regime of Straits and the Third United Nations Conference on the Law of the Sea," 74 (1980), pp. 77-121.

(14) David A. Baldwin, "Power Analysis and World Politics : New Trends Versus Old Tendencies," *World Politics* 31 (January 1979), pp. 169, 181.

(15) Harrison Wagner, "Economic Interdependence, Bargaining Power and Political Influence," unpublished paper, October 1986.

(16) 国際通貨システムの 1971 年の変化について，我々の分析はこの点を説明している。我々はアメリカの弱さを強調したのではなく，アメリカの地位の潜在的な強さを強調した

第VI部　理論と政策についての再考（1989年）

のである。その際に我々は、「債権者のアメリカに対する影響力は、古き諸概念および諸ルールに従ってゲームをするという、アメリカの意志に懸かっている」というヘンリー・オーブリー（Henry Aubrey）の言葉を引用した。第**6**章注⑾参照のこと。

⒄　Arthur A. Stein, "The Politics of Linkage", *World Politics* 33 (October 1980), p. 81.

⒅　Thomas Schelling, *The Strategy of Conflict* (New York : Oxford University Press, 1960), p. 177 ［河野勝監訳『紛争の戦略――ゲーム理論のエッセンス』、勁草書房、2008年］．オイエのリンケージに関する議論は Kenneth A. Oye, Donald Rothchild, and Robert J. Lieber, *Eagle Entangled : U. S. Foreign Policy in a Complex World* (New York : Longman, 1979) のとりわけ pp. 13-17. に登場してくる。また Ernst B. Haas, "Why Collaboration ? Issue-Linkage and International Regimes," *World Politics* 32（April 1980), pp. 357-402 も参照。

⒆　Robert Tollison and Thomas Willett, "An Economic Theory of Mutually Advantageous Issue Linkage in International Negotiations," *International Organization* 33 (Fall 1979), pp. 425-49 ; James Scbenius, *Negotiating the Law of the Sea* (Cambridge : Harvard University Press, 1984), especially chap. 6 ; Scbenius, "Negotiation Arithmetic," *International Organization* 37 (Spring 1983), pp. 281-316.

⒇　*World Politics* の特集号について経験的研究を促した簡潔な議論としては Robert Axelrod and Robert O. Keohane, "Achieving Cooperation under Anarchy : Strategies and Institutions," *World Politics* 39 (October 1986) の特に pp. 239-43. を参照。

㉑　国際関係理論についての現在の研究に見られる哲学的な専門用語（philosophical jargon）への好み（fondness）というものを考えると、我々はこのことを複合的相互依存の「存在論的地位」（ontological status）として言及すべきである。

㉒　John A. Vasquez and Richard W. Mansbach, "The Issue Cycle and Global Change," *International Organization* 37 (Spring 1983), pp. 257-79, quotation on p. 274. また Mansbach and Vasquez, *In Search of Theory : A New Paradise for Global Politics* (New York : Columbia University Press, 1981) の特に chap. 4 を参照。

㉓　特に Keohane and Nye, "Transgovernmental Relations and International Organizations," *World Politics* 27 (October 1974), pp. 39-62 を参照。

㉔　研究のための戦略として、このアプローチはおそらく賢明なものである。というのも単なる叙述的な寄せ集めに還元させることなく、理論的に国内政治と国際システムをつなぎ合わせるのはひどく難しいからである。国家構造の概念を用いてこのギャップを埋めようという近年の努力は、目に見える進歩を遂げている。Peter J. Katzenstein (ed.), *Between Power and Plenty : Foreign Economic Policies of Advanced Industrialized States* (Madison : University of Wisconsin Press, 1978) および Peter J. Katzenstein, *Small States in World Markets* (Ithaca : Cornell Univesity Press, 1985) を参照。

㉕　Peter A. Gourevitch, "The Second Image Reversed," *International Organization* 32 (Autumn 1978), pp. 881-912 および *Politics in Hard Times* (Ithaca : Cornell University Press, 1986).

あとがき

⑯　Ruggie, "International Response to Technology."
⑰　ロバート・ジャーヴィス（Robert Jervis）は19世紀のヨーロッパ協調（Concert of Europe）を確認した。しかし現代国際政治に関する彼の議論において，彼は米ソ間の戦略的関係のなかにレジームの存在を見つけ出そうとし，それに失敗している。Robert Jervis, "Security Regimes," in Stephen D. Krasner (ed.), *International Regimes* (Ithaca: Cornell University Press, 1983), pp. 173-94. またジャニス・グロス・スタイン（Janice Gross Stein）とジョセフ・ナイ（Joseph S. Nye, Jr.）は行動の狭い諸領域に焦点をあて，現代国際政治における意味のある安全保障レジームを発見した。Stein, "Detection and Defection: Security 'Regime' and the Management of International Conflict," *International Journal* 40 (Autumn 1985), pp. 599-627 および Nye, "Nuclear Learning and U.S.-Soviet Security Regimes," *International Organization* 41, no. 3 (Summer 1987) を参照。また Roger K. Smith, "The Non-Proliferation Regime and International Relations," *International Organization* 41 (Spring 1987), pp. 253-282 も参照。スミスはレジーム理論に対する奥行きのある批判をいくつか展開している。
⑱　Krasner (ed.), *International Regimes*, p. 2.
⑲　Stephan Haggard and Beth Simmons, "Theories of International Regimes," *International Organization* 41 (Summer 1987), pp. 419-517 を参照。
⑳　通貨，貿易，原油について議論している Keohane, *After Hegemony* [『覇権後の国際政治経済学』] および the ariticles in the Krasner volume, *International Regimes* を参照。また貿易と支払いのバランスについて議論している Charles Lipton, Jock A. Finlayson and Mark Zacher, and Benjamin J. Cohen および Vinod K. Aggarwal, *Liberal Protectionism: The International Politics of Organized Textile Trade* (Berkley: University of California Press, 1985) も参照。この他，各分野については *International Organization* の以下の諸論文を参照。南極のレジームについては "Antarctica: The Last Great Land Rush" 34 (Summer 1980), by M. J. Peterson; 核拡散については "Maintaining a Non-Proliferation Regime" 35 (Winter 1981), by Joseph S. Nye, Jr.; 民間航空については "Sphere of Flying: The Politics of International Aviation" 35 (Spring 1981), by Christer Jonsson; 第3世界の債務については "The International Organization of Third World Debt" 35 (Autumn 1981), by Charles Lipson; 国際海運については "The Political Economy of International Shipping: Europe versus America" 39 (Winter 1985), by Alan W. Cafruny; 国際商品レジームについては "Trade Caps, Analytical Gaps: Regime Analysis and International Commodity Trade Regulation" 41 (Spring 1987), by Mark Zacher. それから国際レジームの発展と持続性について説明しようとした，最近の書籍並みの2つの研究としては Charles Lipson, *Standing Guard: Protecting Foreign Capital in the Nineteenth and Twentieth Centuries* (Berkeley: University of California Press, 1985) および Stephen D. Krasner, *Structural Conflict: The Third World Against Global Liberalism* (Berkeley: University of California Press, 1985) がある。

第Ⅵ部　理論と政策についての再考（1989年）

⑶　たとえば1986年6月3日，ソ連共産党書記長のミハイル・ゴルバチョフは国連事務総長宛のメッセージのなかで「核エネルギーの安全な開発のために，国際レジームの立ち上げを即座に開始する実際的な必要性があることはかなり明白である」と述べた。*New York Times*, June 4, 1986, A12. ソ連の学者たちは国連海洋法会議との関連でレジームという言葉を用い始めたと教えてくれたが，何によってゴルバチョフ書記長がレジームという言葉を用いるようになったのかを推測することは我々にはできない。Personal conversaions, Moscow, June 1986.

⑶　Stephen D. Krasner, "Regimes and Limits of Realism : Regimes at Autonomous Variables," in Krasner (ed.), *International Regimes*, pp. 355-68. ただし富裕国と貧困国の関係に関する，いくつかの国際レジームの影響についての分析としてはKrasner, *Structural Conflict : The Third World Against Global Liberalism* (Berkeley : University of California Press, 1985) がある。

⑶　洞察力に富んだ初期の試みとしてはOran R. Young, *Compliance and Public Authority* (Washington : Institute for the Future, 1979).

⑶　ある特定イシューが他の諸イシューから隔離されていると考えられる際に，その特定イシューについて代替の行動をとった場合の相対的なコストおよび利益に関する「諸政府」の認識という観点から，コヘインは近視眼的な自己利益というものを定義している。

⑶　ブレトンウッズ国際通貨レジームの瓦解についてはたとえばJoanne Gowa, *Closing the Gold Window : Domestic Politics and the End of Bretton Woods* (Ithaca : Cornell University Press, 1983) およびJohn S. Odell, *U. S. International Monetary Policy : Markets, Power and Ideas as Sources of Change* (Princeton : Princeton University Press, 1982) などを参照。多国間繊維取り決め（Multi-Fiber Arrangement）の下の，諸制約についてのルール回避および迂回についてはDavid Yoffie, *Power and Protectionism : Strategies of the Newly Industrializing Countries* (New York : Columbia University Press, 1983).

⑶　エイブラム・チェイス（Abram Chayes）のキューバ・ミサイル危機時の法の役割に関する研究は，国際レジームなどに具現化されるような国際規範についての研究が欠如している，という発言に関しての例外のようなものである。チェイスはレジームという言葉を用いてないが，彼は様々な国際活動や諸合意など，紛争の平和的解決のための国際規範の影響について議論しており，米州機構（Organization of American States）や国連憲章にも話が及んでいる。Abram Chayes, *The Cuban Missile Crisis and the Rule of Law* (New York : Oxford University Press, 1974) を参照のこと。

⑶　Kenneth N. Waltz, *Theory of International Politics* (Reading, Mass. : Addison-Welsey, 1979).

⑶　この線に沿ったウォルツの研究に対する批判としてはJohn Gerard Ruggie, "Continuity and Transformation in the World Polity : Toward a Neorealist Synthesis," *World Politics* 35 (January 1983), pp. 261-285 ; reprinted in Robert O. Keohane (ed.), *Neorealism and Its Critics* (New York : Columbia University Press, 1986), pp. 131-157 を参照。またこの効果

について幅を広げた議論は Keohane, *After Hegemony* [『覇権後の国際政治経済学』] のとりわけ chap. 1, 4-7 に見られる。

(39) Kenneth N. Waltz, "Response to My Critics," in Keohane (ed.), *Neorealism and Its Critics*, pp. 322-346.

(40) 協調を促進する方式とシステム論的な過程の間の関係を類推する議論について, 我々はヘイワード・オールカー (Hayward Alker, Jr.) の影響を受けている。

(41) イシューの深度とは, ある特定の政策空間のなかで生じる諸イシューの数および重要性として定義されるものである。Robert O. Keohane, "The Demand for International Regimes," *International Organization* 36 (Spring 1982), reprinted in Krasner (ed.), *International Regimes* を参照のこと。論及は後者の p. 151 にある。

(42) 「過程追跡」(process tracing) のこうした方法については Alexander L. George and Timothy J. McKeown, "Case Studies and Theories of Organizational Decision Making," *Advances in Information Processing in Organizations* 2 (1985), pp. 21-58. また Alexander L. George, "Case Studies and Theory Development: The Method of Structured, Focused Comparison," pp. 43-68 in Paul Gordon Lauren (ed.), *Diplomacy: New Approaches in History, Theory and Policy* (New York: The Free Press, 1979).

(43) 実際のところ革命的なものと現状維持的なものとの間には様々な目的が存在する。その上, これらの目的は, 国家に利用可能な手段のタイプによる影響も受けるかもしれない。Barry Buzan, *People, States and Fear* (Chapel Hill: University of North Carolina Press, 1983) を参照。

(44) 2国間-多国間の区別はケネス・ウォルツによって強調されており, 彼の *Theory of International Politics* は, 我々が批判対象とする説明上の不適切さを包含する政治的構造の考えを注意深くかつ体系的に発展させている。また19世紀についての近年の議論としては Paul W. Schroeder, "The 19th Century International System: Changes in the Structure," *World Politics* 39 (October 1986), pp. 1-26 を参照。シュローダーは弱小国の保護のための諸規範の発展を強調している。彼が「構造における変化」と呼ぶものは, ウォルツによる構造的な変化と考えられるものではなく, 我々はこれらを国際システムの過程における変化として言及することとする。

(45) このセクションの諸イシューを我々が明らかにするにあたり, ウィリアム・ジャロス (William Jarosz) およびリサ・マーティン (Lisa Martin) の洞察力に富んだコメントは大いに助けとなった。

(46) Lloyd Etheredge, *Can Governments Learn?* (New York: Pergamon Press, 1985), p. 143 また "Government Learning: An Overview," in Samuel Long (ed.), *Handobook of Political Behavior* 2 (New York: Plenum Press, 1981), pp. 73-161.

(47) Ernst B. Haas, "Why We Still Need the United Nations: The Collective Management of International Conflict, 1945-1984," *Policy Paper in International Affairs*, no. 26 (Berkeley: Institute of International Studies, 1986), p. 68.

第Ⅵ部　理論と政策についての再考（1989年）

⑷⁸　Ernst B. Haas, "Why Collaborate ? Issue-Linkage and International Regimes," *World Politics* 32 (April 1980), p. 390. また John D. Steinbruner, *The Cybernetic Theory of Decision* (Princeton : Princeton University Press, 1974) および Robert Jervis, *Perception and Misperception in International Politics* (Princeton : Princeton University Press, 1976) も参照。

⑷⁹　Richard Neustadt and Ernest May, *Thinking in Time* (New York : The Free Press, 1986).

⑸⁰　Robert Axelrod, *The Evolution of Cooperation* (New York : Basic Books, 1984)［松田裕之訳『つきあい方の科学——バクテリアから国際関係まで』, CBS 出版, 1987 年／ミネルヴァ書房, 1998 年］。

⑸¹　こうしたことが政策決定者らによる先を見越した目的となるべきだという議論については Robert O. Keohane and Joseph S. Nye, Jr., "Two Cheers for Multilateralism," *Foreign Policy* 61 (Fall 1985) を参照。なお同論文は本版において転載されている。

多国間主義を推奨する2つの論点[*]

　第2次世界大戦後という歴史上非常にユニークな時期において，アメリカは自国が世界においてルールや組織といった国際レジームを創り出すほどの前例なきパワーを備えていることに気がついた。そしてその国際レジームはアメリカの経済および安全保障上の利益を守るのと同時に，国際関係のためのグローバルな枠組みを規定した。国連，IMF（国際通貨基金），世界銀行，GATT（関税と貿易に関する一般協定）といった国際レジームが生まれたのもアメリカの情熱によるところが大きい。こうした制度創設のほとばしりのなかで，幾人かの評論家は「アメリカの世紀」に突入したのだと指摘した。

　しかし国際レジームに対する全米のムードは一変した。今では国際組織なるものは魔法使いの弟子のような，統制の利かないものだと見られている。アメリカの国連常駐代表であるジーン・カークパトリック（Jeane Kirkpatrick）は『レギュレーション（*Regulation*）』誌の1983年1・2月号において，こうした見解を表明している。

　　国連の諸組織は……我々が敗北するであろう戦いの舞台である。規制は世界の富と呼ばれるものを再配分するための道具に他ならない。国際的な官僚制度は「新たな支配階層」として機能しており，パワーは彼らの元に委譲されている。グローバルな社会主義の出現が予見されると同時に，多くの者からするとグローバルな社会主義の出現が望まれてもいるのである。

国連においてアメリカは痛烈な批判を浴び，アメリカもまたそれ相応の態度

---

[*]　Robert O. Keohane and Joseph S. Nye, "Two Cheers for Multilateralism." Reprinted with permission from *Foreign Policy* 60 (Fall, 1985). Copyright 1985 by Carnegie Endowment for International Peace.

第Ⅵ部　理論と政策についての再考（1989年）

で応じている。アメリカは UNESCO（ユネスコ：国連教育科学文化機関）からの脱退を行い，また FAO（国連食糧農業機関）および UNCTAD（国連貿易開発会議）からの脱退も検討した。「グローバルな単独主義者」に至っては，国際組織の枠外で，海外からの諸要求や諸制約に束縛されることなく，独力で政策を追求できるアメリカの能力を称揚している。

　1981年のレーガン政権にとっては，国際的な政策協調として偽装された政府への介入をアメリカが受け入れすぎたことになる。レーガン政権は金利や為替レートの規律を市場の役割だと考えており，また IMF については自己賛美する国際官僚組織であるとみなしている。さらにアメリカでは，IEA（International Energy Agency：国際エネルギー機関）の強化およびそのための国際的な政策協調の手続きよりも，国内でのエネルギー生産の上昇の方が重要であると考えられている。さらに核拡散の阻止については，大統領候補者としてのロナルド・レーガンがかつてその阻止を主張していたものの，現在では「我々の仕事」でなくなってしまった。加えて国連海洋法条約の不完全な草案については支障なく放棄されるかもしれない。そしてアメリカの政権による解決策は多国間協調への精力的な努力ではなく，失われた軍事力およびアメリカの強い自己主張の回復というものだった。

　数多くある国際制度の下での活動の中で「アメリカのために立ち上がる」ことはアメリカ国内政治において人気のある政策であるし，また状況によっては正しい政策でもある。ダニエル・モイニハン上院議員（Daniel Moynihan, 民主党，ニューヨーク州）は，彼自身が10年前にアメリカの国連大使を務めていた頃，「対応されない限り，国連総会のレトリックは世界政治のアジェンダを徐々に作り上げることになるだろう」という正しい指摘を行っている。またユネスコのような正道から外れた組織を実際的な方向へと向かわせるには，アメリカの脱退が唯一の方法なのかもしれない。しかしそれでもやはりアメリカ自身も問題を抱えている。しばしば国際組織の形式をとるような，国際的な協力が解決のために求められる複雑な諸問題に対して，タフさや単独主義だけでもって効果的に取り組むということは不可能なのである。

　実際，国際的な政策協調および制度構築に抵抗した政権発足当初の頃と比べると，レーガン政権も政策協調や制度構築に関心を示すようになってきている。

この姿勢の変化は現実に直面した上での伝統的な政策への回帰なのである。メキシコないしブラジルが，アメリカの銀行に多大な債務を抱えた状態で債務不履行になるような世界は，アメリカの財政的健全性にとっても極めて危険である。また世界が資本主義にとって安全であるよう維持するために，IMFのような重要な国際組織の介入が必要であることは，明らかになってきた。IMFの原資については，政策転換を行ったレーガン政権がそれを増加させるようアメリカ連邦議会へと働きかけた。また同様に，核兵器の拡散がもたらすアメリカ安全保障への影響を憂慮したレーガン政権は，歴代政権が創り上げてきた核不拡散レジームを維持する方向へと政策を転換させた。加えてイラン－イラク戦争によりペルシャ湾が閉鎖されるのではという可能性が持ち上がった際，レーガン政権の政策立案者はそれまでよりもIEAの緊急時の調整に同調的になったようだった。

　レーガン政権が嫌々ながらも穏当な国際主義を受容した事実は，アメリカ外交の指針となる原理として，単独主義へ回帰することが今や不可能であるということを示している。国際組織に多くを期待しない政府高官たちですら，アメリカの諸目的を達成する上での国際組織の価値に気がついている。こうした心変わりを助長させたのは，世界を改善しようという願望や集団主義のイデオロギーなどではなく，むしろ相互依存関係の世界における他ならぬ自己利益なのである。単独主義は外交政策上の一時的な勝利をもたらすかもしれない。しかしそれはあくまでも国際的な協調以外では対処できない問題群に対する不適切な対応なのである。

　残念ながらこの点を受け入れることが，アメリカの外交政策をはるか彼方へと前進させるというわけではない。というのも鍵となる問題は現存する諸レジームおよび諸制度への遅ればせながらの信用ではなく，参加各国の国益にかなうようにこれらのレジームと制度を将来的に改善させていくことだからだ。レーガン政権による国際制度の価値の受容も，いくつかの国際的会合から発せられる集団主義および富の分配のドクトリンに対するレーガン政権の恐怖心によって依然として台無しになってしまっている。こうした恐怖心は，同政権が国際レジームについて戦略的に思案することを妨げている。戦略的に思案することとはすなわち，現在の政策論議において滅多に議論されることのない「分裂

した，異質な世界において，アメリカはいかなる類の国際協調を築くよう望むのか」という重要な問題に焦点をあてることを意味する。

そもそも本来的に外交政策というものは，予期せぬ矛盾に満ちた出来事に対して柔軟に対応することである。それゆえに，遠い未来のための詳細な青写真から得られることは非常に少ない。しかしながら戦略的な視野がないと，戦術を体系的に設定することなどできはしない。さもなければ，相矛盾する事象に対して，場当たり的な対応が政権の周りを堂々めぐりすることになるであろう。戦術的な機会が生かされるようにするための緊急時対策こそが，長期的な戦略の一要素なのである。新しい出来事への革新的な対応を阻むような長期的な計画は破滅的な行為となる。しかし他方で，世界政治における構造と制度の間の政策的選択の影響を無視するような純粋に戦術的なアプローチは，アメリカが他国と協調していけるような枠組みの改変をする貴重な機会を無駄にしてしまうかもしれない。

1 レジームの必要性

アメリカ国民の住む世界が主権国家からなる世界である限り，国際的統治が国内統治のようなものになることはないであろう。このことをアメリカ国民が受け入れた時にのみ，国際制度の役割に関する明確な思案は可能となる。これまでの40年間を大きく振り返ってみても，保守派の抱く恐れとは裏腹に，国連の加盟各国は世界政府への遅々たる動きすら進めていない。ある者は国連に美徳だけを見出し，またある者は国連に欠陥だけを見出すが，こうした国連の多種多様な諸組織と国際的統治とを同一視するべきではない。国連システムというものは，諸国家による相互依存関係のやり繰りの仕方を規定するルール・制度の複雑なセットのごく一部にすぎないのである。つまり国際レジーム，すなわち諸イシューにおける受け入れ可能な態度を規定するルールや手続きといったものは，国連の領分をはるかに超えるものなのだ。レジームはしばしば公式の組織を含むが，それらだけに限定されるものではない。レジームとは広い意味での制度すなわちゲームのルールを定義づける行為の認知された諸パターンのことなのである。

モリエール（Moliere）の有名な喜劇『町人貴族（*Le Bourgeois Gentilhomme*）』に登場する，自身が散文調で話していることに気がつかない人物のように，一般大衆は，国際レジームの世界のなかで政府が存在するということにしばしば気づかない。レジームはその領域や構成国によって大いに異なる。債務や為替レートの問題に取り組むものもあれば捕鯨や南極の地位の問題に取り組むものもあるし，また貿易障壁の広がりに取り組むものもあれば核兵器の拡散に取り組むものもある。いくつかのレジームがすべての国家に開かれている一方，いくつかのレジームは地域的なものである。また多くのレジームは国力ないし利益が似通った国々に限定されている。しかしながらいかなるレジームもその構成員に自身の意志を押しつけることはできない。もちろん他方で，レジームから利益を得ることを望む参加各国の政府は国内および国際的な態度に関する制約を受け入れなければならないわけである。要するに，レジームは政府が協調的に目的を追求するよう促すのである。決してレジームが各国の国益を抽象的な共通利益へと置き換えるわけではないのだ。

大国による恣意的なパワーの乱用から身を守るための障壁として，弱小国はしばしば国際レジームを歓迎する。しかしながらレジームは，安定した世界環境の創出を望むが，それを命令することはできないアメリカのような大国にとっても，同じく価値のあるものである。

ここ数十年の間のいくつかの例を挙げると，核兵器拡散の抑止を支えたり，保護貿易主義を制限したり，LDCs（Less-Developd Countries：後発開発途上国）に対するローンの繰り延べをまとめたりするなどして，レジームはアメリカの国益に貢献してきた。ケネディ大統領（John F. Kennedy）が 1963 年時点で予測した核兵器保有国の数と比べると，実際の現在の核兵器保有国の数はその予測の 3 分の 1 以下である。もちろん，この核兵器拡散の流れの遅れが専ら 1968 年署名開始の NPT（核不拡散条約）と 1957 年創設の IAEA（International Atomic Energy Agency：国際原子力機関）によるものであるというわけではない。しかし核拡散を抑制する国際レジームの存在が，同領域におけるアメリカの政策を大いに助け，世界をより安全なものとしたのは確かである。またここ 10 年において，GATT は経済的苦境がもたらす圧力や比較優位が急激に変化するなかで貿易リベラリズムが弱体化するのを防ぐことができなかった。しかしや

はり1920年代および1930年代に生じたことを省察すれば，本質的にリベラルなレジームが存在しないと，保護貿易主義が統制の利かないほどに拡大していってしまうのも当然であるということが分かる。加えて後発開発途上国の最近の債務危機が世界的な金融危機につながらなかったのも，債務の繰り延べを許可したり，後発開発途上国への貸し出しを継続するよう銀行にインセンティブを与えたりした国際的な，トランスナショナルな，対内的な，合意を練り上げていたことによるところが大きかった。

当然のことながら，すべてのレジームが集団的な問題のやり繰りに効果的な貢献を行っているわけではない。多くのコンセンサスを享受しているレジームもあればそうでないレジームもある。しかしよい働きをしているレジームはその特徴として，少なくとも以下の4つの価値ある機能を見せつけている。

第1に，レジームは責任分担を促進する。往々にして政府というものは他の政府が同じことを行っている場合にだけ，集団的な目的の達成に寄与するものである。そして大国が明確なルールと手続きとを示すことができた場合，他の諸国家は自国が義務を避けるのは難しいのだと気づく。またレジームはその大小にかかわらず，すべての国家に適応可能な標準を作り上げる。

第2に，レジームは諸政府に情報を提供する。とりわけ感染症拡大の統制，遠隔通信の周波数の割り振り，大気・海洋汚染の防止といった国境を簡単に越える諸イシューにおいては，共有された情報というものが効果的な行動のために必要不可欠である。また情報は諸政府がそうでなければ単独に行動するかもしれない他のいくつかのイシューに関しても協調を促す。そしてこの情報によってかなりの共通利益が生まれる可能性が明らかとなる時は，重要な合意が得られるかもしれない。国際レジームは諸政府の政策をより予測可能なものとし，またより信頼の置けるものとする。このようにしてIEA (International Energy Agency：国際エネルギー機関) は，国際的な原油の埋蔵量を観測し，緊急時の対策を練り上げることで，政府や会社による競争的・パニック的な原油の買い占めを減らすかもしれないのである。1979年においてはこの任務が成功しなかったものの，1980年においてはIEAが肯定的な役割を演じたはずである[1]。またレジームは間接的に情報を提供することもある。例としては交渉や人的交流などを通して，ある国家の政府高官に他国の政策決定過程へのアクセスを与え

ることなどが挙げられる。それゆえに債務交渉に携わる政策決定者らは互いの政策について知り合うだけでなく、お互いのことを知り合うのである。人的交流を通すことで、将来起こると仮定される出来事に対するパートナーの反応というものを、より自信を持って予測することができるのだ。

第3に、大国は各国の多種多様な諸利益が、各国それぞれの外交手法によって増進されるのを防ごうとするが、レジームはこうした大国の動きを支援する。相互依存関係が諸イシューを結びつけるにつれ、各国がそれぞれ諸イシューに絡めとられる可能性は高くなる。50年以上も前にアメリカは、ある国との互恵的な貿易協定が他の多くの国々との貿易に悪影響を及ぼすことを体感した。交渉が行われる（無条件の最恵国待遇において制度化された）諸ルールの枠組みをなくしては、効果的に諸イシューへ取り組むことが不可能になってきたのである。同様に1945年、アメリカは自国の沿岸近辺における漁業活動や海洋石油採掘を管轄する決定を一方的に宣言したが、その結果として生じたのは、多種多様な海洋資源の統制について他国がこぞって矛盾し合う要求をするということの連続であった。巧みに策定されたレジームこそが、ルールのセットの下に諸イシューを束ねることで、こうした状況にいくらかの秩序をもたらすことができるのである。

そして最後に、国際レジームはアメリカ外交政策に規律をもたらす。批判者からすると、これはアメリカ外交に最も必要とされる資質である。こうして国際ルールはアメリカで政権交代が生じた際にも、アメリカの外交政策上の連続性を強化するのを手助けすることになる。また国際レジームはアメリカ連邦議会における有権者の圧力に対しても制約を設ける。たとえばアメリカ内のワイン業者はヨーロッパのワインを締め出そうと試みている。その時、ワイン業者の上記措置に対する報復を恐れるアメリカの小麦農家は、GATTのルールを持ち出すことによってワイン業者の動きを打ち負かすことができ、また立場を強化することができる。

要するに、だいたいにおいてレジームはアメリカの国益にかなうものなのだ。そしてまたそれはアメリカが世界における主導的な商業的・政治的大国であるゆえのことなのである。もし仮に、すでに存在する数多くのレジームが存在しなかったとしたら、アメリカはかつて実際そうだったように、こうした数多く

第Ⅵ部　理論と政策についての再考（1989年）

のレジームの創設を望んでいるであろう。

2　非現実的なビジョン

　以下の7つの原則は，アメリカが国際レジームに対して効果的かつ戦略的なアプローチを開発するのを手助けするであろう。

過去を取り戻そうとするな

　簡潔できちんとルールの取り決められた世界への郷愁があるため，アメリカは，外交政策上の諸問題を解決するための「グランド・デザイン」を定期的に提案する。しかし戦後のビジョンは今では非現実的なものである。1国1票のルールを原則とする国連総会も，アメリカ外交にとって信頼に足る手段としてアメリカ自身に受け入れられていない。また「新しいブレトンウッズ」会議およびNPTを改定・強化するための大会議を立ち上げようといった最近の政策決定者たちの理想は，事態をより悪化させてしまう。アメリカが優勢であった時代においてさえ，普遍主義的なアプローチはしばしば失敗した。通説とは裏腹に，数多くの第三世界諸国が国連加盟を果たす以前の時代においてすら，アメリカが国連総会で「自動的な多数派」を獲得できていなかったということを，数多くの博士論文は立証している。近年生じているパワーの拡散は大会議外交なるものをこれまでにも増して馬鹿げたものとしたし，またそれゆえに落胆を生む可能性の高いものとした。海洋法会議に関する，10年以上の努力の末の無念な結末が証明しているように，数多くの相矛盾する諸要求は，満足させる解決策へのすべての可能性をしばしば消し去ってしまうのだ。

　今日の世界において，普遍的な国際組織は政策決定主体としてよりも，いわば音響効果を高めるための反響板として価値のあるものである。もしアメリカがナイーブにではなく，注意深く耳を傾けるならば，こうした諸組織は他国の見解の強調点や変化に関する何かを示してくれるかもしれない。またこうしたフォーラムは世界政治のアジェンダに影響を及ぼすこともある。さらには他の場で取り決められた重要決定を正当化する可能性もあろう（一例としては，米ソの間で交渉された後に，国連総会の投票により賞賛された軍備管理の諸条約などが挙げ

られるだろう）。しかしながら普遍的な諸国際組織が集団行動のための手段を世界に示すということはごく稀にしかない。

世界が本当にレジームを欲しているか否かを問え
　諸政府によって協議された行動よりも協議を欠いた行動の方が悪い結果をもたらす時にのみ，レジームは必要とされる。深刻な利益対立のないイシューは制度的な構造をほとんど必要としない可能性がある。いずれの車が先に交差点を渡るのかというような問題よりも，道路の左側 - 右側いずれを通るべきかというような問題の方により性格の近いいくつかの国際問題も存在する。ひとたび社会が左車線にするか右車線にするかを決定したならば，その後は慣習的に自ずと実施されるようになるものである。こうした決めごとから逸脱することに関心を持つのは自滅的な狂人くらいである。多くの国際レジームも同じように自ずと実施される自己強制的な性格を持つものである。例としては手紙の配達に関する取り決め，大洋航路の位置，国際航空交通規制の使用言語として何語を用いるかという問題などが挙げられる。どのみち誰も誤った場所に手紙を送ることを喜ばないし，また誰も誤った大洋航路を通って他船との衝突を誘発するようなことを喜ばない。あるいは誰もシカゴに到着した途端に，言語がフランス語へと変わることによって喜んだりはしない。
　しかしながらより重要なレジームは，ある政府が自国以外の政府が協力することを望むような問題領域を扱っている。たとえば，ある国の債務不履行が現実味を帯びてきた際，各国の共通利益はシステムを救済することを求める。にもかかわらず各銀行からしてみれば，問題のある借り手に対する貸し付けを停止したり，ローンを終わらせたりすることこそが自身にとっての利益である。ところが各銀行がこのように対応すれば，債務不履行は避けられず，システムは確実に崩壊してしまうだろう。それゆえに，銀行の貸付を管理する協調的なレジームは，各銀行自身にとっても望ましいものなのである。すでに述べたことであるが，同様にエネルギー消費に関する安全保障上の国際的な取り決めは，原油が不足した際に各国が原油を競り合うというインセンティブを減退させることができる。債務と原油のためのレジームは，渋滞した交差点に必要な照明灯とよく似ている。すなわちもしルールがなければ，各々による自己利益の追

求は全員の破滅へとつながってしまうのである。

　ルールを監視し，実施させるための明示的な規定を具体化するために，自己強要できないレジームは通常，国際組織を必要とする。しかしながらこうした国際組織はそれ自身がルールを実施させる能力を持っているわけではない。ルールの実施は各国政府によって行われなければならない。だがレジームは過去の協定からの逸脱行為を識別する監視を行ったり，政府が将来の緊急事態に対応する準備をうまくできるようにする対策に従事したりすることはできる。また驚くべきことに，最も効果的な国際組織とは，往々にして小規模な国際組織である。1980年時点においてIMFは僅か1530人のスタッフしか抱えていなかったし，またGATTも255人しか雇っていなかった[2]。しかしIMFとGATTは，人員では倍以上をいくILO組織，FAO，UNESCOといった国際組織よりもほぼ間違いなく多くのことを成し遂げている。またIMFとGATTは国家の官僚機構の多くと比べても遜色がない。

　ここで鍵となる問題は，レジームとその一部をなす国際組織とが，どれくらい上手に諸政府へのインセンティブを構築するかということである。国際レジームに対する洗練された戦略的アプローチは「国際的な官僚制度が大きくて指令的なものでなくてはならない」などとはまず想定しないものである。それとはむしろ反対に，国家の官僚管理よりも市場を頼りにするよう諸政府にインセンティブを与えようとすることによって，国際組織は時折極めて効果的なものとなりうるのだ。たとえばGATTの貿易レジームは諸政府による一方的な保護主義を規制することにより，市場取引の範囲を広げている。またIMFは，IMFから多くの資金を借りる国々において，市場原則の重要性を強調している。1970年代にIMFは，固定相場制の管理を行っていたが，ゆるやかに定義された変動相場の市場志向システムという役割を担うことへと，その姿勢を転換した。相互利益の協調につながる構成国間のバーゲニングを促進することができる時にのみ，我々は国際組織に価値を見出すことができるのである。決して国際レジームそのものが望ましいわけではないのだ。

共有利益の上に創設せよ

　レジームが活性化するためには，レジームは諸政府の目標を高めるものでな

くてはいけない。多くのイシューにおいては，世界的規模での合意が成立することなど不可能であるほど各国の利益は分化している。各国の政府はそう考えるかもしれない。このような状況下では，レジームについての交渉はともすると，乏しい合意か交渉の失敗か，という苦しい二者択一に行き着いてしまう。世界の諸利益の異質性の上に新経済秩序を構築しようという考えは頓挫した。こうした利益の異質性は豊かな国々と貧しい国々との間のみならず，豊かな国々同士ないし貧しい国々同士においても見られるものだ。

　しかしながらグローバルな諸交渉の失敗が，新たなレジームの時代の終幕を意味するわけではない。ここ10年間，先進諸国間の関係に影響を与える新たな制度や一連の諸ルールが姿を現した。例としては，1970年代後半に話し合われた輸出信用に関する協定，東京ラウンド貿易交渉の間に合意された様々な諸規定，安全な核取引へ向けた核供給国ガイドラインを作成するために1970年代中葉の核拡散レジームに適応されたレジームなどが挙げられる。

　これらレジームやIEAといったその他のレジームには重要な2つの特徴がある。すなわちまずこれらすべてのレジームは，いわゆる共通の問題の解決を目的としている。こうした共通の問題においては，政府による統制なき自己利益の追求がすべての国々の国益に悪影響を及ぼしかねない。またこれらすべてのレジームは普遍的な基盤の上に創設されたものではなく，選択的に創設されたものである。例を挙げると，輸出信用および核の供給国「クラブ」は，信用および核物質に関する主要供給国のみを包摂するものである。またIEAは意識的に経済協力開発機構の非参加国を排除した。

　小さなクラブを創設する際，そのクラブへの参加諸国はこうしたクラブの創設がより大きなレジームに与える影響を考慮しなくてはならない。たとえば核供給国によるグループ結成が，核不拡散レジームに熱心な国々の間での怒りに火を点けるかもしれないことを，核供給国は気にしていた。しかし排除の問題に敏感に振る舞うことは，こうした問題の解決を助けるものである。核供給国グループのメンバーも，1978年に輸出ガイドラインについて合意するやいなや，その後は核不拡散レジームへの幅広いコミットメントを維持するために，静かな2国間外交へと重点を置くようになった。

　もし比較的数の少ない国々が相違性よりもはるかに大きな特定の共通利益を

持っていたならば，参加資格ないし少なくとも決定権をこれら諸国だけに限定するというのも理解できるものだ。時として，反対論者を排除した時にのみ意味のある合意が得られるという場合もある。しかしGATTの規定のようにレジームの最終的な普遍化を促す努力は行うべきである。加えて，ある特定イシューにおいて問題を前進させようというまっとうな願望が，弱小国に反対する決定を行うというありがちなパターンへと陥らぬように，開発途上国の長期的利益に対する一定の配慮も行うべきだ。

いくらか異なった加盟国を抱える，幾重にも折り重なった国際レジームの束が出現する可能性は高い。しかし中央における真空状態よりは，国際レジームの周りにあるいくらかの荒っぽさの方がマシである。多様な構成員の存在により常に手詰まり状態にある普遍的な交渉よりも，様々なイシューにおいて効果的に機能する，あまり調和していない連合の方が一般的には好ましい。

破滅を防ぐための保険としてレジームを用いよ

保険レジームなるものは，単純に責任を分担するよりも災難を除去することを優先するものであり，諸事象をコントロールする効果的なレジームほどの満足感はもたらさない。他の諸条件が同じならば，ダムを建設することによって洪水を防ぐ方が，洪水に対して保険をかけるよりも好ましい。同様に，IEAのメンバーは原油供給の減少に直面した際，ただ単に原油供給を共有することよりも，原油の禁輸措置を防ぐことを好むであろう。しかしいくつかの事象においては，適切な保険を備えることが「分断統治」による潜在的な利得を減退させ，それによって国家間の敵愾心が抑えられるという可能性もある。またいずれにしても，諸事象を統制することのできるレジームを建設することは往々にして不可能である。このような状況においては，単独的な行動に出たり，あるいはただ単に最善の策を切望したりするよりも，保険戦略を採用する方が好ましいであろう。こうすれば国際協調について考える際，政府はしばしば「視点を少し低めにする」ことを教わることとなる。すなわちより多くのことをできない自身の無能力を嘆くのではなく，自身にできることを達成しようとするようになるのである。

自己強制こそが最高の実施である

　国際レジームの諸ルールを、階層的な取り決めを通して集権的に実施することと見なす態度などは論外である。世界政治においては警察権力など存在せず、あるのは小規模な国際官僚制度のみである。もし国家がレジームのルールを遵守しようというならば、各国は各自の長期的な自己利益に基づいてルールの遵守を行わなければならない。

　実施について取り決めることは一般に思われているほど難しいことではない。主要先進諸国は長きに渡り、数多くのイシューについて互いに交渉し合っている。もちろん、各政府は特定の違反を「うまく切り抜ける」ことができた。しかし存続能力のあるレジームはどのような形にせよ、長期的な互恵主義の原則に則っている。誰も常習的な詐欺師など信頼しないものである。政府は法律を遵守しているという評判を時間をかけて育むものであり、それは何も法律の一言一句に対する遵守だけなのではなく、法律の精神に対する遵守でもあるのだ。こうした評判は国家にとって最も重要な資産の1つである。かつて経済学者チャールズ・キンドルバーガー（Charles Kindleberger）が述べたように、「経済において過去は過去であるが、政治において過去は現在進行形の資産なのである」。

　また互恵主義を制度化するのは、2国間の状況においてよりも多国間の状況において一層困難である。「対等な」貢献について合意を得るのはしばしば困難なことである。たとえばNATO加盟諸国と責任分担について議論する際、ヨーロッパ諸国は用地の提供や兵役義務を通しての貢献を強調するが、アメリカは財政上の努力に焦点をあてる。さらに、ある状況でトレードオフ関係が生じた場合、他国から埋め合せ要求が出されたり、他のイシューについて埋め合せの要求が出されるかもしれない。にもかかわらず、互恵主義の実践は遵守へのインセンティブを提供するし、またよく機能するレジームにおいては互恵主義を管理するための標準も存在している。たとえば東京ラウンドの間に考案された助成金規定は、助成金に伴う相殺義務が適応される条件を規定するだけでなく、こうした義務の厳しさに制限を設けてもいる。

　諸制度をデザインする際、その実施は互恵主義と情報共有に基づくべきであって、集権化された実施を通じた名目的な抑圧的パワーに基づくべきではない。

広範な投票システムの存在にもかかわらず，IEA は一度も通常の投票をとったことがないが，その各構成国は石油会社や政府の態度に関する情報を共有している。また IAEA は違反時の確証を持った制裁というよりも，査察システムによる違反発見の脅かしによって，各国による核燃料の不正利用を防いでいる。債務諸国に対する貸付の維持を目的とした G5 による為替レートの監視のためのものであれ，また輸出信用のためのものであれ，現在のレジームは，トランスナショナルなパワーの行使にではなく，情報の生成と分散を通した自己強制に依存しているのだ。

　以上の点に気づかなければ，国際レジームに何ができるのかということについて，政府が過小評価を行うことにつながりうるし，また集権的なルール実施の枠組みを提供することにもつながりかねない。もし国家が，レジームはトランスナショナルな機構を通してルールを実施することができないのだという事実にばかり注目すれば，評判に関する情報伝達を通じた，世界政治におけるさらなる互恵主義を深化させる新たな制度を発展させるための機会を，国際社会は失うことになるかもしれない。

正しい時機を見つけよ

　国際レジームのライフサイクルのなかでは，諸政府およびトランスナショナルなアクターがルールにおける抜け穴を見つけるうちに，徐々に侵食が生じることもある。レジームの防衛者は堤を支えることに時間をかけているのである。
　時として危機はその堤を押し倒し，確立された秩序を破壊することもある。また現存するレジームの非妥当性が明白になることもある。現実に関する古い諸概念が打ち砕かれ，据え置かれた諸利益や諸連合は揺り動かされ，あるいは引き裂かれる。世界金融危機の可能性は銀行員の関心を集める。
　しかし危機の時にこそ新たな国際レジームを創り出すための機会があるのだ。経済学者ジョセフ・シュンペーター（Joseph Schumpeter）の言葉である「創造的破壊（creative destruction）」は，古いレジームを下支えしていた諸前提の崩壊ないしレジームが欠如している状態に対する自己満足の崩壊から生まれたものである。後のブレトンウッズへとつながることになる，国際通貨協調に関する最初の真剣な話し合いは，第 2 次世界大戦前の不吉な恐慌期において行われ

た。1970年代および1980年代の経済危機は古いレジームの侵食・崩壊をもたらしただけでなく，石油危機後の1974年にはIEAの誕生をももたらしたのである。また1982年におけるIMFの強化も，第3世界諸国による債務不履行の危険を前にしてなされたものであった。

しかし他方で1929年から1933年までの時期は，危機に対する創造的な反応が自動的なものでないことを証明している。危機の間，政策決定者たちは革新的な解決策を探求しないかもしれないし，むしろ何週にも渡ってモタモタするかもしれないのである。また準備していないがために，制度変容に対するじっくり練られた政策を策定する時間がないかもしれない。しかしもし政策決定者たちが前もって根本的な諸問題について考えていたならば，長期的な戦略をサポートする迅速な解決策を考案するための，危機によって与えられた機会を利用することができるかもしれない。

言い換えると，もしアメリカ外交が危機に対して単に受身になるのではなく，危機をよき機会として利用しようとするならば，危機が発生する前に，制度の望ましい漸進的変化について考える必要が出てくる。数多くの新しいルールや制度に対するグランド・デザインは必要ない。グランド・デザインは国内と国外の数多くの利益集団から反対を引き起こす。しかしにもかかわらず，たとえ特定の問題だけについてでも，先のことについて考えることにより，特定の危機が建設的変化への幕開けへと転換されることも有り得るのだ。強烈な反響とともに包括的なレジームを創り出すことは不可能かもしれないが，特定の領域において建設的な効果をもたらす部分的なレジームは出現するかもしれないのである。

少なくともここ25年の間，アメリカが効果的かつ長期的な計画でよく知られているということはない。この任務についてアメリカの政策決定者たちは，これまでやってきたことよりも良いことができる。しかし将来のレジームに関するアイディアの多くはアメリカ政府外で提起されるであろう。と同時に，政府外の者の仕事が効果を発揮するか否かは，政府内の者の受容力にかかってくるであろう。同様に，行政府の政策立案は議会の主要議員がかかわるものでなければならない。このような行政府と議会とのつながりは，外交政策上のイニシアチブに対する議会での支持を確保するのに役立つだけでなく，政策決定過

程に斬新なアイディアを持ち込むことにも寄与するのである。

アメリカの関心を将来に向かわすためにレジームを用いよ

　批判者の目から見ると、アメリカ外交は悪名高く、信頼の置けないものである。アメリカが誤った態度やしばしばイデオロギー的な態度をとることで、同盟諸国を困惑させてしまうような時に、国際レジームのための戦略について話すことなど果たして意味をなすのだろうか。

　しかしながらこうしたアメリカ外交の欠点があるからこそ、洗練した方法でもって危機を建設的変化の創出のために利用する必要性がことさらに大きくなっているのである。こうした危機の際、議会を通じて決定的な手段をとる大統領の裁量は大きくなるものであり、それが劇的に大きくなることもしばしばである。自身の長期的な利益を見据え続けることは、アメリカにとって常に困難なことである。行政府と立法府の間の分裂に加え、行政府内および立法府内の分裂は、アメリカが将来を見通した自己利益を追求するのを著しく困難にしている。しかし国際レジームの諸原則を明確にするよう試みることによって、国家の長期的で国際主義的な利益を明らかにすることは可能となるのである。合衆国憲法と同様、国際レジームは国家にその根本的な目的を思い起こすことができる。というのも国際レジームは、他国の価値や政策を考慮した国益の広い概念を正当化できるからである。

　加えて長期的視野に立った計画におけるこうした努力は、アメリカが同盟のリーダーシップを維持することを助ける。建設的な国際レジームによって課せられる諸制約の存在により、アメリカは自身が単独主義的な政策を採用する場合よりも、国際的に信頼できるパートナーとなるのである。信頼できる約束というものは確固たる評判を持つパートナー同士によって引き出されうるものである。またレジームは他の同盟諸国をレジームの標準に従わせることで、同盟諸国のリーダーたちに他の同盟諸国の国内政治へ影響を及ぼす機会をしばしば与える。経済学者アルバート・ハーシュマン（Albert Hirschman）の言葉を借りれば、このことは参加政府に単なる「退場する」機会だけでなく、「発言する」機会を与えることによって、同盟を強化することになるのだ。つまりアメリカの同盟諸国はアメリカの政策に一定の影響力を及ぼせるがゆえに、アメリカの

参加する提携に自身をコミットさせることをさらに望む。アメリカの諸同盟が持つ目覚ましい強さと持続性の要因の1つとしては，国際レジームの建設的諸制約にコミットしているということがあるのだ。

3　レジームの維持

　今日の世界政治においてはアクターが数多く，また困惑させるくらいイシューが重なり合っている。パワーの拡散現象は，自らが望むように国際レジームを創り上げようというアメリカの能力を減退させた。どんなに国防予算が大きかろうとも，かつて1950年代に享受したような圧倒的な地位をアメリカが再び掴みとることはできない。その上，軍事力を維持することは実行可能な外交政策の一部分にすぎない。突出した政治的・経済的大国として，アメリカは国際レジームを創設・維持することに重大な国益を見出す。しかし近年の外交政策論争は国益のこうした側面にほとんど焦点をあてていない。

　国際レジームを創設・維持する上でアメリカの影響力が大きいので，概して言うと主要な国際レジームはアメリカの国益を反映し続けている。しかしながらもしアメリカが国際レジームの維持をリードしなければ，他の国々には務めを果たすための関心も能力もありそうにない。1930年代にイギリスが目の当たりにしたように，主導的な貿易国が市場を閉鎖する際には，保護主義の混乱が待ち受けているのである。1945年の時と同じようにアメリカが新たな海洋領域の管轄権を拡大した際，アメリカは中南米の沿岸諸国がそうしたように，その他の諸国も管轄権拡大をさらに行うと予測するべきであった。またアメリカがもし核輸出についての基準を緩和すれば，他の供給諸国はおそらくアメリカ以上にその基準を緩和するであろう。ルールを創設・維持するにあたり，アメリカの制約はもはや十分条件ではないが，依然としてほぼ確実に必要条件ではあるのだ。

　こうしたレジームを維持することに関するアメリカの利益は，他の国々が現存するルールや取り決めから離れて狭い国益だけを追求している間に，アメリカが受身であり続けるべきだ，ということを意味しない。実際，世界政治において互恵主義が協調を維持するための効果的な1つの方法であるということに

関しては数多くのことが言える。また国際貿易において増加しているように，互恵主義は時として報復を引き起こす。しかし報復の究極的な目標は他国によるルール一般の遵守を強化するものであるべきで，自身を除外対象にしようとするものであるべきではない。自身を除外対象とすることは一時しのぎにすぎず，すべての国家が避けたいと望む国際秩序の衰退に貢献してしまう。つまりアメリカが描くべき戦略とは，アメリカにとって価値のある国際レジームを支持するように，それぞれ自己利益に基づいて行動している他の国々に対して現実的なインセンティブを提供することなのだ。

アメリカ政府は現存するレジームを維持するのに加え，新たなレジームを創設する機会を探求すべきだし，またチャンスが訪れた際には古きレジームを拡大するべきである。以下は将来かなりの進歩が見込まれるであろう3つの領域である。

国連平和維持活動

平和維持活動は古くからの関心事であるが，最近ではごく少数の研究者，政策決定者しかこの問題に関心を払っていない。しかしレバノンでのアメリカの活動の失敗の影響を受け，国連および地域機構の旗の下で不完全にしか軍隊投入が実践されていないことについては，再検討を行うべき時期を迎えているように思われる。アメリカがレバノンでの経験に懲りただけでなく，ソ連が平和維持活動への反対を再考し始めた兆候もあるし，また地域紛争への介入を限定させることのできる方法が見つかればそれは両超大国にとって望ましいであろうことにソ連が気づき始めた兆候もある。しかし効果的な平和維持活動に関するいかなる努力も，限定的かつ注意深いものでなくてはならない。1950年代および1960年代初頭のアメリカによって提起された考え，すなわち効果的な平和維持活動は国連総会が付与した権威の下で行われ，大国やその同盟諸国すらもこの活動の対象になりうるという考えに基づいて行われるべきというよりも，すべての大国の同意を得て実現されるべき国連安全保障理事会の責任として，国連憲章の平和維持概念に基づいて行われるべきものである。限定的な平和維持活動は再考するに値するが，朝鮮半島やコンゴで行われたような過度に野心的な試みは再考するに値しない。

国際的債務

　国際的債務問題解決のためのレジームは，それ自身が極めて柔軟な存在であることを過去3年の間に示してきた。これによって大規模な債務不履行は回避され，メキシコやブラジルといった巨大な債務国のうちのいくつかは，痛みを伴ったものの力強い対応策を講じた。しかしながらどんなに賢明なものであれ，危機管理が「穏当な貸し出しから過剰な貸し出し，危機，崩壊（あるいは崩壊寸前）へ」という歴史的な債務サイクルの反復や実際の崩壊を回避することはできない。[3] 開発途上国への私的および公的の安定した資源の流入と，開発途上国がこれまで背負ってきた債務の定期的な支払いとを保証するような，持続的ないくつかの取り決めを生み出すためにも，危機の記憶が消え去る前に，今行動すべきこととして言わねばならぬことは山ほどある。

為替レート

　変動為替レートのための現在の取り決めに対しては幻滅が拡大している。経常収支の均衡を生み出す，均衡レートが自動的に出現するのではという希望は，ドルの過大評価につながった多大な資本の流入によって打ち砕かれた。これによりフランスを中心としたヨーロッパが不満をおぼえただけではなく，アメリカにおける保護主義の圧力が高まり，不景気はこの圧力を倍増させた。ブレトンウッズ会議のような大規模な公的会議を開催すべきか否かについて，今は多くのことを言えない。ブレトンウッズ会議が何カ月にもおよぶ集中した諸交渉を経て開催されたことは思い出されて然るべきである。しかしながら為替レートを今までより安定させること，ドル安に導くこと，貿易交渉に関する新たなラウンドを創設すること，といったアメリカが望むものを結びつける「取り決め」を考案することは実現可能なことかもしれない。1985年のボン・サミットで新たな貿易交渉の期日設定を拒否したことに対する報復として，フランス，またそれゆえにヨーロッパ諸国全体に対して差別的行動をとることよりも，このような「取り決め」の可能性を追求する方が賢明であろう。為替レートのレジームについて協調した行動をとるべき時はもう訪れているのかもしれない。今考えるべきことは，こうしたレジームはどのような性格のものであるべきかということと，貿易といった他の領域におけるアメリカの目的を達成するため

にどのようにアメリカの譲歩を戦略的に用いることができるかということである。

国連の創設者たちにより描かれた，世界秩序へのゆっくりとした，不安定ですらある歩みという夢は陳腐なものである。しかしアメリカがこうした夢を，多国間協力のフラストレーションのない世界，という魅力的な約束と単純に交換することもまた不可能である。経済および安全保障の相互依存は無視できない現実なのである。世界を再構築しようというアメリカの単独主義的な試みを他国が黙従するであろうと安心して推測できるほど，アメリカは十分に強くない。それゆえに1980年代のグローバル単独主義は，半世紀前の孤立主義がそうであったのと同じように，高くつく幻想だったと考えられるのだ。

グローバル単独主義が見落としているのは，国際レジームにおいて継続するアメリカの国益の存在である。軍事力やソ連の介入を心配するのに加え，アメリカはパワーの他の側面や国際システム全体との関係についても配慮する必要がある。UNESCOとどういう関係を築いていくべきか，核拡散について何をなすべきか，GATTの無差別条項を支援するべきか放棄すべきか。こういった国際レジームにかかわる諸問題へ効果的に取り組むためには，効果的な多国間協力の諸条件に関して現実的な理解に基づく首尾一貫した戦略が，アメリカには必要とされるのである。こうした戦略は互恵主義を強調すべきものである。ここで言う互恵主義とは，ルールの違反者に対して厳しく対処することを意味すると同時に，協力を望む者に対して喜んで協力することを意味する。ルールの遵守が自動的ないし容易なものであるとナイーブに信じることなく，ルールの分権的な遵守を促進する国際制度を，アメリカは支援しなくてはいけないのだ。危機に先駆けてアメリカは国際制度がどのように国際協力を促進することができるのかについて熟考すべきであるし，また危機の際には平穏な時に考案した諸提案を提起すべきである。

このような制度的な戦略と戦術的な柔軟性との組み合わせは，観念的でありながらも同時に現実的なものでありうるのだ。これはいい意味において日和見主義的なものと言えるだろう。すなわちレジームをアメリカの利益と価値により一致したものにするために，ピンチをすぐにチャンスにかえる用意をしておくことである。そしてこれは復活したグローバル単独主義の幻想に対する実行

可能な代案の1つなのである。

注
(1) 詳しい説明については Robert O. Keohane, *After Hegemony : Cooperation and Discord in the World Political Economy* (Princeton : Princeton University Press, 1984) ［石黒馨・小林誠訳『覇権後の国際政治経済学』，晃洋書房，1998 年］の chap 10, pp. 217-242 を参照のこと。
(2) *United Nations Yearbook* 34, 1980 (New York, 1983), pp. 1251-1344.
(3) 優れた歴史的な議論としては，昨今の危機のかなり前に出版された Charles P. Kindleberger, *Manias, Panics, and Crashes* (New York : Basic Books, 1978).

監訳者あとがき

　本訳書は，ロバート・O・コヘイン，ジョセフ・S・ナイの『パワーと相互依存』の全訳である。原著初版は1977年，第2版は1989年，第3版は2001年，そして第4版が2011年に出版されているが，本訳書は第3版に基づいている。本訳書の翻訳作業がほぼ終わりに近づいたころ第4版が出版されたが，基本的変更は認められなかったので第3版に基づく作業を継続した（第4版では，F・ザカリアの序文と，著者たちによる過去約10年間の国際政治状況を踏まえた認識・理解が序文として収められている）。

　そもそも本訳書の作業は，大芝亮教授（一橋大学）の強い勧めにより始まった。個人的には初版本から，しばしば参考にさせてもらって多くの知的刺激を受けてきたが，全体を通してじっくり読んだことはなかったので，この勧めに少々躊躇したのも事実である。正直，日本では翻訳は研究業績としてはあまり高く評価されない傾向があるものの，自分自身の勉強のためと，若い研究者や院生5人との勉強・学習の手段として，この翻訳作業を引き受けさせてもらった。

　まず1年間にわたり何回かの学習会を開き，用語・概念の確認を行い，各自が分担部分の翻訳作業に入り，5人各自の試訳を相互に点検してもらい，最終的に小生が全体を通じて点検を行い，出版社に提出した。初校・再校も同様の手順を踏んだが，第1回目の全体的点検にもかかわらず，自分自身が担当した第1～3章も含め，訳語の不統一，文法的ミス，日本語としての不自然さなど，問題点が多々見つかった。最終的には，校正の負担を出版社にお掛けしたが，全て責任は監訳者にある。

　訳語の適切性については多くの批判が出てくると覚悟している。最大のものは，本書の中核的概念でタイトルにもなっているinterdependenceの訳語である。タイトルの訳語では「相互依存」としてあるが，訳文中では「相互依存」と「相互依存関係」の2つが「混在」している。これは意識的に訳し分けてい

るためである。広く概念として使われていると判断した個所では「相互依存」とし，具体的な関係を意味している場合には「相互依存関係」とした。複合的相互依存と複合的相互依存関係の場合も同様である。同じ issue でも単独で使われている場合は「イシュー」，issue area の場合には「問題領域」と訳し分けている。この種の問題は，枚挙にいとまがない。今後，原著の本質と関わる訳語問題が指摘された場合には再検討したい。

　国際関係理論の古典的名著ともいえる *Power and Interdependence* を翻訳することの重圧は尋常ではなく，監訳者としての力量の限界を痛感している。特に第Ⅰ部「相互依存関係を理解する」の3章は本書の中核的部分であり，力量の限界を認識したため，大隈宏教授（成城大学）に点検をお願いし，懇切丁寧な数多くの有益なコメントを頂いた。また，編集者の要望により本書の解説を書くことになったが，臼井久和教授（獨協大学・フェリス女学院大学名誉教授）と，訳者の1人である今井宏平氏（トルコ・中東工科大学博士）から有益なコメントを頂いた。若手研究者である5人の訳者やコメントを頂いた研究者のご協力により，何とか本訳書を上梓する運びとなったが，全ての責任は，訳者も兼ねた監訳者である小生にあることは明らかである。

　最後になったが，遅々として進まない訳業を辛抱強く見守り，時には有益なアドヴァイスをして頂いたミネルヴァ書房の堀川健太郎氏に深甚の謝意を表したい。国際関係理論の古典的名著でありながら，訳書がいまだ出版されていないことを憂いた堀川氏の出版への情熱はよく理解できたが，実際，翻訳作業を始めてみると，いまだ出版されていない理由も理解できた。基本的概念を理解する困難さ，概念と概念の関係性を理解する困難さ，そして何よりも古典ともいうべき名著を翻訳することから生まれる言い知れぬ重圧――国際関係論・国際政治学の多くの学徒が注目しているという――があるからである。しかし堀川氏は，こうした事情を理解し，息切れしながら走るマラソンランナーに伴走する監督・トレーナーのごとく，叱咤激励してくれた。堀川氏という伴走者を得なければ，本訳書は日の目を見なかったであろう。

　　　2012年7月

　　　　　　　　　　　　　　　　　　　　　　　　　　滝 田 賢 治

監訳者解説

滝田賢治

国際政治理論の中の相互依存論

　今更言うまでもないが，デイヴィッド・イーストンの古典的定義に従えば，（統一的権力＝政府の存在する一国内の）政治とは「希少資源の権威的配分をめぐる行為」ということになるのに対し，統一的権力の存在しないアナーキー（無政府状態）な場で展開される国際政治は，「希少資源の配分」をめぐる現象であることは同じであるが，その配分の根拠あるいは基礎を決定的に欠いている。根拠・基礎を欠いているからといって，国際政治のアクターが希少資源の配分をめぐり絶えず軍事力を行使して，より多くの有形・無形の希少資源を確保しようとしている訳でもない。極めて単純化していえば，国際政治理論は，国際政治のアクターの種類とその性格が時代とともに変化・変容していくことを前提に，希少資源がどのような条件の下で，どのように配分されるかについて説明しようとするものといってよいだろう。

　そもそも理論とは一般的には，対象となる事象が発生した原因と結果の間の関係を説明するものであり，直感的または印象論的な結論を導くことなく論理的な説明を行うためのものである。しかし自然科学における理論と社会科学における理論とではその意味合いが大きく異なる。自然科学における理論は原因と結果を結ぶ論理が簡潔であり，その論理を説明する枠組みが明確であって，その枠組みに対して他者が追跡実験を行い，明確な物証によって反証する可能性が保証されていなければならない。この過程を経て確立した自然科学の理論は，事象の因果関係を説明するばかりでなく予測可能性を高めることになる。一方，社会科学における理論と称されるものは，対象となる事象の因果関係を説明する論理ではあるものの，別の論理もありうるものである。社会科学においては，対象となる事象の因果関係の説明は単一ではなく，複数存在しうるも

のであり，事象の因果関係を理解し認識するための「メガネ」といえる。広範囲が見れる視野の広いメガネはマクロ理論といえるし，限定的な範囲しか見ない焦点を絞ったメガネはミクロ理論といえる。前者にも後者にも何種類かのメガネがありうるし，前者を使うとよく見える事象も，後者を使うとぼやけてしまうし，その逆もありうる。

　国際政治理論も，このような特徴を持った社会科学理論である。国際政治理論には，国際政治現象全体を捉えようとするマクロ理論と，国際政治のアクターの行為・行動を分析するミクロ理論があり，さらにマクロ・ミクロそれぞれには国際政治現象をより精緻に分析しようとする方法論がある。前者には，リアリズム・ネオリアリズム，アイディアリズムやこれと相似性のあるリベラリズム，さらにはネオ・マルクス主義（世界システム論，従属論，構造的暴力論）などがある。後者の代表例は，国際政治のアクターのうち伝統的なアクターである主権国家（具体的には政府）の政策決定過程を解明しようとする政策決定論やツーレヴェル・ゲームに象徴される交渉論などがある。

　冷戦終結後には，これらマクロ・ミクロ理論とは位相を異にするコンストラクティビズム（社会構成主義）が国際政治現象の分析手法として広く使われるようになった。マクロ・ミクロ理論が，軍事力や経済的利益という具体的な要素を重視して組み立てられたより「客観的」なものであるのに対し，コンストラクティビズムは，主権国家の対外行動や，国際政治と主権国家の関係を，価値・規範・アイデンティティ・ルール・制度をめぐり相互構成的に捉えようとする「間主観的な」ものである。このように様々な国際政治「理論」がある中で，相互依存論は，軍事力がパワーの源泉であるとするリアリズムに対抗する立場に立つという意味で，リベラリズムの系譜に属するものといえる。なぜなら，相互依存関係が，軍事力に代わってパワーの源泉になるという相互依存論の中心的概念が，リベラリズムの発想に合致するからである。コヘインとナイは，相互依存論ですべての国際政治現象を説明できるとしたわけではないが，国際政治が展開する「場」はアナーキーであって，軍事力により希少資源をめぐり各国が相争うという見方では，国際政治，とりわけ経済関係が各国間で緊密になってきた1960年代以降の国際政治をよりよく理解できないと主張したのである。

監訳者解説

　しかしこれらの国際政治理論は，国際政治現象をよりクリアーに認識して説明するための論述ではあるが，自然科学における理論が，特定の自然現象の原因と結果の関係を取り結ぶ単一の存在であるのに対して，国際政治理論は，同じ理論という言葉を使っていても似て非なるものであり，国際政治現象の説明の仕方が複数存在し，それぞれの「理論」なるものは効用とともに限界を持つものでもある。そのため，自然科学の理論に対して，ジェームズ・ローズノーが指摘したように国際政治学を含む社会科学の理論は「準理論（pre-theory）」と呼ぶのが適切かもしれない。

相互依存論──登場の背景と国際政治への視角
　第2次世界大戦後に発生した米ソ冷戦という国際政治現象をよりよく説明する理論として採用されたのがリアリズムであることは言うまでもなく，そこでは軍事安全保障が最大のテーマであった。核軍拡も含む軍拡が米ソ間で展開している冷戦真っ只中でも，様々な要因により，米ソ間で緊張緩和が進んだ。1950年代中葉「雪解け」といわれる非軍事レヴェルでのデタント（緊張緩和）が起こり，60年代初頭にはキューバ危機により人類共滅意識が高揚して核軍事レヴェルでのデタントが進展し，70年代に入るや核兵器を含むより精緻な軍備管理体制が構築された。こうした国際政治状況を背景に，1960年代を通じて国家間交流が量的レヴェルで増大した。70年代初頭，アメリカが金1オンス＝35米ドルの交換を中止して（本来のブレトンウッズ体制は終結），国際金融は「海図なき航海」を余儀なくされ，二度にわたり石油危機が発生したが，70年代の10年間で世界貿易は5倍に達したのである。冷戦期の60年代，70年代のこうした変化を背景に，各国経済が相互に緊密に結びついていることを世界に改めて深く認識させる契機となった。このような変化の国際政治経済上の意味を重視したリチャード・クーパーは，早くも1968年に『相互依存の経済学』（Richard Cooper, McGrew Hill, 1968）を著して相互依存という用語を広めるのに貢献したが，その意味内容・概念を精緻化した相互依存論の古典ともいうべき業績がコヘインとナイの『パワーと相互依存』（*Power and Interdependence*, Longman, 1977）であった。
　前節で強調したように社会科学の理論は，自然科学の理論と比較すると「準

463

理論」であり，マクロ理論のリベラリズムの範疇に属する相互依存論も「準理論」であるため，効用とともに限界を有するものであり，ほかのマクロ理論からの批判も免れないのは当然である。コヘインとナイ自身も，「相互依存論もまた，ナショナリズムとか帝国主義，グローバリゼーションなどの政治用語と同様，様々に矛盾した意味で使われる曖昧な用語である」ことを認めている。

『パワーと相互依存』のポイント

コヘインとナイの『パワーと相互依存』の初版が出版されたのは前述したように1977年であるが，その後1989年に第2版，2001年に第3版，2011年に第4版が出版されている。本書は，第3版をもとに翻訳したが，第4版とはF・ザカリアの序文が入った点と，コヘインとナイによる，過去10年間の国際政治状況を踏まえた第4版への序文が追加された点である。

第3版は，第Ⅰ部から第Ⅵ部までの6部構成となっているが，相互依存論の基礎的概念は第Ⅰ部の「相互依存関係を理解する」で集約的に考察されている。ここでは，彼ら自身も認めている相互依存についての曖昧性を払拭して，「準理論」としての完成度を高めるべく多面的で詳細な考察がなされているが，なんといっても最大のポイントは，①相互依存に基づく敏感性と脆弱性，②相互依存の対称性，③複合的相互依存関係，④相互依存を管理する場としての国際レジーム，の4つの概念といってよいだろう。

相互依存に基づく敏感性と脆弱性　相互依存関係，とりわけ非対称的な相互依存関係は，伝統的にパワー——本書では，あるアクターが他のアクターに何かをさせる能力と簡単に定義している——の源泉であった軍事力に代わりパワーの源泉となったことを強調する。この場合，コヘインとナイは，「相互依存関係におけるパワーの役割を理解するには，敏感性と脆弱性という2つの次元を区別しなければならない」こと，これに加えて「相互依存のコストという観点から見ると，短期的な敏感性と長期的な脆弱性の双方を考慮しなければならない」ことを強調している。

敏感性というのは，政策枠組みの中で（関係国が）相互にどの程度の反応をするかを示すものである。より簡潔に言えば，敏感性とは，依存による影響の量と速度を意味し，システムの一部分の変化がどれだけ早くシステムの他の部

分に影響を与えるか,ということである。敏感性は政策枠組みが変化しないことを前提にしているので,政策枠組み内部で相互作用が起こった時に,敏感性の相互依存関係が生まれることになる。敏感性の相互依存関係は,経済的,社会的,政治的レヴェルのいずれでも見ることができるが,典型的には経済的レヴェルで頻繁に観察されるものである。すなわち,普通の国家関係を維持している2国間で,一方の国家が採用した経済政策が他方の国家にどのようなマイナスの効果を与えるかということである。本書においては1970年代初頭,アラブ産油国による石油価格の上昇が日米欧諸国に深刻な影響を与えた事例が,「経済の敏感性」の典型的な事例として引用されている。アメリカが輸入しなければならない原油量は,日本より少なかったため,日本ほど敏感に反応しなかったとはいえ,敏感性から完全に自由であったわけではなかった。通常の外交関係を維持しているEUと中国との関係において,2011年になって顕著になったEUの経済的混乱によって,中国の対EU輸出が大幅に減少し,中国の経済成長率が低下したばかりでなく,倒産が相次いでいる最近の事例も,相互依存関係における敏感性の事例といえよう。

　この敏感性が急速に高まると,相互依存関係に対して不満が生まれ,相互依存関係を変更しようとする政治的努力を引き起こすことがしばしばある。原油の場合には,アラブ産油国からの輸入量を減らして,たとえば北海原油とかインドネシア原油などに輸入先を多様化しようとする政策変更が生まれた。

　一方,脆弱性は,それまで維持されてきた相互依存関係が切断された場合に蒙る被害・打撃の大きさを意味する。換言すれば,脆弱性とは,相互依存のシステムの構造を変化させる相対的コストのことであり,そのシステムから抜け出すコスト,あるいはそのシステムのゲームの規則を変えるために必要なコストといえる。脆弱性が低い国とは,その状況を変えるためにより低いコストで済む国のことである。

　脆弱性も敏感性と同様に経済的,社会的,政治的レヴェルでも見られるが,経済的レヴェルで典型的に現れる。特に非対称的なA国とB国との間の相互依存関係は脆弱性を生む。たとえば,A国はB国に何ら依存するものがないのに,あるいは依存するものがあっても容易に輸入先を変更できるのに対して,B国は自国の産業にとって不可欠な原油をA国にかなりの割合で依存している場合,

B国は脆弱性が高くなる。B国が自国にとっての脆弱性を低下させるためには，原油の輸入先を多様化したり，A国のB国への依存度を高めるような政策を戦略的に展開して，その結果，A国の脆弱性を高めることが考えられる。最近の事例では日本のハイテク産業に不可欠なレアメタルやその中のレアアースを中国が輸出規制したことが想起されるが，生産，貿易，金融各レヴェルで日中の相互依存関係は全体的に見ると対称的であったことと，2001年に中国がWTOに加盟したことにより日中二国間ばかりか多国間で相互依存関係にあったことが，中国からレアアースを輸入している国々が脆弱性を回避できた理由であろう。

　原油価格の値上げや原油輸出規制の問題に如実に現れたように，脆弱性に基づく相互依存関係の方が敏感性に基づく相互依存関係よりアクターにパワーの源泉を与えることが分かる。

相互依存の対称性・非対称性　相互依存関係が対称的であるか非対称的であるかが，相互依存論の中では，パワーとの関係で大きな論点となる。対称性とは，アンバランスではなく，比較的バランスした依存状況のことを指すが，非対称性はアンバランスな関係，すなわち一方が他方に対しての依存度が低いことを指す。相互依存関係の中で，A国のB国への依存の度合いが低い非対称性が存在する場合，依存度の低いA国の側にパワーの源泉が存在することになる。非対称性は問題領域ごとに変化するが，異なる問題領域で異なる相互依存関係に非対称性が存在する時，問題と問題をリンクさせたり（リンケージ＝連携），逆に切り離したり（ディリンケージ＝切断）することがある。その結果，相互依存関係にある国々の間で展開される政治紛争の多くは，相互依存関係のリンケージかディリンケージによって処理されることになる。即ち，国家は，自らが強い領域では相互依存を操作しようとするが，自らが弱い領域では操作されることを抑止しようとするのである。しかし現実には，相互依存関係が高まってきており，その非対称性は低下する傾向にあり，経済力の強い先進国さえ他国の経済発展に敏感になってきている。

複合的相互依存関係　いま述べたように，相互依存関係が高まり，非対称性は低下する傾向にあるばかりでなく，国際政治・経済システムは以前よりもはるかに複雑になってきていることは否定できない事実である。

①国家が唯一の重要な主体であり，②軍事力が優越的な手段であり，③安全保障が優越的な目標である，というのがリアリズムの基本的前提であった。これに対し，①国際政治・経済においては，主権国家の政府ばかりでなく，多国籍企業，国際的NGO，国連をはじめとする国際機関などのトランスナショナルなアクターが重要な役割を果たすようになり（＝国際関係におけるアクター間の結合の多様化），②経済政策を柔軟に採用したり，国際的制度を巧みに利用したりすることが優越的な手段となり（＝国際政治における争点間の序列の不明瞭化），③軍事安全保障が優越的な国家目標でなくなり，国民の福祉実現がそれに代わる（＝軍事力の相対化に伴う価値観の転換），という3点を特徴とする国際関係の姿——それは反リアリスト的世界像と呼べるが——を，コヘインとナイは複合的相互依存（関係）と呼んでいる。日本語版への序文では，多様なチャネルによって様々な社会が結び付けられ，階層関係のない多様なイシューが発生し，（これを解決するために）政府が軍事力を行使することがないような状態，と定義している。リアリズムも現実の世界に完全に対応しているわけではないように，複合的相互依存（関係）も現実世界には存在しない仮想的な概念であるが，リアリスト的世界観とは違う国際政治，国際関係を説明する準理論である。

　ナイは，『国際紛争』の中で，ともに理念型であるリアリズムと複合的相互依存をスペクトラムの両端に置きつつ，現実の国際関係はその間のどこかに位置づけられると主張する。印パ紛争やパレスチナ紛争はリアリズムに近いところに位置する，すなわちリアリズムという「メガネ」を通して見るとよく理解でき説明できるという。米加関係や独仏関係は複合的相互依存（関係）に近いところに位置するという。極めて今日的な関心事である米中関係は，リアリズムと複合的相互依存（関係）が交差するところに位置づけられると解釈している。

相互依存を管理する場としての国際レジーム　相互依存関係そのものは本来的に国際社会全体の利益を保証するものではなく，非対称的な関係の場合，不利益を被る国家も出てくる。相互依存関係が国際社会全体の利益を増進するためには，相互依存を国際的に管理する必要がある。山本吉宣氏によれば，相互依存の管理とは，政治的な単位が分散している国家システムと，グローバルに統合

されつつある経済システムをどう調整していくか,という問題である。管理する1つの効果的な方法が国際レジームの形成である。S・D・クラズナーによれば,国際レジームとは「国際関係の特定領域で,アクターの期待が収斂するような黙示的あるいは明示的な原則,規範,ルール,政策決定のための手続きの集合」ということになる。より簡潔にいえば,ある問題領域に関与する国家同士が最終的に合意できる原則やルール,あるいは規範などの枠組みを意味する。すべてではないにしても,現代国際政治における多くの問題領域における相互依存は,この国際レジームという枠組みの中で発生する。この国際レジームについては,レジームには原則,ルールがあり,参加国がこれらを厳守していれば,レジーム対象とする問題領域に関しては秩序が保たれ,世界全体で安定が維持できるとする,リベラリズムの見方がある。その一方で,国際レジームは結局のところ覇権国が国際社会に強制したものであるとのリアリズム的見方も根強い。経済ナショナリズム理論ともいえる覇権安定論では,第2次世界大戦後のアメリカの覇権が弱まると国際協調が維持できなくなることになるが,双子の赤字や金・ドルの交換停止に象徴されるアメリカの覇権が衰退した後も,金融・貿易などのレジームが相対的に安定している事実を観察すると,レジーム自体が機能しているからであるというリベラリストの主張の方が正当性を持っているようである。

相互依存論の「古典的原典」

リチャード・クーパーの『相互依存の経済学』が1968年に出版されているが,主として経済を中心としたものであり,本書が国際政治・国際経済における相互依存なる現象を多角的かつ精緻に考察した,相互依存論の「古典的原典」といってよいだろう。初版が出版されたのは1977年であり,第3版では1980年代以降の国際政治の変容を踏まえた考察がなされている。特に第3版第Ⅴ部では,冷戦終結とグローバリゼーションの関連性を多面的に考察する中で,相互依存概念の有効性を自己評価している。この考察を通じて,日本語版への序文でも再度強調しているが,コヘインとナイはイシュー構造の変化,即ち,問題領域内部のパワーの源泉をどう配分するかというイシュー構造モデルと,レジーム変容を説明する国際組織モデルの有効性を強調している。

同じ序文の中で，「(1977年に出版した) 初版で我々が仮定し，当時は想像以上のものと広く見られていた複合的相互依存という理念型に，今日の世界がいかに似たものになってきたかに驚いている」と著者たち自身が言っているように，『パワーと相互依存』は極めて洞察力に富んだものであり，伝統的に根強いリアリズム的国際政治解釈に，リアリズム的立場とリベラルな立場を統合しようという問題意識から相互依存という新しい概念で挑戦した学問的意義は否定しようもない。

参考文献

山本吉宣『国際的相互依存』東京大学出版会，1989年。

ジョセフ・S・ナイ・ジュニア／田中明彦・村田晃嗣訳『国際紛争──理論と歴史』（原書第4版），有斐閣，2003年（特に「第7章　グローバリゼーションと相互依存」を参照）。

吉川直人・野口和彦編『国際関係理論』勁草書房，2006年（特に「第6章　国際政治経済論」を参照）。

Helen V. Milner and Andrew Moravcsik, *Power, Interdependence, And Nonstate Actors in World Politics*, Princeton University Press, 2009.

人名索引

ア 行

アート, ロバート (Robert Art) 403
アイゼンハワー, ドワイト (Dwight D. Eisenhower) 237
アクセルロッド, ロバート (Robert Axelrod) 428
アナン, コフィ (Kofi Annan) 337, 344
イーストン, デイヴィッド (David Easton) 461
ヴァイナー, ジェイコブ (Jacob Viner) 137
ヴァスケス, ジョン (John A. Vasques) 412
ウィルソン, ウッドロー (Woodrow Wilson) 118
ウィレット, トーマス (Thomas E. Willett) 409
ウォルツ, ケネス (Kenneth Waltz) 400, 422
エンジェル, ノーマン (Norman Angell) 315
オイエ, ケネス (Kenneth Oye) 409
オーブリー, ヘンリー (Henry Aubrey) 184
オズグッド, ロバート・E (Robert E. Osgood) 151

カ 行

ガルトゥング, ヨハン (Johan Galtung) 162
カレオ, デイヴィッド (David P. Calleo) 60
キーランス, エリック (Eric Kierans) 253
キッシンジャー, ヘンリー (Henry Kissinger) 3, 34, 37
キンドルバーガー, チャールズ (Charles Kindleberger) 59, 200, 292, 296, 449
クーパー, リチャード (Richard Cooper) 15, 88, 154, 187, 198, 463
グールヴィッチ, ピーター (Peter Gourevitch) 413
クラズナー, S・D (Stephen D. Kraner) 468
グリーンスパン, アラン (Alan Greenspan) 358
グロティウス, フーゴー (Hugo Grotius) 116
ケインズ, ジョン・メイナード (John Maynard Keynes) 363
ケネディ, ジョン・F (John F. Kennedy) 180
コナリー, ジョン (John B. Connally) 138, 154

サ 行

サイモン, ウィリアム・E (William E. Simon) 110
サッセン, サスキア (Saskia Sassen) 386
サッチャー, マーガレット (Margaret Thatcher) 368
シェリング, トーマス (Thomas Schelling) 409

シャハト, ヒャルマル（Hjalmar Schacht）153
シュルツ, ジョージ（George Schultz）146, 154
シュンペーター, ヨーゼフ（Joseph Schumpeter）377, 450
ジョンソン, リンドン・B（Lyndon B. Jonson）180, 224, 258
スティグリッツ, ジョセフ（Joseph Stiglitz）355
ストレンジ, スーザン（Susan Strange）138, 405
ストロング, ベンジャミン（Benjamin Strong）99, 152
スプラウト, ハロルド（Harold Sprouts）407
スミス, アダム（Adam Smith）348
セベニウス, ジェームズ（James Sebenius）409

タ 行

ダール, ロバート・A（Robert A. Dahl）407
ダレス, ジョン・F（John F. Dulles）177
チェンバレン, ネヴィル（Neville Chamberlain）153
チャーチル, ウィンストン（Winston Churchill）99, 138
ディーフェンベーカー, ジョン（John Diefenbaker）240, 253
ドイッチュ, カール（Karl Deutsch）400
トゥキディデス（Thucydides）56
ド・ゴール, シャルル（Charles de Gaulle）36, 192
トリソン, ロバート・E（Robert E. Tollison）409

ナ 行

ニクソン, リチャード（Richard Nixon）138, 368
ヌルクセ, ラグナー（Ragnar Nurkse）98
ノーマン, モンタギュー（Montagu Norman）152, 153

ハ 行

ハーシュマン, アルバート（Albert Hirschman）407, 452
ハース, エルンスト（Ernst Haas）400, 409, 425
ハーディング, ウォーレン・G（Warren G. Harding）188
パルド, アービド（Arvid Pardo）113
ハンチントン, サミュエル・P（Samuel P. Huntington）323
バンディ, マクジョージ（McGeorge Bundy）39
ピアソン, レスター（Lester Pearson）224
ヒーニー, アーノルド（Arnold Heeney）224
ヒルシュ, フレッド（Fred Hirsch）108
ファイス, ハーバート（Herbert Feis）142
ファウラー, ヘンリー・H（Henry H. Fowler）39
フクヤマ, フランシス（Francis Fukuyama）369
フリードマン, トーマス（Thomas Friedman）355
ブルームフィールド, アーサー（Arthur Bloomfield）91
フルシチョフ, ニキータ（Nikita Khrush-

chev) 368
フルブライト，J・ウィリアム（J. William Fulbright） 267
ポアンカレ，レイモン（Raymond Poincaré） 138
ホイットマン，マリーナ（Marina V. N. Whitman） 108
ボール，ジョージ（George Ball） 262
ボールドウィン，デイヴィッド（David Baldwin） 402, 406
ポランニー，カール（Karl Polanyi） 378

マ　行

マーチャント，リヴィングストン・T（Livingston T. Merchant） 224
マクドナルド，ラムゼイ（Ramsey MacDonald） 100
マンズバッハ，リチャード・W（Richard W. Mansbach） 412
メンジーズ，ロバート（Robert Menzies） 258
モーゲンソー，ハンス・J（Hans J. Morgenthau） 14, 46
モーゲンソー，ヘンリー（Henry Morgenthau） 102

モルガン，J・P（J. P. Morgan） 146
モロー，エミール（Emile Moreau） 138

ラ・ワ行

ラギー，ジョン（John Ruggie） 405, 415
ラッセル，ロバート・W（Robert W. Russell） 154
リカード，デーヴィッド（David Ricardo） 348
ルイ・サンローラン（Louis St. Laurent） 237
ルーズベルト，セオドア（Theodore Roosevelt） 352
ルーズベルト，フランクリン・D（Franklin D. Roosevelt） 100, 189, 427
レーガン，ロナルド（Ronald Reagan） 368
ローズノー，ジェームズ・N（James N. Rosenau） 463
ロチェスター，マーティン（J. Martin Rochester） 404
ワグナー，ハリソン（Harrisonn Wagner） 407

事項索引

ア 行

アイデンティティ　376
アイデンティティ・クライシス　323
アウタルキー　61
アジア開発銀行（Asian Development Bank：ADB）　354
『アジアの奇跡（The Asian Miracle）』　357
アジア太平洋経済協力会議（Asian-Pacific Economic Cooperation：APEC）　339
アジェンダ形成　250, 259, 412
アジェンダ設定　42, 43, 158, 251, 254
アメリカ帝国　61
アンザス条約（太平洋安全保障条約；ANZUS）　226
イシュー間階層性の欠如　139, 217
イシュー間リンケージ　262, 412
イシュー構造　77, 182, 187, 197, 208
イシュー構造主義　67, 69, 70, 266, 267
イシュー構造モデル　x, 66, 72, 184, 193, 207, 210
イシュー構造理論（issue-structure theory）　73, 408
イシューの階層構造　258
イシューの階層性　31
イシューのリンケージ　159, 161, 264
イスラーム原理主義　340
依存関係　10
イングランド銀行　90, 91, 152
欧州経済共同体（EEC）　68
欧州経済協力機構（Organization for European Economic Cooperation：OEEC）　144
欧州決済同盟（EPU）　104, 179
欧州共同体（EC）　34, 328
欧州連合（European Union：EU）　384
オゾン層破壊物質に関するモントリオール条約　343

カ 行

懐疑主義者　180
階層性の衰退　290, 291
海洋研究科学委員会（Scientific Committee on Oceans Research：SCOR）　145
海洋政治　187, 193
海洋法会議　161
海洋法条約　196
海洋問題　86, 115, 159
海洋レジーム　125, 207
海洋レジームの衰退　200
核拡散防止条約（Non-Proliferation Treaty：NPT）　343
核不拡散レジーム　447
貨幣の幻想　205
環境グローバリズム　370
関税と貿易に関する一般協定（GATT）　437
カンリフ委員会　91, 98
気候変動に関する政府間パネル（Intergovernmental Panel on Climate Change：IPCC）　329
北大西洋条約機構（NATO）　104
機能主義　291

475

希薄なグローバリゼーション　345
逆第2イメージ　413
キューバ海上封鎖　133
キューバ・ミサイル危機　233, 261
恐怖の均衡　342
巨大ネットワーク　228
金為替本位制　27
キングストン合意　181
近視眼的な自己利益　418
近代主義者　4, 11, 315, 316, 364, 374, 404, 407
金本位制　95, 96, 98, 100, 118, 152, 172, 173, 181
金本位制復帰　99, 100
グローバリズム　338, 339, 342, 343, 348, 361, 367, 373, 375, 379, 381
グローバリゼーション　viii, x, 337, 338, 340, 343, 346, 372, 376, 380, 384, 387, 388
グローバル・ヴィレッジ　315
グローバル・コモンズ　112
グローバル単独主義　456
グローバロニー　3
軍事安全保障　5, 39, 56, 65, 66, 77, 303, 304, 319
軍事革命　325
軍事的グローバリズム　352, 366, 370
軍事的相互依存関係　21
経済過程モデル　54, 207-209, 282, 283
経済協力開発機構（Organization for Economic Cooperation and Development：OECD）　105, 144
経済的グローバリゼーション　379
経済的相互依存関係　5, 53, 77, 171, 257, 271, 304, 399
経済ナショナリズム　9, 101
ケインズ主義　iv
ゲーム理論　409
現実政治（realpolitik）　147

現代グローバリゼーション　371
公海自由　133
公海自由の原則　119, 121
公海自由レジーム　120, 123, 173
公海レジーム　116, 125, 133, 137, 174, 181, 190, 196, 202, 206, 211, 287
公共選択アプローチ　409
構造的説明　245
構造的パワー　195
後発開発途上国（Less-Developed Countries：LDCs）　441
合理的選択アプローチ　410
国益　ii
国際エネルギー機関（International Energy Agency：IEA）　438, 442
国際海事協議機関（Intergovermental Maritime Consultative Organization：IMCO）　194
国際海洋学委員会（International Oceanographic Commission：IOC）　194
国際協調　308
国際金本位制　90, 97
国際決済銀行（Bank for International Settelments：BIS）　ii, 104, 144
国際原子力機関（International Atomic Energy Agency：IAEA）　441
国際合同委員会（International Joint Commission：IJC）　267
国際組織　42, 155, 195, 224, 281, 302, 306, 307, 444
国際組織モデル　74-76, 198, 199, 210, 268, 270, 283, 413
国際通貨　86
国際通貨基金（International Monetary Fund：IMF）　16, 102, 144, 437
国際通貨システム　175
国際通貨問題　86

国際通貨レジーム　88, 161, 201
国際法の漸進的法典化のための委員会（International Law Committee of the League of Nations）　124
国際レジーム　6, 24-26, 44, 51, 53-55, 72, 74, 107, 125, 157, 171, 174, 190, 207, 281, 282, 284, 299, 364, 405, 406, 416-418, 423, 427, 440, 443, 445, 448, 450, 452
国際レジームの変容　283, 415
国民国家　264, 384
国連　437
国連海洋法　409
国連海洋法会議　112, 126, 162, 176, 414
国連教育科学文化機関（ユネスコ；United Nations Educational, Scientific, and Cultural Organization：UNESCO）　343, 438
国連食糧農業機関（FAO）　438
国連貿易開発会議（United Nations Conference on Trade and Development：UNCTAD）　195, 438
国家安全保障　7-9
国境なき世界　3
固定為替相場制度　106
古典派経済学者　12
コミュニケーション革命　333
コミュニケーションギャップ　381
コミュニケーション・チャンネルの多様化　328
孤立主義　250

サ　行

3極通商委員会　33
ジェノア会議　98, 102, 194
静かな外交　224, 266, 267, 269
システム・レベル　424
社会的グローバリズム　370
14カ条の平和原則　118
ジュネーヴ会議　121, 151
ジュネーヴ公海条約　122
ジュネーヴ条約　116
情報革命　ix, 315, 317-320, 324, 329, 347, 359, 363, 368, 372, 383
情報技術　325
深海底委員会　194
新国際経済秩序（New International Economic Order：NIEO）　26, 47, 58
新古典派経済学　51
新古典派経済学者　52
新冷戦（little Cold War）　vii
スターウォーズ計画　370
スミソニアン会議　154
スミソニアン協定　109, 207
政治的共同体　264
脆弱性　14, 17-19, 350, 353, 383, 418
脆弱性に基づく相互依存関係　20, 157
脆弱性に基づく非対称的な相互依存関係　282
脆弱性の相互依存関係　68, 193, 351
脆弱性の非対称性　20
制度化された集団的行動　415
政府間海事協議機関（Intergovermental Maritime Consultative Organization：IMCO）　161
政府間海洋学委員会（Intergovernmental Oceanographic Commission：IOC）　145
勢力均衡　9, 61, 285, 358
世界銀行（World Bank）　63, 354, 437
世界貿易機関（World Trade Organization：WTO）　343
石油輸出国機構（OPEC）　108
セキュリティ・コミュニティ　362
接触チャンネル　262
全体構造　62
全体構造アプローチ　180

477

全体構造モデル　65, 66, 72, 77, 178, 181, 207, 208, 232, 254, 270
全体構造理論　73
全体的パワー構造　x, 178, 282
相互依存関係　3, 10, 13, 282
ソフトパワー　323, 333, 347, 380

タ行

第1次国連海洋法会議（1958年）　121, 139
第2次国連海洋法会議（1960年）　121
第3次国連海洋法会議（1974年）　114
多元的安全保障共同体（pluralistic security communities）　400
多国間主義　292, 319
多国間政策協調　111
多数の接触チャンネル　32, 44, 45, 143, 147, 148, 151, 164, 220, 261
単独主義　292-294, 301, 438, 456
地球村　3, 315
知識共同体　329
超限戦　358
2アクター・モデル（two-actor model）　409
帝国的共和国　61
デタント　271, 304, 463
デタント政策　44
伝統主義者　5, 11, 33, 404
東南アジア諸国連合（Association of Southeast Asian Nation：ASEAN）　339
ドーズ案　99
特別引出権（Special Drawing Rights：SDR）　iv, 88, 97, 109, 199
トランスガバメンタル　155, 156, 161, 163, 164, 195, 198, 225, 233, 236, 239, 240, 244, 254, 260, 268, 269, 282, 298, 308, 385, 404, 410, 414
トランスガバメンタルなアクター　40
トランスガバメンタルな関係　32
トランスガバメンタルな政治　151
トランスガバメンタルなネットワーク　44
トランスナショナル　206, 236, 240, 252-254, 258-260, 289, 385, 404, 414, 429, 467
トランスナショナルなアクター　31, 39, 42, 48, 70, 86, 145, 146, 155, 157, 164
トランスナショナルな感覚　264
トランスナショナルな関係　6, 32
トランスナショナルなネットワーク　146
トルーマン宣言　139, 173, 175, 181, 201, 206
トルーマン・ドクトリン　63

ナ行

ナショナライゼーション　339
ナショナリズム　264, 399
ナショナリズムの高まり　266
ニクソン・ショック　107, 353
2国間主義　61, 103
2国間清算協定　104
ネオ・マルクス主義　462
ネオリアリスト　400, 404, 420, 421
ネオリアリズム　400, 406, 410, 419, 422, 429
ネガティブなパワー　59
ネットワーク効果　355
濃密なグローバリズム　359, 367

ハ行

ハーグ法典編纂会議　139
バーゲニング・パワー　407, 408, 421
ハードパワー　323, 333, 380
ハイポリティクス　31, 43, 62, 143, 236, 258

パクス・ブリタニカ　85
覇権安定論　415
覇権衰退論　64, 65
パトロン-クライアント関係　296
パワー構造　70, 190, 208
パワーの源泉　429
パワー配分　26, 182, 421
パワー・バランス　48
パワー・バランスの変化　42
反リアリスト的世界像　467
非国家アクター　44
非政府アクター　149, 329
非対称的な脆弱性の相互依存関係　351
非対称な相互依存関係　21-24, 42, 286, 323, 400, 404
敏感性　14-16, 41, 69, 350, 353
敏感性に基づく相互依存関係　20, 22
敏感性の相互依存関係の非対称性　68
敏感性の非対称性　68
複合的相互依存　i, ii, vii, 148, 165, 288, 399, 414
複合的相互依存関係　30, 31, 33, 36, 38, 40, 41, 43, 49, 75, 78, 85, 86, 132, 137, 147, 149-151, 155, 159, 161, 162, 164, 166, 209, 210, 217, 227, 232, 233, 252, 254, 259, 261, 268, 270, 272, 283, 284, 287, 294, 298, 304, 317, 322, 361, 362-364, 388, 397, 403, 405, 409, 411, 423, 467
複合的相互依存モデル　67
部分的核実験停止条約　63
ブレトンウッズ会議　98, 102, 455
ブレトンウッズ協定　97, 100
ブレトンウッズ諸協定　105
ブレトンウッズ体制　iii, 27, 59, 88, 104, 153, 173, 178, 181, 184, 186, 192, 198, 199, 205
ブレトンウッズ体制の死　107
ブレトンウッズ体制の衰退　175

ブレトンウッズ体制の破綻　183
文化的距離　366
米加関係　24, 33, 45, 78, 217, 218, 220, 222, 232, 235, 238, 239, 246, 250, 254, 257, 261, 262, 265, 271, 411
米豪関係　24, 33, 78, 217, 218, 230, 232, 246, 250, 257, 265, 271, 411
米州機構（Organization of American States：OAS）　156, 177
米ソの核バランス　133
ヘゲモニー　58, 104, 172, 174, 181, 292, 295, 304
ヘゲモニー衰退論　200
砲艦外交　135, 197
北米自由貿易協定（North American Free Trade Area：NAFTA）　384
ポジティブなパワー　59
ポスト近代主義者　364

マ　行

マーシャル・プラン　102, 104
マクミラン委員会　92
マルチ・レベルゲーム　410
ミドルパワー　329
無差別貿易レジーム　182
メルコスール（南米南部共同市場）　384
問題領域の非階層性　148
モンテヴィデオ宣言　122
モントリオール条約　356

ヤ・ラ・ワ行

ユーロダラー市場　146
ユニット・レベル　420, 421, 424
吉田ドクトリン　i
ランブイエサミット　198
リアリスト　30, 31, 36, 38, 49, 57, 59, 232, 364, 400-403, 405, 411
リアリスト的解釈　137

リアリスト的世界観	467
リアリスト的分析方法	7
リアリズム	30, 38, 57, 132, 149, 157, 164, 204, 209, 262, 283, 398, 400-402, 406, 422
リアリズム的アプローチ	398
リアリズム理論	429
リージョナリゼーション	339
リベラリスト	400, 402, 411
リベラリズム	323, 422
リベラリズム理論	429
レジーム変容	51, 53, 62, 64, 67, 71, 73, 76, 85, 86, 123, 173, 174, 178, 180-182, 186, 190, 193, 199, 207-209, 211, 284
ローカリゼーション	339
ローポリティクス	43, 62, 258
ロンドン会議	102
ロンドン国際経済会議	100, 138, 172
ワード・ポリティクス	324

欧　文

ADB	→アジア開発銀行
ANZUS	→アンザス条約
APEC	→アジア太平洋経済協力会議
ASEAN	→東南アジア諸国連合
BBC	329
BIS	→国際決済銀行
CNN	328
EC	→欧州共同体
EEC	→欧州経済共同体　68
EEC 通貨委員会	144
EPU	→欧州決済同盟
EU	→欧州連合
FAO	→国連食糧農業機関
G10（10 カ国グループ）	110
GATT	→関税と貿易に関する一般協定
IAEA	→国際原子力機関
IEA	→国際エネルギー機関
IJC	→国際合同委員会
ILO 組織	446
IMCO	→国際海事協議機関
IMF	→国際通貨基金
IOC	→国際海洋学委員会
IPCC	→気候変動に関する政府間パネル
LDCs	→後発開発途上国
NAFTA	→北米自由貿易協定
NATO	→北大西洋条約機構
NIEO	→新国際経済秩序
NPT	→核拡散防止条約
OAS	→米州機構
OECD	→経済協力開発機構
OEEC	→欧州経済協力機構
OPEC	→石油輸出国機構
SCOR	→海洋研究科学委員会
SDR	→特別引出権
UNCTAD	→国連貿易開発会議
UNESCO	→国連教育科学文化機関
WTO	→世界貿易機関

《著者紹介》

ロバート・O・コヘイン（Robert Owen Keohane）
 1941 年 生まれ。
    ハーバード大学で博士号取得。
    1999〜2000 年までアメリカ政治学会会長。
 現　在 プリンストン大学教授。
 邦訳書 ①石黒馨・小林誠訳『覇権後の国際政治経済学』晃洋書房，1998 年。
    ②真渕勝監訳『社会科学のリサーチ・デザイン——定性的研究における科学的推論』（共著）勁草書房，2004 年，など多数。

ジョセフ・S・ナイ（Joseph Samuel Nye）
 1937 年 生まれ。
    ハーバード大学で博士号取得。
    1995〜2004 年までハーバード大学ケネディスクール学長。
 現　在 ハーバード大学特別功労教授。
 邦訳書 ①土山實男訳『核戦略と倫理』同文館出版，1988 年。
    ②田中明彦・村田晃嗣訳『国際紛争——理論と歴史』有斐閣，2002 年，（原書 4 版）2003 年，（原書 5 版）2005 年，（原書 6 版）2007 年，（原書 7 版）2009 年。
    ③山岡洋一・藤島京子訳『スマート・パワー——21 世紀を支配する新しい力』日本経済新聞出版社，2011 年，など多数。

《訳者紹介》

滝田賢治（たきた・けんじ）
　　監訳者紹介欄参照　日本語版への序文，序文，第1・2・3章，監訳者あとがき，監訳者解説

竹内雅俊（たけうち・まさとし）　第4・5章
　1975年　生まれ。
　　　　　中央大学大学院法学研究科博士課程後期単位取得満期退学。
　現　在　神奈川大学法学部非常勤講師，高崎経済大学経済学部非常勤講師，武蔵大学経済学部非常勤講師。
　主　著　①「国営企業の法的地位に関する一考察」『比較法雑誌』第40巻第1号，2006年。
　　　　　②「いわゆる『米国国際法』言説と『文明の基準』論に関する一考察」『法学新報』第116巻第1号，2009年。
　　　　　③「国際法学における学際研究の現状と課題」『総合政策研究』創立15周年記念特別号，2009年。

川久保文紀（かわくぼ・ふみのり）　第6章・8章
　1973年　生まれ。
　　　　　ニューヨーク州立大学ビンガムトン校修士号取得後，中央大学大学院法学研究科政治学専攻博士後期課程満期退学。
　現　在　中央学院大学法学部准教授。
　主　著　①「国境のセキュリタイゼーション――米墨国境における自警団組織『ミニットマン・プロジェクト（MMP）』を中心に」『法学新報』第117巻第11・12号，2011年。
　　　　　②エマニュエル・ブルネイ＝ジェイ／川久保文紀監訳「9・11同時多発テロ以降のカナダ＝米国間国境――カナダからの見解」『境界研究』（北海道大学スラブ研究センターグローバルCOE「境界研究の拠点形成」）No. 2，2011年。

溜　和敏（たまり・かずとし）　第7章
　1980年　生まれ。
　　　　　ジャワハーラル・ネルー大学大学院（インド）博士中期課程修了。
　現　在　中央大学大学院法学研究科政治学専攻博士後期課程。
　主　著　①「現代アメリカ外交とエンゲージメント政策――1990年代アメリカのアジア政策を事例に」『中央大学政策文化総合研究所年報』第11号，2008年。
　　　　　②「核兵器保有をめぐる国内要因論の再検討――インドによる1998年の核実験を事例に」『国際安全保障』第38巻第3号，2010年。
　　　　　③「現代インド・中国関係の複合的状況――リベラリズムの視点からの一考察」近藤則夫編『現代インドの国際関係――メジャー・パワーへの模索』日本貿易振興機構アジア経済研究所，2012年。

今井宏平（いまい・こうへい）　第9・10章
　1981年　生まれ。
　　　　　中東工科大学（トルコ）Ph.D.（International Relations）。
　現　在　中央大学大学院法学研究科博士後期課程。
　主　著　①「アメリカの中東政策とトルコ外交――『ミドル・パワー』の機能と限界」『国際政治』第150号，2007年。
　　　　　②「対外政策分析に関する批判と再考――『理解』型理論の構築に向けて」『法学新報』第115巻第7・8号，2009年。
　　　　　③「中東地域における国際関係理論の現状と課題――『東方問題』から『西方問題』への転換」『法学新報』第118巻第11・12号，2012年。

西住祐亮（にしすみ・ゆうすけ）　あとがき
　1982年　生まれ。
　現　在　中央大学法学研究科政治学専攻博士後期課程。
　主　著　①「コソヴォ紛争時の新保守主義者と共和党――議会共和党の動向に着目して」『大学院研究年報（法学研究科）』第37号，2008年。
　　　　　②「共和党外交の分裂と中国――台湾海峡問題を中心に」」（「東アジアにおける国際協力レジーム」プロジェクト）『中央大学政策文化総合研究所年報』第11号，2008年。
　　　　　③「米国現実主義者の再検討――コソヴォ紛争時のキッシンジャーに着目して」『法学新報』第116巻第9・10号，2010年。

《監訳者紹介》

滝田賢治（たきた・けんじ）
　1946年　生まれ。
　　　　東京外国語大学英米語学科卒業，一橋大学大学院博士後期課程（国際関係論専攻）単位取得満期退学。
　現　在　中央大学法学部教授。
　主　著　①『太平洋国家アメリカへの道』有信堂，1996年。
　　　　②「多国間主義の再定義とアメリカ外交」『国際政治』133号，2003年。
　　　　③「冷戦後世界とアメリカ」『国際政治』150号，2007年。
　　　　④「現代アメリカの世界軍事戦略――伝統的軍事脅威と『テロとの戦い』への対応」『法学新報』第118巻第3・4号，2011年。
　　　　⑤『21世紀東ユーラシアの地政学』（編著）中央大学出版部，2012年。

　　　　　　　　　　　　　　　　　　　　パワーと相互依存

| 2012年11月15日　初版第1刷発行 | 〈検印省略〉 |
| 2014年 7 月20日　初版第2刷発行 | 定価はカバーに表示しています |

　　　　　　　　　監訳者　　滝　田　賢　治
　　　　　　　　　発行者　　杉　田　啓　三
　　　　　　　　　印刷者　　林　　　初　彦

　　　　　　　発行所　株式会社　ミネルヴァ書房
　　　　　　　　　607-8494 京都市山科区日ノ岡堤谷町1
　　　　　　　　　電話代表　(075)581-5191
　　　　　　　　　振替口座　01020-0-8076

　　　　　　ⓒ 滝田賢治ほか，2012　　　　　太洋社・新生製本

　　　　　　　　ISBN978-4-623-06102-0
　　　　　　　　　Printed in Japan

反米の系譜学	J・W・シーザー著／村田晃嗣他訳	A5判 本体五五〇〇円
カール・シュミットの「危険な精神」	J-W・ミューラー著／中道寿一訳	A5判三六四頁 本体六〇〇〇円
アメリカ人であるとはどういうことか	M・ウォルツァー著／古茂田宏訳	四六判二四四頁 本体三二〇〇円
政治哲学の復権	寺島俊穂編	四六判三四四頁 本体三〇〇〇円
概説 日本政治思想史	西田毅編著	A5判四一六頁 本体三二〇〇円
日本政治思想	米原謙著	A5判三三〇頁 本体三二〇〇円
はじめて学ぶ政治学	岡﨑晴輝・木村俊道編	A5判三三八頁 本体二八〇〇円

―――ミネルヴァ書房―――
http://www.minervashobo.co.jp/